E. Stahl's

Termin-Kalender

für die

Bayerischen Juristen

auf das gemeine Jahr

1875.

Mit verschiedenen den praktischen Dienst erleichternden Beilagen,

bearbeitet von Oskar Reber, k. L.-Ass.

Der astronomisch-chronologische Theil mitgetheilt von Dr. A. J. Faist.

Zwölfter Jahrgang.

München.

Druck und Verlag von Ernst Stahl.

Erster Theil.

Kalender.

Inhalts-Uebersicht

des

Termin-Kalenders.

Der Terminkalender enthält:

I. einen Uebersichtskalender auf 2 Blatt,
II. einen Schreibkalender, und dieser enthält:

1) die Bezeichnung der Monate, Wochen und Tage, von welchen je 2, mit den Sonntagen aber je 3 Tage mit leeren Zwischenräumen auf die Seite treffen.

2) die Namen der Katholiken und Protestanten, die ersteren voraus und beide durch einen Strichpunkt (;) getrennt;

3) Sonnen-Aufgang (SA.) und Untergang (SU.) nach Stunden und Minuten (U. M.); Läutordnung.

4) Mondes-Aufgang und Untergang (MA.-MU.) nach Stunden, Minuten und Tageszeit (Ab. = Abends, Mg. = Morgens);

5) das Eintreten der Mondsviertel, der Sonnen- und Monds-Finsternisse und der Jahreszeiten.

Im Jahre 1875 werden zwei Sonnenfinsternisse beobachtet werden können.

Die erste findet am 6. April statt; sie ist bei uns nicht sichtbar. Es ist diess eine totale und beginnt um 4 Uhr 44 Min. früh; das Ende ist um 10 U. 7 M. Vormittags. Die zentrale Verfinsterung sehen die Bewohner am Kap, auf den Inseln des indischen Ozeans und in Siam. Theilweise wird die Sonne in Südafrika, Hindostan, Turkestan, im östlichen Sibirien und auf der nördlichen Spitze von Neuholland verfinstert.

Die zweite Sonnenfinsterniss ist eine ringförmige und im westlichen Deutschland als eine partielle sichtbar. Sie beginnt am 29. September um 10 Uhr 48 Min. Vormittags und endet um 4 Uhr 40 Min. Nachmittags. Zentral ist die Sonne verfinstert für die westliche und südliche Küste von Afrika, theilweise für Aegypten, Arabien, Süditalien, Illyrien und jenem Theile von Südwestdeutschland, welcher links von einer Linie liegt, die von Rovigo nach Aschaffenburg gezogen wird.

6) Tageslänge.

Die gebotenen Feier- und Festtage der Katholiken, Protestanten, Griechen und Juden und die Sonntage sind mit **fetter Schrift** ausgezeichnet und unterstrichen; die Fasttage sind mit »F.«, die Abstinenztage mit »A.« bezeichnet.

---

1. Freitag. **Neujahr.** Euphr. **Beschneid. Chr.** **Januar.**

SA. 7 U. 54 M. SU. 4 U. 15 M. — MA. 1 U. 13 M. Mg. MU. 12 U. 10 M. Ab.

Tageslänge 8 St. 23 M. Läutordnung 5 Uhr.

Neujahr.

2. Samstag. Macarius, A. Isidor; — Abel, Seth.

SA. 7 U. 53 M. SU. 4 U. 16 M. — MA. 2 U. 54 M. Mg. MU. 12 U. 24 M. Ab.

Tageslänge 8 St. 24 M.

Januar. 3. **Sonntag.** (1.W.) n. N. Genov.; — Enoch. Kasp.
SA. 7 U. 53 M. SU. 4 U. 16 M. — MA. 4 U. 6 M. Mg. MU. 12 U. 45 M. Ab.
Tageslänge 8 St. 26 M.

4. **Montag.** Titus, B. M. Angelika; — Isabella.
SA. 7 U. 53 M. SU. 4 U. 17 M. MA. 5 U. 17 M. Mg. MU. 1 U. 9 M. Ab.
Tageslänge 8 St. 27 M.

5. **Dienstag.** Telesphorus, P. M. Ermin; — Simeon.
SA. 7 U. 52 M. SU. 4 U. 18 M. — MA. 6 U. 29 M. Mg. MU. 1 U. 42 M. Ab.
Tageslänge 8 St. 29 M.
Ende der griechischen Fasten vor Weihnachten.
Wasser- und Weihrauchweihe.

6. Mittwoch. Heil. 3 Könige; — Erschein. Christi. **Januar.**
SA. 7 U. 52 M. SU. 4 U. 20 M. — MA. 7 U. 33 M. Mg. MU. 2 U. 26 M. Ab.
Tageslänge 8 St. 30 M.

Heilige 3 Könige.

Weihnachtsfest der Griechen.

7. Donnerstag. Valentin, B.; — Raimund.
SA. 7 U. 52 M. SU. 4 U. 21 M. — MA. 8 U. 27 M. Mg. MU. 3 U. 36 M. Ab.
Neumond 5 U. 55 M. Ab. — Tageslänge 8 St. 31 M.

Patrozinium des Bisthums Passau.

Beginn des Karnevals.

1. Schebat der Juden. (5635.)

Januar. 8. Freitag. A. Erhardus, B.; — Erhard.

SA. 7 U. 51 M. SU. 4 U. 23 M. — MA. 9 U. 7 M. Mg. MU. 4 U. 41 Ab.
Tageslänge 8 St. 33 M.

9. Samstag. Marcellinus, B.; — Martialis.

SA. 7 U. 51 M. SU. 4 U. 24 M. — MA. 9 U. 35 M. Mg. MU. 6 U. 5 M. Ab.
Tageslänge 8 St. 34 M.

10. Sonntag. (2.W.) 1. n. Ep. Paul I.; — Paul. **Januar.**
SA. 7 U. 50 M. SU. 4 U. 25 M. — MA. 9 U. 57 M. Mg. MU. 7 U. 24 M. Ab.
Tageslänge 8 St. 35 M.

11. Montag. Hyginus, P. M.; — Mathilde.
SA. 7 U. 50 M. SU. 4 U. 26 M. — MA. 10 U. 15 M. Mg. MU. 8 U. 45 M Ab.
Tageslänge 8 St. 38 M.

12. Dienstag. Ernest, A.; — Reinhold.
SA. 7 U. 50 M. SU. 4 U. 27 M. — MA. 10 U. 31 M. Mg. MU. 10 U. 0 M. Ab
Tageslänge 8 St. 38 M.

Januar. 13. Mittwoch. Gottfried Graf; — Hilarius.
SA. 7 U. 49 M. SU. 4 U. 29 M. — MA. 10 U. 49 M. Mg. MU. 11 U. 27 M. Ab.
Tageslänge 8 St. 40 M.
Neujahr der Griechen.

14. Donnerstag. Hilarius, B.; Felix v. Nola.; — Felix.
SA. 7 U. 49 M. SU. 4 U. 30 M. — MA. 10 U. 59 M. Mg. MU. 12 U. 49 M. Mg.
Erstes Viertel 10 U. 8 M. Nachts. — Tageslänge 8 St. 43 M.

15. Freitag. A. Maurus, Abt; — Maurus. **Januar.**

SA. 7 U. 48 M. SU. 4 U. 31 M. — MA. 11 U. 16 M. Mg. MU. 2 U. 15 M. Mg.

Tageslänge 8 St. 45 M.

16. Samstag. Marcellus, P. M.; — Marcellus.

SA. 7 U. 47 M. SU. 4 U. 33 M. — MA. 11 U. 35 M. Mg. MU. 3 U. 42 M. Mg.

Tageslänge 8 St. 48 M. Läutordnung halb 6 Uhr.

Januar. 17. Sonntag. (3.W.) 2.n.Ep. Nam.Jesu f.; — Ant.
SA. 7 U. 47 M. SU. 4 U. 35 M. — MA. 12 U. 1 M. Ab. MU. 5 U. 7 M. Mg.
Tageslänge 8 St. 50 M.

18. Montag. Petri Stuhlf. zu Rom; — Petri Stuhlf.
SA. 7 U. 47 M. SU. 4 U. 37 M. — MA. 12 U. 42 M. Ab. MU. 6 U. 24 M. Mg.
Tageslänge 8 St. 51 M.
Erscheinung Christi der Griechen.

19. Dienstag. Kanut K., Martha; — Sara.
SA. 7 U. 46 M. SU. 4 U. 38 M. — MA. 1 U. 32 M. Ab. MU. 7 U. 25 M. Mg.
Tageslänge 8 St. 54 M.
Johannes der Täufer der Griechen.

20. Mittwoch. Fabian u. Sebast,; — Fab. u. Seb. **Januar.**
SA. 7 U. 45 M. SU. 4 U. 40 M. — MA. 2 U. 38 M. Ab. MU. 8 U. 10 M. Mg.
Tageslänge 8 St. 56 M.

21. Donnerstag. Agnes, J. M.; Agnes.
SA. 7 U. 41 M. SU. 4 U. 41 M. — MA. 3 U. 56 M. Ab. MU. 8 U. 42 M. Mg.
Vollmond 6 U. 27 M. Ab. — Tageslänge 8 St. 58 M.

Januar. **22. Freitag.** A. Vincentius, M.; Vincentius.

SA. 7 U. 44 M. SU. 4 U. 42 M. — MA. 5 U. 18 M. Ab. MU. 9 U. 5 M. Mg.

Tageslänge 8 St. 59 M.

23. Samstag. Mariä Vermähl.; — Alfons.

SA. 7 U. 43 M. SU. 4 U. 43 M. — MA. 6 U. 39 M. Ab. MU. 9 U. 23 M. Mg.

Tageslänge 9 St. 3 M.

24. Sonntag. (4.W.) Sept. Timoth., B.; — Tim. **Januar.**
SA. 7 U. 41 M. SU. 4 U. 45 M. — MA. 7 U. 56 M. Ab. MU. 9 U. 39 M. Mg.
Tageslänge 9 St. 6 M.

25. Montag. Pauli Bekehrung; — Pauli Bek.
SA. 7 U. 40 M. SU. 4 U. 46 M. — MA. 9 U. 7 M. Ab. MU. 9 U. 51 M. Mg.
Tageslänge 9 St. 8 M.

26. Dienstag. Oelberg-Geb. Polykarp., B. M.; — Polykarp.
SA. 7 U. 39 M. SU. 4 U. 47 M. — MA. 10 U. 20 M. Ab. MU. 10 U. 0 M. Mg.
Tageslänge 9 St. 11 M.

Januar. 27. Mittwoch. Johann Chrys., B.; — Joh. Chr.
SA. 7 U. 38 M. SU. 4 U. 49 M. — MA. 11 U. 29 M. Ab. MU. 10 U. 12 M. Mg.
Tageslänge 9 St. 14 M.

28. Donnerstag. Karl d. Gr.; — Agnes. Karolina.
SA. 7 U. 37 M. SU. 4 U. 50 M. — MU. 10 U. 26 M. Mg.
Tageslänge 9 St. 17 M.

29. Freitag. A. Franz v. Sales; — Arnulf. **Januar.**
SA. 7 U. 36 M. SU. 4 U. 52 M. — MA. 12 U. 39 M. Mg. MU. 10 U. 44 M. Mg.
Letztes Viertel 1 U. 20 M. Nachm. — Tageslänge 9 St. 19 M.

30. Samstag. Martina, J., Adelgunde, A.; — Adelgunde.
SA. 7 U. 34 M. SU. 4 U. 53 M. — MA. 1 U. 49 M. Mg. MU. 11 U. 6 M. Mg.
Tageslänge 9 St. 22 M.

Januar. 31. Sonntag. (5.W.) Sex. Petr. Nol.; — Virgil.
SA. 7 U. 34 M. SU. 4 U. 55 M. — MA. 3 U. 0 M. Mg. MU. 11 U. 37 M. Mg.
Tageslänge 9 St. 26 M.

Februar. 1. Montag. Ignatius, B. M.; — Brigitta.
SA. 7 U. 32 M. SU. 4 U. 57 M. — MA. 4 U. 5 M. Mg.
Tageslänge 9 St. 27 M. Läutordnung 6 Uhr.

2. Dienstag. Mariä Lichtmess. — Mariä Reinigung.
SA. 7 U. 31 M. SU. 5 U. 0 M. — MA. 5 U. 21 M. Mg. MU. 12 U. 15 M. Ab.
Tageslänge 9 St. 30 M.
Mariä Lichtmess.
Wachsweihe.

3. Mittwoch. Blasius B. (14 Nothh.); Blas. **Februar.**
SA. 7 U. 28 M. SU. 5 U. 2 M. — MA. 6 U. 18 M. Mg, MU. 1 U. 9 M. Ab.
Tageslänge 9 St. 33 M.
Halssegnung.

4. Donnerstag. Andreas Cors. B.; — Veronika.
SA. 7 U. 26 M. SU. 5 U. 4 M. — MA. 7 U. 4 M. Mg. MU. 2 U. 17 M. Ab.
Tageslänge 9 St 35 M.

Februar. 5. Freitag. A. Agatha, J. M.; — Agatha.
SA. 7 U. 25 M. SU. 5 U. 5 M. — MA. 7 U. 38 M. Mg. MU. 3 U. 38 M. Ab.
Tageslänge 9 St. 38 M.

6. Samstag. Dorothea, J. M.; — Dorothea.
SA. 7 U. 23 M. SU. 5 U. 6 M, — MA. 8 U. 2 M. Mg. MU. 5 U. 4 M. Ab.
Zodokiallicht. Neumond 8 U. 41 M. Mg. — Tageslänge 9 St. 41 M.
1. Adar der Juden.

7. Sonntag. (6.W.) Quinq. Romuald; — Estom. **Februar.**
SA. 7 U. 22 M. SU. 5 U. 7 M. — MA. 8 U. 20 M. Mg. MU. 6 U. 27 M. Ab.
Tageslänge 9 St. 45 M.
Neujahr der Türken 1492.

8. Montag. Johann v. Matha; — Salomon.
SA. 7 U. 21 M. SU. 5 U. 8 M. — MA. 8 U. 37 M. Mg. MU. 7 U. 50 M. Ab.
Tageslänge 9 St. 48 M.

9. Dienstag. Fastnacht. Alto, Abt; — Apollonia.
SA. 7 U. 20 M. SU. 5 U. 9 M. — MA. 8 U. 52 M. Mg. MU. 9 U. 14 M. Ab.
Tageslänge 9 St. 50 M.
Fastnacht.

Februar. 10. Mittwoch. FA. Ascherm ; — Scholastika.
SA. 7 U. 19 M. SU. 5 U. 11 M — MA. 9 U. 6 M. Mg. MU. 10 U. 37 M. Ab
Tageslänge 9 St. 54 M.

11. Donnerstag. Euphrosina, J.; — Euphrosina.
SA. 7 U. 18 M. SU. 5 U. 13 M. MA. 9 U. 21 M. Mg. MU. 12 U. 1 M. Mg.
Tageslänge 9 St. 57 M.

12. Freitag. A. Dornenkr Chr. Jap. Mart.; — Eul. **Februar.**

SA. 7 U. 16 M. SU. 5 U. 14 M. — MA. 9 U. 40 M. Mg. MU. 1 U. 28 M. Mg.
Tageslänge 10 St. 0 M.

13. Samstag. Katharina v. Ricci; — Jordan.

SA. 7 U. 15 M. SU. 5 U. 16 M. — MA. 10 U. 4 M. Mg. MU. 2 U. 55 M. Mg.
Erstes Viertel 6 U. 6 M. Mg. — Tageslänge 10 St. 4 M.

Februar. 14. Sonntag. (7.W.) 1. Inv. Val.; — B. u. Bettag.
SA. 7 U. 13 M. SU. 5 U. 18 M. — MA. 10 U. 37 M. Mg. MU. 4 U. 14 M. Mg.
Tageslänge 10 St. 6 M.
Buss- und Bettag der Protestanten.

---

15. Montag. Faustinus, Jovita, M. M.; — Faustinus.
SA. 7 U. 11 M. SU. 5 U. 19 M. — MA. 11 U. 22 M. Mg. MU. 5 U. 18 M. Mg.
Tageslänge 10 St. 9 M.
Triod der Griechen.

---

16. Dienstag. Juliana, J. M.; — Juliana.
SA. 7 U. 10 M. SU. 5 U. 20 M. — MA. 12 U. 22 M. Ab. MU. 6 U. 8 M. Mg.
Tageslänge 10 St. 13 M. Läutordnung halb 7 Uhr.

17. Mittwoch. FA. I. Quat. Donat., M.; — Const. **Februar.**
SA. 7 U. 8 M. SU. 5 U. 22 M. — MA. 1 U. 37 M. Ab. MU. 6 U. 43 M. Mg.
Tageslänge 10 St. 17 M.

18. Donnerstag. Simeon, M.; — Hilarius.
SA. 7 U. 6 M. SU. 5 U. 24 M. — MA. 2 U. 56 Ab. MU. 7 U. 9 M. Mg.
Tageslänge 10 St. 20 M.

Februar. 19. Freitag. FA. Lanze u. Nägel Chr.; — Konr.
SA. 7 U. 4 M. SU. 5 U. 26 M. — MA. 4 U. 17 M. Ab. MU. 7 U. 26 M. Mg.
Tageslänge 10 St. 24 M.
14 Adar. Klein Purim der Juden.

---

20. Samstag. F. Eucharius, B.; — Eucharius.
SA. 7 U. 2 M. SU. 5 U. 28 M. — MA. 5 U. 34 M. Ab. MU. 7 U. 41 M. Mg.
Vollmond 8 U. 48 M. Mg. — Tageslänge 10 St. 28 M.

21. Sonntag. (8.W.) 2. Rem. Eleonora; -- Eleon. **Februar.**
SA 7 U 0 M. SU. 5 U. 29 M. — MA. 6 U. 48 M. Ab. MU. 7 U. 56 M. Mg.
Tageslänge 10 St. 31 M.

22. Montag. Petri Stuhlf. z. Ant.; — Petri St.
SA. 6 U. 59 M. SU. 5 U. 31 M. — MA. 8 U. 2 M. Ab. MU. 8 U. 6 M. Mg.
Tageslänge 10 St. 31 M.

23. Dienstag. Petrus, Damian., Marg. v. K.; — Reinhard.
SA. 6 U. 57 M. SU. 5 U. 33 M. — MA. 1 U. 29 M. Ab. MU. 8 U. 17 M. Mg.
Tageslänge 10 St. 38 M.

Februar. 24. Mittwoch. Matthias, Apostel; -- Matth.
SA. 6 U. 54 M. SU. 5 U. 31 M. – MA. 10 U. 22 M. Ab. MU. 8 U. 31 M. Mg.
Tageslänge 10 St. 40 M.

25. Donnerstag. Walburga, J.; — Viktor.
SA. 6 U. 52 M. SU. 5 U. 35 M. – MA. 11 U, 32 M. Ab. MU. 8 U. 47 M. Mg.
Tageslänge 10 St. 43 M.

26. Freitag. A. Angst Chr. Dionys; — Mecht. **Februar.**

SA. 6 U. 50 M. SU. 5 U. 36 M. — MU. 9 U. 5 M. Mg.

Tageslänge 10 St. 47 M.

27. Samstag. Leander, B.; — Leander.

SA. 6 U. 49 M. SU. 5 U. 38 M. — MA. 12 U. 54 M. Mg. MU. 9 U. 32 M. Mg.

Tageslänge 10 St. 50 M.

Februar. 28. **Sonntag.** (9.W.) 3. Oculi. Roman.; — Ren.
SA. 6 U. 48 M. SU. 5 U. 40 M. -- MA. 1 U. 55 M. Mg. MU. 10 U. 6 M. Mg.
Letztes Viertel 10 U. 38 M. Vorm. — Tageslänge 10 St. 53 M.

März. 1. **Montag.** Suibert, B.; — Albinus.
SA. 6 U. 43 M. SU. 5 U. 43 M. MA. 3 U. 6 M. Mg. MU. 10 U. 54 M. Mg.
Tageslänge 10 St. 57 M. — Läutordnung halb 7 Uhr.
Mässopust (Butterwoche) der Griechen.

2. **Dienstag.** Simplicius B. Beatrix; — Louise.
SA. 6 U. 42 M. SU. 5 U. 44 M. — MA. 4 U. 8 M. Mg. MU. 11 U. 57 M. Mg.
Tageslänge 11 St. 0 M.

3. Mittwoch. Kunig. K., Patr. v. Bamberg; — Tit. **März.**

SA. 6 U. 41 M. SU. 5 U. 45 M. — MA. 5 U. 36 M. Mg. MU. 1 U. 8 M. Ab.

Tageslänge 11 St. 3 M.

Mittefasten.

4. Donnerstag. Kasimir, Bek.; — Adrian.

SA. 6 U. 39 M. SU. 5 U. 47 M. — MA. 5 U. 36 M. Mg. MU. 1 U. 8 M. Ab.

Tageslänge 11 St. 8 M.

März. **5. Freitag.** A. 5 Wunden Chr. Friedrich; — Friedr.

SA. 6 U. 36 M. SU. 5 U. 49 M. — MA. 6 U. 6 M. Mg. MU. 2 U. 31 M. Ab.

Tageslänge 11 St. 11 M.

6. Samstag. Fridolin, A.; — Fridolin.

SA. 6 U. 34 M. SU. 5 U. 51 M. — MA. 6 U. 27 M. Mg. MU. 3 U. 55 M. Ab.

Tageslänge 11 St. 15 M.

7. **Sonntag.** (10.W.) 4. Lät. Thomas v. Aq.; — Felic. **März.**
SA. 6 U. 32 M. SU. 5 U. 52 M. — MA. 6 U. 45 M. Mg. MU. 5 U. 21 M. Ab.
Neumond 9 U. 7 M. Ab. — Tageslänge 11 St. 22 M.
Osterbeicht-Anfang.

8. **Montag.** Johann v. Gott; — Philemon.
SA. 6 U. 29 M. SU. 5 U. 53 M. — MA. 7 U. 0 M. Mg. MU. 6 U. 48 M. Ab
Tageslänge 11 St. 22 M.
Süropust (grosse Fasten) der Griechen.
1. Veadar der Juden.

9. **Dienstag.** Franziska, W. Rebekka; — 40 Ritter.
SA. 6 U. 28 M. SU. 5 U. 55 M. — MA. 7 U. 13 M. Mg. MU. 8 U. 17 M. Ab.
Tageslänge 11 St. 26 M.

März. 10. Mittwoch. 40 Martyrer; — Alexander.
SA. 6 U. 26 M. SU. 5 U. 56 M. — MA. 7 U. 26 M. Mg. MU. 9 U. 48 M. Ab.
Tageslänge 11 St. 28 M.

11. Donnerstag. Rosina, J. M.; — Rosina.
SA. 6 U. 24 M. SU. 5 U. 58 M. — MA. 7 U. 44 M. Mg. MU. 11 U. 12 M. Ab
Tageslänge 11 St. 32 M.

12. Freitag. A. Blut Christi. Gregor d. Gr.; — Greg. **März.**
SA. 6 U. 22 M. SU. 6 U. 0 M. — MA. 8 U. 7 M. Mg. MU. 12 U. 30 M. Mg.
Tageslänge 11 St. 35 M.

13. Samstag. Euphrasia J.; — Ernestus.
SA. 6 U. 20 M. SU. 6 U. 2 M. — MA. 8 U. 37 M. Mg. MU. 2 U. 4 M. Mg.
Tageslänge 11 St. 38 M.
Eudokia der Griechen.

März. 14. **Sonntag.** (11.W.) 5. Jud. Pass.-Sonnt.; — Math.
SA. 6 U. 17 M. SU. 6 U. 3 M. — MA. 9 U. 19 M. Mg. MU. 3 U. 15 M. Mg.
Erstes Viertel 1 U. 52 M. Nachm. — Tageslänge 11 St. 44 M.
Verhüllen der Kruzifixe.

15. **Montag.** Longinus, M.; — Christoph.
SA. 6 U. 15 M. SU. 6 U. 4 M. — MA. 10 U. 15 M. Mg. MU. 4 U. 8 M. Mg.
Tageslänge 11 St. 47 M.

16. **Dienstag.** Heribert, Erzb.; — Henriette.
SA. 6 U. 11 M. SU. 6 U. 6 M. — MA. 11 U. 26 M. Mg. MU. 4 U. 44 M. Mg.
Tageslänge 11 St. 50 M.

17. Mittwoch. Gertraud, J.; — Gertraud. **März.**
SA. 6 U. 21 M. SU. 6 U. 8 M. — MA. 12 U. 41 M. Ab. MU. 5 U. 14 M. Mg.
Tageslänge 11 St. 53 M.

18. Donnerstag. Gabriel, Erzengel; — Anselm.
SA. 6 U. 9 M. SU. 6 U. 9 M. MA. 2 U. 1 M. Ab. MU. 5 U. 34 M. Mg.
Tageslänge 11 St. 57 M.
11. Veadar. Fasten Esther.

März. 19. **Freitag.** A. **Joseph Nährv. Chr.**; — Joseph.
SA. 6 U. 8 M. SU. 6 U. 10 M. — MA. 3 U. 30 M. Ab. MU. 5 U. 49 M. Mg.
Tageslänge 12 St. 1 M.

Joseph, Nährv. Christi, Patron der katholischen Kirche.

---

20. Samstag. 7 Schmerzen Mariens. Nicetas B.; — Hubertus.
SA. 6 U. 5 M. SU. 6 U. 12 M. — MA. 4 U. 33 M. Ab. MU. 6 U. 3 M. Mg.
Tageslänge 12 St. 3 M.

21. Sonntag. (12.W.) 6. **Palms.** Benedictus; — Ben.. **März.**
SA 6 U. 3 M. SU. 6 U. 14 M. — MA. 5 U. 45 M. Ab. MU. 6 U. 15 M. Mg.
Ostervollmond 12 U 38 M. Nchm. Frühlingsanfang 1 U. 7 M. nach Mitternacht.
Tageslänge 12 St. 8 M.

Palmweihe und Prozession.
40 Martyrer der Griechen.
14. Veadar. Purim der Juden.

---

22. Montag. Katharina, J.; — Kasimir.
SA. 6 U. 1 M. SU. 6 U. 15 M. — MA. 5 U. 59 M. Ab. MU. 6 U. 25 M. Mg.
Tageslänge 12 St. 12 M.
15. Veadar. Schuschan Purim.

Geburtstag des deutschen Kaisers Wilhelm, Königs von Preussen (1797).

---

23. Dienstag. Victorianus, M.; — Eberhard.
SA. 5 U. 58 M. SU. 6 U. 16 M. — MA. 8 U. 8 M. Ab. MU. 6 U. 38 M. Mg.
Tageslänge 12 St. 15 M.

März. 24. **Mittwoch.** Gabriel. Adelmar; — Gabriel.

SA. 5 U. 47 M. SU. 1 U. 35 M. — MA. 9 U. 18 M. Ab. MU. 6 U. 52 M. Mg.

Tageslänge 12 St. 18 M.

25. **Donnerstag.** FA. Gründ. **Maria Verkünd.**; — M. Verkünd.

SA. 5 U. 55 M. SU. 6 U. 19 M. — MA. 10 U. 30 M. Ab. MU. 7 U. 9 M. Mg.

Tageslänge 12 St. 22 M.

Maria Verkündigung.

Oelweihe und Fusswaschung.

26. Freitag. FA. Karfreit. Castulus; — **Karfreitag. März.**
SA. 5 U. 53 M. SU. 6 U. 20 M. — MA. 11 U. 40 M. Ab. MU. 7 U. 33 M. Mg.
Tageslänge 12 St. 25 M.
Karfreitag.

27. Samstag FA. Karsamstag. Rupert; — Rupert.
SA. 5 U. 51 M. SU. 6 U. 22 M. — MU. 8 U. 2 M. Mg.
Tageslänge 12 St. 28 M.
Feuer- und Wasserweihe.
Patron des ehemaligen Fürstbisthums Salzburg.

März. 28. Sonntag. (13.W.) **Ostersonnt.** Guntr.; — **Osterfest.**

SA. 5 U. 48 M. SU. 6 U. 24 M. — MA. 12 U. 52 M. Mg. MU. 8 U. 44 M. Mg.

Tageslänge 12 St. 32 M.

Heil. Osterfest. (Esswaarenweihe.)

---

29. **Montag. Ostermont.** Ludolf; — Bertha

SA. 5 U. 46 M. SU. 6 U. 25 M. — MA. 1 U. 57 M. Mg. MU. 9 U. 40 M. Mg.

Tageslänge 12 St. 36 M.

Ostermontag.

Alexis der Griechen.

---

30. **Dienstag.** Quirinus M. Claud.; — Guido.

SA. 5 U. 44 M. SU. 6 U. 27 M. — MA. 2 U. 51 M. Ab. MU. 10 U. 49 M. Mg.

Letztes Viertel 5 U. 11 M. Mg. — Tageslänge 12 St. 40 M.

31. Mittwoch. Balbina; — Achaz. **März.**
SA. 5 U. 41 M. SU. 6 U. 28 M. — MA. 3 U. 34 M. Mg. MU. 12 U. 7 M. Ab.
Tageslänge 12 St. 43 M.

1. Donnerstag. Hugo; — Theodora. **April.**
SA. 5 U. 39 M. SU. 6 U. 30 M. — MA. 4 U. 5 M. Mg.
Tageslänge 12 St. 46 M. Läutordnung 7 Uhr.

April. 2. Freitag. A. Franz v. Paul, O.-St.; — Theodos.
SA. 5 U. 38 M. SU. 6 U. 31 M. — MA. 4 U. 29 M. Mg. MU. 1 U. 25 M. Ab.
Tageslänge 12 St. 49 M.

3. Samstag. Richard, B.: — Rosamunde.
SA. 5 U. 36 M. SU. 6 U. 32 M. — MA. 4 U. 49 M. Mg. MU. 2 U. 49 M. Ab.
Tageslänge 12 St. 53 M.

4. Sonntag. (14.W.) 1. Quas. Isidor, B.; — Ambr. **April.**

SA. 5 U. 34 M. SU. 6 U. 34 M. — MA. 5 U. 15 M. Mg. MU. 4 U. 15 M. Ab.

Tageslänge 12 St. 56 M.

5. Montag. Vincenz Ferreri; — Maximus.

SA. 5 U. 32 M. SU. 6 U. 36 M. — MA. 5 U. 19 M. Mg. MU. 5 U. 46 M. Ab.

Tageslänge 13 St. 0 M.

6. Dienstag. Cölestin, P.; Wilhelm, Abt; — Irenäus.

SA. 5 U. 29 M. SU. 6 U. 37 M. — MA. 5 U. 32 M. Mg. MU. 7 U. 14 M. Ab.

Neumond 9 U. 22 M. Mrgs. mit Sonnenfinsterniss. — Tageslänge 13 St. 3 M.

Mariä Verkündigung der Griechen.

1. Nisan der Juden.

April. 7. **Mittwoch.** Epiphanius; — Egesipus.

SA. 5 U. 27 M. SU. 6 U. 38 M. — MA. 5 U. 47 M. Mg. MU. 8 U. 45 M. Ab.

Tageslänge 13 St. 7 M.

8. **Donnerstag.** Irenäus, B.; — Apollonia.

SA. 5 U. 26 M. SU. 6 U. 40 M. — MA. 6 U. 7 M. Mg. MU. 10 U. 19 M. Ab.

Tageslänge 13 St. 11 M.

9. Freitag. A. Maria Kleophä; — Demetrius. **April.**
SA. 5 U. 23 M. SU. 6 U. 41 M.— MA. 6 U. 33 M. Mg. MU. 11 U. 47 M. Ab.
Tageslänge 13 St. 14 M.

10. Samstag. Ezechiel; Notger; — Daniel.
SA. 5 U. 21 M. SU. 6 U. 42 M. — MA. 7 U. 8 M. Mg. MU. 1 U. 6 M. Mg.
Tageslänge 13 St. 17 M.

April. 11. **Sonntag.** (15.W.) 2. Mis. Leo I. P.; — Julius.
SA. 5 U. 20 M. SU. 6 U. 44 M. – MA. 8 U. 6 M. Mg. MU. 2 U. 6 M. Mg.
Tageslänge 13 St. 21 M.

12. **Montag.** Zeno, B. Julius, P.; — Eustorgius.
SA. 5 U. 17 M. SU. 6 U. 46 M. – MA. 9 U. 14 M. Mg. MU. 2 U. 48 M. Mg.
Erstes Viertel 10 U. 20 M. Ab. — Tageslänge 13 St. 24 M.

13. **Dienstag.** Hermenegild M. Ida; — Patricius.
SA. 5 U. 15 M. SU. 6 U. 47 M. – MA. 10 U. 33 M. Mg. MU. 3 U. 18 M. Mg.
Tageslänge 13 St. 27 M.

14. Mittwoch. Tiburtius B.; — Tiburtius. **April.**
SA. 5 U. 14 M. SU. 6 U. 48 M. — MA. 11 U. 54 M. Mg. MU. 3 U. 31 M. Mg.
Tageslänge 13 St. 31 M.

15. Donnerstag. Anastasia, M.; — Olympius.
SA. 5 U. 12 M. SU. 6 U. 49 M. — MA. 1 U. 7 M. Ab. MU. 3 U. 58 M. Mg.
Tageslänge 13 St. 34 M.

April. 16. **Freitag.** A. Turibius B.; — Aaron.
SA. 5 U. 9 M. SU. 6 U. 51 M. — MA. 2 U. 23 M. Ab. MU. 4 U. 12 M. Mg.
Tageslänge 13 St. 37 M. Läutordnung halb 8 Uhr.

17. **Samstag.** Rudolf, Bek.; — Rudolf.
SA. 5 U. 8 M. SU. 6 U. 52 M. — MA. 3 U. 35 M. Ab. MU. 4 U. 25 M. Ab.
Tageslänge 13 St. 41 M.

18. Sonntag. (16.W.) 3 Jub. Schutzf. d. h. Jos. — Val. **April.**
SA. 5 U. 6 M. SU. 6 U. 54 M. — MA. 4 U. 46 M. Ab. MU. 4 U. 35 M. Mg.
Tageslänge 13 St. 45 M.
Osterbeicht-Ende.

---

19. Montag. Leo IX., P. Werner. Emma; — Hermogenes.
SA. 5 U. 5 M. SU. 6 U. 55 M. — MA. 5 U. 56 M. Ab. MU. 4 U. 46 M. Mg.
Tageslänge 13 St. 47 M.

---

20. Dienstag. Sulpitius M.; — Sulpitius.
SA. 5 U. 3 M. SU. 6 U. 57 M. — MA. 7 U. 6 M. Ab. MU. 4 U. 59 M. Mg.
Vollmond 5 U. 16 M. Ab. — Tageslänge 13 St. 50 M.
15. Nisan. Passah-Anfang der Juden.

April. **21. Mittwoch.** Anselm, B. Lothar; — Adolar.
SA. 5 U. 0 M. SU. 6 U. 58 M. — MA. 8 U. 17 M. Ab. MU. 5 U. 15 M. Mg.
Tageslänge 13 St. 54 M.
16. Nisan. Zweites Osterfest.

---

22. Donnerstag. Cajus u. Soter, M.; — Gustavine.
SA. 4 U. 58 M. SU. 7 U. 0 M. — MA. 9 U. 27 M. Ab. MU. 5 U. 38 M. Mg.
Tageslänge 13 St. 57 M.

23. Freitag. A. Adalbert, B.; — Albert. **April.**
SA. 4 U. 56 M. SU. 7 U. 2 M. — MA. 10 U. 39 M. Ab. MU. 6 U. 5 M. Mg.
Tageslänge 13 St. 59 M.

24. Samstag. Georgius, M., (14. Nothh.); — Georg.
SA. 4 U. 54 M. SU. 7 U. 3 M. — MA. 11 U. 46 M. Ab. MU. 6 U. 41 M. Mg.
Tageslänge 14 St. 4 M.

April. 25 **Sonntag.** 17.W.) 4. Cant. Mark., Ev; — Mark.
SA. 4 U. 53 M. SU. 7 U. 4 M. — MU. 7 U. 30 M. Mg.
Tageslänge 14 St. 6 M.
Markus-Bittgang.

---

26. Montag. Maria vom guten Rath; — Cletus.
SA. 4 U. 51 M. SU. 7 U. 6 M. — MA. 12 U. 45 M. Mg MU. 8 U. 34 M. Ab.
Tageslänge 14 St. 9 M.
21. Nisan. Siebentes Osterfest.

---

27. Dienstag. Petrus Canisius; — Anastasius.
SA. 4 U. 49 M. SU. 7 U. 7 M. — MA. 1 U. 31 M. Mg. MA. 9 U. 48 Ab.
Tageslänge 14 St. 13 M.
22. Nisan. Achtes Osterfest.

28. Mittwoch. Vitalis, M.; — Valerian. **April.**

SA. 4 U. 48 M. SU. 7 U. 9 M. — MA. 2 U. 5 M. Mg. MU. 10 U. 25 M. Ab.

Letztes Viertel 8 U 5 M. Ab. — Tageslänge 14 St. 17 M.

29. Donnerstag. Petrus, M.; — Sybilla.

SA. 4 U. 46 M. SU. 7 U. 10 M. — MA. 2 U 33 M. Mg.

Tageslänge 14 St. 19 M.

April. 30. **Freitag.** A. Katharina v. Siena; — Eutropius.
SA. 4 U. 44 M. SU. 7 U. 11 M. — MA. 2 U. 52 M. Mg. MU. 12 U. 22 M. Ab.
Tageslänge 14 St. 22 M.

Mai. 1. **Samstag.** Philipp u. Jakob, Ap.; — Phil. u. Jak.
SA. 4 U. 43 M. SU. 7 U. 12 M — MA. 3 U. 9 M. Mg. MU. 1 U. 44 M. Ab.
Tageslänge 14 St. 28 M. — Läutordnung 8 Uhr.

2. Sonntag. (18.W.) 5.Rog. † W. Athanas.; — Sigm. **Mai.**
SA. 4 U. 42 M. SU. 7 U. 13 M. — MA. 3 U. 25 M. Mg. MA. 3 U. 9 M. Ab.
Tageslänge 14 St. 31 M.

3. Montag. Bittag. Hl. † Auffind.; — Kreuz-Auffind.
SA. 4 U. 40 M. SU. 7 U. 15 M. — MA. 3 U. 38 M. Mg. MU. 4 U. 34 M. Ab.
Tageslänge 14 St. 34 M.
Feldumgänge.

4. Dienstag. Bittag. Monika, J., Florian, M.; — Monika.
SA. 4 U. 38 M. SU. 7 U. 17 M. — MA. 3 U. 54 M. Mg. MU. 6 U. 2 M. Ab.
Tageslänge 14 St. 37 M.

Mai. 5. **Mittwoch.** Bittag. Pius V.; — Gotthard.
SA. 4 U. 36 M. SU. 7 U. 19 M. — MA. 4 U. 13 M. Mg. — MU. 7 U. 38 M Ab-
Neumond 3 U. 50 M. Nachm. — Frühlingsmitte. — Tageslänge 14 St. 39 M.
Georgifest der Griechen.

6. **Donnerstag.** **Christi Himmelf.** Joh. Lat.; — Chr. H. Dietr.
SA 4 U 34 M. SU. 7 U. 20 M. — MA. 4 U. 34 M Mg. MU. 9 U. 15 M. Ab
Tageslänge 14 St. 42 M.
Himmelfahrt Christi.
1. Ijar der Juden.

7. Freitag. A. Stanislaus, B. Gisella; — Gottfr. **Mai.**
SA. 4 U. 32 M. SU. 7 U. 22 M. — MA. 5 U. 6 M. Mg MU. 10 U. 43 M. Ab.
Tageslänge 14 St. 45 M.

8. Samstag. Michael Ersch. Achaz (14 Nothh.); — Stanisl.
SA. 4 U. 31 M. SU. 7 U. 21 M. — MA. 5 U. 53 M. Mg. MU. 11 U. 54 M. Ab
Tageslänge 14 St. 49 M.

Mai. 9. **Sonntag.** (19.W.) 6. Ex. Gregor v. Naz.; — Hiob.
SA. 4 U. 30 M. SU. 7 U. 23 M. — MA. 6 U. 57 M. Mg. MU. 12 U. 46 M. Mg.
Tageslänge 14 St. 51 M.

10. **Montag.** Isidor, Bauer; — Viktor.
SA. 4 U. 28 M. SU. 7 U. 25 M. — MA. 8 U. 15 M. Mg. MU. 1 U. 21 M. Mg.
Tageslänge 14 St. 51 M.

11. **Dienstag.** Gangolf, M.; — Adolf.
SA. 4 U. 26 M. SU. 7 U. 26 M. — MA. 9 U. 37 M. Mg. — MU. 1 U. 27 M. Mg.
Tageslänge 15 St. 0 M.

12. Mittwoch. Pancratius, M.; — Pankraz. **Mai.**

SA. 4 U. 25 M. SU. 7 U. 28 M. MA. 10 U. 59 M. Mg. MU. 2 U. 4 M. Mg.
Erstes Viertel 8 U. 23 M. Mg. — Tageslänge 15 St. 0 M.

13. Donnerstag. Ulrich Erh. Servatius, B.; — Servaz.

SA. 4 U. 24 M. SU. 7 U. 29 M. — MA. 12 U. 12 M. Ab. MU. 2 U. 20 M. Mg.
Tageslänge 15 St. 3 M.

Mai. 14. **Freitag.** A. Bonifacius, M.; — Christian.
SA. 4 U. 22 M. SU. 7 U. 31 M. — MA. 1 U. 57 M. Ab. MU. 2 U. 33 M. Mg.
Tageslänge 15 St. 4 M.

15. **Samstag.** F. Sophia, J. M. Isidor; — Sophia.
SA. 4 U. 21 M. SU. 7 U. 32 M. — MA. 2 U. 37 M. Ab. MU. 2 U. 43 M. Mg.
Tageslänge 15 St. 8 M.
Taufwasser-Weihe.

16. **Sonntag.** (20.W.) **Hl.Pfingstf.** Joh v.N.; — **Pfingstf.** **Mai.**
SA. 4 U. 19 M. SU. 7 U. 33 M. — MA. 3 U. 46 M. Ab. MU. 2 U. 54 M. Mg.
Tageslänge 15 St. 10 M. — Läutordnung halb 9 Uhr.
Hochheil. Pfingstfest.

17. **Montag. Pfingstmont.** Rasso; Eubert.
SA. 4 U. 18 M. SU. 7 U. 35 M. MA. 4 U. 56 M. Ab. MU. 3 U. 6 M. Mg.
Tageslänge 15 St. 13 M.
Pfingstmontag.

18. **Dienstag.** Venantius, M.; — Liborius.
SA. 3 U. 59 M. SU. 8 U. 3 M. — MA. 5 U. 5 M. Ab. MU. 3 U. 23 M. Mg.
Tageslänge 15 St. 15 M.

Mai. **19. Mittwoch.** FA. Quat. II. Petrus, Cöl ; — Potent.
SA. 3 U. 59 M. SU. 8 U. 3 M. — MA. 7 U. 18 M. Ab. MU. 3 U. 41 M. Mg.
Tageslänge 15 St. 18 M.

20. Donnerstag. Bernardin, Bek. ; — Athanasius.
SA. 4 U. 14 M. SU. 7 U. 38 M. — MA. 8 U. 28 M. Ab. MU. 4 U. 7 M. Mg.
Vollmond 9 U. 37 M. Mg. — Tageslänge 15 St. 21 M.
Johannes Theologos der Griechen.

21. Freitag. FA. Konstantin d. Gr.; — Prudens. **Mai.**

SA. 4 U. 13 M. SU. 7 U. 39 M. — MA. 9 U. 38 M. Ab. MU. 4 U. 41 M. Mg.
Tageslänge 15 St. 23 M.

22. Samstag. F. Ubald, B.; — Helena K.

SA. 4 U. 12 M. SU. 7 U. 41 M. — MA. 10 U. 40 M. Ab. MU. 5 U. 26 M. Mg.
Tageslänge 15 St. 25 M.

Mai. 23. Sonntag. (21.W.) **Hl. Dreifaltigkeitsf.; — Trinit.**
SA. 4 U. 11 M. SU. 7 U. 42 M. — MA. 11 U. 30 M. Ab. MU. 6 U. 25 M. Mg.
Tageslänge 15 St. 27 M.

Heil. Dreifaltigkeitsfest.

18. Ijar. Lag Beomer (Schülerfest) der Juden.

---

24. Montag. Maria v. d. chr. Hilf. Johanna; — Esther.
SA. 4 U. 10 M. SU. 7 U. 43 M. — MU. 7 U. 36 M. Mg.
Tageslänge 15 St. 30 M.

---

25. Dienstag. Gregor VII. P.; — Urban, P.
SA. 4 U. 9 M. SU. 7 U. 41 M. — MA. 12 U. 7 M. Mg. MU. 8 U. 51 M. Mg.
Tageslänge 15 St. 33 M.

26. Mittwoch. Philippus Neri; — Eduard. **Mai.**

SA. 4 U. 8 M. SU. 7 U. 44 M. — MA. 12 U. 35 M. Mg. MU. 10 U. 9 M. Mg.

Tageslänge 15 St. 35 M.

27. Donnerstag. Hl. Fronleichnamsf. Beda; — Rupprecht.

SA. 4 U. 1 M. SU. 8 U. 4 M. — MA. 12 U. 57 M. Mg. MU. 11 U. 28 M. Mg.

Tageslänge 15 St. 36 M.

Hochheil. Fronleichnamsfest.

Mai. 28. **Freitag.** A. Germanus, B.; — Wilhelm.

SA. 4 U. 2 M. SU. 8 U. 4 M. — MA. 1 U. 15 M. Mg.

Letztes Viertel 7 U. 17 M. Mgs. — Tageslänge 15 St. 36 M.

29. **Samstag.** Theodosia, M.; — Christina.

SA. 4 U. 2 M. SU. 8 U. 4 M. — MA. 1 U. 30 M. Mg. MU. 12 U. 45 M. Ab.

Tageslänge 15 St. 41 M.

30. Sonntag. (22.W.) 2. n. Pf. Felix I.; — Wigand. **Mai.**
SA. 4 U. 5 M. SU. 7 U. 49 M. — MA. 1 U. 43 M. Mg. MU. 2 U. 7 M. Ab.
Tageslänge 15 St. 42 M.

31. Montag. Petronilla, J.; — Petronilla.
SA. 4 U. 4 M. SU. 7 U. 51 M. — MA. 1 U. 57 M. Mg. MU. 3 U. 31 M. Ab.
Tageslänge 15 St. 43 M.

1. Dienstag. Nikodemus; — Nikodemus. **Juni.**
SA. 4 U. 4 M. SU. 7 U. 51 M. — MA. 2 U. 14 M. Mg. MU. 5 U. 1 M. Ab.
Tageslänge 15 St. 45 M. Läutordnung 9 Uhr.
Missions- und Bibelfest in Nürnberg.

Juni. **2. Mittwoch.** Erasmus, (14 Nothh.); — Marquard.
SA. 4 U. 4 M. SU. 7 U. 52 M. — MA. 2 U. 34 M. Mg. MU. 6 U. 36 M. Ab.
Tageslänge 15 St. 46 M.

3. Donnerstag. Klotildis, K.; — Erasmus.
SA. 4 U. 3 M. SU. 7 U. 52 M. — MA. 4 U. 49 M. Mg. MU. 8 U. 9 M. Ab.
Neumond 11 U. 7 M. Nachts. — Tageslänge 15 St. 48 M.

4. Freitag. A. Herz Jesufest. Franciscus; — Carpas **Juni.**

SA. 4 U. 2 M. SU. 7 U. 54 M. — MA. 5 U. 15 M. Mg. MU. 9 U. 32 M. Ab.

Tageslänge 15 St. 50 M.

1. Sivan der Juden.

5. Samstag. Bonifacius, Erzb.; — Bonifaz.

SA. 4 U. 2 M. SU. 7 U. 54 M. — MA. 4 U. 37 M. Ab. MU. 10 U. 34 M. Ab.

Tageslänge 15 St. 51 M.

Bonifaz, Apostel der Deutschen.

Juni. 6. **Sonntag.** (23.W.) 3.n.Pf. Norbert, B.; — Benign.
SA 4 U. 1 M. SU. 7 U. 56 M. — MA. 5 U. 50 M. Mg. MU. 11 U. 17 M. Ab.
Tageslänge 15 St 52 M.

7. **Montag.** Robert, Abt; — Lucretia.
SA. 4 U. 0 M. SU. 7 U. 57 M. — MA. 5 U. 47 M. Mg. MU. 11 U. 47 M. Ab.
Tageslänge 15 St. 52 M.

8. **Dienstag.** Medardus, B.; — Medardus.
SA. 4 U. 0 M. SU. 7 U. 58 M. — MA. 6 U. 7 M. Mg. MU. 12 U. 9 M. Mg.
Erstes Viertel 8 U. 42 M. Ab. — Tageslänge 15 St. 55 M.

9. Mittwoch. Primus u. Felician, M.; — Primus. **Juni.**
SA. 4 U. 0 M. SU. 7 U. 58 M. — MA. 6 U. 33 M. Mg. MU. 12 U. 26 M. Mg.
Tageslänge 15 St. 55 M.
6. Sivan. Wochenfest (Pfingsten) der Juden.

10. Donnerstag. Margaritha, K.; — Onuphrius.
SA. 3 U. 59 M. SU. 7 U. 59 M. — MA. 11 U. 16 M. Mg. MU. 12 U. 39 M. Mg.
Tageslänge 15 St. 57 M.
7. Sivan. Zweites Wochenfest.

Juni. 11. **Freitag.** A. Barnabas, A.; — Barnabas.
SA. 3 U. 59 M. SU. 7 U. 59 M. — MA. 12 U 25 M. Ab. MU. 12 U. 51 M. Mg.
Tageslänge 15 St. 58 M.

12. **Samstag.** Johann v. hl. Fac.; — Basilides.
SA. 3 U. 59 M. SU. 8 U. 0 M. — MA. 1 U. 36 M. Ab. MU. 1 U. 2 M. Mg
Tageslänge 15 St. 59 M.

13. Sonntag. (24.W.) 4.n.Pf. Anton v. P.; — Tob. **Juni.**
SA 3 U. 59 M. SU. 8 U. 0 M. — MA. 2 U. 46 M. Ab. MU. 1 U. 2 M. Mg.
Tageslänge 15 St. 59 M.

14. Montag. Basilius, B. Krchl.; — Antonia.
SA. 3 U. 59 M. SU. 8 U. 0 M. — MA. 3 U. 56 M. Ab. MU. 1 U. 28 M. Mg.
Tageslänge 15 St. 59 M.

15. Dienstag. Vitus. Kreszentia (14 Nthh.); — Kreszentia.
SA. 3 U. 59 M. SU. 8 U. 1 M. — MA. 5 U. 7 M. Ab. MU. 1 U. 46 M. Mg.
Tageslänge 15 St. 59 M.

Juni. 16. **Mittwoch.** Benno, B.; — Justine.

SA. 3 U. 59 M. SU. 8 U. 1 M. — MA. 6 U. 27 M. Ab. MU. 2 U. 10 M. Mg.

Tageslänge 16 St. 0 M.

Patrocinium der Hauptstadt München und des ehemaligen Herzogthums Bayern.

17. **Donnerstag.** Adolf; — Volkmar.

SA. 3 U. 59 M. SU. 8 U. 2 M. — MA. 7 U. 28 M. Ab. MU. 2 U. 40 M. Mg.

Tageslänge 16 St. 0 M.

18. Freitag. A. Marcellian, M.; -- Arnulf. **Juni.**
SA. 3 U. 59 M. SU. 8 U. 3 M. — MA. 8 U. 32 M. Ab. MU. 3 U. 23 M Mg.
Tageslänge 16 St. 1 M.

19. Samstag. Juliana v. Falk., W.; — Gervasius.
SA. 3 U. 59 M. SU. 8 U. 3 M. — MA. 9 U. 26 M Ab. MU. 4 U 19 M. Mg.
Tageslänge 16 St. 1 M.

Juni. 20. **Sonntag.** (25.W.) 5. n. Pf. Silver., P. M.; — Silv.
SA. 3 U. 59 M. SU. 8 U. 3 M. — MA. 10 U. 8 M. Ab. MU. 5 U. 27 M Mg.
Tageslänge 16 St. 2 M.

21. **Montag.** Aloisius v. Gonzaga, Bek.; — Albanus.
SA. 3 U. 59 M. SU. 8 U. 4 M. — MA. 10 U. 39 M. Ab. MU. 6 U. 42 M. Mg.
Sommeranfang 9 U. 33 M. Ab. — Tageslänge 16 St. 2 M.

22. **Dienstag.** Achatius, M.; — Achatius.
SA. 3 U. 59 M. SU. 8 U. 4 M. — MA. 11 U. 2 M. Ab. MU. 7 U. 59 M. Mg.
Tageslänge 16 St. 2 M.

23. **Mittwoch**. F. Edeltraud, J.; — Basilius. **Juni**.
SA. 4 U. 20 M. SU. 8 U. 4 M. — MA. 11 U. 21 M. Ab. MU. 9 U. 16 M. Mg.
Tageslänge 16 St. 2 M.

24. **Donnerstag**. **Johann d. Täufer**; — Johann d. Täufer.
SA. 4 U. 20 M. SU. 8 U. 4 M. — MA. 11 U. 36 M. Ab. MU. 10 U. 34 M. Mg.
Tageslänge 16 St. 2 M.

Johann der Täufer.

Juni. **25. Freitag.** A. Wilhelm, Abt; — Eulogius.

SA. 4 U. 0 M. SU. 8 U. 4 M. — MA. 11 U. 51 M. Ab. MU. 11 U. 52 M. Mg.

Tageslänge 16 St. 1 M.

26. Samstag. Johann u. Paul, M.; — Jeremias.

SA. 4 U. 1 M. SU. 8 U. 4 M.

Tageslänge 16 St. 1 M.

27. Sonntag. (26.W.) 6.n.Pf. Ladisl.; — Philippina. **Juni.**
SA. 4 U. 1 M. SU. 8 U. 4 M. — MA. 12 U. 3 M. Mg. MU. 1 U. 11 M. Ab.
Tageslänge 16 St. 0 M.

28. Montag. F. Leo II., P.; — Josua.
SA. 4 U. 2 M. SU. 8 U. 4 M. — MA. 12 U. 18 M. Mg. MU. 2 U. 35 M. Ab.
Tageslänge 16 St. 0 M.

29. Dienstag. Peter u. Paul, Apost.; — Peter u. Paul.
SA. 4 U. 2 M. SU. 8 U. 4 M. — MA. 12 U. 36 M. Mg. MU. 4 U. 3 M. Ab.
Tageslänge 15 St. 59 M.

Peter und **Paul** und aller Apostel Gedächtniss.

Juni. 30. Mittwoch. Pauli Gedächtn.; — Pauli Gedächtn.

SA. 4 U. 3 M. SU. 8 U. 3 M. — MA. 1 U. 0 M. Mg. MU. 5 U. 35 M. Ab.

Tageslänge 15 St. 59 M.

Juli. 1. Donnerstag. Theobald. Aaron; — Theobald.

SA. 4 U. 4 M. SU. 8 U. 3 M. — MA. 1 U. 32 M. Mg. MU. 7 U. 3 M. Ab.

Tageslänge 15 St. 59 M. Läutordnung 9 Uhr.

2. Freitag. A. Mariä Heimsuch.; — Mariä Heimsuch. **Juli.**
SA. 4 U. 4 M. SU. 8 U. 2 M. — MA. 2 U. 18 M. Mg. MU. 8 U. 16 M. Ab.
Tageslänge 15 St. 59 M.

3. Samstag. Irenäus, B. Bertram; — Cornelius.
SA. 4 U. 5 M. SU. 8 U. 2 M. — MA. 3 U. 23 M. Mg. MU. 9 U. 7 M. Ab.
Neumond 6 U. 11 M. Mrgs. — Tageslänge 15 St. 57 M.

Juli. 4. **Sonntag.** (27.W.) 7. n. Pf. Ulrich, B ; — Ulrich.
SA. 4 U. 5 M. SU. 8 U. 2 M. — MA. 4 U. 44 M. Mg. MU. 9 U. 42 M. Ab.
Tageslänge 15 St. 56 M.
Patrocinium des Bisthums Augsburg.
1. Thamuz der Juden.

5. **Montag.** Domitius, M.; — Charlotte.
SA. 4 U. 6 M. SU. 8 U. 2 M. — MA. 6 U. 11 M. Mg MU. 10 U. 6 M. Ab.
Tageslänge 15 St. 55 M.

6. **Dienstag.** Isaias Proph. Goar; — Isaias.
SA. 4 U. 7 M. SU. 8 U. 2 M. — MA. 7 U. 35 M. Mg. MU. 10 U. 26 M. Ab.
Tageslänge 14 St. 54 M.

7. Mittwoch. Willibald, B.; — Willibald. **Juli.**

SA. 4 U. 8 M. SU. 8 U. 0 M. — MA. 8 U. 46 M. Mg. MU. 10 U. 40 M. Ab.

Tageslänge 15 St. 52 M.

Patrocinium des Bisthums Eichstädt.

8. Donnerstag. Kilian, B.; — Kilian.

SA. 4 U. 9 M. SU. 7 U. 59 M. — MA. 10 U. 4 M. Mg. MU. 10 U. 54 M. Ab.

Tageslänge 15 St. 50 M.

Patrocinium des Bisthums Würzburg.

Juli. 9. **Freitag.** A. Nicolaus, M.; — Gottlob.

SA. 4 U. 10 M. SU. 7 U. 59 M. — MA. 11 U. 22 M. Mg. MU. 11 U. 6 M. Ab.

Tageslänge 15 St. 49 M.

Petri-Fasten-Ende der Griechen.

---

10. **Samstag.** 7 Brüder; Amalia; — Jakobina.

SA. 4 U. 11 M. SU. 7 U. 55 M. — MA. 12 U. 34 M. Ab. MU. 11 U. 21 M. Ab.

Erstes Viertel 11 U. 27 M. Mg. — Tageslänge 15 St. 48 M.

11. Sonntag. (28.W.) 8. n. Pf. Pius I., P. M.; — Pius. **Juli.**

SA. 4 U. 12 M. SU. 7 U. 58 M. — MA. 1 U. 44 M. Ab. MU. 11 U. 34 M. Ab.

Tageslänge 15 St. 47 M.

Peter und Paul der Griechen.

---

12. Montag. Johann Gualbert, A.; — Heinrich.

SA. 4 U. 13 M. SU. 7 U. 58 M. — MA. 2 U. 54 M. Ab. MU. 11 U. 51 M. Ab.

Tageslänge 15 St. 45 M.

---

13. Dienstag. Eugen, B. Anaklet P.; — Margaretha.

SA. 4 U 13 M. SU. 7 U. 57 M. — MA. 4 U. 5 M. Ab. MU. 12 U. 13 M. Mg.

Tageslänge 15 St. 43 M.

Patrocinium des Erzbisthums Bamberg.

Juli. 14. Mittwoch. Bonaventura. B. Krchl.; – Bonavent.
SA. 4 U. 14 M. SU. 7 U. 56 M. – MA. 5 U. 16 M. Ab. MU. 12 U. 41 M. Mg.
Tageslänge 15 St. 41 M.

15. Donnerstag. Heinrich K. P. v. Bg.; – Aposteltheil.
SA. 4 U. 15 M. SU. 7 U. 55 M. – MA. 6 U. 24 M. Ab. MU. 1 U. 18 M. Mg.
Tageslänge 15 St. 40 M.

16. **Freitag.** A. Maria vom Berge Karmel; — Ruth. **Juli.**
SA. 4 U. 17 M. SU. 7 U. 54 M. — MA. 7 U. 21 M. Ab. MU. 2 U. 10 M. Mg.
Tageslänge 15 St. 36 M. Läutordnung halb 9 Uhr.

17. **Samstag.** Alexius, Bek. Gebhard; — Alexius.
SA. 4 U. 18 M. SU. 7 U. 54 M. — MA. 8 U. 7 M. Ab. MU. 3 U. 15 M. Mg.
Tageslänge 15 St. 26 M.

Juli. 18. **Sonntag.** (29.W.) 9. n. Pf. Skap.-F. Friedr.; — Mat.
SA. 4 U. 19 M. SU. 7 U. 53 M. — MA. 8 U. 41 M. Ab. MU 4 U. 29 M. Mg.
Vollmond 2 U. 13 M. Ab. — Tageslänge 15 St. 34 M.
Skapulierfest.

19. **Montag.** Vincenz v. Paula, Ordst.; — Rufina.
SA. 4 U. 19 M. SU. 7 U. 52 M. — MA. 9 U. 8 M. Ab. MU. 5 U. 46 M. Mg.
Tageslänge 15 St. 33 M.

20. **Dienstag.** Margaretha, K. (14 Nthh.); — Elias.
SA. 4 U. 20 M. SU. 7 U. 51 M. — MA. 9 U. 34 M. Ab. MU. 7 U. 5 M. Mg.
Tageslänge 15 St. 31 M.
17. Thamuz. Tempel-Eroberung. Fasttag.

21. Mittwoch. Daniel, Proph. Julia, J.; — Praxedis. **Juli.**
SA. 4 U. 21 M. SU. 7 U. 50 M. — MA. 9 U. 44 M. Ab. MU. 8 U. 23 M. Mg.
Tageslänge 15 St. 28 M.

22. Donnerstag. Maria Magdalena; — Maria Magdalena.
SA. 4 U. 23 M. SU. 7 U. 19 M. — MA. 9 U. 57 M. Ab. MU. 9 U. 42 M. Mg.
Tageslänge 15 St. 26 M.

Juli. **23. Freitag.** A. Apollinaris, B.; — Apollinaris.
SA. 4 U. 24 M. SU. 7 U. 48 M. — MA. 10 U. 9 M. Ab. MU. 11 U. 3 M. Mg.
Hundstage-Anfang. — Tageslänge 15 St. 22 M.

24. Samstag. Christiana, J. Olga; — Christiana.
SA. 4 U. 25 M. SU. 7 U. 47 M. — MA. 10 U. 22 M. Ab.
Tageslänge 15 St. 21 M.

25. Sonntag. (40.W.) 10. n. Pf. Jakobus d. Gr.; — Jak. **Juli.**
SA. 4 U. 26 M. SU. 7 U. 45 M. — MA. 10 U. 41 M. Ab. MU. 12 U. 26 M. Ab.
Letztes Viertel 9 U. 15 M. Ab. — Tageslänge 15 St. 18 M.

26. Montag. Anna, Mutter Mariä; — Anna.
SA. 4 U. 28 M. SU. 7 U. 44 M. — MA. 11 U. 0 M. Ab. MU. 1 U. 46 M. Ab.
Tageslänge 15 St. 16 M.

27. Dienstag. Pantaleon M. (14 Nthh.); — Martha.
SA. 4 U. 29 M. SU. 7 U. 42 M. — MA. 11 U. 29 M. Ab. MU. 3 U. 19 M. Ab.
Tageslänge 15 St. 12 M.

Juli. 28. **Mittwoch.** Innocentius I. P.; — Pantaleon.
SA. 4 U. 31 M. SU. 8 U. 41 M. — MU. 4 U. 44 M. Ab.
Tageslänge 15 St. 11 M.

29. **Donnerstag.** Martha, J. Flora; — Beatrix.
SA. 4 U. 31 M. SU. 8 U. 40 M. — MA. 12 U. 8 M. Mg. MU. 5 U. 59 M. Ab.
Tageslänge 15 St. 8 M.

30. Freitag. A. Abdon u. Sennen; — Abdon u. Senn. **Juli.**
SA. 4 U. 33 M. SU. 7 U. 39 M. — MA. 1 U. 2 M. Mg. MU. 6 U. 59 M. Ab.
Tageslänge 15 St. 6 M.

31. Samstag. Ignatius Lojola, O.-St.; — Trasibul.
SA. 4 U. 34 M. SU. 7 U. 38 M. — MA. 2 U. 5 M. Mg. MU. 7 U. 40 M. Ab.
Tageslänge 15 St. 3 M.

August. 1. Sonntag. (31.W.) 11.n.Pf. Portiunk. Petr. Kettf.
SA. 4 U. 36 M. SU. 7 U. 36 M. — MA. 3 U. 29 M. Mg. MU. 7 U. 21 M. Ab.
Neumond 2 U. 14 M. Ab. — Tageslänge 15 St. 2 M.
Läutordnung halb 9 Uhr.
Portiuncula-Ablass.

Beginn der Gerichtsferien.

---

2. **Montag**. Alfons v. Lig.; — Gustav.
SA. 4 U. 37 M. SU. 7 U. 35 M. — MA. 4 U. 29 M. Mg. MU. 8 U. 32 M. Ab.
Tageslänge 14 St. 58 M.
1. Ab der Juden.

---

3. **Dienstag**. Auffind. d. hl. Stephan. August; — August.
SA. 4 U. 38 M. SU. 7 U. 33 M. — MA. 6 U. 32 M. Mg. MU. 8 U. 51 M. Ab.
Tageslänge 14 St. 55 M.

4. Mittwoch. Dominikus, B.; — Dominikus. **August.**

SA. 4 U. 37 M. SU. 7 U. 31 M. — MA. 7 U. 51 M. Mg. MU. 9 U. 2 M. Ab.
Tageslänge 14 St. 51 M.

5. Donnerstag. Maria Schnee; — Oswald.

SA. 4 U. 41 M. SU. 7 U. 30 M. — MA. 9 U. 5 M. Mg. MU. 9 U. 14 M. Ab.
Tageslänge 14 St. 50 M.

August. 6. **Freitag.** A. Verklär. Christi; — Verkl. Chr.
SA. 4 U. 42 M. SU. 7 U. 28 M. — MA. 10 U. 18 M. Mg. MU. 9 U. 26 M. Ab.
Tageslänge 14 St. 47 M.
Petri-Fasten-Ende der Griechen.

7. **Samstag.** Afra, M. Cajetan, M.; — Ulrika.
SA. 4 U. 43 M. SU. 7 U. 27 M. — MA. 11 U. 31 M. Mg. MU. 9 U. 39 M. Ab.
Tageslänge 14 St. 43 M.

8. **Sonntag.** (32. W.) 12. n. Pf. Cyriakus, (14 Nthh.) **August.**
SA. 4 U. 45 M. SU. 7 U. 25 M. — MA. 12 U. 38 M. Ab. MU. 9 U. 55 M. Ab.
Tageslänge 14 St. 39 M.
Friedensfest in Augsburg (1650).

9. **Montag.** Roman, M.; — Erich.
SA. 4 U. 46 M. SU. 7 U. 23 M. — MA. 1 U. 52 M. Ab. MU. 13 U. 13 M. Ab.
Erstes Viertel 4 U. 14 M. Mg. — Tageslänge 14 St. 37 M.

10. **Dienstag.** Laurentius, M.; — Lorenz.
SA. 4 U 48 M. SU. 7 U. 21 M. — MA. 3 U. 2 M. Ab. MU. 10 U. 39 M. Ab.
Tageslänge 14 St. 34 M.
9. Ab. Tempelverbrennung. Fasttag.

August. 11. **Mittwoch.** Susanna, J.; — Herman.

SA. 4 U. 50 M. SU. 7 U. 19 M. — MA. 4 U. 12 M. Ab. MU. 11 U. 18 M. Ab.

Tageslänge 14 St. 30 M.

Kinderfest in Augsburg.

12. **Donnerstag.** Klara, J. Ord.-St.; — Klara.

SA. 4 U. 51 M. SU. 7 U. 19 M. — MA. 5 U. 14 M. Ab. MU. 11 U. 59 M. Ab.

Tageslänge 14 St. 27 M.

13. Freitag. A. Cassian, B.; — Hippolyt. **August.**

SA. 4 U. 52 M. SU. 7 U. 17 M. — MA. 6 U. 4 M. Ab. MU. 12 U. 39 M. Mg.

Tageslänge 14 St. 25 M.

Beginn der griechischen Fasten zu Mariä Ehren.

14. Samstag. F. Eusebius, Pr. M.; — Eusebius.

SA. 4 U. 53 M. SU. 7 U. 15 M. — MA. 6 U. 42 M. Ab. MU. 2 U. 1 M. Mg.

Tageslänge 14 St. 21 M.

August. 15. **Sonntag.** (33.W.) 13. n Pf. **Mariä Himmelf.**
SA. 4 U. 54 M. SU. 7 U. 14 M. — MA. 7 U. 10 M. Ab. MU. 3 U. 29 M. Mg.
Tageslänge 14 St. 19 M. Frauendreissigst-Anfang.

Mariä Himmelfahrt.

Patrocinium des Bisthums Speier. (Kräuterweihe.)

---

16. **Montag.** Rochus, Bek.; — Isaak.
SA. 4 U. 55 M. SU. 7 U. 12 M. — MA. 7 U. 33 M. Ab. MU. 4 U. 49 M. Mg.
Vollmond 2 U. 20 M. Ab. — Tageslänge 14 St. 16 M. Läutordnung 8 Uhr.

---

17. **Dienstag.** Liberatus, D.; — Auguste.
SA. 4 U. 57 M. SU. 7 U. 10 M. — MA. 7 U. 49 M. Ab. MU. 6 U. 11 M. Mg.
Tageslänge 14 St. 13 M.

18. Mittwoch. Helena, K.; — Agapit. **August.**
SA. 4 U. 58 M. SU. 7 U. 9 M. — MA. 8 U. 5 M. Ab. MU. 7 U. 29 M. Mg.
Tageslänge 14 St. 9 M.

19. Donnerstag. Sebaldus, Bek.; — Sebald.
SA. 4 U. 59 M. SU. 7 U. 7 M. — MA. 8 U. 17 M. Ab. MU. 8 U. 51 M. Mg.
Tageslänge 14 St. 6 M.

August. 20. **Freitag.** A. Bernardus, Krchl. O.-St.; – Bernh.
SA. 5 U. 1 M. SU. 7 U. 4 M. — MA. 8 U. 31 M. Ab. MU. 10 U. 12 M. Mg.
Tageslänge 14 St. 4 M.

21. **Samstag.** Johanna Franc. v. Chantal; — Hartwig.
SA. 5 U. 2 M. SU. 7 U. 2 M. — MA. 8 U. 46 M. Ab. MU. 11 U. 38 M. Mg.
Tageslänge 14 St. 0 M.

22. Sonntag. (34.W.) 14. n. Pf. Maurus; — Symph. **August.**

SA. 5 U. 4 M. SU. 7 U. 0 M. — MA. 9 U. 5 M. Ab.

Tageslänge 13 St. 57 M.

23. Montag. Philippus Benizi; — Zachäus.

SA. 5 U. 6 M. SU. 6 U. 58 M. — MA. 9 U. 30 M. Ab MU. 1 U. 1 M. Ab.

Tageslänge 13 St. 55 M.

24. Dienstag. Bartholomäus, Ap.; — Bartholomäus.

SA. 5 U. 8 M. SU. 6 U. 57 M. — MA. 10 U. 4 M. Mg. MU. 2 U. 28 M. Ab.

Letztes Viertel 2 U. 24 M. Mg. — Tageslänge 13 St. 52 M.

Hundstage-Ende.

August. 25. **Mittwoch.** Ludwig, K.; — Kunigunde.
SA. 5 U. 9 M. SU. 6 U. 54 M. — MA. 10 U. 54 M. Ab. MU. 3 U. 48 M. Ab.
Tageslänge 13 St. 48 M.
Namens- und Geburtsfest Sr. Maj. des Königs Ludwig II. von Bayern.

26. **Donnerstag.** Zephirinus, P.; — Samuel.
SA. 5 U. 10 M. SU. 6 U. 52 M. — MA. 11 U. 51 M. Ab. MU. 4 U. 54 M. Ab.
Tageslänge 13 St. 46 M.
Ende Mariä Fasten.

27. Freitag. A. Josephus Calas B.; — Gebhard. **August.**
SA. 5 U. 11 M. SU. 6 U. 51 M. — MU. 5 U. 41 M. Ab.
Tageslänge 13 St. 41 M.
Mariä Himmelfahrt der Griechen.

28. Samstag. Augustin, B. Krchl.; — Augustin.
SA. 5 U. 12 M. SU. 6 U. 49 M. — MA. 1 U. 15 M. Mg. MU. 6 U. 16 M. Ab.
Tageslänge 13 St. 37 M.

August. 29. Sonntag. (35.W.)15.n.Pf. Schutzenglf. — Sab.
SA. 5 U. 14 M. SU. 6 U. 46 M. — MA. 2 U. 38 M. Mg. MU. 6 U. 40 M. Ab.
Tageslänge 13 St. 35 M.
Schutzengelfest.

30. Montag. Rosa v. Lima; — Rebeka.
SA. 5 U. 16 M. SU. 6 U. 45 M. — MA. 4 U. 3 M. Mg. MU. 6 U. 56 M. Ab.
Tageslänge 13 St. 31 M

31. Dienstag. Raymund, B.; — Isabella.
SA. 5 U. 17 M. SU. 6 U. 43 M. — MA. 5 U. 25 M. Mg. MU. 7 U. 8 M. Ab.
Neumond 12 U. 27 M. Mg. — Tageslänge 13 St. 27 M.
1. Elul der Juden.

1. **Mittwoch.** Aegidius, B.; — Aegid. **September.**
SA. 5 U. 18 M. SU. 6 U. 41 M. — MA. 6 U. 44 M. Mg. MU. 7 U. 21 M. Ab.
Tageslänge 13 St. 23 M. Läutordnung halb 8 Uhr.

2. **Donnerstag.** Stephan, K.; — Absolon.
SA. 5 U. 19 M. SU. 6 U. 39 M. — MA. 8 U. 0 M. Mg. MU. 7 U. 32 M. Ab.
Tageslänge 13 St. 21 M.

September. 3. **Freitag.** A Serapia, J. M.; -- Mansuet.
SA 5 U. 20 M. SU. 6 U. 37 M. – MA. 9 U. 13 M. Mg. MU. 7 U. 51 M Ab.
Tageslänge 13 St. 17 M.

4. **Samstag.** Rosalia, J. Ida; — Moses.
SA. 5 U. 22 M. SU. 6 U. 36 M. — MA. 10 U. 24 M. Mg. MU. 7 U. 59 M. Ab.
Tageslänge 13 St. 14 M.

5. Sonntag. (36.W.) 16. n. Pf. Laur.; — Herc. **September.**
SA. 5 U. 22 M. SU. 6 U. 33 M. — MA. 11 U. 37 M. Mg. MU. 8 U. 16 M. Ab.
Tageslänge 13 St. 10 M.

6. Montag. Magnus, Abt; — Zacharias.
SA. 5 U. 21 M. SU. 6 U. 31 M. — MA. 12 U. 48 M. Ab. MU. 8 U. 38 M. Ab.
Tageslänge 13 St. 7 M.
Magnus, Apostel des Algäu.

7. Dienstag. Regina, J. M.; — Regina.
SA. 5 U. 26 M. SU. 6 U. 29 M. — MA. 1 U. 58 M. Ab. MU. 9 U. 8 M. Ab.
Erstes Viertel 10 U. 24 M. Ab. — Tageslänge 13 St. 4 M.

September. 8. **Mittwoch. Maria Geburt**; — Maria Geb.
SA. 5 U. 28 M. SU. 6 U. 26 M. — MA. 3 U. 3 M. Ab. MU. 9 U. 49 M. Ab.
Tageslänge 13 St. 1 M.

Mariä Geburt.

Namensfest Ihrer Majestät der Königin-Mutter.

---

9. **Donnerstag.** Korbinian, B.; — Bruno.
SA. 5 U. 29 M. SU. 6 U. 24 M. — MA. 3 U. 57 M. Ab. MU. 10 U. 40 M. Ab.
Tageslänge 12 St. 57 M.

10. Freitag. A. Nicolaus v. Tol ; — Jodok. **September.**

SA. 5 U. 31 M. SU. 6 U. 23 M. — MA. 4 U 41 M. Ab. MU. 11 U. 51 M. Ab.
Tageslänge 12 St. 54 M.

11. Samstag. Petrus Claver.; — Protus.

SA. 5 U. 32 M. SU. 6 U. 20 M. — MA. 5 U. 11 M. Ab. MU. 1 U. 6 M. Mg.
Tageslänge 12 St. 50 M.

September. 12. **Sonntag.** (37.W.) 17.n Pf. M. Nam.; — Syr.
SA. 5 U. 33 M. SU. 6 U. 19 M. — MA. 5 U. 36 M. Ab. MU. 2 U. 25 M. Mg.
Tageslänge 12 St. 47 M.

13. **Montag.** Nothburga, J.; — Anakus.
SA. 5 U. 34 M. SU. 6 U. 17 M. MA. 5 U. 55 M. Ab. MU. 4 U. 34 M. Mg.
Tageslänge 12 St. 43 M.

14. **Dienstag.** Heil. † Erhöhung; — † Erhöhung.
SA. 5 U. 36 M. SU. 6 U. 14 M. — MA. 6 U. 10 M. Ab. MU. 5 U. 8 M. Mg.
Tageslänge 12 St. 38 M. Frauendreissigst-Ende.

15. Mittwoch. FA. III. Quat. Nikodemus. **September.**
SA. 5 U. 37 M. SU. 6 U. 12 M. — MA. 6 U. 25 M. Ab. MU. 6 U. 30 M. Mg.
Vollmond 1 U. 28 M. Ab. —Tageslänge 12 St. 36 M.

16. Donnerstag. Cornelius, M.; — Euphemia.
SA. 5 U. 39 M. SU. 6 U. 9 M. — MA. 6 U. 37 M. Ab. MU. 7 U. 55 M. Mg.
Tageslänge 12 St. 32 M. Läutordnung 7 Uhr.

September. 17. **Freitag.** FA. Hildeg., J.; — Hild.
SA. 5 U. 41 M. SU. 6 U. 7 M. — MA. 6 U. 52 M. Ab. MU. 9 U. 20 M. Mg.
Tageslänge 12 St. 29 M.

18. **Samstag.** F. Josef v. Cupertino; — Titus.
SA. 5 U. 42 M. SU. 6 U. 6 M. — MA. 7 U. 10 M. Ab. MU. 10 U. 49 M. Mg
Tageslänge 12 St. 26 M.

19. Sonntag. (38.W.) 18 n. Pf. Lantpert, B. **September.**
SA. 5 U. 43 M. SU. 6 U. 3 M. — MA. 7 U. 34 M. Ab.
Tageslänge 12 St 22 M.

20. Montag. Eustach (14 Nthh.); — Fausta.
SA. 5 U. 45 M. SU. 6 U. 2 M. — MA. 8 U. 5 M. Ab. MU. 1 U. 14 M Ab.
Tageslänge 12 St. 19 M.

21. Dienstag. Matthäus, Ap.; — Matthäus.
SA. 5 U. 45 M. SU. 6 U. 0 M. — MA. 8 U. 38 M. Ab. MU. 1 U. 49 M. Ab.
Tageslänge 12 St. 14 M.

September. 22. Mittwoch. Emeram, M.; — Moriz.

SA. 5 U. 47 M. SU. 5 U. 57 M. MA. 9 U. 48 M. Ab. MU. 2 U. 49 M. Ab.

Letztes Viertel 7 U. 47 M. Mg. — Tageslänge 12 St. 11 M.

23. Donnerstag. Linus, P. Thekla; — Thekla.

SA. 5 U. 48 M. SU. 5 U. 55 M. — MA. 11 U. 1 M. Ab. MU. 3 U. 43 M. Ab.

Herbstanfang 12 U. 2 M. Nachm. — Tageslänge 12 St. 8 M.

24. Freitag. A. Maria Erlösung d. G. **September.**
SA. 5 U. 50 M. SU. 5 U. 53 M. — MU. 4 U. 21 M. Ab.
Tageslänge 12 St. 4 M.

25. Samstag. Kleophas, Jünger Chr.; — Kleophas.
SA. 5 U. 52 M. SU. 5 U. 51 M. — MA. 12 U. 22 M. Mg. MU. 4 U. 45 M. Ab.
Tageslänge 12 St. 1 M.

September. 26. Sonntag. (39.W.) 19. n. Pf. Cyprian.
SA. 5 U. 54 M. SU. 5 U. 49 M. — MA. 1 U 46 M. Mg. MU. 5 U. 4 M. Ab.
Tageslänge 11 St. 58 M.

27. Montag. Kosmas u. Damian, M.; — Kosmas u. Dam.
SA. 5 U. 56 M. SU. 5 U. 46 M. — MA. 3 U. 6 M. Mg. MU. 5 U. 19 M. Ab.
Tageslänge 11 St. 54 M.

28. Dienstag. Wenzeslaus, H. u. M.; — Wenzeslaus.
SA. 5 U. 57 M. SU. 5 U. 46 M. — MA. 4 U. 23 M. Mg. MU. 5 U. 30 M. Ab.
Tageslänge 11 St. 50 M.

29. Mittwoch. Michael, Erzeng.; — Mich. **September.**

SA. 5 U. 58 M. SU. 5 U. 45 M. — MA. 5 U. 39 M Mg. MU. 5 U. 42 M. Ab.

Tageslänge 11 St. 47 M.

Neumond 1 U. 42 M. Ab mit einer theilweise sichtbaren Sonnenfinsterniss.

---

30. Donnerstag. Hieronymus, B. Otto; — Hieronym.

SA. 5 U. 58 M. SU. 5 U. 43 M. — MA. 6 U. 52 M. Mg. MU. 5 U. 55 M. Ab.

Tageslänge 11 St. 24 M.

1. Tischri. Neujahr der Juden. 5636.

Ende der Gerichtsferien.

October. **1. Freitag.** A. Remigius, B.; — Remigius.
SA. 6 U. 0 M. SU. 5 U. 38 M. — MA. 8 U. 4 M. Mg. MU. 6 U. 5 M. Ab.
Tageslänge 11 St. 40 M. Läutordnung halb 7 Uhr.
2. Tischri. Zweites Fest.
Ramadan (Fastenmonat) der Türken.

2. Samstag. Leodegar B. M.; — Johanna.
SA. 6 U. 2 M. SU. 5 U. 37 M. — MA. 9 U. 20 M. Mg. MU. 6 U. 21 M. Ab.
Tageslänge 11 St. 37 M.

3. Sonntag. (40.W.) 20. n. Pf. Rosenkrzf.; Jairus. **October.**
SA. 6 U. 2 M. SU. 5 U. 37 M. — MA. 10 U. 34 M. Mg. MU. 6 U. 41 M. Ab.
Tageslänge 11 St. 34 M.
Ernte- und Dankfest.
4. Tischri. Fasten Gedalie.

---

4. Montag. Franz (Ser.) v. Assisi; — Franz.
SA. 6 U. 3 M. SU. 5 U. 35 M. — MA. 11 U. 42 M. Mg. MU. 7 U. 8 M. Ab.
Tageslänge 11 St. 30 M.

---

5. Dienstag. Placidus M.; — Placidus.
SA. 6 U. 4 M. SU. 5 U. 32 M. — MA. 12 U. 50 M. Ab. MU. 7 U. 43 M. Ab.
Tageslänge 11 St. 27 M.

October. 6. **Mittwoch.** Bruno B.; — Friederika.
SA. 6 U. 6 M. SU. 5 U. 30 M. — MA. 1 U. 49 M. Ab MU. 8 U. 30 M. Ab.
Tageslänge 11 St. 23 M.

7. **Donnerstag.** Markus, P.; Justina; — Amalie.
SA. 6 U. 9 M. SU. 5 U. 26 M. — MA. 2 U. 36 M. Ab. MU. 9 U. 21 M. Ab.
Erstes Viertel 4 U. 52 M. Ab. — Tageslänge 11 St. 20 M.

8. Freitag. A. Brigitta, W. O.-St.; — Pelag. **October.**
SA. 6 U. 10 M. SU. 5 U. 24 M. — MA. 3 U. 11 M. Ab. MU. 10 U. 43 M. Mg.
Tageslänge 11 St. 16 M.

9. Samstag. Dionysius B. (14 Nthh.); — Dionys.
SA. 6 U. 12 M. SU. 5 U. 21 M. — MA. 3 U. 37 M. Ab. MU. 12 U. 1 M. Mg.
Tageslänge 11 St. 12 M.
10. Tischri. Versöhnungsfest. Langer Tag der Juden.

October. 10. **Sonntag.** (41.W.) 21. n. Pf. Franz B.; — Gid.
SA. 6 U. 13 M. SU. 5 U. 19 M. — MA. 3 U. 57 M. Ab. MU. 1 U. 20 M. Mg.
Tageslänge 11 St. 10 M.

11. **Montag.** Germanus. B.; — Wilhelm.
SA. 6 U. 15 M. SU. 5 U. 19 M. — MA. 4 U. 14 M. Ab. MU. 2 U. 40 M Mg.
Tageslänge 11 St. 5 M.

12. **Dienstag.** Maximilian, B. M.; — Maximilian.
SA. 6 U. 16 M. SU. 5 U. 16 M. — MA. 4 U. 30 M. Ab. MU. 4 U. 1 M. Mg.
Tageslänge 11 St. 2 M.

13. Mittwoch. Eduard, K.; — Koloman. **October.**
SA. 6 U. 18 M. SU. 5 U. 13 M. — MA. 4 U. 43 M. Ab. MU. 5 U. 25 M. Mg.
Tageslänge 10 St. 59 M.

14. Donnerstag. Kallistus, P.; — Kallistus.
SA. 6 U. 20 M. SU. 5 U. 11 M. — MA. 4 U. 57 M. Ab. MU. 6 U. 53 M. Mg
Tageslänge 10 St. 54 M.
15. Tischri. Laubhüttenfest der Juden.

October. 15. **Freitag.** A. Theresia, J. O.-St.; — Hedwig.
SA. 6 U. 21 M. SU. 5 U. 9 M. — MA. 5 U. 14 M. Ab. MU. 8 U. 24 M. Mg.
Vollmond 12 U. 0 M. Mg. — Tageslänge 10 St. 51 M.
Geburtsfest Ihrer Majestät der Königin-Mutter.
16. Tischri. Zweites Fest.

16. **Samstag.** Gallus, Abt; — Gallus.
SA. 6 U. 22 M. SU. 5 U. 8 M. — MA. 5 U. 35 M. Ab. MU. 9 U. 56 M. Mg.
Tageslänge 10 St. 47 M. Läutordnung 6 Uhr.

17. Sonntag. (42.W.) 22.n.Pf. Krchw.-F.; – Hedw. **October.**
SA. 6 U. 23 M. SU. 5 U. 7 M. – MA. 6 U. 4 M. Ab. MU. 11 U. 24 M. Mg.
Tageslänge 10 St. 45 M.
Allgemeines Kirchweihfest.

18. Montag. Lukas, Evang.; — Lukas.
SA. 6 U. 25 M. SU. 5 U. 4 M. – MA. 6 U. 43 M. Ab.
Tageslänge 10 St. 41 M.

19. Dienstag. Petrus Alc. Ferdinand, K.; — Ferdinand.
SA. 6 U. 27 M. SU. 5 U. 3 M. – MA. 7 U. 38 M. Ab. MU. 12 U. 50 M. Mg.
Tageslänge 10 St. 38 M.

October. 20. Mittwoch. Wendelin, A.; — Wendelin.

SA. 6 U. 27 M. SU. 5 U. 1 M. — MA. 8 U. 50 M. Ab MU. 1 U. 40 M. Ab.

Tageslänge 10 St. 36 M.

21. Tischri. Palmfest der Juden.

21. Donnerstag. Hilarion A., Ursula; — Ursula.

SA. 6 U. 29 M. SU. 4 U. 59 M. — MA. 10 U. 12 M. Ab. MU. 2 U. 21 M. Ab.

Letztes Viertel 2 U. 59 M. Ab. — Tageslänge 10 St. 32 M.

22. Tischri. Versammlungs- und Weinlesefest der Juden.

22. Freitag. A. Kordula, J. M.; -- Kordula. **October.**
SA. 6 U. 31 M. SU. 4 U. 58 M. — MA. 11 U. 34 M. Ab. MU. 2 U. 50 M. Ab.
Tageslänge 10 St. 28 M.
23. Tischri. Gesetzesfreude (Simhatora).

23. Samstag. Johann Capistran; — Severin.
SA. 6 U. 32 M. SU. 4 U. 56 M. — MU. 3 U. 11 M. Ab.
Tageslänge 10 St. 25 M.

October. 24. **Sonntag.** (43.W.) 23. n.Pf. Raphael; — Salome.
SA. 6 U. 34 M. SU. 4 U. 54 M. — MA. 12 U. 55 M. Mg. MU. 3 U. 27 M. Ab.
Tageslänge 10 St. 21 M.

25. **Montag.** Crispinus, M.; — Wilhelmine.
SA. 6 U. 35 M. SU. 4 U. 52 M. — MA. 2 U. 12 M. Mg. MU. 3 U. 40 M. Ab.
Tageslänge 10 St. 19 M.

26. **Dienstag.** Afra, Bekehr.; — Amandus.
SA. 6 U. 37 M. SU. 4 U. 50 M. — MA. 3 U. 35 M. Mg. MU. 3 U. 50 M. Ab.
Tageslänge 10 St. 16 M.

27. Mittwoch. Sabina, M.; — Sabina. **October.**

SA. 6 U. 39 M. SU. 4 U. 48 M. — MA. 4 U. 39 M Mg. MU. 4 U. 3 M. Ab.
Tageslänge 10 St. 12 M.

28. Donnerstag. Simon u. Jud., Ap.; — Simon u. Jud.

SA. 6 U. 41 M. SU. 4 U. 47 M. — MA. 5 U. 50 M. Mg. MU. 4 U. 16 M. Ab.
Tageslänge 10 St. 8 M.

October. 29. **Freitag.** A. Narcissus, B.; — Narcissus.
SA. 6 U. 42 M. SU. 4 U. 45 M. — MA. 7 U. 2 M. Mg. MU. 4 U. 28 M. Ab.
Neumond 5 U. 59 M. Mg. — Tageslänge 10 St. 5 M.

30. **Samstag.** F. Nothburga, J.; — Hartmann.
SA. 6 U. 44 M. SU. 4 U. 43 M. — MA. 8 U. 18 M. Mg. MU. 4 U. 45 M. Ab.
Tageslänge 10 St. 3 M.
1. Marcheschwan der Juden.

31. Sonntag. (44.W.) 24. n. Pf Wolfg.; — Ref.-F. **October.**
SA. 6 U. 45 M. SU. 4 U. 42 M. — MA. 9 U. 32 M. Mg. MU. 5 U. 9 M. Ab.
Tageslänge 9 St. 58 M.
Reformationsfest.
Patrocinium des Bisthums Regensburg.

1. Montag. Aller Heiligen; — Aller Heil. **November.**
SA. 6 U. 46 M. SU. 4 U. 40 M. — MA. 10 U. 41 M. Mg. MU. 6 U. 11 M. Ab
Tageslänge 9 St. 56 M. Läutordnung halb 6 Uhr.
Aller Heiligen.

2. Dienstag. Allerseelen Gedächtniss; — Vitalis.
SA. 6 U. 48 M. SU. 4 U. 38 M. — MA. 11 U. 40 M. Mg. MU. 6 U. 24 M. Ab.
Tageslänge 9 St. 54 M.

November. 3. **Mittwoch.** Hubert, B.; -- Gottlieb.
SA. 6 U. 50 M. SU. 4 U. 37 M. — MA. 12 U. 31 M. Ab. MU. 7 U. 20 M. Ab.
Tageslänge 9 St. 50 M.

4. **Donnerstag.** Carl Boromäus, B.; — Emmerich.
SA. 6 U. 50 M. SU. 4 U. 36 M. — MA. 1 U. 10 M Ab. MU. 8 U. 27 M. Ab.
Tageslänge 9 St. 44 M.

5. **Freitag.** A. Zacharias u. E.; — Blandina. **November.**
SA. 6 U. 52 M. SU. 4 U. 36 M. — MA. 1 U. 39 M. Ab. MU. 9 U. 41 M. Ab.
Tageslänge 9 St. 44 M.

6. **Samstag.** Leonhard, Abt; — Leonhard.
SA. 6 U. 54 M. SU. 4 U. 35 M. — MA. 2 U. 1 M. Ab. MU. 10 U. 56 M. Ab.
Erstes Viertel 10 U. 24 M. Mg. — Tageslänge 9 St. 40 M.

November. 7. **Sonntag.** (45.W.) 25. n. Pf. Englb.; — Erdm.
SA. 6 U. 55 M. SU. 4 U. 33 M. — MA. 2 U. 19 M. Ab. MU. 12 U. 13 M. Mg.
Tageslänge 9 St. 37 M.

8. **Montag.** Gottfried, B.; — Gottfried.
SA. 6 U. 57 M. SU. 4 U. 31 M. MA. 2 U. 34 M. Ab. MU. 1 U. 31 M. Mg.
Tageslänge 12 St. 43 M.

9. **Dienstag.** Theodor M.; · Theodor.
SA. 6 U. 59 M. SU. 4 U. 29 M. — MA. 2 U. 48 M. Ab. MU. 2 U. 0 M. Mg.
Tageslänge 9 St. 31 M.

10. Mittwoch. Andreas Avellin.; — Probus. **November.**
SA. 7 U. 0 M. SU. 4 U. 27 M. — MA. 3 U. 0 M. Ab. MU. 3 U. 58 M. Mg.
Tageslänge 9 St. 29 M.

11. Donnerstag. Martinus, B.; — Martin.
SA. 7 U. 2 M. SU. 4 U. 25 M. — MA. 3 U. 16 M. Ab. MU. 5 U. 47 M. Mg.
Tageslänge 9 St. 26 M.

November. **12. Freitag.** A. Martinus, P. M.; — Jonas.
SA. 7 U. 3 M. SU. 4 U. 24 M. — MA. 3 U. 35 M. Ab. MU. 7 U. 20 M. Mg.
Tageslänge 9 St. 23 M.

13. Samstag. Stanislaus Kostka; — Briccius.
SA. 7 U. 5 M. SU. 4 U. 22 M. — MA. 4 U. 0 M. Ab. MU. 8 U. 53 M. Mg.
Vollmond 10 U. 51 M. Mg. — Tageslänge 9 St. 20 M.
Sternschnuppenfall. Martini-Phänomen.

14. Sonntag. (46.W.) 26. n. Pf. Albert; — Lev. **November.**
SA. 7 U. 5 M. SU. 4 U. 22 M. — MA. 4 U. 35 M. Ab. MU. 10 U. 18 M. Mg.
Tageslänge 9 St. 16 M.

15. Montag. Leopold, Markg.; — Eugen.
SA. 7 U. 8 M. SU. 4 U. 22 M. — MA. 5 U. 25 M. Ab. MU. 11 U. 27 M. Mg.
Tageslänge 9 St. 16 M.

16. Dienstag. Ottmar, A. Edmund, Erzb.; — Ottmar.
SA. 7 U. 10 M. SU. 4 U. 20 M. — MA. 6 U. 33 M. Ab.
Tageslänge 9 St. 12 M.

November. 17. **Mittwoch.** Gregor, B.; — Hugo.
SA. 7 U. 11 M. SU. 4 U. 19 M. — MA. 7 U. 54 M. Ab. MU. 12 U. 19 M. Ab.
Tageslänge 9 St. 8 M.

18. **Donnerstag.** Odo, Abt; — Otto.
SA. 7 U. 12 M. SU. 4 U. 19 M. — MA. 9 U. 19 M. Ab. MU. 12 U. 53 M. Ab.
Tageslänge 9 St. 5 M.

19. Freitag. A. Elisab., Landgr. W.; — Elisab. **November.**
SA. 7 U. 14 M. SU. 4 U. 17 M. — MA. 10 U. 42 M. Ab. MU. 1 U. 17 M. Ab.
Tageslänge 9 St. 4 M.

20. Samstag. Korbinians Erh. Felix B.; — Emilie.
SA. 7 U. 16 M. SU. 4 U. 16 M. — MU. 1 U. 34 M. Ab.
Letztes Viertel 1 U. 23 M. Mg. — Tageslänge 9 St. 2 M.

November. 21. Sonntag. (47.W.) 27. n. Pf. Mariä Opf.
SA. 7 U. 18 M. SU. 4 U. 16 M. — MA. 12 U. 2 M. Mg. MU. 1 U. 47 M. Ab.
Tageslänge 8 St. 59 M.

22. Montag. Cäcilia, J. M.; — Cäcilia.
SA. 7 U. 20 M. SU. 4 U. 15 M. — MA. 1 U. 16 M. Mg. MU. 1 U. 59 M. Ab.
Tageslänge 8 St. 52 M.

23. Dienstag. Clemens, P.; — Clemens.
SA. 7 U. 22 M. SU. 4 U. 13 M. — MA. 2 U. 29 M. Mg. MU. 2 U. 10 M. Ab.
Tageslänge 8 St. 55 M.

24. Mittwch. Johann v. Kreuz; — Chrysog. **November.**
SA. 7 U. 23 M. SU. 4 U. 12 M. — MA. 3 U. 41 M. Mg. MU. 2 U. 24 M. Ab.
Tageslänge 8 St. 52 M.

25. Donnerstag. Katharina, J.; — Katharina.
SA. 7 U. 24 M. SU. 4 U. 12 M. — MA. 4 U. 52 M. Mg. MU. 2 U. 38 M. Ab.
Tageslänge 8 St. 50 M.

November. **26. Freitag.** A. Albert d. Gr.; — Konrad.
SA. 7 U. 21 M. SU. 4 U. 11 M. — MA. 6 U. 4 M. Mg. MU. 2 U. 55 M. Ab.
Tageslänge 8 St. 48 M.

27. Samstag. Virgilius, B.; — Loth, Busso.
SA. 7 U. 26 M. SU. 4 U. 10 M. — MA. 7 U. 16 M. Mg. MU. 3 U. 14 M. Ab.
Tageslänge 8 St. 46 M.
Beginn der griechischen Fasten vor Weihnachten.

28. **Sonntag**. (48.W.) 1.Adv. Cresc.; — Günth. **November.**
SA. 7 U. 27 M. SU. 4 U. 9 M. — MA. 8 U. 30 M. Mg. MU. 3 U. 43 M. Ab.
Neumond 12 U. 30 M. Mg. — Tageslänge 8 St. 44 M.
Anfang des Kirchenjahres.

29. **Montag**. Saturnin B. u. M.; — Walther.
SA. 7 U. 28 M. SU. 4 U. 9 M. — MA. 9 U. 34 M. Mg. MU. 4 U. 22 M. Ab
Tageslänge 8 St. 42 M
1. Kislev der Juden

30. **Dienstag**. Andreas, Ap.; — Andreas.
SA. 6 U. 44 M. SU. 4 U. 43 M. — MA. 10 U. 27 M. Mg. MU. 6 U. 14 M. Ab.
Tageslänge 8 St. 41 M.

Dezember. 1. **Mittwoch.** F. Eligius, B.; — Longinus.
SA. 7 U. 30 M. SU. 4 U. 7 M. — MA. 11 U. 8 M. Mg. MU. 6 U. 18 M. Ab.
Tageslänge 8 St. 40 M. — Läutordnung 5 Uhr.

2. **Donnerstag.** Bibiana J.; — Aurelia.
SA. 7 U. 32 M. SU. 4 U. 7 M. — MA. 11 U. 35 M. Mg. MU. 7 U. 30 M. Ab.
Tageslänge 8 St. 37 M.

3. Freitag. A. Franz Xav. v. Ind.; — Cassian. **Dezember.**

SA. 7 U. 33 M. SU. 4 U. 7 M. — MA. 11 U. 35 M. Mg. MU. 7 U. 30 M. Ab.

Tageslänge 8 St. 36 M.

4. Samstag. Barbara, J. M. (14 Nthh.); — Barbara.

SA. 7 U. 34 M. SU. 4 U. 6 M. — MA. 12 U. 23 M. Ab. MU. 9 U. 58 M. Ab.

Tageslänge 8 St. 33 M.

Dezember. 5. Sonntag. (49.W.) 2 Adv. Sabbas; — Abig.
SA. 7 U 35 M. SU. 4 U. 6 M. — MA. 12 U. 39 M. Ab. MU. 11 U. 13 M. Ab.
Tageslänge 8 St. 32 M.

6. **Montag.** Nicolaus, B.; — Nikolaus.
SA. 7 U. 36 M. SU. 4 U. 5 M. — MA. 12 U. 53 M. Ab MU. 12 U. 29 M. Mg.
Tageslänge 13 St. 55 M.

7. **Dienstag.** Ambrosius, Erzb.; — Agathon.
SA. 7 U. 38 M. SU. 4 U. 5 M. — MA. 1 U. 4 M. Ab. MU. 1 U. 50 M. Mg.
Erstes Viertel 2 U. 42 M. Mg. — Tageslänge 8 St. 29 M.

8. Mittwoch. F. Mariä Empfängniss; – M. E. **Dezember.**
SA. 7 U. 39 M. SU. 4 U. 5 M. — MA. 1 U. 19 M. Ab. MU. 3 U. 13 M. Mg.
Tageslänge 8 St. 29 M.

Mariä Empfängniss.

9. **Donnerstag.** Leocadia, Jgfr.; — Joachim.
SA. 7 U. 40 M. SU. 4 U. 5 M. — MA. 1 U. 35 M. Ab. MU. 4 U. 41 M. Mg.
Tageslänge 8 St. 27 M.

Dezember. 10. **Freitag.** A.F. Erh. d. Haus. Loretto; — Jud.
SA. 7 U. 41 M. SU. 4 U. 5 M. — MA. 1 U. 56 M. Ab. MU. 6 U. 14 M. Mg.
Tageslänge 8 St. 24 M.

11. **Samstag.** Damasus, P.; — Damasus.
SA. 7 U. 41 M. SU. 4 U. 5 M. — MA. 2 U. 26 M. Ab. MU. 7 U. 45 M. Mg.
Tageslänge 8 St. 23 M.

12. Sonntag. (50.W.) 3.Adv. Berthold; — Epim. **Dezember.**
SA. 7 U. 42 M. SU. 4 U. 5 M. — MA. 3 U. 8 M. Ab. MU. 9 U. 4 M. Mg.
Vollmond 8 U. 32 M. Ab. — Tageslänge 8 St. 33 M.

13. Montag. Lucia, Ottilia, J.; — Lucia.
SA. 7 U. 43 M. SU. 4 U. 5 M. — MA. 4 U. 8 M. Ab. MU. 10 U. 4 M. Mg.
Tageslänge 8 St. 21 M.

14. Dienstag. Agnellus, A.; — Nikasius.
SA. 7 U. 44 M. SU. 4 U. 5 M. — MA. 5 U. 25 M. Ab. MU. 10 U. 45 M. Mg.
Tageslänge 8 St. 21 M.

Dezember. **5. Mittwoch.** F.A. IV. Quat. Christ.; — Ign.
SA. 7 U. 45 M. SU. 4 U. 5 M. — MA. 6 U. 53 M. Ab. MU. 11 U. 15 M. Mg.
Tageslänge 8 St. 21 M.

16. Donnerstag. Eusebius, B.; — Eusebius.
SA. 7 U. 46 M. SU. 4 U. 5 M. — MA. 8 U. 22 M. Ab. MU. 11 U. 34 M. Mg.
Tageslänge 8 St. 21 M.

17. Freitag. A.F. Lazarus, B. Flor.; — Lazar. **Dezember.**
SA. 7 U. 17 M. SU. 4 U. 5 M. — MA. 9 U. 45 M. Ab. MU. 11 U. 50 M. Mg.
Tageslänge 8 St. 20 M.

18. Samstag. F. Mariä Erwartung; — Wunibald.
SA. 7 U. 48 M. SU. 4 U. 5 M. — MA. 11 U. 0 M. Ab.
Tageslänge 8 St. 20 M.

Dezember. 19. **Sonntag.** (51.W.) 4.Adv. Adelh.;—Abr.
SA. 7 U. 48 M. SU. 4 U. 6 M. — MU. 12 U. 6 M. Ab,
Letztes Viertel 3 U. 42 M. Ab. — Tageslänge 8 St. 20 M.

20. **Montag.** Christian, M.; — Christian.
SA. 7 U. 49 M. SU. 4 U. 7 M. — MA. 12 U. 18 M. Mg. MU. 12 U. 19 M. Ab.
Tageslänge 8 St. 19 M.

21. **Dienstag.** Thomas, Ap.; — Thomas.
SA. 7 U. 49 M. SU. 4 U. 7 M. — MA. 1 U. 30 M. Mp. MU. 12 U. 31 M. Ab.
Tageslänge 8 St. 19 M.

22. Mittwoch. F. Isabella. Demetr.; — Beata. **Dezember.**

SA. 7 U. 59 M. SU. 4 U. 7 M. — MA. 2 U. 42 M. Mg. MU. 12 U. 48 M. Ab.
Winteranfang 6 U. 2 M. Mg. — Tageslänge 8 St. 19 M.

23. Donnerstag. Victoria, J. M.; — Dagobert.

SA. 7 U. 51 M. SU. 4 U. 8 M. — MA. 3 U. 54 M. Mg. MU. 1 U. 4 M. Ab.
Tageslänge 8 St. 19 M.

Dezember. 24. Freitag. F.A. Adam u. Eva; — Adam·
SA. 7 U. 52 M. SU. 4 U. 5 M. — MA. 5 U. 4 M. Mg. MU. 1 U. 23 M. Ab.
Tageslänge 8 St. 19 M.
25. Kislev. Tempelweihe der Juden.

25. Samstag. Hl. Weihnachtsfest; — Hl. Christfest.
SA. 7 U. 52 M. SU. 4 U. 9 M. — MA. 6 U. 17 M. Mg. MU. 1 U 47 M. Ab
Tageslänge 8 St. 20 M.

Hochheil. Weihnachtsfest.

26. Sonntag. (52.W.) n W. Stephan, Erzm. **Dezember.**

SA. 7 U. 52 M. SU. 4 U. 10 M. — MA. 7 U. 24 M. Mg. MU. 2 U. 21 M. Ab.

Tageslänge 8 St. 20 M.

Stephan, Erzmartyrer.

27. Montag. Johannes, Ap. Ev.: — Johann Ev.

SA. 7 U. 52 M. SU. 4 U. 11 M. — MA. 8 U. 22 M. Mg. MU. 3 U. 8 M. Ab.

Neumond 7 U. 50 M. Ab. — Tageslänge 8 St. 20 M.

(Weinweihe.)

28. Dienstag. Unschuld. Kinder; — Unschuld. Kinder.

SA 7 U. 55 M. SU. 4 U. 12 M. — MA. 9 U. 8 M. Mg. MU. 4 U. 9 M. Ab.

Tageslänge 8 St. 22 M.

Dezember. 29. **Mittwoch.** Thomas Cantar; — Jonath.
SA. 7 U. 52 M. SU. 4 U. 13 M. — MA. 9 U. 40 M. Mg. MU. 5 U. 19 M. Ab
Tageslänge 8 St. 22 M.
1. Tebeth der Juden.

30. **Donnerstag.** David, K. — David.
SA. 7 U. 52 M. SU. 4 U. 14 M. — MA. 10 U. 4 M. Mg. MU. 6 U. 31 M. Ab
Tageslänge 8 St. 22 M.

31. **Freitag.** Sylvester, P.; — Sylvester.
SA. 7 U. 52 M. SU. 4 U. 15 M. — MA. 10 U. 22 M. Mg. MU. 7 U. 48 M. Ab.
Tageslänge 8 St. 22 M.

Zweiter Theil.

Beilagen.

Bemerkung.

Das Verzeichniss der Beilagen und der in denselben gebrauchten Abkürzungen befindet sich auf dem letzten Blatte.

Beilage I.

Rechtsstatistik des Königreichs Bayern.

Die Quellen der Gesetzgebung im Königreiche Bayern bestehen seit der Verfassungsurkunde für das deutsche Reich vom 16. April 1871 abgesehen vom kanonischen Rechte und dem Gewohnheitsrechte

A. in den Reichsgesetzen;

B. in den Landesgesetzen für das ganze Königreich Bayern;

C. in den Landesgesetzen für Bayern diesseits des Rheins;

D. in den Provinzial- und Statutarrechten einzelner Bezirke und Ortschaften Bayerns d. u. j. d. Rh.

In den nachstehenden Uebersichten sind die noch geltenden wichtigeren Gesetze und Statute aufgeführt.

Hiezu ist noch Folgendes zu bemerken:

Zu A. Nach Art. 4 der Verfassungsurkunde für das Deutsche Reich unterliegen der Gesetzgebung und Beaufsichtigung des Reichs die nachstehenden Angelegenheiten:

1) Die Bestimmungen über Freizügigkeit, Heimaths- und Niederlassungs-Verhältnisse, Staatsbürgerrecht, Passwesen und Fremdenpolizei und über den Gewerbebetrieb, einschliesslich des Versicherungswesens,*) soweit diese Gegenstände nicht schon durch den Art. 3 der Verfassung erledigt sind, in Bayern jedoch mit Ausschluss der Heimats- und Niederlassungsverhältnisse, desgleichen über die Colonisation und die Auswanderung nach ausserdeutschen Ländern;

2) die Zoll- und Handelsgesetzgebung und die für die Zwecke des Reichs zu verwendenden Steuern;

3) die Ordnung des Maass-, Münz- und Gewichtssystems, nebst Feststellung der Grundsätze über die Emission von fundirtem und unfundirtem Papiergelde;

4) die allgemeinen Bestimmungen über das Bankwesen;

5) die Erfindungspatente;

6) den Schutz des geistigen Eigenthums;

7) Organisation eines gemeinsamen Schutzes des Deutschen Handels im Auslande, der Deutschen Schiffahrt und ihrer Flagge zur See und Anordnung gemeinsamer konsularischer Vertretung, welche vom Reiche ausgestattet wird;

*) Bezüglich des Immobiliarversicherungswesens ist die Zustimmung Bayerns vorbehalten. (E.-G. v. 16. April 1871; Schlussprot. v. 23. November 1870. Z. IV.)

8) das Eisenbahnwesen, in Bayern vorbehaltlich der Bestimmung im Art, 46*) und die Herstellung von Land- und Wasserstrassen im Interesse der Landesvertheidigung und des allgemeinen Verkehrs;

9) der Flösserei- und Schiffahrtsbetrieb auf den mehreren Staaten gemeinsamen Wasserstrassen und der Zustand der letzteren, sowie die Fluss- und sonstigen Wasserzölle;

10) das Post- und Telegraphenwesen, jedoch in Bayern und Württemberg nach Massgabe der Bestimmung in Art. 52**);

11) die Bestimmungen über die wechselseitige Vollstreckung von Erkenntnissen in Civilsachen und Erledigung von Requisitionen überhaupt;

12) sowie über die Beglaubigung von öffentlichen Urkunden;

13) die gemeinsame Gesetzgebung über das gesammte bürgerliche Recht, das Strafrecht und das gerichtliche Verfahren;***)

14) das Militärwesen des Reichs†) und die Kriegsmarine;

15) Massregeln der Medizinal- und Veterinärpolizei;

16) die Bestimmungen über die Presse und das Vereinswesen.

Alle übrigen Angelegenheiten sind der Landesgesetzgebung vorbehalten.

Das Bundesgebiet besteht aus den 25 Staaten: Preussen mit Lauenburg, Bayern, Sachsen, Württemberg, Baden, Hessen, Meklenburg-Schwerin, Sachsen-Weimar, Meklenburg-Strelitz, Oldenburg, Braunschweig, Sachsen-Meiningen, Sachsen-Altenburg, Sachsen-Coburg-Gotha, Anhalt, Schwarzburg-Rudolstadt, Schwarzburg-Sondershausen, Waldeck, Reuss älterer Linie, Reuss jüngerer Linie, Schaumburg-Lippe, Lippe, Lübeck, Bremen und Hamburg mit 58 Stimmen im Bundesrathe, wovon Bayern 6 Stimmen hat, und mit 382 Stimmen im Reichstage, wovon Bayern 48 Stimmen abgibt.

Da der norddeutsche Bund schon eine Reihe von Bundesgesetzen besass, wurden beim Abschluss der Versailler-Verträge mit Bayern und Württemberg vom 23. und 25. November 1870 diejenigen Bundesgesetze bezeichnet, welche für den neuen Bund fortdauernde Geltung haben sollen, und durch den § 2 des Einführungsgesetzes vom 16. April 1871 als Reichsgesetze erklärt wurden.

Diese Gesetze sind im nachstehenden Verzeichnisse A aufgeführt. Hievon wurde in Bayern sofort mit dem Bündnissvertrage v. 23. Nov. 1870, sohin am 1. Februar 1871, nur das norddeutsche Wahlgesetz eingeführt. Im Uebrigen bleibt nach Ziffer III. §. 8 Abs. 2 des Versailler-Vertrages vom 23. Nov. 1870 und § 2 des Verfassungs-Einführungsgesetzes vom 16. April 1871 die Erklärung der im Norddeutschen Bunde ergangenen Gesetze zu Reichsgesetzen für das Königreich Bayern, soweit diese Gesetze auf Angelegenheiten sich beziehen, welche verfassungsmässig der Gesetzgebung des Deutschen Bundes unterliegen, der Reichsgesetzgebung vorbehalten. Ein solches Reichsgesetz ist unterm 22. April 1871 erlassen worden, worin jene Bundesgesetze benannt sind, welche — mit verschiedenen Einführungsterminen und theilweise mit Abänderungen — auch für Bayern Giltigkeit haben sollen. Diese Gesetze, sowie die seither erlassenen Reichsgesetze sind in dem nachstehenden Verzeichnisse A, unter Beifügung des Einführungstermines am Rande, mit gesperrter Schrift gekennzeichnet.

---

*) Hiernach sind die in den Art. 42—46 der Reichs-Verf.-Urk. getroffenen Bestimmungen auf Bayern nicht anwendbar.

**) Sohin ausschliesslich der reglementarischen und Tarifbestimmungen für den internen Verkehr innerhalb Bayerns, der internen telegraphischen Correspondenz und des Grenzverkehrs.

***) Die Ausdehnung auf das gesammte bürgerliche Recht geschah erst durch R. Ges. v. 20. Dez. 1873 (RGbl. S. 379).

† Gemäss Schlussbestimmung zum XI. Abschnitt der Reichs-Verf.-Urkunde in Bayern nach näherer Bestimmung des Bündnissvertrages vom 23. Nov. 1870. unter 3 §. 5.

Noch ist bezüglich der Reichsgesetze zu bemerken, dass nach Art. 2 der RVerf.-Urk., soferne nicht in dem publicirten Gesetze ein anderer Anfangstermin seiner verbindlichen Kraft bestimmt ist, die letztere mit dem vierzehnten Tage nach Ablauf desjenigen Tages beginnt, an welchem das betreffende Stück des Reichsgesetzblattes in Berlin ausgegeben worden ist.

Zu B. C. u. D. Das Königreich Bayern hat seine gegenwärtige Gestalt im Laufe der Zeit und insbesondere zu Anfang dieses Jahrhunderts durch den Zuwachs verschiedener Ländergebiete erhalten. Um einer in Aussicht genommenen neuen einheitlichen Civilgesetzgebung nicht vorzugreifen, wollte die bayerische Staatsregierung das alte Recht der Stammlande in den neuerworbenen Gebietstheilen nicht einführen, sondern beliess den einzelnen Gebieten ihr hergebrachtes Recht. In Folge dessen hat Bayern unter allen deutschen Staaten die meisten Partikularrechte, welche überdiess nicht territorial abgeschlossene Grenzen haben. Mit der bayerischen Verfassungsurkunde vom 26. Mai 1818 begann das Streben nach einheitlicher Landesgesetzgebung sich zu verwirklichen. Am besten wurden hiebei die Finanz-, Verwaltungs- und Strafgesetzgebung gepflegt; auf dem Gebiete des Privatrechts wurden nur einzelne Abtheilungen desselben theils für Bayern diesseits des Rheins, theils für das ganze Königreich neu kodifizirt. Die Jahre 1850 und 1861 bescheerten Bayern sogar deutsche Gesetze (über Wechsel- und Handelsrecht) freilich auch diese nur mit particularisirenden Einführungsgesetzen (die aber jetzt durch das Reichsgesetz vom 15. Juni 1869, insoweit, als sie Abänderungen enthielten, wieder aufgehoben sind.)

In Folge dessen besitzen jetzt die 7 diessrheinischen Kreise ein einheitliches Verwaltungs-, Finanz-, Straf- und Prozessrecht neben einem vielgestaltigen Privatrecht, während die Rheinpfalz zwar viele Gesetze, wie sie unten in dem Verzeichnisse B aufgeführt sind, mit den übrigen Kreisen gemeinsam hat, jedoch, soweit nicht diese Specialgesetze derogirend eingreifen, namentlich in Bezug auf Privatrechte (Code Napoléon) Gemeinderecht und Finanzverwaltung ihre Sondergesetze besitzt. — Sowie nun aber einige neuere linksrheinische Gesetze wie z. B. die Gemeindeordnung für die Pfalz, den rechtsrheinischen möglichst angepasst sind, so konnte es doch auch in Folge mancherlei eigenthümlicher Einrichtungen der Rheinpfalz, die die Gesetzgebung als berechtigten Subparticularismus respectiren zu müssen glaubte, nicht fehlen, dass auch von jenen Gesetzen, welche im Verzeichnisse B als Gesetze des ganzen Königreichs aufgeführt sind, doch Einzelne Sonderbestimmungen für die Pfalz enthalten, wie z. B das Einführunggsgesetz zur Civilprocessordnung, die Gesetze über Heimat, Verehelichung, Aufenthalt, Gewerbswesen u. a.

Zu D. Die Liste der Provinzial- und Statutar-Privatrechte ist auf Grund der »Civilgesetzstatistik des Königreichs Bayern« von J. Peissl, 1863, und des »Bayerischen Civilrechts« von Dr. Roth 1871 angefertigt. Demnach sind jene Statute, welche, wie Dr. Roth nachweist, keine Geltung mehr haben, in einer besonderen Liste ausgeschieden aufgeführt.

Verzeichniss A. zur Beilage I.
Reichsgesetze.

Zahl	Datum.	Betreff.	In Bayern eingeführt am
1	12. Okt. 1867.	Das Gesetz über das Passwesen (Beil. zum bay. Ges.-Bl. 1870/71 S. 6) (Die erläut. bay. Minist.-Entschl. v. 9. Mai 1871 s. im KABl. f. OB. 1871 S. 858)	13. Mai 1871.
2	25. Okt. 1867.	Gesetz betr. die Nationalität der Kauffahrteischiffe und ihre Befugniss zur Führung der Bundesflagge. (Beil. z. bayr. GBl. 1870/71 S. 8).	13. Mai 1871.
3	1. Nov. 1867.	Gesetz über die Freizügigkeit (Beil. z. bay. GBl. 1870/71 S. 13.) (Hiezu bay. Min.-Entschl. v. 4. Mai 1871. KABl. f. OB. 1871 S. 861.)	13. Mai 1871.
4	2. Nov. 1867.	Gesetz über das Postwesen. (S. unt. Ziff. 43.)	—
5	4. Nov. 1867.	Gesetz über das Posttaxwesen. (S. unt Ziff. 44.)	—
6	8. Nov. 1867.	Gesetz, betr. die Organisation der Bundes-Consulate, sowie die Amtsrechte und Pflichten der Bundes-Konsuln. (Beil. z. bay. GBl. 1870/71 S. 45). (Hiezu §. 3 des Einf.-G. v. 22. April 1871.	13. Mai 1871.
7	9. Nov. 1867.	Das Wehrgesetz. (S. unt. Ziff. 47.)	—
8	14. Nov. 1867.	Gesetz über die vertragsmässigen Zinsen	—
9	4. Mai 1868.	Gesetz über die Beseitigung der polizeilichen Ehebeschränkungen.	—
10	29. Mai 1868.	Gesetz, betr. die Aufhebung der Schuldhaft. (Beil. zum bay. Ges.-Bl. 1870/71 S. 17.)	13. Mai 1871.
11	14. Juni 1868.	Gesetz über die Unterstützung Schleswig-Holsteinischer Offiziere etc. (Beil. z. bay. Ges.-Bl 1870/71 S. 18)	13. Mai 1871.
12	1. Juli 1868.	Gesetz, betr. die Schliessung und Beschränkung öffentlicher Spielbanken. (Beil. z. b. GBl. 1870/71 S. 22.)	13. Mai 1871.
13	4. Juli 1868.	Gesetz über die Erwerbs- und Wirthschaftsgenossenschaften (Bundesges. - Bl. 1868, S. 415.) (Hiezu Ges. betr. die Declaration des §. 1 des Gesetzes v. 4. Juli 1868 u. 19. Mai 1871, RGBl. 1871 S. 101.) Vgl. Nr. 75.	1. Aug. 1873.
14	17. Aug. 1868.	Gesetz über die Maass- und Gewichtsordnung. (Das Einf.-Ges. s. unt. Z. 48.) S. auch Z. 83.	1. Jan. 1872.
15	7. April 1869.	Gesetz über Massregeln gegen die Rinderpest. (Das Einf.-Ges. s. u. Z. 45. 76.)	1. Jan. 1872.
16	16. Mai 1869.	Gesetz über die Einführung der Telegraphen-Freimarken.	—
17	31. Mai 1869.	Das Wahlgesetz für den Reichstag des norddeutschen Bundes. (Mit Reglement des Bundesrathes vom 28. Mai 1870.) (Bay. GBl. 1870/71 S. 255 u. 263.)	1. Febr. 1871.
18	2. Juni 1869.	Gesetz, betr. die Cautionen der Bundesbeamten. (Beil. z. b. Ges.-Bl. 1870/71 S. 23.)	13. Mai 1871.

Zahl.	Datum.	Betreff.	In Bayern eingeführt am
19	5. Juni 1869.	Gesetz, betr. die Einführung der Allgemeinen Deutschen Wechselordnung, der Nürnberger Wechselnovellen und des Allgemeinen deutschen Handelsgesetzbuches als Bundesgesetze. (Beil. z. b. Ges. Bl. 1870/71 S. 27.) (Die bay. Einführungs-Gesetze bleiben als Landesgesetze insoweit in Kraft, als sie nur eine Ergänzung und nicht eine Abänderung dieser Reichsgesetze enthalten. § 2 des D. EG.) (Vgl. Z. 64.)	13. Mai 1871.
20	5. Juni 1869.	Gesetz über Portofreiheiten.	—
21	10. Juni 1869.	Gesetz, betr. die Wechselstempelsteuer. (Beil. z. b. Ges.-Bl. 1870/71 S. 53.) (Hiezu bay. V. v. 8. Mai 1871. RBl. 1871 S. 921; Bay. Fin- und Hand.-Minist.-Entschl. v. 9. Juni 1871 mit Bekanntm. des Bundesraths v. 13. Dez. 1869 zur Ausf. des Ges., v. 13. Dez. 1869 betr. den Debit d. Bundesstempelm. u. gest. Blankets z. Entricht. d. Wechselstempelst., sowie das Verf. bei Erstattung verdorbener Stempelm. u. Blankets u. v. 21. Febr. 1870 betr. den Debit von Bundesstempelm. u. gest. Blankets zur Entricht. der Wechselstempelst. zum Betrage von $22^1/_2$ Groschen. Bay. Reg.-Bl. 1871. S. 1025; Bek. betr. d. Abänd. d. Vorschr. üb. d. Verw. d. W.St.M. v. 11. Juli 1873 (RGBl. S. 295). J.-Min.-Entschl- v. 6. Juni 1871. JMBl. 1871 S. 111. (ME. v. 31. Dez. 1871. JMBl. 1872 S. 34.)	1. Juli 1871.
22	12. Juni 1869.	Gesetz, betr. die Errichtung eines obersten Gerichtshofes in Handelssachen. (Beil. z. bay. Ges.-Bl. 1870/71 S. 62.) (Hiezu §. 5 des Ges. v. 22. April 1871 betr. die Einführung Nordd. Bundesgesetze in Bayern) u. unt. Z. 68. 69.	1 Juli 1871.
23	21. Juni 1869.	Gesetz, betr. die Beschlagnahme des Arbeits- oder Dienstlohnes. (Beil. z. B. Ges.-Bl. 1870/71 S. 30.)	13. Mai 1871.
24	21. Juni 1869.	Gesetz, die Gewährung der Rechtshülfe betr. (Beil. z. B. Ges.-Bl. 1870/71 S. 73.) (Hiezu § 6 des Ges. v. 22. Apr. 1871 betr. die Einf. Nordd. Bundesgesetze in Bayern) u. bezügl. Württemberg die k. B. Minist.-Erkl. v. 8. Jan. 1873 (Rbl. S. 297.)	1. Juli 1871.
24a	21. Juni 1869.	Gewerbeordnung. (RGbl. S. 245.) Vgl. Nr. 57 u. 85.	1. Jan. 1873.
25	3. Juli 1869.	Gesetz, betr. die Gleichberechtigung der Confessionen in bürgerlicher u. staatsbürgerl. Beziehung. (Beil. z. B. Ges.-Bl. 1870/71 S. 32.)	13. Mai 1871.
26	3. Merz 1870.	Gesetz über die Unterstützung Schleswig-Holsteinischer Soldaten etc. (Beil. z. B. Ges.-Bl. 1870/71 S. 33.)	13. Mai 1871.
27	27. Merz 1870.	Gesetz über die Ausgabe von Banknoten. (Beil. z. B. Ges.-Bl. 1870/71 S. 43.)	1. Jan. 1872.

Zahl.	Datum.	Betreff.	In Bayern eingeführt am
28	4. Mai 1870.	Gesetz, betr. die Eheschliessung und die Beurkundung des Personenstandes von Bundesangehörigen im Auslande. (Beil. z. B. Ges.-Bl. 1870/71 S. 36.)	13. Mai 1871.
29	13. Mai 1870.	Gesetz über die Beseitigung der Doppelbesteuerung. (Beil. z. B. Ges.-Bl. 1870/71 S. 41.)	1. Juli 1871.
30	31. Mai 1870.	Das Strafgesetzbuch und das Einführungsgesetz hiezu. (Einf.-Ges. s. Beil. z. B. Ges.-Bl. 1870/71 S. 85.) (In Bayern hat es bis auf Weiteres bezüglich des §. 4 des Einf.-Ges. z. StGB. bei den einschlägigen Bestimmungen des Militärstrafrechts und des Standrechtes sein Verbleiben. Einf.-Ges. v. 22. April 1871. §. 7. Abs. 2.) S. unten Z, 39.	1. Jan. 1872.
31	1. Juni 1870.	Gesetz über die Abgaben von der Flösserei. (Beil. z. B. Ges.-Bl. 1870/71 S. 87.) (Hiezu Einf.-Ges. v. 22. April 1871. § 8.)	13. Mai 1871.
32	1. Juni 1870.	Gesetz über die Erwerbung und den Verlurst der Bundes- und Staatsangehörigkeit. (Beil. z. B. Ges.-Bl. 1870/71 S. 89.) (Hiezu Einf.-Ges. v. 22. April. 1871 § 9.)	13. Mai 1871.
33	6. Juni 1870.	Gesetz über den Unterstützungswohnsitz.	—
34	11. Juni 1870.	Gesetz, betr. das Urheberrecht an Schriftwerken, Abbildungen, musikalischen Kompositionen und dramatischen Werken. (Beil. z. B. Ges.-Bl. 1870/71 S. 110.) (Hiezu Einf.-Ges. v. 22. April 1871 § 11, wonach Art. 68 des Bay. Ges. vom 28. Juni 1865 aufrecht bleibt.)	1. Jan. 1872
35	11. Juni 1870.	Gesetz, betr. die Commandit-Gesellschaften auf Aktien und Aktiengesellschaften. (Beil. z. B. Ges.-Bl. 1870/71 S. 95.) (Hiezu Einf.-Ges. v. 22. Apr. 1871 § 10 u. 71 B. Just.-Minist.-Entschl. v. 10. Mai 1871 B. R.-Bl. 1871 S. 925.)	13. Mai 1871.
36	16. Juni 1870.	Gesetz über die Ausgabe von Papiergeld. (Beil. z. B. Ges.-Bl. 1870/71 S. 44.)	1. Jan. 1872.
37	16. April 1871.	Gesetz, betr. die Verfassung des Deutschen Reiches mit der „Verfassungsurkunde für das Deutsche Reich.“ (Bundesgesetzblatt 1871 S. 63.) Das Einf.-Ges. enthält 3 Paragraphen, wonach namentlich die Bestimmungen unter III. §, 8 und unter IV. des Vertrages mit Bayern v. 23. Nov. 1870 — B. Ges.-Bl. 1870/71 S. 181 und neu redigirt: S. 201. I. dann die Vereinbarungen in dem Schlussprotokolle v. 23. Nov. 1870 — B. Ges.-Bl. 1870/71 S. 185—194 in XVI Sätzen — für	4. Mai 1871.

Zahl.	Datum	Betreff.	In Bayern eingeführt am
		Bayern aufrecht bleiben. — Die Verfassungsurkunde behandelt in 78 Artikeln folgende XIV Abschnitte: I. Bundesgebiet Art. 1; — II. Reichsgesetzgebung Art. 2—5; (Zusatz zu Art. 4 Nr. 9 s. u. Z. 67; zu Art. 4 Nr. 13 s. u. Z. 84.); — III. Bundesrath Art. 6—10; — IV. Präsidium Art. 11—19; — V. Reichstag Art. 20—32; (Art. 28 Abs. II ist aufgehoben s. unten Z. 66); — VI. Zoll- und Handelswesen Art. 33—40; — VII. Eisenbahnwesen Art. 41—47; — VIII. Post- und Telegraphenwesen Art. 48—52; Art. 52: Vorbehalte für Bayern; — IX. Marine und Schiffahrt Art. 53—55; — X. Konsulatwesen Art. 56; — XI. Reichskriegswesen Art. 57—68 (die jedoch in Bayern nur nach näherer Bestimmung des Bündnissvertrages v. 23. Nov. 1870 unter III. § 5; Bund.-Ges.-Bl. 1871 S. 19—21 zur Anwendung kommen); — XII. Reichsfinanzen Art. 69—73 (mit Vorbehalt in Bezug auf das bayerische Heer); — XIII. Schlichtung von Streitigkeiten und Strafbestimmungen Art. 74—77; — XIV. Allgemeine Bestimmungen Art. 78.	
38	22. April 1871.	Gesetz, betr. die Einführung Norddeutscher Bundesgesetze in Bayern. (Bundesges.-Bl. 1871 S. 87. Beilage z. B. G.-Bl. S. 2 ff. wo alle in Bayern eingeführten 22 Gesetze des N. B. abgedruckt sind.)	13. Mai 1871.
39	15. Mai 1871.	Gesetz, betr. die Redaktion des Strafgesetzbuches für den Norddeutschen Bund als Strafgesetzbuch für das Deutsche Reich. (Mit dem Strafgesetzbuch für das Deutsche Reich. (RGBl. 1871 S. 127—205.) S. oben Z. 30, unten B. Z. 62.)	1. Jan. 1872.
40	7. Juni 1871.	Gesetz, betr. die Verbindlichkeit zum Schadenersatz für die bei dem Betriebe von Eisenbahnen, Bergwerken etc. herbeigeführten Tödtungen und Körperverletzungen. (RGBl. 1871 S. 207.)	28. Juni 1871.
41	8. Juni 1871.	Gesetz, betr. die Inhaberpapiere mit Prämien. (RGBl. 1871 S. 210.) (Hiezu Vollz.-V. v. 1. Juli u. 4. Dezbr. 1871 RGBl. 304 und 408.)	28. Juni 1871.
42	9. Juni 1871.	Gesetz, betr. die Vereinigung von Elsass und Lothringen mit dem Deutschen Reiche. (RGBl. S. 212.)	28. Juni 1871.
43	28. Okt. 1871.	Gesetz über das Postwesen des deutschen Reichs. (RGbl. S. 347; JMBl. S. 325.) Nach § 50 sind reglementäre Anordnungen f. Bayern vorbehalten. (Reglement des Reichskanzlers v. 30. Okt. 1871. Bayr. Rbl. S. 1945. Bayr. revid. Posttransportordnung v. 28. Januar 1872. Rbl. S. 563.)	1. Jan. 1872.

Zahl	Datum	Betreff.	In Bayern eingeführt am
44	28. Okt. 1871.	Gesetz über das Posttaxwesen im Gebiete des Deutschen Reichs. (RGbl. S. 358. Das Gesetz findet nicht Anwendung auf den inneren Postverkehr in Bayern. (Reglem. etc. wie bei 43.) S. unt. Z. 71. 80.	1. Jan. 1872.
45	2. Nov. 1871.	Gesetz über die Einführung des Norddeutschen Bundesgesetzes, Massregeln gegen die Rinderpest betr. v. 7. April 1869 in Bayern und Württemberg. RGbl. S. 372. Beil. I. z. Bayr. Ges-Bl. 1871/72 S. 2. mit Instr. v. 26. Mai 1869. (S. oben Ziff. 15.)	1. Jan. 1872.
46	11. Nov. 1871.	Gesetz, betr. die Bildung eines Reichskriegsschatzes. (RGbl. S. 403.)	21. Dez. 1871.
47	24. Nov. 1871.	Gesetz über die Einführung des Gesetzes des Norddeutschen Bundes, betr. die Verpflichtung zum Kriegsdienste vom 9. November 1867 in Bayern. (RGbl. S. 398; Beil. III. z. bayr. Ges.-Bl. 1871/72.) Für Bayern bleiben vorbehalten a) der Versailler Vertrag vom 23. Nov. 1870 Ziff. III. § 5 Nr. III; b) das Wehrverfassungsgesetz v. 30. Jan. 1868 Art. 22, 33 Abs. 1, 34, 82 u. 89. Das b. Gesetz über das Wehrgeld ist aufgehoben.	1. Jan. 1872.
48	26. Nov. 1871.	Gesetz betr. die Einführung der Maass- und Gewichtsordnung für den Norddeutschen Bund vom 17. August 1868 in Bayern. (RGbl. S. 397; Beil. II. S. 21 z. bayr. Ges.-Bl. 1871/72. Bundesaichordnung v. 16. Juli 1869 u. Vollz.-V. v. 6. Dez. 1869 u. 16. Aug. 1871 (Beil. II. zum bayr. Ges.-Bl. 1871/72 S. 21.) — Für Bayern sind die bisherigen Feldmaasse bis 1. Januar 1878 u. die Art. 11 u. 12 der bayr. Maass- u. Gewichtsordnung v. 29. April 1869 vorbehalten, wogegen Art. 15—20 der Deutschen Maass- u. Gewichts-O. auf Bayern keine Anwendung finden. — Bayr. Aichordnung v. 12. Dez. 1871. (Rbl. S. 2105.) Aichgebühren s. Rbl. 1872 S. 537, 829, 1249, 1339.	1. Jan. 1872.
49	4. Dez. 1871.	Gesetz, betr. die Ausprägung von Reichsgoldmünzen. (RGbl. S. 404.) S. Z. 81.	21. Dez. 1871.
50	9. Dez. 1871.	Gesetz, betr. die Friedenspräsenzstärke des Deutschen Heeres u. die Ausgaben für die Verwaltung desselben für die Jahre 1872, 1873 u. 1874. (Rgbl. S. 411.)	28. Dez. 1871.
51	4. Dez. 1871.	Gesetz, betr. die Feststellung des Haushaltsetats des Deutschen Reichs f. d. Jahr 1872. (RGbl. S. 412.) (Matrikularbeiträge Bayerns 5,671,353 Thl.)	28. Dez. 1871.
52	10. Dez. 1871.	Gesetz, betr. die Ergänzung des Strafgesetzbuches für das Deutsche Reich. (RGbl. S. 442) § 130 a.	1. Jan. 1872.

Zahl	Datum	Betreff.	In Bayern eingeführt am
53	21. Dez. 1871	Gesetz, betr. die Beschränkungen des Grundeigenthums in der Umgebung von Festungen. (RGbl S. 459.)	12. Jan. 1872.
54	31. Mai 1872	Gesetz wegen Erhebung der Brausteuer (RGbl. S. 153.)	—
55	29. Mai 1872	Gesetz, betr. die Einführung des Gesetzes über die Portofreiheiten v. 5. Juni 1869 im Verkehr mit Bayern u. Württemberg. (RGbl. S. 167) (S. oben Z. 20.)	1. Juli 1872.
56	16. Juni 1872	Gesetz, betr. die Verlängerung der Wirksamsamkeit des Ges. üb. die Ausgabe von Banknoten v. 27. März 1870. (RGbl. S. 169.) S. Z. 27.	1. Juli 1872.
57	12. Juni 1872	Gesetz, betr. die Einführung der Gewerbeordnung des Norddeutschen Bundes v. 21. Juni 1869 (B. Gbl. 1869 S. 245) in Bayern und die Abänder. einiger Strafbestimm. d. Gewerbeordnung. (RGbl. S. 170.) Zu Z. 24 a.	1. Juli 1872 und 1. Januar 1873. S. Z. 85.
58	20. Juni 1872	Einführungsgesetz zum Militärstrafgesetzbuche für das Deutsche Reich. (RGbl. S. 173.) S. Z. 59.	1. Oktbr. 1872.
59	20. Juni 1872	Militär-Strafgesetzbuch für d. Deutsche Reich. (RGbl. S. 174.) S. Z 58.	1. Oktbr. 1872.
60	21. Juni 1872	Telegraphenordnung für das Deutsche Reich. (RGbl. S. 213.)	—
61	1. Juli 1872	Ges., betr. die Gebühren u. Kosten bei d. Consulaten des Deutsch. Reichs. (RGbl. S. 245.)	1. Oktbr. 1872.
62	4. Juli 1872	Gesetz, betr. den Orden der Gesellschaft Jesu. (RGbl. S. 253.) Mit Bek. des Reichskanzlers v. 5. Juli 1872 (RGbl. S. 254.) S. Z. 72.	24. Juli 1872.
63	5. Juli 1872	Gesetz, betr. die Kontrole des Reichshaushalts für das Jahr 1872. (RGbl. S. 265.)	30. Juli 1872.
64	27. Dez. 1872	Seemannsordnung (RGbl. 1872. S. 409.)	1. Merz 1873.
65	27. Dez. 1872.	Ges. betr. die Verpflichtung deutscher Kauffahrteischiffe zur Mitnahme hülfsbedürftiger Seeleute. (Rgbl. 1872 S. 432.)	1. Merz 1873.
66	24. Febr. 1873	Ges. betr. die Abänderung des Art. 28 der Reichsverfassung. (Zu Ziff. 37.)	13. März 1873.
67	3. Merz 1873	Ges. betr. einen Zusatz zu dem Art. 4 Nr. 9 der Reichsverfassung. (Zu Z. 37.)	21. März 1873.
68	29. Merz 1873	Ges. betr. die dem Reichsoberhandelsgerichte gegen Rechtsanwalte u. Advokaten zustehenden Disziplinarbefugnisse.	18. April 1873.
69	31. Merz 1873	Ges. betr. die Rechtsverhältnisse der Reichsbeamten.	18. April 1873.
70	12. Mai 1873	Ges. betr. das Aufgebot und die Amortisation verlorener od. vernichteter Schuldurkunden des Norddeutschen Bundes u. des Deutschen Reichs.	29. Mai 1873.
71	17. Mai 1873	Ges. betr. einige Abänderungen des Ges. über das Posttaxwesen im Gebiete des Deutschen Reichs. (Zu Z. 44.)	1. Jan. 1874.
72	20. Mai 1873	Bekanntm. des Reichskanzlers v. 20. Mai 1873, betr. die Ausführung des Gesetzes über den Orden der Gesellschaft Jesu. (Zu Z. 62.)	6. Juni 1873.
73	25. Mai 1873	Gesetz über die Rechtsverhältnisse der zum dienstlichen Gebrauche einer Reichsverwaltung bestimmten Gegenstände.	11. Juni 1873

Zahl	Datum	Betreff.	In Bayern eingeführt am
74	13. Juni 1873.	Gesetz über die Kriegsleistungen. (RGbl. S. 129.)	3. Juli 1873.
75	23. Juni 1873.	Gesetz betreff. die Einführung des Gesetzes des Norddeutschen Bundes über die privatrechtliche Stellung der Erwerbs- und Wirthschafts-Genossenschaften vom 4. Juli 1868 im Königreiche Bayern (RGbl. S. 145.) S. Bay. RBl. 1873. S. 1241. Zu Ziff. 13.	11 Juli 1873. / 1. August 1873
76	9. Juni 1873.	Revidirte Instruktion zu dem Gesetze vom 7. April 1869, Massregeln gegen die Rinderpest betr. (RGbl. S. 147.) Bay. ME. v. 8. Aug. 1873. (Rbl. S. 1257.) Zu Z. 15. 45.	27. Juni 1873.
77	27. Juni 1873.	Gesetz betreff. die Errichtung eines Reichseisenbahnamtes. (RGbl. S. 161.)	17. Juli 1873.
78	30. Juni 1873.	Gesetz betreff. die Bewilligung von Wohrungsgeldzuschüssen an die Offiziere und Aerzte des Reichsheeres und der kaiserl. Marine, sowie an die Reichsbeamten. (R.-Gbl. S. 166.)	„ „ „
79	28. Juni 1873.	Gesetz betreffend die Registrirung der Kauffahrteischiffe. (RGbl. S. 184.)	„ „ „
80	8. Juli 1873.	Bekanntmachung des Reichskanzlers betreff. die portopflichtige Correspondenz zwischen Behörden verschiedener Bundesstaaten. (R.-Gbl. S. 232.) S. Z. 43 44.	27. Juli 1873.
81	9. Juli 1873.	Münzgesetz. (RGbl. S. 233.) S. Z. 49. 87. 88.) Vollz.-Vorschr. s. RGbl. 1873 S. 375: (Ausserk. von Landesgoldm.); — RGbl. 1874 S. 12: (Oest. Gulden); — RGbl. 1874 S. 21: (Ausserk. von Kronen- u. Conventionsthalern.)	29. Juli 1873.
82	12. Juli 1873.	Die neue Redaktion des Zolltarifs.	1. Okt. 1873.
83	7. Dez. 1873.	Ges. betr. die Abänderung der Maass- und Gewichtsordnung. (Meile) (RGbl. S. 377.)	1. Jan. 1874.
84	20. Dez. 1873.	Ges. betr. die Abänderung der Nr. 13 des Art 4 der Reichsverfassung. (RGbl. S. 379.)	7. Jan. 1874.
85	2. Merz 1874.	Gesetz betr. die einer besond. Genehmigung bedürfenden gewerblichen Anlagen. (R.-Gbl. S. 19.) Zu Z. 57.	21. Merz 1874.
86	8. April 1874.	Impfgesetz. (RGbl. S. 31.)	1. April 1875.
87	20. Apr. 1874.	Gesetz wegen Abänderung des Art. 15 des Münzgesetzes. Zu Z. 81.	14. Mai 1874.
88	30. Apr. 1874.	Gesetz betr. die Ausgabe von Reichskassenscheinen. (RGbl. S. 40.) Zu Z. 81.	19. Mai 1874.
89	4. Mai 1874.	Gesetz betr. die Verhinderung der unbefugten Ausübung von Kirchenämtern. (RGbl. S. 43.)	20. Mai 1874.
90	2. Mai 1874.	Reichsmilitärgesetz. (RGbl. S. 45.) (In Bayern vorbehaltlich des Bündnissvertr. v. 23. Nov. 1870. III. § 5)	23. Mai 1874.
91	7. Mai 1874.	Gesetz über die Presse. (RGbl. S. 65.)	1. Juli 1874.

NB. Die noch während des Druckes des Kalenders erscheinenden Reichsgesetze werden am Schlusse aller Beilagen in einem Anhange beigefügt.

Verzeichniss B. zur Beilage I.
Landesgesetze für das ganze Königreich Bayern.

Zahl	Datum	Betreff.	Bemerkung.
1	26. Mai 1818.	Verfassungsurkunde für das Königreich Bayern. (Mit Beilagen und Zusätzen.)	V. v. 13. Juni 1816 Offiziere etc. btr.
2	15. Aug. 1828.	Ueber die allgemeine Grundsteuer. (Mit Novellen v. 25. Aug. 1831 u. 28. Merz 1852.)	
3	12. Aug. 1828.	Die Militärgerichtsbarkeit in bürgerlichen Rechtssachen betr.	
4	28. Dezbr. 1831.	Einige civilrechtliche Gegenstände für den Fall des Eindringens der asiatischen Cholera betr. (Letztwillige Verfügungen und Nothfristen.)	
5	28. „ „	Ueber das Staatsschuldenwesen.	
6	17. Nov. 1837.	Ueber die Zwangsabtretung von Grundeigenthum für öffentliche Zwecke.	
7	15. April 1840.	Landtagsabschied III. B. I.: die Aufhebung des Abzugs der Armen- u. Schul-Quarten von allen frommen Vermächtnissen betr.	
8	4. Juni 1848.	Die Ablösung des Lehenverbandes betr.	
8 a.	4. „ „	Ueber die Verantwortlichkeit der Minister.	Vgl. Ziff. 11 a.
9	18. Nov. 1849.	Ueber Abschaffung der Strafe des bürgerlichen Todes.	
9 a.	26. Febr. 1850.	Ueber die Versammlungen und Vereine.	
10	12. Merz 1850.	Ueber die Verpflichtung des Ersatzes des bei Aufläufen verursachten Schadens.	
11	17. März 1850.	Zum Schutz gegen den Missbrauch der Presse.	
11 a.	30. Merz 1850.	Den Staatsgerichtshof und das Verfahren bei Anklagen gegen die Minister betr.	Vgl. Z. 8 a.
11 b.	28. Mai 1850.	Die Competenzkonflikte betr.	
12	15. Juni 1850.	Ersatz des Wildschadens betr.	
13	25. Juli 1850.	Die Bestrafung der Jagdfrevel betr.	S. RG. Z. 30 u. 39.
14	25. „ „	Die Einführung der allgemeinen Deutschen Wechselordnung in Bayern betr. (Mit der Allgemeinen deutschen Wechselordnung.)	S. ob. Reichsges v. 5. VI. 69. Z. 19.
14 a	25. „ „	Ueber die Einrichtung des die Kunststrassen befahrenden Fuhrwerks.	
15	4. Mai 1851.	Das Einschreiten der bewaffneten Macht zur Erhaltung der gesetzlichen Ordnung betr.	S. unten Z. 62.
16	29. Juni 1851.	Die bürgerlichen Rechte der israelitischen Glaubensgenossen betr.	S. oben RG. v. 3. VII. 69. Z. 25.
17	29. „ „	Die kaufmänischen Anweisungen betr.	
18	28. Mai 1852.	Die Distriktsräthe betr.	
19	28. „ „	Die Landräthe betr.	
20	28. „ „	Ueber die Benützung des Wassers.	
21	28. „ „	Ueber die Bewässerungs- und Entwässerungs-Unternehmungen zum Zwecke der Bodenkultur.	
22	28. „ „	Ueber den Uferschutz und den Schutz gegen Ueberschwemmungen.	

Zahl.	Datum.	Betreff.	Bemerkung.
23	31. Mai 1856.	Die Einkommensteuer betr.	
24	31. „ „	Die Kapitalrentensteuer betr.	
25	1. Juni 1856.	Die Gewerbsteuer betr.	
26	26. März 1859.	Die Gewährleistung bei Viehveräusserungen betr.	
27	10. Juli 1861.	Die Aufhebung der Straffolgen betr.	S. Z. 62. u. Rbl.
28	29. „ 1861.	Verjährung der Staatsschuldurkunden betr.	1873 S. 1665.
29	10. Nov. 1861.	Landtagsabschied III. §. 28: 1. die Geschlechtsvormundschaft betr. 2. die Einstandsrechte betr. 3. die Form einiger Rechtsgeschäfte betr. 4. die Verletzung über die Hälfte btr.	
30	10. „ „	Die Einführung des Allgemeinen deutschen Handelsgesetzbuches betr. (Mit dem Allgemeinen Deutschen Handelsgesetzbuch.)	S. oben RG. v. 3 VII. 69. Ziff. 19 u. 64.
31	10. „ „	Die Einführung des Strafgesetzbuches und des Polizeistrafgesetzbuches für das Königr. Bayern betr. (Mit Strafgesetzbuch u. Polizeistrafgesetzbuch.)	S. oben RG. v. 31. V. 1870. Z. 30. 39. unten Ziff. 61. 62.
32	10. „ „	Den Vollzug der Freiheitsstrafen durch Einzelnhaft betr.	detto.
32a.	10. „ „	Ueber die Aufbringung des Bedarfs für die deutschen Schulen.	
33	5. Oktbr. 1863.	Einige Bestimmungen der Allgemeinen deutschen Wechselordnung betr. (Nürnberger-Novellen.)	S. oben RG. v. 3. VII. 69. Ziff. 19.
34	28. Juni 1865.	Schutz der Urheberrechte an literarischen Erzeugnissen und an Werken der Kunst betr.	S. oben RG. v. 11. VI. 70. Ziff. 34.
35	10. Juli 1865.	Die Aufhebung von Beschränkungen der Unterofficiere und Soldaten in der Verfügung über ihr Vermögen betr.	
36	26. Merz 1867.	Die Entschädigung der Vieheigenthümer für ihre im Falle des Ausbruchs der Rinderpest im Inlande getödteten Thiere betr.	
37	16. Nov. 1867.	Die Erhebung einer Abgabe von Salz betr.	
38	5. Dezbr. 1867.	Die Abänderung der gesetzlichen Bestimmungen über die Zinsen betr.	
39	30. Januar 1868.	Das Gewerbswesen betr.	
40	30. Januar 1868.	Die Wehrverfassung betr.	S. A. Z. 47.
41	16. April 1868.	Ueber Heimath, Verehelichung und Aufenthalt.	S. unten Z. 64.
42	16. Mai 1868.	Die Vermarkung der Grundstücke betr.	
43	16. „ „	Die Abänderung einiger Bestimmungen des Straf- und Polizeistrafgesetzbuches betr.	S. oben Ziff. 31, unten Z. 62 u RG. v. 31. V. 70. Ziff. 30. 39.
43a.	28. Aug. 1868.	Die Besteuerung des Tabaks betr.	Zollvereinsges.
44	20. Merz 1869.	Das Berggesetz betr.	
45	6. April 1869.	Die Abgabe von Bergwerken betr.	
46	8. „ „	Die Personalhaft betr.	S. unt. Z. 54 u. ob. RG. v. 29. Mai 68. Ziff. 10.

Zahl	Datum.	Betreff.	Bemerkung.
47	29. April 1869.	Die Mass- und Gewichtsordnung betr.	S. A. Z. 48.
48	29. „ „	Die privatrechtliche Stellung der Erwerbs- und Wirthschaftsgesellschaften betr.	S. A. Z. 75.
49	29. „ „	Die Aktiengesellschaften, bei denen der Gegenstand des Unternehmens nicht in Handelsgeschäften besteht, betr.	
50	29. „ „	Die privatrechtliche Stellung von Vereinen betr.	
51	29. „ „	Die öffentliche Armen- und Krankenpflege betr.	
52	29. „ „	Das Wehrgeld betr.	S. A. Z. 47.
53	29. „ „	Die Einführung einer Prozessordnung in bürgerlichen Rechtsstreitigkeiten für das Königreich Bayern betr.	
54	29. „ „	Prozessordnung in bürgerlichen Rechtsstreitigkeiten für das Königr. Bayern.	
55	29. „ „	Die Einführung des Militärstrafgesetzbuches und der Militärstrafgerichtsordnung für das Königreich Bayern betr.	
56	29. „ „	Das Militärstrafgesetzbuch für das Königreich Bayern.	S. Z. 67.
57	29. „ „	Die Militärstrafgerichtsordnung für das Königreich Bayern.	S. Z. 67 u. 68.
57 a.	8. Juli 1869.	Die Besteuerung des Zuckers betr.	Zollvereinsges.
57 b.	26. Sept. 1869.	Kgl. Deklaration des Zollvereinsgesetzes	„
57 c.	26. „ „	Die Sicherung der Zollvereinsgrenze in den vom Zollgebiete ausgeschlossenen Hamburgischen Gebietstheilen.	„
58	14. Jan. 1871.	Die Abänderung der Bestimmungen des Art. 200 des Polizeistrafgesetzbuches vom 10. Nov. 1861 betr.	S. oben Ziff. 31, unten Z. 62.
59	18. Febr. 1871.	Landt.-Abschied § 20, den Ankauf der Früchte auf der Wurzel betr.	
60	18. „ „	Landt.-Abschied § 21, die Rechtsverhältnisse der Miether und Pächter von Liegenschaften gegenüber den neuen Erwerbern betr.	
61	26. Dez. 1871.	Polizeistrafgesetzbuch für Bayern.	S. oben Z. 31.
62	26. „ „	Den Vollzug der Einführung des Strafgesetzbuches für das deutsche Reich in Bayern betr.	S. A. Z. 30. 39 52. B. Z. 31. 61 71.
63	19. Jan. 1872.	Den Geschäftsgang des Landtages betr.	
64	23. Febr. 1872.	Die Abänderung einiger Bestimmungen des Gesetzes vom 16. April 1868 über Heimath, Verehelichung und Aufenthalt betr.	Zu Ziff. 41.
65	24. Merz 1872.	Die Ergänzung des Pferdebedarfes für das kgl. Heer im Falle der Mobilisirung betr.	
66	28. April 1872.	Abschied für den Landtag des Königreichs Bayern.	
67	28 „ „	Die durch die Einführung des Strafgesetzbuches für das deutsche Reich bedingten Abänderungen der Militarstrafgesetze betr.	Zu Z. 56, 57.

Zahl.	Datum.	Betreff.	Bemerkung.
68	27. Sept. 1872.	Die durch die Einführung des Militärstrafgesetzbuches für d. Deutsche Reich bedingten Abänderungen der Militärstrafgerichtsordnung für das Königreich Bayern.	Zu Ziff. 57. 67.
69	29. Dez. 1873.	Die Todeserklärung der in Folge des Krieges von 1870/71 vermissten Personen betr.	
70	29. Dez. 1873.	Das Vermögen und die Schulden der Landwehr älterer Ordnung betr.	
71	25. Jan. 1874.	Die Zuständigkeit der Gerichte in Strafsachen.	Zu Z. 62.
72	7. Febr. 1874.	Die provis. Steuererhebung u. vorläuf. Bestreitung besonderer Ausgaben pro 1874 betr.	

Verzeichniss C. zur Beilage I.
Landesgesetze für das Königreich Bayern diesseits des Rheins.

Zahl.	Datum.	Betreff.	Bemerkung.
1	1. Juni 1822.	Die Einführung des Hypothekengesetzes und der Prioritätsordnung betr.	S. Z. 18 u. 19.
2	1. „ „	Hypothekengesetz.	S. Z. 18 u. 19.
3	1. „ „	Die Prioritätsordnung.	S. Z. 14.
4	4. „ 1848.	Die Aufhebung der gutsherrlichen Gerichtsbarkeit, dann Aufhebung, Fixirung u. Ablösung von Grundlasten betr.	S. Z. 8, 9, 21, 32.
5	10. Nov. 1848.	Die Abänderungen des II. Theiles des Strafgesetzes vom Jahre 1813 betr. (Mit dem Strafgesetzbuche v. J. 1813 Th. II.)	S. Ziff. 24 u. 18. S. B. Z. 62.
6	30. Merz 1850.	Die Ausübung der Jagd betr.	S. B. Z. 52.
7	28. Merz 1852.	Forstgesetz.	
8	28. Mai 1852.	Ueber die Ausübung und Ablösung des Weiderechts auf fremdem Grund und Boden.	Zu Z. 4.
9	„ „	Die Sicherung, Fixirung und Ablösung der auf dem Zehentrechte lastenden kirchlichen Baupflicht betr.	Zu Z. 4.
10	28. Mai 1852.	Die Siegelmässigkeit betr.	
11	28. „ „	Ueber das Taxregulativ für die Verhandlungen der nichtstreitigen Rechtspflege, sowie der innern, dann Polizei- und Finanzverwaltung.	
12	28. „ „	Die Feuerversicherungsanstalt für Gebäude in d. Gebietstheilen d. d. Rh. betr.	

Zahl.	Datum.	Betreff.	Bemerkung.
13	22. Febr. 1855.	Die Aufhebung der Lex Anastasiana und anderer bezüglich der Abtretung von Rechten vorgeschriebenen Beschränkungen betr.	
14	1. Juli 1856.	Den § 19 der Prioritätsordnung vom 1. Juni 1822 betr.	Zu Z. 3.
15	22. Febr. 1858.	Ueber die landwirthschaftlichen Erbgüter.	
16	26. Merz 1859.	Die Einrede des nicht gezahlten Geldes oder Heiratgutes betr.	
17	26. „ „	Die Verjährungsfristen betr.	
18	10. Nov. 1861.	Die Gerichtsverfassung betr.	
19	10. „ „	Das Notariat betr.	S. Z. 25. 31.
20	10. „ „	Die Zusammenlegung der Grundstücke betr.	Art. 25 gilt auch f. d. Pfalz.
21	23. Febr. 1868.	Ueber die Ablösbarkeit der auf Grund und Boden haftenden oder mit einer Gewerbsrealität verbundenen Ehehaftsverhältnisse.	
22	2. Mai 1868.	Ueber Schliessung und Trennung der Ehen der keiner anerkannten Religionsgesellschaft angehörenden Personen.	
23	16. Mai 1868.	Ueber den Malzaufschlag.	Bis zur Gleichstellung der Taxges nur diess. d. Rh. giltig. S. Z. 29.
24	16. „ „	Das Ungehorsamsverfahren in den zur Zuständigkeit der Bezirksgerichte gehörigen Straffällen betr.	Zu Ziff. 5.
25	29. April 1869.	Landtagsabschied § 60: die Auslegung des Art. 14 des Notariats-Gesetzes vom 10. November 1861 betr.	Zu Ziff. 19.
26	29. „ „	Die Gemeindeordnung für die Landestheile diesseits des Rheins betr.	S. unten Z. 30.
27	21. Juni 1870.	Einige provisorische Bestimmungen über Tax- und Stempelgebühren in bürgerlichen Rechtssachen betr. Abth. I: Für Bayern diesseits d. Rheins. Vergl. Ziff. 33.	Abth. II: für die Pfalz. Fortdauer bis zum Schlusse d. XI.F.-Per. s. Ges. v. 27. X. 71.
28	14. Jan. 1871.	Die Interzessionen betr.	
29	18. Febr. 1871.	Die metrischen Maasse im Aufschlagwesen betr.	Zu Z. 23.
30	19. Jan. 1872.	Die Abänderung einiger Bestimmungen der Gemeindeordnung für die Landestheile d. d. Rh. vom 29. April 1869 btr.	Zu Z. 26.
31	28. April 1872.	Den Art. 104 des Notariatsgesetzes vom 10. Nov. 1861 betr.	Zu Z. 19.
32	28. „ „	Die Grundentlastung betr.	Zu Z. 4.
33	29. Dez. 1873.	Die vorläufige Fortdauer des Gesetzes. einige provisorische Bestimmungen üb. die Tax- u. Stempelgebühren in bürgerlichen Rechtssachen betr.	Zu Z. 27.

Verzeichniss D. zur Beilage I.

Provinzial- u. Statutarrechte für einzelne Bezirke und Ortschaften Bayerns dies- und jenseits des Rheins.

Zahl.	Name.	Bemerkung.
	a. Noch geltende Rechte.	
1	Ansbacher Provinzialrecht.	
2	Ansbacher Stadtherkommen.	
3	Augsburger Stadtrecht.	
4	Augsburger Hochstiftsrecht.	
5	Augsburger Domkapitelrecht.	
6	Bamberger Provinzialrecht.	
7	Bamberger Domprobsteiliche Observanzen.	Zweifelhaft.
8	Bamberger peinlicher Entwurf.	
9	Baudinger Statutarrecht.	
10	Bayerisches Landrecht.	
11	Bayreuther Provinzialrecht.	
12	Bazenhofener Statuten.	
13	Bedenauer Gewohnheit.	
14	Berchtesgadener Recht.	Zweifelhaft.
15	Casteller Recht.	
16	Coburger Landrecht.	
17	Code Napoléon.	
18	Churerzkanzler'sche Verordnungen.	
19	Deutschordensrecht in Franken.	
20	Deutschordensrecht am Neckar u. an der Tauber.	
21	Dinkelsbühler Stadtrecht.	
22	Eichstädter Provinzialrecht.	
23	Frbacher Landrecht.	
24	Erlbacher Observanz.	Zweifelhaft.
25	Frankfurtische Grossherzogliche Verordnungen.	
26	Fürther Observanzen.	Zweifelhaft.
27	Fürst Primatische Verordnungeu.	
28	Fugger-Babenhausen'sches Recht.	
29	Fugger-Glöttische Observanzen.	
30	Fugger-Kirchheim'sche Verordnungen.	
31	Fuldaer Recht.	
32	Gemeines Recht.	
33	Giechische Verordnungen (Thurnau).	
34	Hessen-Darmstädtische Verordnungen.	
35	Hohenloher Landrecht.	
36	Ingolstädter Stadtbrauch.	
37	Kaufbeuerer Stadtrecht.	
38	Kempten-Hochstift'sches Recht (Fürstenthum).	
39	Kempter-Stadtrecht.	
40	Krombacher Gewohnheitsrecht.	Zweifelhaft.
41	Landsberger Stadtbrauch.	Zweifelhaft.
42	Leiningen'sche Verordnungen.	
43	Leiningen'sches Gewohnheitsrecht.	
44	Lindauer Stadtrecht.	
45	Löwensteinische Verordnungen.	

Zahl.	Name.	Bemerkung.
46	Mainzer Landrecht.	
47	Memminger Stadtrecht.	
48	Mindelheimer Stadtrecht.	Zweifelhaft.
49	Mönchsrother Observanz.	
50	Müncheuer Stadtrecht.	
51	Nördlinger Stadtrecht.	
52	Nürnberger Stadtrecht.	
53	Oberpfälzisches Statutarrecht.	
54	Ochsenhauser Statuten.	Zweifelhaft.
55	Oesterreichisches Recht.	
56	Oettingen-Oettingenisches Recht.	
57	Oettingen-Spielbergisches Recht.	
58	Oettingen-Wallersteinisches Recht.	
59	Pfaffenhofener Verordnungen.	
60	Preussisches Recht.	
61	Pückler'sche Observanzen.	Zweifelhaft.
62	Pappenheimisches Recht.	
63	Regensburger Recht.	
64	Rettenberger Landesbrauch.	
65	Rienecker Landesbrauch.	Zweifelhaft.
66	Roggenburger Statuten.	"
67	Ronsberg-Steiner Statuten.	"
68	Rothenbucher Statuten.	"
69	Rothenburger Stadtrecht.	
70	Rothenfelser Landesbrauch.	Zweifelhaft.
71	Salzburger Provinzialrecht.	
72	Schwarzenberger Verordnungen.	
73	Schweinfurter Statutarrecht.	
74	Soden'sche Verordnungen.	Zweifelhaft.
75	Solmser Landrecht.	
76	Stauffener Landesbrauch.	Zweifelhaft.
77	Sulzbacher Observanz.	"
78	Ulmer Stadtrecht.	
79	Ursberger Statuten.	Zweifelhaft.
80	Vorderösterreichisches Recht.	
81	Wangener Stadtrecht.	Zweifelhaft.
82	Weissenburger Stadtrecht.	
83	Werdenfelser Landesbrauch.	
84	Wettenhauser Statuten.	Zweifelhaft.
85	Windsheimer Stadtrecht.	
86	Württembergisches Landrecht.	
87	Würzburger Provinzialrecht.	
88	Würzburger Observanzen.	
	b. Derogirte Rechte.	
1	Augsburger St. Stephan'sches Stiftsrecht.	
2	Burglengenfelder Observanz.	
3	Buxheimer Recht.	
4	Dirlwanger Marktrecht.	
5	Ebracher Verordnung.	
6	Ellwanger Statuten.	
7	Friedberg-Scheerische Statuten.	
8	Immenstadter Stadtrecht.	
9	Irrseeische Observanzen.	
10	Kaisersheimische Verordnungen.	
11	Murnauer Statuten.	

Zahl.	Name.	Bemerkung.
12	Neuburger Verordnungen.	
13	Oberholzgünzer Recht.	
14	Ottobeuerer Statuten.	
15	Rechtern-Limpurg-Speckfeldische Verordnungen.	
16	Rodinger Observanz.	
17	Sonthofener Observanz.	
18	Tann'sches Gewohnheitsrecht.	
19	Wasserburger Recht.	
20	Wertinger Statut.	

Beilage II.

Verjährungsfristen

für

Civilklagen, Verwaltungsrechte, und Strafsachen.

Einleitung.

Die Verjährung im weiteren Sinne ist entweder eine erwerbende — Ersitzung — oder eine erlöschende — Verjährung im engeren Sinne. —

A. Erwerbende Verjährung — Ersitzung.

Durch Ersitzung werden erworben nach bayer. Landrecht:

Eigenthum an beweglichen Sachen (Thl. II. Cap. 4 §. 8.) in . . . 3 Jahren.

» an unbeweglichen Sachen (Thl. II. Cap. 4 §. 8.)
- a) wider Gegenwärtige in . . . . . . 10 »
- b) wider Abwesende . . . . 20 »
- c) mit d. Titel des Kaufes (Bl. f. RA. XXXIV. S. 218)
  - 1) wider Gegenwärtige in . . . . . 5 »
  - 2) » Abwesende in . . . . . . 10 »

» an unkörperlichen Sachen (Thl. II. Cap. 4 §. 8.)
- a) ohne Titel in . . . . 30 »
- b) mit Titel in . . . . 20 »

Grunddienstbarkeiten (Thl. II. Cap. 7 §. 5) und zwar;
- a) kontinuirliche unter Anwesenden in . . . . . 10 »
- b) » » Abwesenden in . . . . . 20 »
- c) » ohne Ankunftstitel, scientia et patientia in . . . . 40 »
- d) diskontinuirliche unter Anwesenden in . . . . 10 »
- e) » » Abwesenden in . . . . . 20 »
- f) » ohne Ankunftstitel, scientia et patientia . . . . . . in unfürdenklicher Zeit.
- g) gekaufte in der Hälfte obiger Zeit (a. b. d. e.) also statt in 10 Jahren in . . . . 5 Jahren. und » » 20 » in . . . . 10 »

Nutzniessung wie die Grunddienstbarkeiten (Thl. II. Cap. 9. §. 2.)
- a) unter Anwesenden in . . . . 10 Jahren.
- b) » Abwesenden in . . . . 20 »
- c) ohne Titel etc. in . . . . 30 »

Personalservituten, s. Nutzniessung.
Privilegien (Thl. I. Cap. 2. §. 16) in . . . . . . 30 Jahren.
Servituten, s. Grunddienstbarkeiten und Nutzniessung.
Ususfructus, s. Nutzniessung.
Wasserbenützungsrechte nach Art. 37 des Gesetz. v. 28. Mai 1852 (die Benützung des Wassers betr.) in . . . 10 »

B. Erlöschende Verjährung.

I.

Die erlöschende Verjährung tritt ein bei civilrechtlichen Ansprüchen:

aus der actio aestimatoria seu quanti minoris (Ldr. Thl. IV. Cap. 3. §. 25. Nr. 3) (Vgl. Bl. f. RA. Bd. XXXI. E. Bd.) in 1 Jahr.
« actio familiae herciscundae, s. Erbschaftstheilungsklage.
» actio depositi directa vom Tage der Hingabe der Sache » an (Bl. f. RA. XXX. 305) in . . . . 30 Jahren
aus der actio Pauliana (vgl. Bl. f. RA. XXX. 48.) . . . . in Jahr u. Tag.
» » actio redhibitoria (Ldr. Thl. IV. Cap. 3. §. 24 Nr. 3) in 6 Monaten.
der Advokaten (Anwälte), bezüglich der Gebühren und Auslagen in Rechtsangelegenheiten, sowie gegen die Advokaten bezüglich ihrer Verantwortlichkeit für Urkunden, Akten und Vorschüsse (V. G. Art. 2) in . . . . . 3 Jahren.
auf Alimente, fällige (V. G. Art. 1) in . . . . 5 »
auf Anfechtung einseitiger Veräusserungen der Ehefrau durch den Ehemann (Ldr. Thl. I. Cap. 6 §. 27 Nr. 2) in . 5 »
der Apotheker für gelieferte Arzneien (V. G. Art. 3) in . . 3 »
» Arbeiter wegen ihres Arbeitslohnes etc. (V. G. Art. 3) in . 3 »
» Aerzte für ärztliche Hilfe etc. (V. G. Art. 3) in . . . 3 »
» Bader für ihre Dienstleistungen etc. (V. G. Art. 3) in . 3 »
auf Bergbauschadensersatz (Bergges. v. 1869) in . . . . 3 »
der Boten für Frachtgeld u. Auslagen (V. G. Art. 3) in . . 3 »
der Dienstboten wegen ihres Dienstlohnes (V. G. Art. 3) in . 3 » (vgl. Bl. f. RA. XXIX. 511. XXXVI. 377.)
aus der Einrede des nicht gezahlten Geldes, wenn für ein Darlehen Hypothek eingetragen und keine Protestation dagegen vorgemerkt wurde (Ges. v. 26. März 1859) in . 30 Tagen.
an Eisenbahn-Immobiliar-Eigenthum (und Betriebsrecht) der Privaten nach V. v. 20. Juni 1855 in . . . . . 99 Jahren.
auf Erbschaftstheilung nach Ldr. Thl. III. Cap. 1. §. 14 Nr. 26 nie.
der Erziehungs- und Verpflegungs-Anstalts-Vorsteher wegen Bezahlung des Kost- und Unterrichts- und Lehrgeldes und der Auslagen (V. G. Art. 3) in . . . . . . 3 Jahren.
wegen Fehlern bei Thieren, s. Viehveräusserung.
der Frachtfuhrleute für Frachtgeld und Auslagen (V. G. Art. 3) (Vgl. Slg. H. E. II. 286) in . . . . 3 »
der Gehilfen und Gesellen aus ihrem Dienst- und Arbeitsverhältnisse (V. G. Art. 3) in . . . . 3 »
gegen Genossenschafter von Erwerbs- und Wirthschaftsgesellschaften (Bay. Ges. v. 29. Apr. 1869 Art. 65. 75. G.Bl. S. 1153 u. Reichsges. v. 4. Juli 1868 § 63. Bay. G. und VBl. 1874 S. 22.) in . . . . 2 »
auf Gewährleistung s. actio aest; redh; Wandelung; Minderung; Viehveräusserung . . . .
der Gewerbtreibenden und Handwerker wegen Bezahlung ihrer Lieferungen, Arbeiten, Dienste oder Verrichtungen (V. G. Art. 3) in . . . . 3 »
aus Grunddienstbarkeiten nach Landr. Thl. II. Cap. 7. §. 8 und zwar:

a) aus kontinuirlichen unter Anwesenden in . . . 10 Jahren.
b) „ „ „ Abwesenden in . . . . 20 „
c) „ diskontinuirlichen, wenn die Abwechslung nur stunden-, tag- oder wochenweis geschieht unter Anwesenden in . . . . 10 „
d) dto. unter Abwesenden in . . . . 20 „
e) aus diskontinuirlichen, wenn die Abwechslung monat- oder jahrweise geschieht unter Anwesenden in . . 20 „
f) dto. unter Abwesenden in . . . . 40 „
g) S. unten Wasser.)

der Handelsleute wegen Bezahlung der Waaren, welche sie an Nichthandelsleute abgegeben haben (V. G. Art. 3) in . 3 „

in Handelssachen nach dem allgemeinen deutschen Handelsgesetzbuche und zwar:
a) die Rechte der Gesellschaft aus Geschäften eines Gesellschafters für eigene Rechnung nach Art. 97 Abs. 2 von der Kenntniss an in . . . . 3 Monaten.
b) die Klagen gegen einen Gesellschafter aus Ansprüchen gegen die Gesellschaft nach Art. 146—149 und 172 in . . . . 5 Jahren.
c) die Klagen gegen den Verkäufer wegen Mangel nach der Ablieferung an den Käufer gemäss Art. 349 und 350 (Vergl. St. Z. VII. 143) in . . . . . . 6 Monaten.
d) die Einreden des Käufers wegen Mangel, wenn die im Art. 347 vorgeschriebene sofortige Absendung der Anzeige des Mangels nach der Ablieferung an den Käufer gemäss Art. 349 und 350 nicht geschehen ist (Vgl. Sammlung etc. Bd. I. S. 57) innerhalb . . . 6 Monaten.
e) die Klagen gegen den Spediteur und Frachtführer wegen gänzlichen Verlustes oder wegen Verminderung, Beschädigung oder verspäteter Ablieferung des Gutes nach Art. 386 und 408 (Vgl. M. Z. B. XII. S. 241) in . . . . 1 Jahre.
f) die Einreden gegen den Spediteur und Frachtführer nach Art. 386 und 408 wenn nicht die Anzeige an den Spediteur oder Frachtführer abgesandt wurde binnen . . . . 1 „
g) die im Art. 757 aufgeführten Forderungen der Schiffsgläubiger nach Art. 906 bis 909 in . . . . . 1 „
h) die Forderungen der Schiffsgläubiger in den Fällen des Art. 906 Ziff. 1 und 2 in . . . . 2 „
i) die Forderungen des Versicherers und der Versicherten gegen die Gefahren der Seeschifffahrt nach Art. 910 in . . . . 5 „

der Handwerker, s. Gewerbtreibende.

der Hebammen für ihre Dienstleistungen (V. G. Art. 3) in . 3 „

aus Injurien, mündlichen, von Zeit erlangter Wissenschaft an nach Ldr. Thl. IV. Cap. 17 §. 13. in . . . . . 1 „

aus Injurien, thätlichen oder schriftlichen l. c. in . . . 30 „

aus dem interdictum retinendae possessionis; uti possidetis; utrubi (Ldr. Thl. II. Cap. 5. §. 12) in . . . . . 1 „

aus allen Klagen von der Zeit an, da sie hätten angestellt werden können, wo keine längere oder kürzere Zeit besonders bestimmt ist, nach b. Gerichtsordnung Cap. IV. §. 3 in der Regel in . . . . 30 „

[Das b. Landrecht stellt keine allgemeine Verjährungsregel auf, führt aber die 30jährige Verjährungszeit speziell an bei

Erbschaftsklagen (Thl. III. Cap. 1. §. 5. §. 14. Nr. 26. §. 19. Nr. 5)

Klagen auf den Pflichttheil (Nothgebührniss), actio ad suplementum legitimae (Thl. III. Cap. 3. §. 15. Nr. 13.)
Interdictum recuperandae possessionis (Thl. II. Cap. 5. §. 11.)
Obligationen aus Delikten — actio persecutoria (Thl. IV. Cap. 16. §. 4. Nr. 6.)
Spolienklagen (Thl. II. Cap. 5. §. 11.)]

der Künstler wegen Bezahlung ihrer Arbeiten (V. G. Art. 3) in 3 Jahren.

der Lehrer und Meister von wissenschaftlichen Fächern, Künsten und Gewerben wegen Bezahlung des Kost-, Unterrichts- und Lehrgeldes und der gemachten Auslagen (V. G. Art. 3) in . . . . 3 „

der Leinreiter wegen Fahrgeld und Auslagen (V. G. Art. 3) in 3 „

aus Leistungen, jährlich oder in kürzeren bestimmten Fristen wiederkehrenden, soferne die letzteren nicht als Theilzahlungen eines Kapitals anzusehen sind (V. G. Art. 1) in 5 „

der Lohnkutscher für Fahrgeld und Auslagen (V. G. Art. 3) in 3 „

der Mäkler wegen Provisionen, Gebühren und Auslagen (V. G. Art. 3) in . . . . 3 Jahren.

der Meister s. Lehrer.

wegen Miethgeldern, fälligen (V. G. Art. 1) in . . 5 „

aus der Minderungsklage, s. actio aestimatoria.

wegen Nachdrucks (S. Urheberrechte.)

wegen Pachtgeldern, fälligen (V. G. Art. 1) in . . . 5 „

aus Pensionsansprüchen eines standesherrlichen Beamten (Bl. f. RA. XXXII. 79) in . . . . 5 „

von Personen, welche zur Besorgung bestimmter Geschäfte öffentlich bestellt sind, oder sonst aus der Uebernehmung einzelner Arten von Aufträgen ein Gewerbe machen, wegen ihrer Provisionen, Gebühren u. Auslagen (V. G. Art. 3) in 3 „

gegen den Postfiskus. (Reichsges. v. 28. Okt. 1871 u. Rev. Posttransport-Ord. v. 28. Jan. 1872. § 38. 100 u. Abschn. V. (Rbl. S. 561) binnen . . . . 6 Monaten.

aus Privilegien (Ldr. Thl. I. Cap. 2. §. 16 Nr. 16) in . . 10 Jahren.

aus ruhenden Prozessen nach Ldr. Thl. IV. Cap. 13 §. 11 Nr. 1 u. G. O. Cap. 3 §. 9 Nr. 5 in . . . . 40 „

aus der Querela inofficiosae donationis nach Ldr. Thl. III. Cap. 8. §. 13. Nr. 5. in . . . . 5 „

aus der Querela inofficiosi testamenti nach Ldr. Thl. III. Cap. 3 §. 16. Nr. 9 in . . . . 5 „

aus der Querela non numeratae pecuniae in 2 Jahren, beziehungsweise 30 Tagen nach Ldr. Thl. IV. Cap. 11. §. 7. Nr. 1 u. 2; aufgehoben durch Gesetz v. 26. März 1859 (Hdb. IV. S. 518.) S. oben: Einrede des nicht gezahlten Geldes.

an Renten, fälligen (V. G. Art. 1) in . . . . 5 „

auf Restitution der Minderjährigen gegen Extrajudizialhandlungen ihrer Vormünder von erlangter Majorität an (Ldr. Thl. I. Cap. 7. §. 30) in . . . . 4 „

auf Schadenersatz bei Aufläufen diesseits des Rheins (Ges. vom 12. März 1850 nun Proz.-Ordn. v. 1869. Art. 591) in . 1 „

auf Schadensersatz aus Viehveräusserungen (V. V. G. vom 26. März 1859; OAGE. v. 30. Sept. 1863 Bl. f. RA. XXVIII. S. 363) nach Ablauf der Gewährfrist in . . . . . 14 „

der Schiffer für Fracht und Fahrgeld etc. (V. G. Art. 3) in . 3 „

an Schuldurkunden der Staatschuldentilgungsanstalt nach dem Ges. v. 29. Sept. 1861 (Hdb. Supl. I. S. 94) und zwar:

an Kapitalforderungen nach Art. 1 in . . . 30 Jahren.
an Zinsforderungen nach Art. 2 in . . . . . 5 „
an Talons nach Art. 3 in . . . . 5 „
an Kautionen für Zinsabschnitte nach Art. 4 in . 5 „
bei Gesuchen um Vergütung des Kapitals u. der Zinsen, sowie um Herausgabe der Caution nach Art. 5 in 5 „

der Spediteure wegen ihrer Provisionen, Gebühren und Auslagen (V. G. Art. 3.) (Vgl. auch Slg. H. E. II. 286) in 3 „

an die Staats-, Finanz- und Militärkassen aus der Zeit vom 1. Oct. 1811 bis zum 1. Oct. 1830 ohne Unterschied ihres Titels, insoferne sie innerhalb dieses Zeitraumes bereits zur Zahlung verfallen waren und zur Einklagung geeignet gewesen wären, wenn dieselben beim Staatsministerium der Finanzen nicht angemeldet worden sind bis zum . 1. Oct. 1833. (nach dem Finanzges. v. 28. Dez. 1831.)

an die Staats-, Finanz- und Militär-Kassen v. 1. Oct. 1830 an aus Titeln jeder Art binnen . . . . 3 Jahren. (nach dem Finanzgesetze v. 28. Dez. 1831. §. 31.)

des Staates an Staatsgefälls-Rückständen und andern an die Staatskassen geschuldeten Zahlungen, welche vor dem 1. Oct. 1830 verfallen waren, bis zum . . . . . 1. Oct. 1833. (Finanzgesetz v. 28. Dez. 1831. §. 32.)

des Staates an Staatsgefälls-Rückständen u. anderen an die Staatskassen geschuldeten Zahlungen v. 1. Oct. 1830 an binnen 3 Jahren. (Finanzgesetz v. 28. Dez. 1831. §. 32.)

aus Standesklagen nach Ldr. Thl. I. Cap. 3. §. 4. Nr. 6. in . 5 „
der Taglöhner wegen ihres Arbeitslohnes u. dgl. (V. G. Art. 3) in 3 „
aus einem testamentum tempore pestis conditum von der Zeit an, da die gefährliche Krankheit aufgehört hat und Testator noch länger lebt, als . . . . Jahr u. Tag
an Unterhaltsbeiträgen, fälligen (V. G. Art. 1) in . . . 5 Jahren.
aus Urheberrechten

a. nach dem bayr. Ges. v. 28. Juni 1865 (Ges. Bl. S. 65) Art. 8—20, 21, 26, 42, 43, 48, 61, 69 verschieden, in der Regel in . . . . 30 Jahren.
b. nach dem Reichsgesetze v. 11. Juni 1870 § 8 ff. nach dem Tode in . . . . 30 „
gegen Uebersetzungen in . . . . . . 5 „

vom Ususfructus nach Ldr. Thl. II. Cap. 9. §. 8. unter Anwesenden in 10 „
unter Abwesenden in . . . . 20 „
der Verpflegungsanstalten, s. Erziehungsanstalten.
bei Viehveräusserungen auf Gewährleistung nach dem Gesetze vom 26. März 1859 Art. 1. 9 und 10 (Hdb. V. S. 235) nach Ablauf der Gewährfrist in . . . . . . 14 Tagen.
(S. oben „Schadenersatz".)
(Die Gewährsfristen verschiedener Länder sind in der Tabelle unter Nr. IV. unten zusammengestellt.)
der Vorspanngeber wegen Lohn und Auslagen (V. G. Art. 3) in 3 Jahren.
aus der Wandelungsklage, s. actio redhibitoria.
wegen Wasserlauf (W. B. Ges. v. 28. Mai 1852 Art. 37) . . 10 „
aus Wechseln, eigenen (allgemeine deutsche Wechselordnung Art. 100) in . . . . 3 „
aus Wechseln, gezogenen und zwar gegen den Acceptanten vom Verfalltage des Wechsels an nach Art. 77 (vgl. Bl. f. RA. XXXI. 39. M.Z. XII. S. 32) in . . . . 3 „
wegen Regress des Inhabers gegen den Aussteller und die übrigen Vormänner nach Art. 78 (vgl. M.Z. XII. A. f. P. S. 32; XIII. 18. 191);

1) wenn der Wechsel in Europa mit Ausnahme von Island und den Faröern zahlbar war, in . . . 3 Monaten.
2) Wenn der Wechsel in den Küstenländern von Asien und Afrika längs des mittelländischen und schwarzen Meeres, oder in den dazu gehörigen Inseln dieser Meere zahlbar war, in . . . . 6 „
3) wenn der Wechsel in einem andern aussereuropäischen Lande oder in Island oder den Faröern zahlbar war, in . . . . 18 Monaten.

wegen Regressansprüchen des Indossanten gegen den Aussteller und die übrigen Vormänner nach Art. 79:

1) wenn der Regressnehmer in den oben unter Ziff. 1 benannten Ländern wohnt, in . . . . . . 3 „
2) wenn derselbe in den oben unter Ziff. 2. benannten Ländern wehnt, in . . . . 6 „
3) wenn er in den oben unter Ziff. 3 benannten Ländern wohnt, in . . . . 18 „

Wechselproteste s. St. Z. VII. 272.
aus Wechselprozessen (Slg. H. E. II. 311) in . . . . . 30 Jahren.
der Wirthe wegen Bezahlung der von ihnen gegebenen Kost, Getränke, Wohnung, sowie andere für die Gäste gemachten Auslagen (V. G. Art. 3) in . . . . . 3 „
der Wundärzte für Besuche, Kunstverrichtungen u. dergleichen (V. G. Art. 3) in . . . . 3 „
an Zinsen aller Art. (V. G. Art. 1) (Vgl. Slg. H. E. II. 249) in 5 Jahren.
an Zinsen aus allen öffentl. österreich. Schuldverschreibungen vom Zeitpunkt ihrer Fälligkeit an (K. ABl. f. Oberbay. 1867. S. 1526) in . . . . 6 „

II.

Auf dem Gebiete des Verwaltungsrechtes verjähren:

1) die persönlichen Gewerbskonzessionen wenn innerhalb eines Jahres nach der Ertheilung oder nach dem in der Concessionsurkunde für die Ausführung etwa bestimmten späteren Zeitpunkte die Ausübung nicht begonnen oder eine Fristverlängerung nicht ausgewirkt worden ist, oder wenn der Betrieb eingestellt wird (G. G. v. 30. Januar 1868. Art. 12.) länger als . . . . 2 Jahre.
Vgl. die RGO. v. 21. Juni 1869 § 49. 50.
2) Baubewilligungen, polizeilich ertheilte, sowohl nach der allgemeinen Landesbauordnung vom 30. Juni 1864 (R.Bl. S. 817) als auch nach der Münchener-Bauordnung vom 2. Oct. 1863. §. 72 (vorbehaltlich einer Verlängerungsbewilligung auf ein weiteres Jahr) durch Nichtbeginn des Baues von der Zeit der ertheilten Genehmigung an in . 1 „
3) Stempelauswechslungsgesuche (ME. v. 19. Juni 1863) in 1 Monat.
4) Wechselstempelerstattungsgesuche in . . . . . 14 Tagen.

III.

Strafrecht.

NB. Bezüglich derjenigen besonderen Vorschriften des Strafrechts, welche nach § 2 des E. G. v. 31. Mai 1870 zum D. StGB. der Landesgesetzgebung vorbehalten sind (namentlich über Presspolizei, Post, Steuer, Zoll, Fischerei, Jagd, Forst, Feldpolizei, Vereins- und Versammlungsrecht, Holz- (Forst-)Diebstahl und Konkurs, kann nach § 8 dies. Ges. die Landesgesetzgebung Uebergangsbestimmungen treffen, um die in Kraft bleibenden Landesstrafgesetze mit den Vorschriften des deutschen Strafgesetzbuches in Uebereinstimmung zu bringen.

Gemäss Art. 4 des Vollz.-Einf.-Ges. v. 26. Dez. 1871 gelten auch die Verjährungsbestimmungen des RStGB. für die Landesgesetze nur so weit als letztere nicht anders bestimmen.

Auf dem Gebiete des Strafrechts verjähren:

1) Anträge auf Verfolgung strafbarer Handlungen nach § 61 des D. StGB. von dem Tage incl. seit welchem der Berechtigte von der Handlung und von der Person des Thäters Kenntniss gehabt hat, auch in Nachdrucksachen (R. Ges. v. 11. Juni 1870 § 35) in . . . . 3 Monaten.
und wenn der Berechtigte innerhalb der Antragsfrist gestorben ist . . . . mit d. Tode.

2) Antragsdelikte, d. h. deren Strafverfolgung wie die Officialdelikte unabhängig von der Verjährung des Antrags. S. Anträge, Klagen, Strafen und Verfolgung.

3) Arreststrafen (vor 1872 zuerkannte) in . . . . . 2 Jahren.

5) Aufschlagsdefraudationen als Rechtsverletzungen in Bezug auf gerichtliche Verfolgung und zuerkannte Strafen wie die Uebertretungen des d. Strafgesetzbuches (OAGE. v. 21. Febr. 1863. St. Z. II. S. 171.) s. Verfolgung u. Strafen.

6) Aufschlagskontraventionen als Rechtsgefährdungen wie die Uebertretungen. S. Verfolgung u. Strafen.

7) Bauführungen ordnungswidrige wie Vergehen u. Uebertretungen. (Früher als Zustandsdelikte gar nicht.) —

8) Berggesetz-Uebertretungen wie Uebertretungen. B.G.v. 20. März 1869 Art. 206.

9) Bergwerksabgabenverkürzungen nach Ges. v. 6. Apr. 1869 wie Vergehen.

10) Biersteuerhinterziehungen (E. G. z. D. StGB. § 7.) in . 3 Jahren.

12) Branntweinsteuerhinterziehungen (E. G. z. D. StGB. § 7) in 3 »

13) Disciplinarübertretungen der Notare nach Art. 113 u. 142 (nicht aber nach Art. 143) des Notariatsgesetzes vom 10. Nov. 1861 verjähren in Bezug auf Strafbarkeit (Verfolgung) von dem Zeitpunkte der zur Einschreitung Anlass gebenden Handlungen oder Unterlassung oder der Unterbrechung des Disciplinarverfahrens an in . . . . . 2 Jahren.

14) Disciplinarübertretungen der Staatsdiener wie der Notare zwar ohne gesetzliche Bestimmung aber aus Gründen der Billigkeit (OAGE v. 28. Octbr. 1863. Bl. f. RA. XXVIII. S. 142) längstens in . . . . 2 „

15) Disziplinarvergehungen der Gerichtsvollzieher: wie Vergehen (GVO. v. 15. Mai 1870. Art. 40. JMBl. S. 77.) S. Verfolgung und Strafen.

16) Ehrenkränkungen (Beleidigungen) wie alle übrigen Antragsdelikte.

17) Festungshaft, rechtskr. zuerkannte (D. StGB. § 70):
   a) lebenslängliche in . . . . 30 Jahren.
   b) von mehr als 5 Jahren in . . . . 15 »
   c) von 2 bis 5 Jahren in . . . . 10 »
   d) bis zu 2 Jahren in . . . . 5 »

18) Forstpolizeiübertretungen und Forstfrevel, s. Verfolgung und Strafe.

19) Gefängnisstrafen, rechtskr. zuerkannte (D. StGB. § 70):
   a) von mehr als 5 Jahren in . . . . 15 »
   b) von 2 bis 5 Jahren in . . . . 10 »
   c) bis zu 2 Jahren in . . . . 5 »

20) Geldstrafen, rechtskr. zuerkannte (D. StGB. § 70):
   a) von mehr als 2000 Thaler in . . . . . . 10 »
   b) von 50 bis 2000 Thaler in . . . . . . 5 »
   c) bis zu 50 Thaler in . . . . 2 »

d) der Gerichtsvollzieher, wie Vergehen. (GVO. v. 15. Mai 1870 Art. 40.)

21) Haftstrafen rechtskr. zuerkannte (D. StGB. § 70) in . 2 Jahren.

22) Jagdfrevel, d. s. Vergehen nach § 292—295 des D. StGB. wie Vergehen s. Verfolgung und Strafen.

23) Jagdpolizeiübertretungen, d. s. Uebertretungen des Jagdausübungsgesetzes vom 30. Mai 1850, der Jagdpolizeiverordnung vom 3. Oct. 1863 und nach § 368 Z. 10 u. 11 des D. StGB. wie Uebertretungen des D. StGB.

24) Klagen wegen Ehrenkränkungen (Beleidigungen) an Verstorbenen s. M. Z. XII. 6 und D. StGB. § 189. —

25) Kompensationseinreden bei wechselseitigen Beleidigungen a. nach dem bayr. StGB. s. OAGE. v. 4. Dez. 1863 u. 23. Jan. 1864 (St. Z. III. S. 51 u. 98 VI. 63.); b. nach § 189 des D. StGB. ohne Rücksicht, ob die dreimonatliche Frist schon abgelaufen ist, mit Schluss der Verhandlung üb. d. Klage in I. Inst.

26) Malzaufschlagsdefraudationen nach dem Ges. v. 16. Mai 1868 früher als Rechtsverletzungen wie die Uebertretungen des St.G.B. (OAGE. v. 21. Febr. 1863 St. Z. II, S. 171. OAGE. v. 19. Jan. 1866. M Z. XIII. 22) s. Verfolgung, Strafen. — M. A. Contraventionen wie die Polizeiübertr. s. M. Z. XIII. 617. 112. S. aber jetzt unten Verfolgung.

27) Nachdrucksachen a. nach dem bayr. Ges. v. 28. Juni 1865, b. nach dem Reichsges. v. 11. Juni 1870 Art. 33 ff. Vergehen in . . . . 3 Jahren.
Uebertretungen in . . . . 3 Monaten.

28) Polizeiübertretungen nach dem bayr. PStGB. v. 10. Nov. 1861 Art. 25:
a) wenn von dem Tage der begangenen That ein Erkenntniss I. Instanz nicht erfolgt ist, binnen . 6 »
b) wenn nach Einlegung eines Rechtsmittels gegen das Erkenntniss I. Instanz ein Erkenntniss der höheren Instanz nicht erfolgt ist, binnen . . 6 »
dagegen nach dem PStGB. v. 26. Dez. 1871 u. dem VEG. vom nemlichen Art. 4 u. 5, insoweit als nicht nach dem Inhalt der einschlägigen Landesgesetze anders bestimmt ist, wie die Uebertretungen.

29) Postgefäll-Defraudationen (E. G. z. D. StGB. § 7) in . 3 Jahren.

30) Presspolizeiübertretungen nach Art. 37—41 u. 43—48 des Pressgesetzes v. 17. März 1850 (E. G. Art. 3 Ziff. 8. Art. 7 u. 11.) wie Uebertretungen. s. Verfolgung und Strafe.

31) Pressübertretungen s. Verfolgung und Strafe. (B. StGB. Art. 94)

32) Pressvergehen s. Verfolgung u. Strafe.

33) Privilegienanmassungen wie Uebertretungen s. Verfolgung und Strafe. (St. Z. VII. 156.)

34) Strafen, rechtskräftig erkannte:
A. nach den bayr. Strafgesetzbüchern vom 10. Nov. 1861 vom Tage des Strafederkenntnisses gemäss Art. 97—100:
a) wenn auf Todes- oder lebenslängliche Zuchthausstrafe erkannt ist . . . . gar nicht.
b) wenn auf zeitliche Zuchthausstrafe über 12 Jahre erkannt ist in . . . . 30 Jahren.
c) wenn auf Zuchthausstrafe nicht über 12 Jahre erkannt ist in . . . . 20 »
d) wenn eine Vergehensstrafe ausgesprochen ist in 10 »
e) wenn eine Uebertretungsstrafe ausgesprochen ist in 2 »
f) wenn eine Polizeiübertretungsstrafe ausgesprochen ist, in . . . . 2 »
B. nach dem D. Strafgesetzbuche vom 15. Mai 1871 § 70 von dem Tage incl., an welchem das Urtheil rechtskräftig geworden ist, wenn:

a) auf Tod oder auf lebenslängliches Zuchthaus oder auf lebenslängliche Festungshaft erkannt ist, in . . 30 Jahren.
b) auf Zuchthaus von mehr als 10 Jahren erkannt ist, in . . . . 20 »
c) auf Zuchthaus bis zu 10 Jahren oder auf Festungshaft oder Gefängniss von mehr als 5 Jahren erkannt ist, in . . . . 15 »
d) auf Festungshaft oder Gefängniss von 2 bis zu 5 Jahren oder auf Geldstrafe von mehr als 2000 Thalern erkannt ist, in . . . . 10 »
e) auf Festungshaft oder Gefängniss bis zu 2 Jahren oder auf Geldstrafe von mehr als 50 bis zu 2000 Thalern erkannt ist, in . . . . 5 »
f) auf Haft oder auf Geldstrafe bis zu 50 Thalern erkannt ist, in . . . . 2 »

C. nach der Gerichtsvollzieherordnung zuerkannt und zwar Geldstrafen wie Vergehensstrafen, andere Strafen gar nicht. S. Disziplinarvergehungen.

D. nach dem Malzaufschlaggesetze v. 16. Mai 1868 Art. 64 (Art 24 Z. 14 des VEG. v. 26. Dez. 1871) in . 3 „

35) Strafanträge s. Anträge.
36) Straffolgen nach dem D. StGB. v. 1871 Art. 70. 36. 38 . gar nicht.
37) Strafverfolgung s. Verfolgung; Strafvollstreckung s. Strafen.
38) Todesstrafen s. Strafen.
39) Uebertretungen s. Verfolgung und Strafen.
40) Ungehorsam s. Wehrgesetz.
41) Unterbrechung der Verjährung s. M. Z. XI. 307. 43. XII. Abth. f. P. Seite 15. b. 275. XIII. 586. 590. bezüglich des Malzaufschlags s. Ges. v. 16. Mai 1868. Art. 64. Bezüglich der Disciplinar-Uebertretung eines Notars s. St. Z. VI. 13 durch ein unzuständiges Gericht St. Z. VI. 153. In Forststrafsachen St. Z. VI. 161. In Ehrenkränkungssachen. St. Z. VII. 273. — Unterbr. durch Aktenvorlage an den Staatsanwalt. St. Z. VII. 338. — durch Aktenproduktionsverf. (St. Z. VIII. 317.) Nach dem D. St.GB. v. 1871 s. §. 68, 69—72.
42) Verbrechen s. Strafe und Verfolgung.
43) Vergehen s. Strafe und Verfolgung.
44) Verfolgung gerichtliche strafbarer Handlungen:

A. von den nach dem bayr. Strafgesetzbuche strafbaren Handlungen nach Art. 93 und 94 des St.G.B. (S. Kalender 1872 S. 24.)

B. von den nach dem Polizeistrafgesetzbuche strafbaren, und soferne nichts anderes ausdrücklich bestimmt ist, auch von den übrigen Polizeiübertretungen nach Art. 25. des PStGB. v. J. 1861. (S. Kalender 1872.)

C. nach dem D. St.GB. v. 15. Mai 1871 §. 67, von dem Tage incl. an welchem die Handlung begangen ist, ohne Rücksicht auf den Zeitpunkt des eingetretenen Erfolges

a) von Verbrechen:
α) wenn sie mit dem Tode oder mit lebenslänglichem Zuchthaus bedroht sind, in . . 20 „
β) wenn sie im Höchstbetrage mit einer Freiheitsstrafe von einer längerer als zehnjährigen Dauer bedroht sind, in . . . . 15 „
γ) wenn sie mit einer geringeren Freiheitsstrafe bedroht sind, in . . . . 10 „

b) von Vergehen:
α) wenn sie im Höchstbetrage mit einer länge-

ren als dreimonatlichen Gefängnissstrafe bedroht sind, in . . . . 5 Jahren.

β) von anderen Vergehen . . . . . . 3 „

c) von Uebertretungen in . . . . 3 Monaten.

d) von höher strafbaren Uebertretungen im Sinne des bayr. Vollz.-Einf.-Ges. v. 26. Dez. 1871 Art. 5, (wovon Dr. Staudinger's Commentar hiezu S. 55 u. 56 zwei Uebersichten A u. B. enthält), in der Regel wie alle Uebertretungen (auch die des PStGB. v. 26. Dez. 1871) in . . . . . 3 Monaten.

Ausnahmsweise verjährt gemäss Art. 4 des VEG. v. 26. Dez. 1871 die Verfolgung der Uebertretungen

aa) des Malzaufschlaggesetzes v. 16. Mai 1868 nach Art. 64 (Art. 24 Ziff. 14 des VEG. v. 26. Dez. 1871) in . . . . 3 Jahren.

bb) des Forstgesetzes v. 28. Merz 1852 (nach Art. 71) wenn seit der That ein erstrichterliches Erkenntniss nicht erfolgt ist, in . 1 Jahre.
auf Berufung hiegegen in . . . 6 Monaten.

cc) die Uebertretungen des Vereinszollgesetzes v. 26. Sept. 1869 (§ 164) u. zw. Contrebande u. Defraudation § 134 u. 135 in . . 3 Jahren.
Ordnungswidrigkeiten in . . . . 1 „
Nachzalung defraudirter Gefälle in . . 5 „

dd) ebenso wie cc. die Verfehlungen gegen das Ges. v. 16. Nov. 1867 d. Erhebung ein. Abgabe v. Salz btr. (VEG. v. 26. Dez. 1871. Art. 22.)

S. auch: Antragsdelikte und die einzelnen strafbaren Handlungen, dann Polizeiübertretungen. —

45) Vereinsgesetzverletzungen nach Art. 20 des Vereinsgesetzes vom 26. Febr. 1850 (E. G. Art. 7 und 10) wie Uebertretungen; s. Verfolgung, Strafen.

46) Vereinsgesetzverletzungen nach Art. 21 u. 22 des Vereinsgesetzes v. 26. Febr. 1850 (E. G. Art. 7. und 10) wie Vergehen; s. Verfolgung und Strafen; wenn jedoch wegen Vorhandenheit mildernder Umstände auf Geldstrafe zu erkennen wäre, wie Uebertretungen des Strafgesetzbuches.

47) Verläumdungen sieh Anträge, Antrags-Delikte (OAGE. v. 30. Mai 1863 M. Z. X. S. 504.)

48) Vollstreckung der erkannten Strafen s. Strafen.

49) Wechselstempelhinterziehungen (RG. v. 10. Juni 1869) in 5 Jahren.

50) Wehrgesetz-Verletzungen (s. Kalender 1872.)

51) Widerklagen s. Kompensationseinreden.

52) Zollstrafsachen s. Verfolgung.

53) Zollkontraventions-Defraudations- und Contrebandestrafen erkannte s. Strafen.

54) Zuchthausstrafen rechtskr. zuerkannte (D. StGB. §. 70):
a) lebenslängliche in . . . . 30 Jahren.
b) von mehr als 10 Jahren in . . . . . . 20 „
c) bis zu 10 Jahren in . . . . 15 „

55) Zurücknahme von Strafanträgen wegen Antragsdelikten
a) nach dem B. StGB. v. 1861 Art. 88 in . . . . 8 Tagen.
b) nach dem D. StGB. v. 1871. §. 61. 64-
c) wegen Nachdrucks nach RGes. v. 11. Juni 1870 §. 27.
} mit der Strafurtheilsverkündung.
d) wegen Beleidigungen. D. StGB. v. 1871 §. 194 . . . bis zum Anfang der Urtheilsvollstreckung.
e) bei Unzucht und Nothzucht nach § 176 u. 177 des StGB. . . . . bis zur Erhebung der förmlichen Anklage des Staatsanwalts,

56) Zustandsreate s. M. Z. XIII. 314. 485. 513. Sammlung w. E. d. C. H. I. 41. u. D. StGB. v. 15. Mai 1871. §. 67.

VI.

Vergleichende Uebersicht der Gewährs- und Verjährungsfristen verschiedener Länder bei Viehveräusserungen.

Gewährsfehler:	Gewährstage in									
	Bayern. 13)	Oesterreich.	Preussen.	Württemberg.	Sachsen Königreich.	Baden.	Hessen Grossherz.	Sachsen-Meiningen.	Schweiz.	Frankreich.
I. Bei Pferden. 1)										
1) Schönblindheit (schwarzer Staar)	8	30	28	8	15	8	8	8	—	—
2) Koppen	8	—	—	8 2)	—	8	8 3)	8	—	—
3) Rotz	14	15	14	14	15 4)	14	14	28	20	9
4) Hautwurm	14	30	—	14	15	14	14	28	28	9
5) Dampf 5)	14 6)	15	28	14	15	14	14 7)	28	20	9
6) Koller (Dummkoller)	21	30	28	21	15	21	28	28	20	9
7) Fallende Sucht	40	—	—	28	—	28	28	—	—	30
8) Periodische Augenentzündung (Mondblindheit)	40	30	28	40	50	40	28	—	—	30
9) Räude	—	—	14	—	15	-	—	—	—	—
10) Stätigkeit	—	30	4	—	5	—	14	—	—	—
II. Bei dem Rindvieh.										
1) Perlsucht (Drüsenkrankheit)	28	30	8	28	50	28	28	—	20	—
2) Tragsack u. Scheidenvorfall 8)	14	—	—	8	—	8	8	—	—	—
3) Lungensucht	14	—	—	14	30 9)	14	14	28	30	9
4) Fallende Sucht	40	—	—	28	—	28	28	28	—	30
5) Lungenseuche	40	—	—	—	30	—	—	—	—	—
6) Räude	—	—	—	—	15	—	—	—	—	—
III. Bei Schafen.										
1) Räude (Milbenräude)	14	8	—	14	15	14	—	—	—	—
2) Fäule oder Anbruch	14	60 10)	—	14	30	14	28 11)	—	—	—
3) Bösartige Klauenseuche	14	—	—	—	15	—	—	—	—	—
4) Pocken	—	8	8	—	10	—	—	—	—	—
IV. Bei Schweinen.										
Finnen	8	8	8	28	30 12)	28	—	—	—	—
V. Bei allen obigen Thieren.										
Alle anderen ausdrücklich garantirten Fehler ohne Festsetzung einer best. Gewährsfrist	40	—	—	—	—	—	—	—	—	—

Bemerkungen.

1) Auch Eseln und Maulthieren. — 2) ohne Abnützung der Zähne. — 3) irgend einer Art. — 4) oder verdächtige Drüse. — 5) Dämpfigkeit oder Herzschlächtigkeit. — 6) gleichviel ob derselbe in oder ausser der Brusthöhle oder im Herz seinen Sitz hat. — 7) auch pfeifender Dampf. — 8) soferne der Vorfall nicht unmittelbar nach einer Geburt vorkommt. — 9) Lun-

gen- und Lebertuberkeln oder Lungen- und Leberfäule. — 10) die Lungen- und Egelwürmer. — 11) Egelwrümerkrankheit. — 12) auch Lungentuberkeln und Lungenwurmkrankheit 30 Tage. 13) Nach dem bayerischen Gesetze von 26. März 1859 verjähren die Klagen auf Gewährleistung in 14 Tagen nach Ablauf der betreffenden Gewährsfrist. —

Zusätze.

1. Der Veräusserer hat ausschliesslich nur für die im Gesetze speciell genannten Fehler einzustehen — insoferne nicht ausdrücklich auch noch andere bedungen sind — in Bayern, Württemberg, Baden, Luxemburg, Frankreich, Schweiz. —

2. Ausschliesslich die Wandelungsklage kann angestellt werden — mit Ausnahme bei geschlachtetem Vieh — in Bayern, Württemberg, Baden, Frankfurt a. M., Schweiz. Die Minderungsklage ist nur zulässig in Preussen, Oesterreich, Sachsen, Grossh. Hessen, Kurhessen und Frankreich.

3. Die Verjährung tritt ein und erlischt mit derselben jeder Anspruch an den Veräusserer bei Unterlassung gerichtlicher Klagestellung bezw. Erbringung des Nachweises des Vorhandenseins eines Gewährmangels und bzw. eines dem gleichzuachtenden Fehlers zur Zeit des Kaufsabschlusses — innerhalb 6 Monaten in Preussen und Oesterreich; nach Ablauf der Gewährsfrist und bzw. innerhalb der darauffolgenden 14 Tage in Bayern, Württemberg, Baden und Frankfurt a. M.; spätestens 24 Stunden nach Ablauf der Gewährszeit Anzeigeerstattung bei Gericht und nach weiteren 4 Wochen Verjährung im Grossh. Hessen; spätestens 24 Stunden nach Ausgang der Gewährsfrist Anzeige bei Gericht und Verjährung am 90. Tage von der Uebergabe an in Churhessen; mit Umfluss der Währschaftszeit in der Schweiz für Thiere, welche vor Ablauf dieser Zeit in andere als die concordirenden Cantone oder in's Ausland geführt werden, mit dem Ueberschreiten der Gränze des Concordatsgebietes; mit Ablauf der Gewährsfrist im Grossherzogthum Luxemburg. — (Veterinärärztliches Taschenbuch v. Th. Adam.)

Beilage III.

Die Berufungssumme

in streitigen Rechtssachen,

nach der Civilprozessordnung für das Königreich Bayern vom 29. April 1869.

(S. Kalender 1872 S. 27.)

Beilage IV.

Eidesformeln.

Aktuare in Civilsachen G. O. Cap. II. §. 3. S. Gerichtsschreiber.
» in Strafsachen St. P. G. v. 1848 Art. 33 St. G. B. v. 1813 Thl. II. Art. 40.
Advokaten G. O. Cap. II. §. 5. Nr. 1. Pr.-O. v. 1869. Art. 81.
Adelige s. Zeugen.
Allgemeine Eidesformel; Eingangsworte: »Ich schwöre bei Gott dem Allmächtigen und Allwissenden« . . . Schlussworte: »so wahr mir Gott helfe.« B. Proz.-Ordn. v. 29. April 1869 Art. 473.
Anwaltseid in die Seele des Prinzipals. G. O. Cap. XIII. §. 1. Nr. 2. B. Proz. Ordn. v. 1869 Art. 451—456.
Bezirksamtsbeamte. M. E. v. 23. April 1862. (Nar, Hdb. I. Aufl. S. 63.)
Bezirksamtsschreiber. M. E. v. 13. Jan. 1865. K. A. Bl. v. O. B. S. 81.

Juramentum in litem affectionis et veritatis s. Schätzungseid.
Kapitalrentensteuerausschussmitglied. Kapitalrentensteuergesetz v. 31. Mai 1856. Art. 15. (Hdb. IV. S. 111.)
König. Verf.-Urk. Tit. X. §. 1. (Hdb. I. S. 52.)
Landgerichtspersonal s. Stadt- und Landgerichtspersonal.
Landräthe. Landrathsgesetz v. 28. Mai 1852. Art. 21. (Hdb. II. S. 526.)
Landtagsmitglieder. V. U. T. 7. §. 25. (Hdb. I. S. 45.)
Landtagswahlmänner. Ges. v. 4. Juni 1848. Art. 19. Hdb. I. S. 45.)
Magistratsglieder, s. Gemeindebedienstete.
Mäkler s. Handelsmäkler.
Malzbrecher und Malzbrenner. Mandat v. 28. Juli 1807 (Döll. XIII. S. 1512.) I. M. E. v. 19. Febr. 1863. (I. M. Bl.-1863. E. H. S. 21. M. Z. X. S. 143.) Sind aber nach dem Gesetze v. 16. Mai 1868 nicht mehr zu verpflichten.
Manifestationseid. G. O. Cap. XIII. §. 5. Anm. hiezu lit. f. — G. O. Cap. XVIII. §. 14. — Pr. G. v. 1837. §. 70. Abs. 2. Nr. 1. — G. O. Cap. XIX. §. 20. beim Testamentsstempel: Stempelgesetz v. 18. Dez. 1812. §. 3. h. F. M. E. v. 28. Febr. 1865. (J. M. Bl. II. S. 34. K. A. Bl. f. O. B. S. 578.) B. Proz.-O. v. 1969. Art. 471. 981. 1248. Slg. H. E. II. 187.
Massacurator, s. Curator.
Menoniten. V. v. 20. Oktober 1811. D. Z. V. S. 220. B. Proz.-O. v. 1869. Art. 417.
Nichtwissen und Nichterinnern. B. Proz.-O. v. 1869. Art. 455. Abs. 2. Art. 981.
Notare. Notariatsgesetz v. 10. Nov. 1861 Art. 6.
Noveneid, bei versäumten Einreden G. O. Cap. VI. §. 2.
" " " Beweisartikeln G. O. Cap. IX. §. 6. Nr. 3.
" " " Urkunden. G. O. Cap. XI. §. 5. Nr. 5.
Noveneid bei versäumten Liquidation. Exzeption, Replik etc. und der Beweisantretung im Konkurse. G. O. Cap. XIX. §. 10 Nr. 7.
Noveneid, bei der Restitution gegen Erkenntnisse G. O. Cap. XV. §. 5. Nr. 8. Cap. XVI. §. 1. Nr. 2. Pr. G. v. 1819. §. 7. Nr. 2. B. Proz.-O. v. 1869. Art. 775.
Obergerichtsschreiber, s. Gerichtsschreiber.
Offenbarungseid s. Manifestationseid.
Parteieneid. B. Proz.-O. v. 1869. Art. 455. 456. 469. 473. 474.
Pfarrramtsverweser. V. v. 10. Juni 1824. Döll. VI. S. 282. (Hdb. I. S. 52.)
Prälaten, s. Zeugen.
Protestanten. Anm. zur B. G. O. Cap. X. §. 14. lit. e. P.-O. v. 1869. Art. 473.
Referirter Eid. G. O. Cap. XIII. §. 2. Nr. 8. Pr.-O v. 1869. Art. 459.
Reichsverweser. Verf.-Urk. Titl. II. §. 16. (Hdb. I. S. 8.)
Restitution, s. Calumnien-, Noveneid.
Richter. G. O. Cap. II. §. 2. Einf.-G. zur B. Proz.-O. v. 29. April 1869. Art. 113. bei Beförderung oder Versetzung JMbl. 1871 S. 356.
Sachverständige in Civilsachen, s. Experten.
" " Strafsachen. St. P. G. v. 1848. Art. 157.
Schätzer, JME. v. 28 I. 71. JMBl. S. 33 S. auch Sachverständige.
Schätzungseid (Würderungseid, juramentum in litem) G. O. Cap. XIII. §. 4. Nr. 1. Anm. lit. K. — Landr. Thl. IV. Cap. XVII. §. 6. Nr. 1. B. Proz.-O. v. 1869. Art. 470.
Schlussworte des Eides: »so wahr mir Gott helfe.« B. Proz.-O. v. 1869. Art. 473.
Sensale, s. Handelssensale.
Spezifikation, s. Manifestationseid.
Staatsanwälte, dann deren Substituten, Vertreter und Hilfsarbeiter, Dienstesvorschr. von 20. Juni 1862. Anlage I. D. Z. IX. S. 114. S. Vertreter.
Staatsanwälte in der Pfalz. (RBl. 1870 S. 2435.) V. v. 23. Dez. 1870.
Staatsbürger. Verf.-Urk. Tit. X. §. 3. (Hdb. I. S. 52.)
Stadt- und Landgerichtspersonal. I. M. E. v. 26. Juni 1862. Nr. IX. (I. M. Bl. 1863. E. H. S. 11. u. 12.) S. Richter, Gerichtsschreiber.
Stumme. B. Proz.-O. v. 1869. Art. 476.
Tagschreiber bei den Gerichten. J. M. E. v. 27. Dez. 1864. (J. M. Bl. 1864. S. 283.)

Beilage V.

Tabellen zur Berechnung der „kritischen Zeit“ für aussereheliche Vaterschafts- u. Alimentationspflicht.

Vorbemerkungen.

Die kritische Zeit für Vaterschafts- und Alimentationspflicht fällt, von der Geburt des Kindes zurückgerechnet:

a) nach bayerischem Rechte in die Zeit vom 182sten bis 302ten Tag
b) » gemeinem Rechte » » » » 182sten » 300sten »
c) » preuss. Rechte » » » » 210ten » 285sten »
d) » österreich. Rechte » » » » 180sten » 300sten »

und beträgt daher

a) nach preussischem Rechte 75 Tage
b) » gemeinem » 118 »
c) » österreich. » 120 »
d) » bayerischem » 120 »

Ueber die Rechtsquellen s. Gett, die Rechtsverhältnisse aus der ausserehelichen Geschlechtsgemeinschaft etc. München bei Franz 1836

Ueber bayerisches Recht s. bayer. Landrecht. Thl. I. Cap. 4. §. 7. Nr. 1. 5. und Cap. 3. §. 2. Nr. 9 und 10, dann Thl. IV. Cap. 16. §. 6. Nr. 6.

Ueber preussisches Recht s. Allg. preuss. Landrecht §. 1077. II, und §. 15 des Ges. v. 24. April 1854.

Bei der Berechnung der kritischen Zeit ist (entgegen Gett und älteren Tabellen und in Uebereinstimmung mit den Bl. f. R. A. VIII. S. 384 und mit Heymanns preuss. Terminkalender) der Tag der Geburt als der erste Tag nicht miteingerechnet, sondern wird von Mitternacht zu Mitternacht gezählt. Man vergl. auch die Erörterung der Bl. f. RA. Bd. XXX. S. 257 ff. „Ueber Berechnung der Nativitätstermine nach gemeinem und bayerischem Rechte." Nach dem Urtheil des Ob rsten Gerichtshofes vom 27. Jan. 1872 (Bl. f. RA. XXXVI. S. 370 u. XXXVII. S. 80) ist bei Berechnung der längsten Schwangerschaftsdauer von 302 Tagen sowohl der Tag der Beiwohnung als auch der der Geburt des Kindes mitzuzälen. — Wer hiernach rechnen will, muss in den nachstehenden Tabellen A. und B. beim 302. Tag einen Tag abziehen.

A.

Tabelle

zur

Berechnung der „kritischen Zeit",

in welcher der Beischlaf nach bayer. Landrecht Thl. I Kap. 3. § 2. Nr. 9 vollzogen sein muss, wenn die Geburt in irgend einem Jahre erfolgt ist. (Bl. f. RA. VIII. S. 384.)

Geburtstag im	182ster Tag im			302ter Tag im		
	gemeinen Jahre		Schaltjahre.	gemeinen Jahre		Schaltjahre.
Januar	Juli	+ 2	+ 2	März	+ 4	+ 4
Februar	August	+ 2	+ 2	April	+ 4	+ 4
März	September	— 1	0	Mai	+ 2	+ 3
April	October	0	+ 1	Juni	+ 2	+ 3
Mai	November	— 1	0	Juli	+ 2	+ 3
Juni	Dezember	0	+ 1	August	+ 2	+ 3
Juli	Januar	— 1	0	September	+ 1	+ 2
August	Februar	— 1	0	Oktober	+ 2	+ 3
September	März	+ 2	+ 2	November	+ 2	+ 3
Oktober	April	+ 1	+ 1	Dezember	+ 2	+ 3
November	Mai	+ 2	+ 2	Januar	+ 2	+ 3
Dezember	Juni	+ 1	+ 1	Februar	+ 1	+ 2

Gebrauchsanweisung: Es wird der mit der Zahl des Geburtstages gleiche Tag des in der zweiten resp. dritten Kolumne bezeichneten Monats angesetzt, und damit (wo 0 steht) die Rechnung abgeschlossen, oder um so viel Tage vor- oder rückwärts gerechnet, als mit + oder — (plus oder minus) angegeben sind. Diese Berechnung kann in einen andern Monat führen, als den in der zweiten resp. dritten Kolumne angegebenen. Bei einer z. B. am 31. Jänner stattgefundenen Geburt fällt der 182ste Tag auf den 2. August (= 31. Juli + 2 Tage); bei einem am 1. März gebornen Kinde auf den 31. August (= 1. September — 1 Tag.)

Als Schaltjahr ist nur das Geburtsjahr zu berücksichtigen, nicht dasjenige, in welches der 182ste oder 302te Tag fällt.

B.

Tabelle

zur

Berechnung der „kritischen Zeit“,

in welcher der Beischlaf nach bayerischem, gemeinem und preussischem Rechte vollzogen sein muss, wenn die Geburt im gemeinen Jahre erfolgt.

(Man beachte die Schlussbemerkung S. 34.)

Tag der Geburt im laufenden Jahre.	Kritische Zeit des Beischlafs nach: bayer. Rechte, 302ter Tag	bayer. Rechte, 182ster Tag	gemein. d. Rechte, 300ster Tag	gemein. d. Rechte, 182ster Tag	preuss. Rechte, 285ster Tag	preuss. Rechte, 210ter Tag
	v. J.	v. J.	v. J.	v. J.	v. J.	v. J.
1 Januar	5 März	3 Juli	7 März	3 Juli	22 März	5 Juni
2	6	4	8	4	23	6
3	7	5	9	5	24	7
4	8	6	10	6	25	8
5	9	7	11	7	26	9
6	10	8	12	8	27	10
7	11	9	13	9	28	11
8	12	10	14	10	29	12
9	13	11	15	11	30	13
10	14	12	16	12	31	14
11	15	13	17	13	1 April	15
12	16	14	18	14	2	16
13	17	15	19	15	3	17
14	18	16	20	16	4	18
15	19	17	21	17	5	19
16	20	18	22	18	6	20
17	21	19	23	19	7	21
18	22	20	24	20	8	22
19	23	21	25	21	9	23
20	24	22	26	22	10	24
21	25	23	27	23	11	25
22	26	24	28	24	12	26
23	27	25	29	25	13	27
24	28	26	30	26	14	28
25	29	27	31	27	15	29
26	30	28	1 April	28	16	30
27	31	29	2	29	17	1 Juli
28	1 April	30	3	30	18	2
29	2	31	4	31	19	3
30	3	1 August	5	1 August	20	4
31	4	2	6	2	21	5
1 Februar	5	3	7	3	22	6
2	6	4	8	4	23	7
3	7	5	9	5	24	8
4	8	6	10	6	25	9
5	9	7	11	7	26	10

Tag der Geburt im laufenden Jahre.	Kritische Zeit des Beischlafes nach: bayer. Rechte, 302ter Tag	bayer. Rechte, 182ster Tag	gemein. d. Rechte, 300ster Tag	gemein. d. Rechte, 182ster Tag	preuss. Rechte, 285ster Tag	preuss. Rechte, 210ter Tag
	v. J.	v. J.	v. J.	v. J.	v. J.	v. J.
6 Februar	10 April	8 August	12 April	8 August	27 April	11 Juli
7	11	9	13	9	28	12
8	12	10	14	10	29	13
9	13	11	15	11	30	14
10	14	12	16	12	1 Mai	15
11	15	13	17	13	2	16
12	16	14	18	14	3	17
13	17	15	19	15	4	18
14	18	16	20	16	5	19
15	19	17	21	17	6	20
16	20	18	22	18	7	21
17	21	19	23	19	8	22
18	22	20	24	20	9	23
19	23	21	25	21	10	24
20	24	22	26	22	11	25
21	25	23	27	23	12	26
22	26	24	28	24	13	27
23	27	25	29	25	14	28
24	28	26	30	26	15	29
25	29	27	1 Mai	27	16	30
26	30	28	2	28	17	31
27	1 Mai	29	3	29	18	1 August
28	2	30	4	30	19	2
1 März	3	31	5	31	20	3
2	4	1 September	6	1 September	21	4
3	5	2	7	2	22	5
4	6	3	8	3	23	6
5	7	4	9	4	24	7
6	8	5	10	5	25	8
7	9	6	11	6	26	9
8	10	7	12	7	27	10
9	11	8	13	8	28	11
10	12	9	14	9	29	12
11	13	10	15	10	30	13
12	14	11	16	11	31	14

Tag der Geburt im laufenden Jahre.	Kritische Zeit des Beischlafs nach bayer. Rechte: 302ter Tag	bayer. Rechte: 182ster Tag	gem. d. Rechte: 300ster Tag	gem. d. Rechte: 182ster Tag	preuss. Rechte: 285ster Tag	preuss. Rechte: 210ter Tag
	v. J.	v. J.	v. J.	v. J.	v. J.	v. J.
13 März	15 Mai	12 September	17 Mai	12 September	1 Juni	15 August
14	16	13	18	13	2	16
15	17	14	19	14	3	17
16	18	15	20	15	4	18
17	19	16	21	16	5	19
18	20	17	22	17	6	20
19	21	18	23	18	7	21
20	22	19	24	19	8	22
21	23	20	25	20	9	23
22	24	21	26	21	10	24
23	25	22	27	22	11	25
24	26	23	28	23	12	26
25	27	24	29	24	13	27
26	28	25	30	25	14	28
27	29	26	31	26	15	29
28	30	27	1 Juni	27	16	30
29	31	28	2	28	17	31
30	1 Juni	29	3	29	18	1 September
31	2	30	4	30	19	2
1 April	3	1 October	5	1 October	20	3
2	4	2	6	2	21	4
3	5	3	7	3	22	5
4	6	4	8	4	23	6
5	7	5	9	5	24	7
6	8	6	10	6	25	8
7	9	7	11	7	26	9
8	10	8	12	8	27	10
9	11	9	13	9	28	11
10	12	10	14	10	29	12
11	13	11	15	11	30	13
12	14	12	16	12	1 Juli	14
13	15	13	17	13	2	15
14	16	14	18	14	3	16
15	17	15	19	15	4	17
16	18	16	20	16	5	18
17	19	17	21	17	6	19
18	20	18	22	18	7	20
19	21	19	23	19	8	21
20	22	20	24	20	9	22
21	23	21	25	21	10	23
22	24	22	26	22	11	24
23	25	23	27	23	12	25
24	26	24	28	24	13	26
25	27	25	29	25	14	27
26	28	26	30	26	15	28
27	29	27	1 Juli	27	16	29
28	30	28	2	28	17	30
29 April	1 Juli	29 Octob.	3 Juli	29 Octob.	18 Juli	1 October.
30	2	30	4	30	19	2
1 Mai	3	31	5	31	20	3
2	4	1 November	6	1 November	21	4
3	5	2	7	2	22	5
4	6	3	8	3	23	6
5	7	4	9	4	24	7
6	8	5	10	5	25	8
7	9	6	11	6	26	9
8	10	7	12	7	27	10
9	11	8	13	8	28	11
10	12	9	14	9	29	12
11	13	10	15	10	30	13
12	14	11	16	11	31	14
13	15	12	17	12	1 August	15
14	16	13	18	13	2	16
15	17	14	19	14	3	17
16	18	15	20	15	4	18
17	19	16	21	16	5	19
18	20	17	22	17	6	20
19	21	18	23	18	7	21
20	22	19	24	19	8	22
21	23	20	25	20	9	23
22	24	21	26	21	10	24
23	25	22	27	22	11	25
24	26	23	28	23	12	26
25	27	24	29	24	13	27
26	28	25	30	25	14	28
27	29	26	31	26	15	29
28	30	27	1 August	27	16	30
29	31	28	2	28	17	31
30	1 August	29	3	29	18	1 November
31	2	30	4	30	19	2
1 Juni	3	1 Dezember	5	1 December	20	3
2	4	2	6	2	21	4
3	5	3	7	3	22	5
4	6	4	8	4	23	6
5	7	5	9	5	24	7
6	8	6	10	6	25	8
7	9	7	11	7	26	9
8	10	8	12	8	27	10
9	11	9	13	9	28	11
10	12	10	14	10	29	12
11	13	11	15	11	30	13
12	14	12	16	12	31	14

Tag der Geburt im laufenen Jahre.	Kritische Zeit des Beischlafs nach bayer. Rechte 302ter Tag	bayer. Rechte 182ster Tag	gem. d. Rechte 300ster Tag	gem. d. Rechte 182ster Tag	preuss. Rechte 285ster Tag	preuss. Rechte 210ter Tag
	v. J.	v. J.	v. J.	v. J.	v. J.	v. J.
Juni 13	August 15	December 13	August 17	December 13	September 1	November 15
14	16	14	18	14	2	16
15	17	15	19	15	3	17
16	18	16	20	16	4	18
17	19	17	21	17	5	19
18	20	18	22	18	6	20
19	21	19	23	19	7	21
20	22	20	24	20	8	22
21	23	21	25	21	9	23
22	24	22	26	22	10	24
23	25	23	27	23	11	25
24	26	24	28	24	12	26
25	27	25	29	25	13	27
26	28	26	30	26	14	28
27	29	27	31	27	15	29
28	30	28	September 1	28	16	30
29	31	29	2	29	17	December 1
30	September 1	30	3	30	18	2
Juli 1	2	31	4	31	19	3
		lf. J.		lf. J.		
2	3	Januar 1	5	Januar 1	20	4
3	4	2	6	2	21	5
4	5	3	7	3	22	6
5	6	4	8	4	23	7
6	7	5	9	5	24	8
7	8	6	10	6	25	9
8	9	7	11	7	26	10
9	10	8	12	8	27	11
10	11	9	13	9	28	12
11	12	10	14	10	29	13
12	13	11	15	11	30	14
13	14	12	16	12	October 1	15
14	15	13	17	13	2	16
15	16	14	18	14	3	17
16	17	15	19	15	4	18
17	18	16	20	16	5	19
18	19	17	21	17	6	20
19	20	18	22	18	7	21
20	21	19	23	19	8	22
21	22	20	24	20	9	23
22	23	21	25	21	10	24
23	24	22	26	22	11	25
24	25	23	27	23	12	26
25	26	24	28	24	13	27
26	27	25	29	25	14	28
27	28	26	30	26	15	29

Tag der Geburt im laufenden Jahre.	Kritische Zeit des Beischlafs nach bayer. Rechte 302ter Tag	bayer. Rechte 182ster Tag	gem. d. Rechte 300ster Tag	gem. d. Rechte 182ster Tag	preuss. Rechte 285ster Tag	preuss. Rechte 210ter Tag
	v. J.	lf. J.	v. J.	lf. J.	v. J.	v J.
Juli 28	Sept. 29	Januar 27	October 1	Januar 27	October 16	Dez 30
29	30	28	2	28	17	31
						lf. J.
30	October 1	29	3	29	18	Januar 1
31	2	30	4	30	19	2
August 1	3	31	5	31	20	3
2	4	Februar 1	6	Februar 1	21	4
3	5	2	7	2	22	5
4	6	3	8	3	23	6
5	7	4	9	4	24	7
6	8	5	10	5	25	8
7	9	6	11	6	26	9
8	10	7	12	7	27	10
9	11	8	13	8	28	11
10	12	9	14	9	29	12
11	13	10	15	10	30	13
12	14	11	16	11	31	14
13	15	12	17	12	November 1	15
14	16	13	18	13	2	16
15	17	14	19	14	3	17
16	18	15	20	15	4	18
17	19	16	21	16	5	19
18	20	17	22	17	6	20
19	21	18	23	18	7	21
20	22	19	24	19	8	22
21	23	20	25	20	9	23
22	24	21	26	21	10	24
23	25	22	27	22	11	25
24	26	23	28	23	12	26
25	27	24	29	24	13	27
26	28	25	30	25	14	28
27	29	26	31	26	15	29
28	30	27	November 1	27	16	30
29	31	28	2	28	17	31
30	November 1	März 1	3	März 1	18	Februar 1
31	2	2	4	2	19	2
Sept. 1	3	3	5	3	20	3
2	4	4	6	4	21	4
3	5	5	7	5	22	5
4	6	6	8	6	23	6
5	7	7	9	7	24	7
6	8	8	10	8	25	8
7	9	9	11	9	26	9
8	10	10	12	10	27	10

Tag der Geburt im laufenden Jahre.	Kritische Zeit des Beischlafs nach					
	bayer. Rechte		gem. d. Rechte		preuss. Rechte	
	302ter Tag	182ster Tag	300ster Tag	182ster Tag	285ster Tag	210ter Tag
	v. J.	lf. J.	v. J.	lf. J.	v. J.	lf. J.
9 September	11 November	11 März	13 November	11 März	28 Nov.	11 Februar
10	12	12	14	12	29	12
11	13	13	15	13	30	13
12	14	14	16	14	1 December	14
13	15	15	17	15	2	15
14	16	16	18	16	3	16
15	17	17	19	17	4	17
16	18	18	20	18	5	18
17	19	19	21	19	6	19
18	20	20	22	20	7	20
19	21	21	23	21	8	21
20	22	22	24	22	9	22
21	23	23	25	23	10	23
22	24	24	26	24	11	24
23	25	25	27	25	12	25
24	26	26	28	26	13	26
25	27	27	29	27	14	27
26	28	28	30	28	15	28
27	29	29	1 December	29	16	1 März
28	30	30	2	30	17	2
29	1 December	31	3	31	18	3
30	2	1 April	4	1 April	19	4
1 October	3	2	5	2	20	5
2	4	3	6	3	21	6
3	5	4	7	4	22	7
4	6	5	8	5	23	8
5	7	6	9	6	24	9
6	8	7	10	7	25	10
7	9	8	11	8	26	11
8	10	9	12	9	27	12
9	11	10	13	10	28	13
10	12	11	14	11	29	14
11	13	12	15	12	30	15
12	14	13	16	13	31	16
					lf. J.	
13	15	14	17	14	1 Januar	17
14	16	15	18	15	2	18
15	17	16	19	16	3	19
16	18	17	20	17	4	20
17	19	18	21	18	5	21
18	20	19	22	19	6	22
19	21	20	23	20	7	23
20	22	21	24	21	8	24
21	23	22	25	22	9	25
22	24	23	26	23	10	26

Tag der Geburt im laufenden Jahre.	Kritische Zeit des Beischlafs nach					
	bayer. Rechte.		gem. d. Rechte		preuss. Rechte	
	302ter Tag	182ster Tag	300ster Tag	182ster Tag	285ster Tag	210ter Tag
	v. J.	lf. J.	v J.	lf. J.	lf. J.	lf. J.
23 October	25 Dec.	24 April	27 Dec.	24 April	11 Januar	27 März
24	26	25	28	25	12	28
25	27	26	29	26	13	29
26	28	27	30	27	14	30
27	29	28	31	28	15	31
			lf. J.			
28	30	29	1 Januar	29	16	1 April
29	31	30	2	30	17	2
	lf. J.					
30	1 Januar	1 Mai	3	1 Mai	18	3
31	2	2	4	2	19	4
1 November	3	3	5	3	20	5
2	4	4	6	4	21	6
3	5	5	7	5	22	7
4	6	6	8	6	23	8
5	7	7	9	7	24	9
6	8	8	10	8	25	10
7	9	9	11	9	26	11
8	10	10	12	10	27	21
9	11	11	13	11	28	13
10	12	12	14	12	29	14
11	13	13	15	13	30	15
12	14	14	16	14	31	16
13	15	15	17	15	1 Februar	17
14	16	16	18	16	2	18
15	17	17	19	17	3	19
16	18	18	20	18	4	20
17	19	19	21	19	5	21
18	20	20	22	20	6	22
19	21	21	23	21	7	23
20	22	22	24	22	8	24
21	23	23	25	23	9	25
22	24	24	26	24	10	26
23	25	25	27	25	11	27
24	26	26	28	26	12	28
25	27	27	29	27	13	29
26	28	28	30	28	14	30
27	29	29	31	29	15	1 Mai
28	30	30	1 Februar	30	16	2
29	31	31	2	31	17	3
30	1 Febr.	1 Juni	3	1 Juni	18	4
1 Dec.	2	2	4	2	19	5
2	3	3	5	3	20	6
3	4	4	6	4	21	7

Tag der Geburt im laufenden Jahre.	Kritische Zeit des Beischlafs nach bayer. Rechte: 302ter Tag	bayer. Rechte: 182ster Tag	gem. d. Rechte: 300ster Tag	gem. d. Rechte: 182ster Tag	preuss. Rechte: 285ster Tag	preuss. Rechte: 210ter Tag
	lf. J.	lf. J.	lf. J.	lf. J.	lf. J.	lf J.
4 December	5 Februar	5 Juni	7 Februar	5 Juni	22 Febr.	8 Mai
5	6	6	8	6	23	9
6	7	7	9	7	24	10
7	8	8	10	8	25	11
8	9	9	11	9	26	12
9	10	10	12	10	27	13
10	11	11	13	11	28	14
11	12	12	14	12	1 März	15
12	13	13	15	13	2	16
13	14	14	16	14	3	17
14	15	15	17	15	4	18
15	16	16	18	16	5	19
16	17	17	19	17	6	20
17	18	18	20	18	7	21

Tag der Geburt im laufenden Jahre.	Kritische Zeit des Beischlafs nach bayer. Rechte: 302ter Tag	bayer. Rechte: 182ster Tag	gem. d. Rechte: 300ster Tag	gem. d. Rechte: 182ster Tag	preuss. Rechte: 285ster Tag	preuss. Rechte: 210ter Tag
	lf. J.	lf. J.	lf. J.	lf. J.	lf. J.	lf. J.
18 December	19 Februar	19 Juni	21 Febr.	19 Juni	8 März	22 Mai
19	20	20	22	20	9	23
20	21	21	23	21	10	24
21	22	22	24	22	11	25
22	23	23	25	23	12	26
23	24	24	26	24	13	27
24	25	25	27	25	14	28
25	26	26	28	26	15	29
26	27	27	1 März	27	16	30
27	28	28	2	28	17	31
28	1 März	29	3	29	18	1 Juni
29	2	30	4	30	19	2
30	3	1 Juli	5	1 Juli	20	3
31	4	2	6	2	21	4

Beilage VI.

Rechtsverhältnisse
der
Parteivertreter, Beistände, Anwälte
und
Gerichtsvollzieher
in bürgerlichen Rechtsstreitigkeiten.

Prozessordnung in bürgerlichen Rechtsstreitigkeiten für das Königreich Bayern vom 29. April 1869.

(wirksam mit dem 1. Juli 1870.)

Erstes Buch. Allgemeine Bestimmungen.

II. Parteien.

1. Art. 58. Die persönliche Fähigkeit der Parteien, vor Gericht zu handeln, die Vertretung derjenigen Personen, welchen diese Fähigkeit mangelt, und die Nothwendigkeit besonderer Ermächtigung einer Partei oder ihres gesetzlichen Vertreters zur Prozessführung ist nach den Bestimmungen der einschlägigen Gesetze zu beurtheilen.

2. Art. 59. (Zulassung der im Art. 58 bezeichneten Personen zum selbstständigen Handeln vor Gericht bei Gefahr auf Verzug.)

3. Art. 60. (Gleichstellung der gesetzlichen Vertreter mit den selbstständigen Parteien bildet die Regel).

4. Art. 61. (Bei mangelnder Gerichtskundigkeit haben sich die gesetzlichen Vertreter über ihre Befugniss und, gleich wie andere Personen, welche eine besondere Bewilligung zur Prozessführung bedürfen, auch hierüber auszuweisen.)

5. Art. 62. (Die Befugniss vor Gericht zu handeln nach Art. 58 ist in jeder Lage der Sache von Amtswegen zu beachten und ihr Mangel hat, wenn er nicht gehoben wird, Nichtigkeit zur Folge.)

6. Art. 63. 64. 65. (Streitgenossenschaft, Bildung, Rechtsverhältniss, Nothwendigkeit und amtliche Regelung einer gemeinschaftlichen Vertretung, Beiladung.)

III. Bevollmächtigte, Beistände, Anwälte und Gerichtsvollzieher.

Vertreter vor Gericht.

7. Art. 78. Vor den Handels- und Einzelngerichten können die Parteien allein oder mit einem Beistand auftreten oder sich durch Bevollmächtigte vertreten lassen (Parteiprozess).

Bevollmächtigter oder Beistand kann Jeder sein, der die Fähigkeit hat, vor Gericht zu handeln.

8. Art. 79. Im Verfahren vor den Bezirks-, Appellations-, und Handels-Appellations-Gerichten, dann bei dem obersten Gerichtshof müssen die Parteien, soweit nicht das Gesetz eine Ausnahme gestattet, sich durch Anwälte vertreten lassen (Anwaltsprozess).

Diese Vertretung kann bei dem obersten Gerichtshof durch jeden bayerischen Advokaten, bei den übrigen in Abs. 1 genannten Gerichten nur durch die am Sitze des Prozessgerichts wohnenden und zur anwaltschaftlichen Vertretung zugelassenen Advokaten geschehen.

In eigener Sache können Advokaten ihre Prozesse selbst führen. Die Prozesse des königlichen Fiskus können durch Fiskale geführt werden. Beides ist jedoch bei den Bezirks-, Appellations- und Handels-Appellations-Gerichten nur dann zulässig, wenn der Advokat oder Fiskal am Sitze des betreffenden Gerichts seinen Wohnsitz hat.

Was das Gesetz über Prozesshandlungen der Parteianwälte bestimmt, ist in den in Abs. 3 bezeichneten Fällen von den Prozesshandlungen der Fiskale und der in eigenen Sachen handelnden Advokaten zu verstehen.

9. Art. 80. Die mündliche Rechtsvertheidigung kann vor den Bezirks-, Appellations- und Handels-Appellationsgerichten unter dem Beistande des aufgestellten Anwalts auch von andern bayerischen Advokaten geführt werden.

Ausserdem sind zur mündlichen Rechtsvertheidigung unter Beistand des aufgestellten Anwalts die Parteien und nach Massgabe der einschlägigen Verordnungen und allgemeinen Ministerialverfügungen die geprüften Rechtspraktikanten zuzulassen.

Das Gericht kann diesen Personen jedoch das Wort entziehen, wenn sie sich nicht fähig zeigen, die Sache in der angemessenen Art vorzutragen, oder in ihren Vorträgen die erforderliche Ruhe und Haltung nicht bewahren.

10. Art. 81. Die Verhältnisse der Advokaten in Bezug auf dienstliche Stellung und Disziplin regelt, soweit nicht das gegenwärtige Gesetzbuch hierüber Bestimmungen enthält, die im Gesetzeswege zu erlassende Advokatenordnung. (S. weiter unten.)

11. Art. 82. Die Gebühren der Advokaten für die in Art. 80 Abs. 1 bezeichneten Rechtsvertheidigungen, sowie für ihre Dienstleistungen als Anwälte, dann als Bevollmächtigte oder Beistände bei Handels- oder Einzelngerichten werden durch Verordnung bestimmt. (Folgt unten.)

Gleiches gilt von den Gebühren der als Bevollmächtigte oder Beistände bei Handels- oder Einzelngerichten beigezogenen Rechtspraktikanten.

Bevollmächtigung der Gewalthaber.

12. Art. 83. Wer im Parteiprozesse als Gewalthaber eines Andern auftritt, ist, soweit das Gesetz nicht anders verfügt, zu keiner Prozesshand-

lung zuzulassen, ehe er sich über seinen Auftrag durch Vorlage einer Vollmacht ausgewiesen hat.

13. Art. 84. Vertagung der Verhandlung findet zum Zwecke der Berichtigung des Vollmachtspunktes mit Zustimmung der Gegenpartei statt.

Auch ohne solche Zustimmung kann sie bewilligt werden:

1) wenn der als Gewalthaber Auftretende seinen Auftrag und zugleich ein Hinderniss der rechtzeitigen Bereinigung des Vollmachtspunktes wahrscheinlich macht;
2) wenn die beigebrachte Vollmacht an einem Mangel leidet, welcher nachträglich verbessert werden kann.

14. Art. 85. Vollmachten können durch Notariatsakt oder durch Privaturkunde mit obrigkeitlich oder notariell beglaubigter Unterschrift des Vollmachtgebers ausgestellt werden.

Vollmachten, welche von einer Stelle oder Behörde oder von der Verwaltung einer Körperschaft oder Stiftung ertheilt und in gehöriger Form gefertigt sind, bedürfen keiner weitern Beglaubigung.

15. Art. 86. Bei Vollmachten, welche im Auslande mittels Privaturkunde ausgestellt werden, genügt die Beglaubigung durch die bayerische Gesandtschaft oder ein bayerisches Consulat.

Ergeben sich Bedenken über die Aechtheit einer Vollmacht, welche von einem ausländischen Notar oder einer ausländischen Behörde aufgenommen oder beglaubigt, oder welche von einer ausländischen Stelle oder Behörde oder von der Verwaltung einer ausländischen Körperschaft oder Stiftung ertheilt ist, so kann das Prozessgericht auf Antrag der Gegenpartei die Einholung der Bestätigung der höheren ausländischen Landesstellen nach Umständen der einschlägigen bayerischen Gesandtschaft oder eines bayerischen Consulats verfügen.

16. Art. 87. Vollmachten sind in Urschrift oder in einfacher Abschrift, auf welcher der Gerichtsschreiber den befundenen Gleichlaut mit der vorgelegten Urschrift zu bestätigen hat, zu übergeben.

Ist eine Vollmacht, welche sich auf alle Rechtsstreitigkeiten des Vollmachtgebers oder doch über den einzelnen Rechtsstreit hinaus erstreckt, bei demselben Gerichte in einer anderen Sache bereits hinterlegt worden, so genügt die Bezugnahme darauf.

Der Widerruf einer bei Gericht hinterlegten Vollmacht ist auf Begehren der Partei von dem Gerichtsschreiber auf der Urkunde selbst vorzumerken.

17. Art. 88. Wird der Auftrag bei einer Verhandlung ertheilt, so genügt die Beurkundung im Urtheilsbuche oder Protokolle.

18. Art. 89. Im Anwaltsprozesse bedarf der für eine Partei auftretende Advokat keines besonderen Nachweises der Bevollmächtigung. (Vergl. Art. 92.)

Fiskale sind bei allen Gerichten durch ihr Amt bevollmächtigt.

19. Art. 90. Die Prozessvollmacht gilt, soweit das Gesetz nicht spezielle Ermächtigung fordert, für alle im Laufe des Rechtsstreits mit Einschluss der Nebenstreitigkeiten vorkommenden Prozesshandlungen, insbesondere auch für alle thatsächlichen Erklärungen und Geständnisse.

Thatsächliche Erklärungen und Geständnisse des Gewalthabers können von der mitanwohnenden Partei widerrufen oder berichtigt werden, soferne dies auf der Stelle geschieht.

20. Art. 91. Durch die Prozessvollmacht ist der Gewalthaber zugleich ermächtigt, zur Vornahme einzelner Prozesshandlungen unter seiner Verantwortlichkeit einen Stellvertreter zu bezeichnen.

21. Art. 92. Spezielle Ermächtigung ist ausser den in besondern Bestimmungen des Gesetzes vorgesehenen Fällen erforderlich:

1) zur Abschliessung von Vergleichen, Schieds- und Nachlassverträgen;
2) zum Verzicht auf Ableistung eines von der Gegenpartei zu schwörenden Eides;
3) zur ausdrücklichen Verzichtleistung auf ein Rechtsmittel;
4) zum gänzlichen Abstand vom Prozesse;
5) zum Empfange von Geld oder Geldeswerth mit Ausnahme jedoch der von dem Gegner zu bezahlenden Prozesskosten.

Die Bestimmungen des Art. 89 finden keine Anwendung auf Fälle, in welchen nach dem Gesetze spezielle Ermächtigung erforderlich ist.

Der Vorlage eiher Vollmachtsurkunde zum Nachweise der speziellen Ermächtigung bedarf es nicht, wenn die Partei bei der betreffenden Prozess-Handlung mit anwesend ist oder die bezügliche Prozessschrift — falls diese der Gegenpartei zugestellt wird, die der letztern einzuhändigende Abschrift — mit unterzeichnet hat.

22. Art. 93. Die Vollmacht bleibt für die Erben und Rechtsnachfolger des Vollmachtgebers, auch wenn sie nicht ausdrücklich auf diese gestellt ist, soweit in Wirksamkeit, als es sich um anhängige Rechtsstreite handelt.

23. Art. 94. Die Vollmacht kann von dem Vollmachtgeber jederzeit, von dem Gewalthaber aber nur in der Art aufgekündigt werden, dass der Vollmachtgeber im Stande ist, für seine anderweitige Vertretung noch rechtzeitig zu sorgen.

Die Aufkündigung der Vollmacht, von welcher Seite sie geschehen mag, wird der Gegenpartei gegenüber erst mit der Anzeige der Aufkündigung, im Anwaltsprozesse aber erst mit der Anzeige der Bestellung eines neuen Anwalts wirksam.

Nichtigkeit wegen Mangels der Vollmacht.

24. Art. 95. Die Partei, für welche ohne Auftrag zur Prozessführung oder ohne die erforderliche specielle Ermächtigung Prozesshandlungen vorgenommen wurden, kann auf Nichtigerklärung dieser Handlungen, so wie der daraufhin ergangenen Entscheidungen Klage erheben.

Die Klage ist gegen denjenigen, der als Gewalthaber aufgetreten ist, und gegen die in der Hauptsache betheiligte Gegenpartei zu richten. Der beklagte Theil hat den Beweis des von der Klagspartei ertheilten Auftrag, zu führen. Ist nachgewiesen oder aus den Umständen zu entnehmen, dass die Partei dem als Gewalthaber für sie aufgetretenen Advokaten die Prozessschriften selbst übergeben oder übersendet hat oder hat übergeben oder übersenden lassen, so liegt ihr der Gegenbeweis ob, dass diess nicht zum Zwecke der Prozessführung geschehen sei.

25. Art. 96. Die Nichtigkeitsklage findet nicht statt wenn die Partei die betreffende Prozesshandlung nachträglich genehmigt, dessgleichen wenn sie die Entscheidung ausdrücklich anerkannt oder freiwillig vollzogen hat. Ist in der Sache das Endurtheil im letzten ordentlichen Rechtszuge erfolgt, so kann die Nichtigkeitsklage nur so lange erhoben werden, als nicht ein Vollstreckungsmittel am Vermögen oder an der Person verwirklicht worden und das betreffende Verfahren zum Schlusse gediehen ist.

26. Art. 97. Ueber die Nichtigkeitsklage hat das Gericht zu entscheiden, bei welchem die angefochtene Handlung vorgenommen oder von welchem die beschwerende Entscheidung erlassen wurde.

Das Verfahren in der Hauptsache wird durch Anstellung der Nichtigkeitsklage unterbrochen, falls der Nichtigkeitskläger dies beantragt. Dem Gerichte steht jedoch die Befugniss zu, für die Verfolgung der Nichtigkeitsklage unter dem Rechtsnachtheile der Annahme des Verzichts auf diese Klage und der Verurtheilung zum Schadensersatze angemessene Fristen festzusetzen.

27. Art. 98. Wird die Nichtigkeitsklage als gegründet erklärt, so ist die angefochtene Handlung, so wie die etwa daraufhin ergangene Entscheidung zu vernichten. In Folge davon treten alle auf die vernichtete Handlung oder Entscheidung gestützten weiteren Verhandlungen und Entscheidungen ausser Wirkung.

Der unbefugt als Gewalthaber Aufgetretene ist in alle Prozesskosten und zum Ersatze des den Hauptparteien verursachten Schadens zu verurtheilen.

28. Art. 99. Im Falle der Verwerfung der Nichtigkeitsklage hat der Kläger die dadurch verursachten Kosten zu tragen und der Gegenpartei im Hauptprozesse Schadensersatz zu leisten.

Ueberdiess kann er in eine Geldstrafe bis zu hundert Gulden, sowie zur Bezahlung einer Genugthuungssumme an den Gewalthaber verurtheilt werden. Der Betrag dieser Summe wird von dem Gerichte nach freiem Ermessen unter Berücksichtigung der Umstände und persönlichen Verhältnisse festgesetzt.

29. Art. 100. Auch ohne Klage der Partei, für welche gehandelt wurde, sind die unbefugt vorgenommenen Handlungen und die etwa daraufhin ergangenen Entscheidungen sowohl auf Antrag der Gegenpartei als von Amtswegen zu vernichten, wenn der Mangel des erforderlichen Nachweises der Bevollmächtigung im Laufe des Verfahrens wahrgenommen und die Vollmacht oder doch die Genehmigung der vorgenommenen Handlungen innerhalb einer vom Gerichte zu bestimmenden Frist nicht nachgetragen wird.

Der unbefugt als Gewalthaber Aufgetretene ist auch in diesem Falle der Gegenpartei zum Ersatze der Kosten und Schäden verpflichtet.

Gerichtsvollzieher.

30. Art. 101. Die Zustellung der im Prozesse von einer Partei an die andere ergehenden Vorladungen, Bekanntmachungen, Aufforderungen und sonstigen Mittheilungen, dann der richterlichen Entscheidungen gehört, soweit das Gesetz nicht anders bestimmt, zum Dienst der Gerichtsvollzieher, deren sich die Parteien nach Massgabe der hierüber im Gesetze getroffenen näheren Bestimmungen zu bedienen haben.

Das Gleiche gilt von der Zwangsvollstreckung und der Gant.

Auch ausserhalb des Prozesses sind die Parteien befugt, durch die Gerichtsvollzieher alle diejenigen Zustellungen von Erklärungen, Anerbietungen etc. an andere machen zu lassen, welche sie zur Wahrung ihrer Rechte als dienlich erachten.

31. Art. 102. Die durch den Gerichtsvollzieher im Namen einer Partei gemachten Erklärungen, welche Zugeständnisse, Anerbietungen, Einwilligungen oder Verzichte zum Gegenstande haben, sind rechtlich nur wirksam, wenn der Gerichtsvollzieher mit dem Nachweise spezieller Ermächtigung versehen oder die der Gegenpartei eingehändigte Abschrift der Zustellungsurkunde von der Partei, welche die Erklärung machen lässt, unterzeichnet ist.

Für die Aechtheit der Unterschrift der Partei ist im letzteren Falle der Gerichtsvollzieher verantwortlich, im erstern Falle hat er eine Abschrift der Vollmachtsurkunde mit der betreffenden Erklärung der Gegenpartei zuzustellen.

32. Art. 103. Die Bestimmungen über die Nichtigkeitsklage gegen Gewalthaber (Art. 95 bis 100) finden bei Diensteshandlungen der Gerichtsvollzieher analoge Anwendung.

Ist der angefochtene Gerichtsvollzieherakt nicht in einem Rechtsstreite vorgekommen, so ist die Nichtigkeitsklage bei dem Bezirksgerichte des Orts zu erheben, wo der Akt errichtet wurde.

33. Art. 104. Die Verhältnisse der Gerichtsvollzieher in Bezug auf dienstliche Stellung und Disziplin regelt, soweit nicht das gegenwärtige Gesetzbuch hierüber Bestimmungen enthält, die im Verordnungswege zu erlassende Gerichtsvollzieherordnung.

Nach Ablauf von fünf Jahren von Einführung des gegenwärtigen Gesetzes an gerechnet, können Aenderungen in der dann bestehenden Gerichtsvollzieherordnung nur mehr im Gesetzeswege getroffen werden und ist längstens bis dahin eine revidirte Gerichtsvollzieherordnung den Kammern des Landtags zur Berathung und Zustimmung vorzulegen.

Die Gebühren der Gerichtsvollzieher werden durch Verordnung bestimmt.

IV. Kosten, Armenrecht, Strafen.

Prozesskosten.

34. Art 105. Während des Prozesses hat jede Partei die durch ihre Handlungen und Anträge veranlassten Kosten vorläufig auszulegen.

35. Art. 106. Der unterliegende Theil ist schuldig, der Gegenpartei alle durch den Rechtsstreit verursachten gerichtlichen und aussergerichtlichen Kosten zu ersetzen.

Vom Ersatze ausgeschlossen sind die Kosten, welche durch Verschulden oder durch überflüssige Handlungen der obsiegenden Partei oder ihres Gewalthabers entstanden sind. Welche Kosten als solche zu betrachten sind, ist ohne Zulassung eines Beweisverfahrens nach richterlichem Ermessen zu entscheiden.

Ist ein Advokat oder Rechtspraktikant bei einem Handels- oder Einzelngerichte als Beistand oder Bevollmächtigter beigezogen worden, so kann der Richter nach Umständen die dadurch verursachten Reisekosten ganz oder theilweise vom Ersatze ausschliessen, nicht aber die Gebühren für die Verhandlung selbst.

Reisekosten, welche im Verfahren an den Bezirks-, Appellations- und Handelsappellationsgerichten durch Beiziehung eines auswärtigen Advokaten zur mündlichen Rechtsvertheidigung erwachsen sind, kommen nicht zum Ersatze.

Der Kostenersatz für Reisen der Parteien, welche der Richter nicht als überflüssig erkannt hat, richtet sich nach dem im Verordnungswege zu erlassenden Tarife.

36. Art. 107. Für die Thätigkeit des Fiskals oder des in eigener Sache aufgetretenen Advokaten hat die in die Kosten verurtheilte Gegenpartei im Anwaltsprozesse die für Anwaltsgeschäfte bestimmten Gebühren zu vergüten.

Die in eigener Sache bei Handels- oder Einzelngerichten aufgetretenen Advokaten können von der in die Kosten verurtheilten Gegenpartei jene Gebühren in Anspruch nehmen, welche ihnen von denselben Gerichten als Bevollmächtigten zukommen.

37. Art. 110. Gesetzliche Vertreter, Anwälte, sonstige Prozessbevollmächtigte und Gerichtsvollzieher können persönlich zur Tragung der Prozesskosten verurtheilt werden, welche sie durch grobes Verschulden oder Verletzung bestimmter Dienstesvorschriften veranlasst haben.

In solchen Fällen ist den betreffenden Personen vorher Gelegenheit zu ihrer Verantwortung zu geben. Zu diesem Zwecke sind sie nach Bedürfniss selbst von Amtswegen beizuladen.

38. Art. 112. Versichert der Anwalt der obsiegenden Partei vor- oder unmittelbar nach Verkündung des Urtheils, dass er die Kosten ganz oder zum grössten Theile aus eigenen Mitteln bestritten habe, so ist derselbe im Urtheile zu ermächtigen, die Verurtheilung im Kostenpunkte vorbehaltlich der Abrechnung mit seiner Partei allein und im eigenen Namen in Vollzug setzen zu lassen.

39. Art. 113. (Behandlung der Kostenverzeichnisse im Anwaltsprozesse).

40. Art. 117. Die Gebühren der Advokaten und Rechtspraktikanten richten sich in Ermangelung eines wirksamen anderweitigen Uebereinkommens auch der eigenen Partei gegenüber nach der Gebührenordnung.

In wie weit ein solches Uebereinkommen zulässig und wirksam ist, bestimmt die Advokatenordnung.

41. Art. 118. Der eigenen Partei gegenüber haben Anwälte, Beistände und Bevollmächtigte ihre Forderung für Gebühren und Auslagen auf dem Wege der Klage geltend zu machen.

Im Anwaltsprozesse können die Anwälte ihre Forderungen für Gebühren und Auslagen auch dadurch beitreiben, dass sie dieselben auf Grund der Gebührenordnung gerichtlich feststellen lassen und hiefür einen Vollstreckungsbeschluss gegen ihre eigene Partei erwirken.

In diesem Falle finden die Bestimmungen der Art. 113 und 114 unter nachstehenden Abweichungen Anwendung:

1) Auf dem Kostenverzeichnisse hat der Anwalt die erhaltenen Kostenvorschüsse anzugeben und zu beantragen, dass sein Guthaben auf Grund der Gebührenordnung festgestellt und hiefür ein Vollstreckungsbeschluss gegen seine Partei erlassen werde;
2) der Gerichtsvorstand oder ein von ihm beauftragtes Gerichtsmitglied hat das Kostenverzeichniss zu prüfen, das Guthaben des Anwalts festzustellen und hiefür den beantragten Vollstrekungsbeschluss zu erlassen;
3) der Einspruch kann auch durch Gerichtsvollzieherakt erfolgen und die Einspruch erhebende Partei braucht keinen Anwalt aufzustellen;
4) über den Einspruch wird ohne schriftliches Vorverfahren verhandelt und entschieden.

Armenrecht.*)

42. Art. 134. Die Zulassung zum Armenrecht bewirkt die einstweilige Befreiung:

*) Hiezu ist eine Verordnung v. 12. Juni 1870 mit einer Minist.-Entschl. vom 22. Juni 1870 ergangen. (JMBl. 1870 S. 197 und 311.)

1) von der Entrichtung der von diesem Zeitpunkte an erlaufenden Gerichtskosten, Taxen, Stempel- und Portogebühren, sowie der betreffenden Gebühren der Anwälte, Notare und Gerichtsvollzieher;
2) von Zahlung der Tagegelder und Reisekosten der Gerichtspersonen.

Die unter Ziff. 1 bezeichneten Kosten und Gebühren sind vorzumerken, die unter Ziff. 2 bezeichneten werden einstweilen von der Staatskassa vorgeschossen.

43. Art. 135. (Das Armenrecht wird für jeden Rechtszug besonders ertheilt; die Ertheilung gilt jedoch auch für die höhere Instanz, wenn die Sache in Folge eines von der Gegenpartei ergriffenen Rechtsmittels dahin gelangt. Art. 141.)

44. Art. 139. 140. 141. Wird nach Ertheilung des Armenrechts die Sache nicht von einem am Sitze des Prozessgerichts wohnenden und zur anwaltschaftlichen Vertretung zugelassenen Advokaten freiwillig übernommen so hat der Gerichtsvorstand sofort zur Vertretung einen dieser Advokaten zu bezeichnen. Diese Bezeichnung vertritt für den Anwalt die Stelle der Prozessvollmacht (Ebenso werden auch die Gerichtsvollzieher und Notare vom Gerichtsvorstande bezeichnet.)

45. Art. 144. Im Falle des Obsiegens der zum Armenrechte zugelassenen Partei sind der k. Fiskus, die Anwälte, Gerichtsvollzieher und Notare durch einen Beisatz im Urtheile zu ermächtigen, die Verurtheilung im Kostenpunkte bezüglich der ihnen zukommenden Beträge für sich gegen den unterliegenden Theil in Vollzug setzen zu lassen.

Strafen.

46. Art. 146. Die auf Grund des gegenwärtigen Gesetzbuchs oder der Advokatenordnung gegen Advokaten verhängten Geldstrafen fallen dem Pensionsfond für die Hinterlassenen der Advokaten des Königreichs zu.

Die auf Grund des gegenwärtigen Gesetzbuchs oder der Gerichtsvollzieherordnung gegen Gerichtsvollzieher verhängten Geldstrafen sind zur Unterstützung der Gerichtsvollzieher oder ihrer Hinterlassenen zu verwenden.

(Die Verwendung der übrigen Geldstrafen bestimmt eine Verordnung.)

47. Art. 147. (Beitreibung und Umwandlung der Geldstrafen.)

V. Allgemeine Vorschriften über das Verfahren.

Sitzungspolizei.

48. Art. 151. Abs. 1. Der Vorsitzende oder Einzelnrichter handhabt die Sitzungspolizei.

Abs. 4. Parteien, Beistände und Gewalthaber, welche sich ungebührlich betragen, werden vom Vorsitzenden oder Einzelnrichter zur Ordnung verwiesen. Fügen sie sich seiner Mahnung nicht, so kann das Gericht die Verhandlung auf ihre Kosten vertagen oder ihre Entfernung aus dem Sitzungssaale anordnen, auch eine sofort vollstreckbare Arreststrafe bis zu 24 Stunden gegen sie erkennen. In den beiden letztern Fällen wird in der Sache selbst in gleicher Weise verfahren, als wenn sie sich freiwillig während der Verhandlung entfernt hätten.

Abs. 5. Macht sich ein als Beistand oder Gewalthaber oder zur Ausführung der mündlichen Rechtsvertheidigung zugezogener Advokat solcher Ungebühr schuldig, so kann er vom Vorsitzenden oder Einzelnrichter zur Ordnung gemahnt werden. Fügt er sich dieser Mahnung nicht, so kann die Vertagung der Verhandlung auf seine Kosten erfolgen.

Abs. 6. Die Bestrafung des Schuldigen und das dabei zu beobachtende Verfahren richtet sich in den Fällen des Abs. 5 nach den Bestimmungen der Advokatenordnung.

Abs. 7. Gegen die in Abs. 3—5 bezeichneten Verfügungen finden Rechtsmittel nicht statt.

Abs. 8. In allen Fällen bleibt die etwa veranlasste strafrechtliche Einschreitung vorbehalten.

49. Art. 153. (Ausdehnung des Art 151 auf Amtshandlungen ausserhalb der Sitzung.)

50 Art. 154. (Fragerecht des Richters, der Parteien, ihrer Gewalthaber oder Beistände.)

Persönliches Erscheinen der Parteien.

51. Art. 155. Erachtet das Gericht zur Aufklärung der Sache für angemessen, die Parteien selbst zu vernehmen, so kann ihr persönliches Erscheinen in einer festzusetzenden Sitzung verfügt werden.

(Bei der Vernehmung einer kranken oder gebrechlichen Partei an ihrem Wohorte kann sich die Gegenpartei vertreten lassen und auch persönlich mit oder ohne Vertreter oder Beistand erscheinen.)

Mitwirkung des Staatsanwalts.

52. Art. 160. Bei den Bezirks- und Appellationsgerichten kann der Staatsanwalt in den öffentlichen Sitzungen erscheinen und seine Ansicht vortragen

2) bei Streitigkeiten über die Bestellung oder Enthebung von Vormündern, gerichtlichen Beiständen und Pflegern;
3) bei Streitigkeiten der unter Vormundschaft oder Vermögenskuratel stehenden physischen Personen, dann wenn die Curatel einer vakanten Erbschaft betheiligt ist;
4) bei Verhandlungen, welche Abwesende betreffen;
5) bei Entschädigungsklagen gegen ... Anwälte oder Gerichtsvollzieher wegen Entschädigungsansprüchen aus Amtshandlungen dieser Personen.

Schriftsätze, Parteiakten und Urkunden.

53. Art. 165. (Form der Schriftsätze der Anwälte — Anwaltsakte —)
54. Art. 171. (Erhaltung und Gemeinschaftlichkeit der Parteiakten.)
55. Art. 172—175. (Mittheilung von Urkunden.) Vgl. Art. 1365.

Zustellungen.

56. Art. 192. Soweit nicht ausdrücklich etwas anderes bestimmt ist, haben im gerichtlichen Verfahren die Zustellungen auf Betreibung der Partei an die Gegenpartei selbst oder an einen von ihr aufgestellten, am Sitze des Gerichts, bei dem die Sache anhängig ist, wohnhaften Zustellungsbevollmächtigten zu geschehen; im Anwaltsprozesse, wenn beide Theile durch Anwälte vertreten sind, auf Betreiben des Anwalts an den Gegenanwalt.

Die in Art. 682 und 683 bezeichneten Urtheile sind im Anwaltsprozesse ausser dem Anwalte auch der Partei selbst oder ihrem Zustellungsbevollmächtigten zuzustellen. Die Zustellung an den Anwalt hat vorauszugehen. Ist der Anwalt nicht mehr in Funktion, so genügt die Zustellung an die Partei oder ihren Zustellungsbevollmächtigten. In der Zustellung an die Partei oder ihren Zustellungsbevollmächtigten ist jene an den Anwalt unter Anführung des Datums derselben zu erwähnen oder der Grund der Unterlassung anzugeben.

Die Aufkündigung der Vollmacht wird auch bei Zustellungsbevollmächtigten der Gegenpartei gegenüber erst mit der Anzeige der Aufkündigung wirksam.

57. Art. 193. In Fällen, in welchen die Zustellung an die Partei selbst zu geschehen hat, erfolgt dieselbe vorbehaltlich besonderer gesetzlicher Bestimmung:

1) für Personen, welchen die Befugniss selbstständig vor Gericht zu handeln fehlt, an ihre gesetzlichen Vertreter;
2) für den k. Fiskus, die Civilliste des Königs, Gemeinden, Stiftungen und andere öffentliche Körperschaften an deren gesetzliche Vertreter oder Vorstände;
3) für Handelsgesellschaften an die in den Art. 117, 144, 167, 196 und 235 des Handelsgesetzbuches bezeichneten Personen;
4) für andere Gesellschaften, Vereine und Genossenschaften an deren Vorstände oder die mit der Vertretung der betreffenden Vereinigung beauftragten Mitglieder oder Beamten;
5) für Gantmassen an den Masseverwalter oder in dessen Ermangelunng an den Commissär;
6) für Personen, welche nur im Auslande einen bestimmten Wohnsitz haben (vorbehaltlich besonderer Staatsverträge und vorbehaltlich der Befugniss solchen Personen die Zustellung im Inlande persönlich oder in ihrer Wohnung zu machen), ferner für Personen, deren Aufenthalt unbekannt ist, an den Staatsanwalt des Prozessgerichts

oder, wenn bei diesem ein Staatsanwalt nicht aufgestellt ist, an den Staatsanwalt des Bezirksgerichts, in dessen Sprengel das Prozessgericht seinen Sitz hat;

7) für die in § 4 des Gesetzes vom 15. August 1828, die Militärgerichtsbarkeit in bürgerlichen Rechtssachen betr., genannten Militärpersonen an die daselbst bezeichneten Commandanten, welche die Behändigung der empfangenen Aktenstücke an denjenigen, für welchen die Zustellung bestimmt ist, zu bewerkstelligen und Bescheinigung hierüber an den Gerichtsvollzieher gelangen zu lassen haben.

Zustellungen, welche an Handelsgesellschaften oder an Kaufleute in Handelssachen zu bewirken sind, können auch an deren Prokuristen, oder, soferne die Zustellung eine mit einer Zweigniederlassung im Zusammenhange stehende Angelegenheit betrifft, an dem zum Betriebe der Zweigniederlassung bestellten Handlungsbevollmächtigten gemacht werden.

58. Art. 194. (Verfahren der Staatsanwaltschaft bei Zustellungen.)

59. Art. 196. Wird derjenige, an welchen die Zustellung zu bewirken ist, in seiner Wohnung oder in seinem Geschäftslokale nicht getroffen, so kann die Zustellung daselbst an einen in derselben Familiengemeinschaft lebenden erwachsenen Angehörigen oder an einen Bediensteten gemacht werden.

60. Art. 197. (Eventuelle Zustellung an den Vorsteher der betreffenden Gemeinde- oder Ortsabtheilung.)

61. Art. 200. 201. (Gerichtssprengel, Wahl und Behinderung der Gerichtsvollzieher zur Zustellung.)

Tagfahrten und Fristen.

62. Art. 209. Abs. 4. Auf die Erweiterung der Frist ist es ohne Einfluss, wenn die Zustellung statt an die Partei selbst an einen Zustellungsbevollmächtigten stattfindet.

63. Art. 211. (Unterbrechung der Fristen durch Tod &c. der Partei oder des gesetzlichen Vertreters.) Vgl. Art. 491.

64. Art. 212 Abs. 3. Gewalthaber bleiben für den Missbrauch bei Bewilligung von Fristverlängerungen und Vertagungen den Parteien verantwortlich.

65. Art. 216. (Nachlässigkeit der Gewalthaber oder Gerichtsvollzieher ist kein Grund zur Wiedereinsetzung gegen Versäumnisse.)

Zweites Buch. Verfahren im ersten Rechtszuge.

VII. Urtheil.

66. Art. 262 Abs. 2. Der Ausspruch über den Ersatz der Prozesskosten ergeht von Amtswegen.

XII. Zeugen.

67. Art. 400. Untüchtige Zeugen und als solche von Amtswegen zu verwerfen sind:

3) Personen, welchen in Folge ihres Amtes, Standes oder Gewerbes Geheimnisse anvertraut sind, deren Offenbarung ihnen durch die Strafgesetze verboten ist, in Ansehung der Thatsachen, auf welche diese Verpflichtung sich bezieht, und soferne nicht die Enthebung von der Pflicht zur Verschwiegenheit durch die Betheiligten erfolgt ist.

68. Art. 401. Das Zeugniss darf verweigert werden:

1) wenn der Zeuge nach Art. 400 wegen Untüchtigkeit von der Zeugschaft befreit ist.

69. Art. 420. (Fragerecht der Parteien, deren Beistände und Gewalthaber.)

XIV. Eid.

70. Art. 451. Steht derjenige, gegen welchen durch Eideszuschiebung Beweis erbracht werden soll, unter Vormundschaft oder Curatel, so hat die Eideszuschiebung an den Vormund oder Curator zu geschehen, doch kann bei Minderjährigen, wenn der Eid über eigene Handlungen oder Wahrnehmungen derselben gefordert wird, der Minderjährige das 16. Lebensjahr bereits zurückgelegt hat und keiner der in Art. 450 erwähnten Fälle gegeben ist, das Gericht auf Antrag der Partei, welche den Eid zuschiebt, anordnen, dass letzterer durch den Minderjährigen selbst geleistet werde.

71. Art. 452. Für juristische Personen sind ihre Vertreter, für den k. Fiskus und die Civilliste des Königs die betreffenden Beamten, für Genossenschaften, Vereine und Gesellschaften, deren Vertretung nicht durch das Gesetz geregelt ist, die Vorstände oder die sonstigen nach den Satzungen bestellten Vertreter schwurpflichtig.

72. Art. 453. (Schwurpflicht, wenn die Vertretung aus mehreren Personen besteht.) —

73. Art. 467. (Eidesleistung von Streitsgenossen.) —

74. Art. 477. (Eidesleistung mittels Uebersetzer.) —

XVI. Unterbrechung und Aufhebung der Verhandlungen.

Unterbrechung.

75. Art. 491. Unbeschadet der Bestimmung des Art. 211 wird das Verfahren und der Fristenlauf unterbrochen:

1) durch Tod einer Partei, soferne sie nicht durch einen Prozessbevollmächtigten vertreten ist;
2) durch den Verlust der Fähigkeit einer Partei, vor Gericht zu handeln, oder ihrer Befugniss zur Prozessführung über den Streitgegenstand;
3) durch den Tod ihres gesetzlichen Vertreters oder das Aufhören der seine Vertretungsbefugniss bedingenden Eigenschaft, soferne letzteres nicht Folge der eingetretenen Handlungsfähigkeit der Partei ist;
4) durch den Tod oder die Suspension des Anwalts und durch das Aufhören seiner Funktion als Advokat am Prozessgerichte.

Abstand vom Prozesse.

76. Art. 497. (Zum Streitabstande bedarf der Gewalthaber einer Spezialvollmacht.)

XVII. Ordentliches Verfahren vor den Handels- und Einzelngerichten.

77. Art. 503. (Zum Ansuchen um Anberaumung eines besonderen Sitzungstages oder um Abkürzung der Vorladungsfrist bedarf der Gerichtsvollzieher keiner besonderen Vollmacht.) —

78. Art. 515. (Im Urtheile sind auch die Bevollmächtigten oder Beistände der Parteien anzuführen.)

79. Art. 537. Soweit Bestimmungen für das Verfahren bei den Bezirksgerichten auch im Verfahren von Handels- oder Einzelngerichten Anwendung finden, ist das dort von den Anwälten der Parteien Gesagte von den Parteien selbst oder ihren Gewalthabern, das von Anwaltsakten und von Zustellungen an die Gegenpartei selbst oder ihren Zustellungsbevollmächtigten zu verstehen.

Was dort vom Senatsvorstande oder Vorsitzenden gesagt ist, gilt bei den Einzelngerichten von dem Einzelnrichter. —

XXV. Verfahren bei gerichtlichen Entscheidungen auf einfache Vorstellungen.

80. Art. 644. (Bei den Bezirks- und Appellationsgerichten sowie bei dem obersten Gerichtshofe müssen die Vorstellungen von einem bei dem betreffenden Gerichte zur Anwaltspraxis berechtigten Advokaten gefertigt sein. Wo aber das Gesetz gestattet, die Vorstellung vor dem Gerichtsschreiber zu Protokoll zu geben, kann diess auch von der Partei selbst oder einem Bevollmächtigten derselben geschehen.)

81. Art. 653. (Bei den Handels- und Handelsappellationsgerichten sind die Vorstellungen von der Partei selbst oder ihrem Bevollmächtigten schriftlich einzureichen oder dem Gerichtsschreiber zu Protokoll zu erklären.)

82. Art. 654. (Bei den Einzelngerichten können Vorstellungen von der Partei oder deren Bevollmächtigte schriftlich eingereicht oder zu Protokoll gegeben werden. Letzteres kann sowohl bei dem Einzelnrichter als bei dem Gerichtsschreiber geschehen.

Drittes Buch. Rechtsmittel.

XXVII. Berufung.

83. Art. 698. Die Einlegung der Berufung erfolgt durch einen auf Betreiben des Appellanten dem Appellaten zuzustellenden Gerichtsvollzieherakt, welcher etc. enthalten muss:

3) die Bezeichnung des für die Berufungsinstanz bestellten Anwalts;
4) die Aufforderung, innerhalb der gesetzlichen Frist einen Anwalt zu bestellen und durch ihn dem Gegenanwalte von der erfolgten Bestellung Anzeige machen zu lassen. —

XXVIII. Beschwerde und Gegenvorstellung.

84. Art. 741. Die Beschwerde ist durch die Partei oder ihren Bevollmächtigten bei dem Gerichte, welches sie veranlasst hat, oder bei dem Beschwerdegerichte etc. etc. einzureichen oder dem Gerichtsschreiber zu Protokoll zu geben.

Ist die Verfügung, gegen welche Beschwerde geführt wird, auf eine Vorstellung ergangen, die nach gesetzlicher Vorschrift von einem Advokaten gefertigt sein muss, so kann die Beschwerde nur durch Einreichung einer Beschwerdeschrift erhoben werden, die von einem bei dem betreffenden Ober- oder Untergerichte zur Anwaltspraxis berechtigten Advokaten gefertigt ist.

85. Art. 759. (Gegenvorstellungen sind analog wie Beschwerden anzubringen.)

XXIX. Wiederaufnahme des Verfahrens.

86. Art. 761. Ein durch rechtskräftiges Urtheil geschlossenes Verfahren kann wieder aufgenommen werden:

6) wenn das Urtheil durch eine nach dem Strafgesetzbuche zu ahndende unredliche Handlung von Seiten des eigenen Gewalthabers der benachtheiligten Partei im Einverständnisse mit der Gegenpartei oder von Seiten der Gegenpartei selbst oder ihres Gewalthabers erwirkt worden ist, (vgl. Art. 763)
8) wenn das Urtheil zum Nachtheile eines Minderjährigen oder Entmündigten ergangen ist und dieser entweder im Prozesse nicht nach Vorschrift des Gesetzes vertreten war oder die gegen ihn ergangene Entscheidung auf einer Gefährde oder einer solchen Handlung seines gesetzlichen Vertreters beruht, zu deren Vornahme diesem die Befugniss mangelt.

87. Art. 763. (Voraussetzung eines rechtmässigen Strafurtheils zu Art. 761 Z. 6 in der Regel.)

88. Art. 770. Ziff. 4. 5. (Berechnung der Wiederaufnahmsfrist in den Fällen des Art. 761 Z. 6. 8.) Vgl. Art. 771. 773.

89. Art. 780. Wird das Wiederaufnahmsverlangen auf eine Gefährde oder unbefugte Handlung eines Gewalthabers oder gesetzlichen Vertreters gegründet, so sind er und seine Erben beizuladen.

XXX. Nichtigkeitsbeschwerde.

90. Art. 788. (Nichtigkeitsbeschwerde ist zulässig: 6) wenn die Entscheidung unmittelbar oder mittelbar auf einer nichtigen Prozesshandlung beruht.)

91. Art. 798. (Die Nichtigkeitsbeschwerde wird durch Zustellung einer von dem Anwalte des Beschwerdeführers gefertigten Beschwerdeschrift erhoben etc.)

92. Art. 809. In der festgesetzten Tagfahrt kann sich der Nichtigkeitsbeklagte vertreten lassen auch wenn er bis dahin die Bestellung eines Anwalts unterlassen hat.

Viertes Buch. Vollstreckungsverfahren.

XXX. Vollstreckung im Allgemeinen.

93. Art. 834. Die gegen den gesetzlichen Vertreter begonnene Vollstreckung kann gegen den Vertretenen, wenn er selbstständig geworden ist, fortgesetzt werden.

94. Art. 837. Die Vollstreckungshandlungen werden, soweit das Gesetz nicht anders verfügt, durch den von der betreibenden Partei damit beauftragten Gerichtsvollzieher vorgenommen, ohne dass es dazu einer richterlichen Verfügung bedarf.

95. Art. 838. Der Gerichtsvollzieher darf sich bei Vermeidung disziplinärer Einschreitung keiner ihm angesonnenen Vollstreckungshandlung weigern, die innerhalb seines Wirkungskreises liegt und durch die ihm übergebenen Urkunden nach den Gesetzen gerechtfertigt ist.

Der Gerichtsvollzieher, welcher sich im Besitze der vollstreckbaren Urkunde befindet, bedarf keines weiteren Nachweises der Vollmacht, um Vollstreckungshandlungen vorzunehmen, zu welchen das Gesetz nicht ausdrücklich spezielle Ermächtigung verlangt.

Zahlungen und sonstige Leistungen, welche die verfolgte Partei zur gänzlichen oder theilweisen Tilgung der zur Vollstreckung gebrachten Forderung an den mit der Vollstreckung beauftragten Gerichtsvollzieher macht, haben die volle Wirkung einer an den Gläubiger selbst geschehenen Zahlung oder Leistung.

96. Art. 839. (Analoge Anwendung der Art. 200 und 201 auf Gerichtssprengel, Wahl und Behinderung des Gerichtsvollziehers.)

97. Art. 841. Die Verhandlungen vor dem Einzelngerichte oder Einzelnrichter können mit dem Gerichtsvollzieher statt des Gläubigers gepflogen werden und ist, falls der Gerichtsvollzieher auf einfache Mittheilung sich in die Verhandlung einlässt, eine Zustellung an den Gläubiger nicht erforderlich.

98. Art. 848. (Die Parteien können jede Vollstreckungshandlung annehmen, können aber Kosten hiefür in der Regel nicht liquidiren.)

99. Art. 851. (Aufstellung von Zustellungsbevollmächtigten für die nicht im Vollstreckungs-Gerichtssprengel wohnende betreibende Partei und eventuelle Zustellung an den Staatsanwalt.)

100. Art. 852. Die im Laufe einer Vollstreckung von einer Partei im ersten Rechtszuge vorgenommene Anwaltsbestellung hat in diesem Rechtszuge für alle bei der betreffenden Vollstreckung einschliesslich der Vertheilung der Erlöse sich ergebenden im Anwaltsprozesse zu verhandelnden Streitigkeiten und bei Arresten, Immissionen und Subhastationen, falls sie nicht ausdrücklich auf die im Anwaltsprozesse zu verhandelnden Gegenstände beschränkt wurde, ausserdem auch für alle sonstigen in dem betreffenden Verfahren vorkommenden Handlungen Geltung.

(Sind Anwälte aufgestellt, geschehen die Zustellungen vom und an den Anwalt.) —

XXXII. Pfändung und Zwangsveräusserung von Fahrnissen.

(Gerichtliches Vertheilungsverfahren.)

101. Art. 947 Abs. 3 (Pflicht zur Aufstellung eines Anwalts im Wiederaufnahmsverfahren.

102. Art. 952. Die in Art. 940 (wegen Aushändigung der hinterlegten Gelder) und 942 (auf gerichtliches Vertheilungsverfahren) bezeichneten Vorstellungen und Ansuchen können die Parteien persönlich oder durch Bevollmächtigte fertigen. Ebenso können sie im Verfahren vor dem Commissär persönlich oder durch Bevollmächtigte thätig werden.

Die bei der Vollstreckung für die Partei thätig gewesenen Gerichtsvollzieher, ferner Advokaten, welche im Besitze der einschlägigen Urkunden sich befinden, bedürfen, wenn sie als Bevollmächtigte auftreten, keines Nachweises der Bevollmächtigung.

XXXIV. Arrest auf Forderungen.

103. Art. 976. Die Erklärung des Drittschuldners ist auf der Gerichtsschreiberei des Bezirks- oder des Einzelngerichts, in deren Sprengel der Arrest angelegt wurde, zu Protokoll zu geben. Bedient der Drittschuldner sich hiezu eines Advokaten als Bevollmächtigten, so bedarf dieser, wenn er sich im Besitze der zugestellten Abschrift der Arrestanlegungsurkunde befindet, keines Nachweises der Bevollmächtigung.

104. Art. 978. (Vertretung der drittschuldnerischen öffentlichen Kasse durch deren Vorstand.)

XXXV. Einweisung in die Erträgnisse unbeweglicher Sachen. Immission.

(Rechnungs- und Vertheilungsverfahren.)

105. Art. 1025. (Vorladung zur Verhandlungstagsfahrt an die Anwälte mittels Umlaufschreibens, an die Uebrigen durch Gerichtsvollzieherakt und eventuell an den Staatsanwalt [Art. 851 Abs. 2] zu bethätigen.)

106 Art. 1033. Im Verfahren vor dem Commissär können die Betheiligten sowohl persönlich handeln als sich durch Anwälte oder Bevollmächtigte verteten lassen.

Der Verwalter hat bei allen Tagfahrten bei Vermeidung des Ersatzes der durch sein Ausbleiben verursachten besonderen Kosten persönlich sich einzufinden.

XXXVI. Beschlagnahme und Zwangsveräusserung unbeweglicher Sachen (Subhastation).

107. Art. 1041 Abs. 5. Zur Vornahme der Beschlagnahme ist nur ein Gerichtsvollzieher aus dem Sprengel des Vollstreckungsgerichts zuständig. Er bedarf des Nachweises besonderer Ermächtigung.

108. Art. 1071. (Die persönlich oder durch Bevollmächtigte anwesenden Betheiligten können von dem Ansteigerer die Stellung eines zahlungsfähigen solidarischen Bürgen für die Erfüllung der Kaufbedingungen verlangen, welcher sofort als solcher das Protokoll mitunterzeichnet.)

109. Art. 1072. Wer für einen Dritten bietet, ist gehalten, spätestens nach dem Zuschlage und vor der Unterschrift zu Protokoll zu erklären für wen er gesteigert hat.

In den nächsten 8 Tagen hat er, soferne nicht der Dritte vor dem Versteigerungsbeamten die betreffende Erklärung zu Protokoll abgibt, den Vollmachtsausweis oder die Genehmigung in einer öffentlichen Urkunde beizubringen . . . (Nach Ablauf dieser Frist wird der Bieter als Ansteigerer behandelt.)

110. Art. 1106. 1107. (Bei Streitigkeiten im Vertheilungsverfahren vor dem Vollstreckungsgerichte sind von den betheiligten Parteien Anwälte aufzustellen.)

111. Art. 1108. Ist der Vertheilungsplan von mehreren Betheiligten oder gegen mehrere Betheiligte in der gleichen Richtung bestritten worden, so haben sie, soferne sie nicht auch noch bei anderen gleichzeitig zur Verhandlung kommenden Streitigkeiten betheiligt sind, sich zu ihrer gemeinschaftlichen Vertretung bei diesem Streite über einen Anwalt zu vereinigen, gleichviel, ob sie erst jetzt Anwälte aufzustellen haben oder schon vorher durch solche vertreten waren.

Ist die Vereinigung bei Beginn der Verhandlung noch nicht geschehen, so kann die Gegenpartei verlangen, dass die Vertretung von dem Gerichte geregelt werde.

Der Gläubiger, welcher sich dieser Vertretung nicht anschliesst, sondern einen besonderen Anwalt mit seiner Rechtsvertheidigung in dem Streite beauftragt, hat die dadurch veranlassten Kosten selbst im Falle des Obsiegens zu tragen.

112. Art. 1116. Die Parteien können zu ihrer Vertretung im Vertheilungsverfahren Anwälte aufstellen, sie können aber die betreffenden Handlungen, soweit das Gesetz nicht die Aufstellung von Anwälten ausdrücklich vorschreibt, auch ohne Anwälte selbst vornehmen oder durch Bevollmächtigte vornehmen lassen, und ebenso auch die im Vertheilungsverfahren vorkommenden einfachen Vorstellungen selbst fertigen oder durch einen Bevollmächtigten fertigen lassen.

Advokaten, welche als Gewalthaber auftreten, bedürfen, wenn sie im Besitze der einschlägigen Urkunden sich befinden, keines Nachweises der Bevollmächtigung.

113. Art. 1126. (Wird das gerichtliche Vertheilungsverfahren durch das Zustandekommen einer Verständigung entbehrlich, so hat das Gericht auf einfache Vorstellung eines Betheiligten, welche auch persönlich oder durch einen Bevollmächtigten gefertigt werden kann, über die Aushändigung der hinterlegten Gelder zu verfügen.

XXXVII. Personalhaft.

114. Art. 1141. Die nach Art. 1140 Abs. 2 (zur Vollstreckung mittels Personalhaft erforderliche Ermächtigung ist von dem in der Sache im ersten Rechtszuge zuständigen Gerichte auf einfache Vorstellung zu ertheilen.

Die Vorstellung kann bei allen Gerichten von der Partei selbst oder einem Bevollmächtigten derselben gefertigt und auch dem Gerichtsschreiber zu Protokoll erklärt werden.

115. Art. 1145. Die Verhaftung wird durch den Gerichtsvollzieher vorgenommen. Er bedarf dazu des Nachweises der besonderen Ermächtigung und hat Zeugen beizuziehen. . . .

116. Art. 1151. 1154. (Spezialvollmacht bedarf der Gerichtsvollzieher, welcher wegen Vollstreckung der Personalhaft gegen einen Schuldner, welcher sich in Untersuchungs- oder Strafhaft befindet, dem Schuldner und dem Gefängnissvorstande einen Akt für den Gläubiger zuzustellen, beziehungsweise den Schuldner nach Beendigung der Untersuchungs- und Strafhaft in das Schuldgefängniss zu verbringen hat.)

117. Art. 1160. (Die Anschliessung eines Gläubigers an die von einem andern Gläubiger vorgenommene Verhaftung geschieht durch eine auf Betreiben des Gläubigers von einem hiezu speziell bevollmächtigten Gerichtsvollzieher zuzustellende Erklärung.)

118. Art. 1165 Abs. 3. Anwälte, gegen welche die Personalhaft in Gemässheit des Art. 174 vollstreckt wurde, sind auf ihren Antrag vorbehaltlich ihrer Entschädigungspflicht der Haft zu entlassen, wenn sie glaubhaft darthun, dass es ihnen nicht möglich ist, die betreffenden Akten zurückzugeben.

119 Art. 1171. (Eventuelle Zustellung und Mittheilung für den nicht vertretenen Gläubiger an den Staatsanwalt.)

Fünftes Buch. Gant.

XXXVIII. Gant im Allgemeinen.

120. Art. 1184. Im Gantverfahren können die Parteien zu ihrer Vertretung Anwälte aufstellen, sie können aber auch, ausser bei Streitigkeiten, sowohl persönlich handeln, als durch Bevollmächtigte sich vertreten lassen.

Advokaten, welche als Gewalthaber auftreten, bedürfen, wenn sie im Besitze der einschlägigen Urkunden sich befinden, keines Nachweises der Bevollmächtigung.

Ist ein Anwalt aufgestellt, so finden die Bestimmungen des Art. 852 auch hier Anwendung.

121. Art. 1185. (Die einfachen Vorstellungen können von der Partei selbst oder ihren Bevollmächtigten schriftlich eingereicht, oder bei dem Gerichtsschreiber zu Protokoll erklärt werden.

XLI. Provisorische Masseverwaltung.

122. Art. 1233—1251. (Provisorischer Masseverwalter; Vorläufige Behandlung der Masse; Fortsetzung des Geschäftsbetriebes; Veräusserungen; Gelderhebungen und Zahlungen; Rechnungsführung und Rechnungsablage; Vermögensverzeichniss; Gesammtvermögensveräusserung.)

XLII. Streitigkeiten über angemeldete Forderungen oder deren Vorzugsrechte. (Vgl. Art. 1184.)

123. Art. 1273. (Gegen Parteien, für welche bei der Verhandlung ein Anwalt nicht auftritt, ist Versäumungsurtheil zu erlassen.) Vgl. auch Art. 1274.

XLIV. Definitive Masseverwaltung.

124. Art. 1280—1293. (Beschlüsse der Gläubigerversammlung, Gläubigerausschuss, Definitive Masseverwaltung.)

Sechstes Buch. Schiedsgerichte.

XLVII. Schiedsgerichte.

125. Art. 1320. Schiedsrichtern können nicht übertragen werden Verhandlungen und Entscheidungen:

2) über die Bestellung und Entsetzung von Vormündern, gerichtlichen Beiständen und Pflegern;

3) . . . über Entschädigungsklagen gegen Richter, Staatsanwälte, Gerichtsschreiber, Notare, Advokaten oder Gerichtsvollzieher wegen Dienstwidrigkeiten.

126. Art 1321. Wer als Vertreter einer physischen oder juristischen Person oder als Verwalter fremden Vermögens die Entscheidung einer entstandenen Streitigkeit an Schiedsrichter übertragen will, bedarf dazu derselben Ermächtigung wie zum Abschluss eines Vergleichs.

Anhang.

127. Bezüglich der Gerichtsvollzieher sind folgende Verordnungen und Ministerialentschliessungen ergangen:

a. JME. v. 16. I. 1870 mit V. v. 21. Aug. 1869, die erste Prüfung der Bewerber um Gerichtsvollzieherstellen in den Landestheilen d. d. Rheins b. (JMBl. 1870 S. 13—20.)

b. Gerichtsvollzieherordnung v. 15. Mai 1870. (JMBl. 1870. S. 77.)

c) V. v. 13. Mai 1870, die Zahl und die Amtswohnsitze der Gerichtsvollzieher b. (JMBl. 1870 S. 87.)

d. Gerichtsvollziehergebührenordnung v. 13. Mai 1870. (JMBl. S. 92.)

e. V. v. 13. Mai 1870, die Zustellungen in Strafsachen und in Sachen der nichtstreitigen Rechtspflege b. (JMBl. S. 106.)

f) V. v. 25. Mai 1870, den Vollzug des Art. 146 Abs. 3 der Prozessordnung in bürgerl. Rechtsstreitigkeiten betr. (hier die Verwendung der Geldstrafen b.) (JMBl. S. 120.)

g. Gesetz v. 28. Mai 1870, die Anwendung einiger Bestimmungen des Strafgesetzbuches vom 10. November 1861 auf die Gerichtsvollzieher b. (JMBl. S. 164.)

h. JME. v. 15. Juni 1870, den Vollzug der Gerichtsvollzieherordnung und der Gerichtsvollziehergebührenordnung b. (JMBl. S. 197.)

i. JME. v. 15. Juni 1870, das Gerichtsvollzieherwesen (hier die Veröffentlichung der dasselbe betr. Publikationen im Justizministerialblatte) betr. (JMBl. S. 295.)

k. JME. v. 15. Juni 1870, das Gerichtsvollzieherwesen (hier die Beeidigung der G.) betr. (JMBl. S. 295.)

l. JME. v. 23. Juni 1870, das Gerichtsvollzieherwesen (hier die Berechnung der Reisegebühren) b. (JMBl. S. 353.)

m) JME. v. 23. Juni 1870, das Gerichtsvollzieherwesen (hier die Zustellungen in Strafsachen und in der nichtstreitigen Rechtspflege) b. (JMBl. S. 359.)

n. Gesetz v. 21. Juni 1870, einige provisorische Bestimmungen über die Tax- und Stempelgebühren in bürgerlichen Rechtssachen b. (JMBl. 1870. S. 361.) Abschn. I. 2: In Bezug auf Gerichtsvollzieher.

o. Just.- u. Fin.-ME. v. 27. Juni 1870, über den Vollzug eines Gesetzes, einige provisorische Bestimmungen über die Tax- und Stempelgebühren in bürgerlichen Rechtsachen b. (JMBl. S. 370) B. In Bezug auf die Gerichtsvollzieher.

p. JME. v. 4. Juli 1870, das Gerichtsvollzieherwesen b. (hier Stellengesuche b.) JMBl. 1870. S. 413.

q. JME. v. 14. Juli 1870, das Gerichtsvollzieherwesen b. (hier Formulare b.) JMBl. 1870. S. 430.

r. K. A. V. v. 16. Juli 1870, die Ausdehnung der A. V. v. 28. Aug. 1868 über die dienstliche Verehelichungsbewilligung für Beamte und öffentliche Diener auf die Gerichtsvollzieher b. JMBl. 1870. S. 433.

s. JME. v. 20. Juli 1870, das Gerichtsvollzieherwesen b. (hier Wehrdienst b.) JMBl. 1870 S. 437.

t. JME. v. 16. Juli 1870, das Gerichtsvollzieherwesen b. (Repertorium, Abschriftgebühr, Funktionsbeendigung) JMBl. 1870 S. 438.

u. Just.- und Fin.-ME. v. 17. Juli 1870, die Anwendung des Art. 6 des Ges. v. 21. Juni 1870 über einige provisorische Bestimmungen über die Tax- und Stempelgebühren in bgl. Rechtssachen b. JMBl 1870 S. 441.

v. JME. v. 18. August 1870, des Gerichtsvollzieherwesen b. (hier Klagsvorladungen zum Handelsgerichte b.) JMBl. 1870. S. 466.

w. JME. v. 25. Sept. 1870, den Vollzug der A. V. v. 13. Mai 1870 über die Zustellungen in Strafsachen und in Sachen der nichtstreitigen Rechtspflege in den L. d. d. Rh. B. JMBl. 1870. S. 469.

x. JME. v. 19. Sept. 1870, die Anwendung der §§. 20 u. 21 der Gerichtsvollziehergebührenordnung b. JMBl. 1870. S. 473.

y. JME. v. 17. Oktober 1870, die Einführung des Gerichtsvollzieherinstituts in den Landestheilen d. d. Rh., hier die Zustellungen in Strafsachen und in Sachen der nichtsstreitigen Rechtspflege b. — Mit Fin.-ME. v. 9. Oktober 1870. JMBl. 1870 S. 501.

z. JME. v. 30. Nov. 1870, den Vollzug der A. V. v. 13. Mai 1870 über die Zustellungen in Strafsachen und in Sachen der nichtstreitigen Rechtspflege in den Landestheilen d. d. Rh. b. JMBl. 1870 S. 521.

tz. JME. v. 13. Dez. 1870, die Postportofreiheit der Gerichtsvollzieher b. JMBl. 1870. S. 529.

128. Weiters sind ergangen:

a. JME. v. 27. Dez. 1870, das Gerichtsvollzieherwesen b. (Geschäftsbücherführung). JMBl. 1871 S. 1.

b. JME. v. 23. Jan. 1871, das Gerichtsvollzieherwesen b. (Zustellungen) JMB. 1871 S. 27.

c. JME. v, 9. Merz 1871, mit Hand. Min.E. v. 5. Merz 1871, die Portofreiheit der Gerichtsvollzieher b. JMBl. 1871 S. 54.

d. JME. v. 28. Merz 1871, das Gerichtsvollzieherwesen b. (Zustellungen, Gebühren, Auslagen, Journal). JMBl. 1871 S. 73.

e. JME. v. 4. April 1871, die Besetzung der Gerichtsvollzieherstellen b. JMBl. 1871 S. 76.

f. JME. v. 14. April 1871, die Einsendung der Amtssiegel der Gerichtsvollzieher b. JMBl. 1871 S. 81.

g. JME. v. 18. April 1871, die Zuztellungen in der nichtstreitigen und Strafrechtspflege, dann den Sitzungsdienst b. JMBl. 1871 S. 82.

h. JME. v. 2. Mai 1871, die Zustellungen in Sachen der nichtstreitigen und Strafrechtspflege b. JMBl. 1871 S. 90.

i. K. V. v. 13. Juli 1871, die Prüfung der Bewerber um Gerichtsvollzieherstellen betr. (JMBl. 1871 S. 229.)

k. JME. v. 26. Juli 1871, die Portofreiheit der Gerichtsvollzieher betr. Mit Handelsminist.-E. v. 29. Juni 1871 (JMBl 1871 S. 239).

l. JME. v. 31. Juli 1871, Zustellungen nach Art. 193 Z 6 der Civilprozessordnung vom 29. April 1869 betr. Mit JME. v. 31. Juli 1871. (JMBl. 1871 S. 246.)

m. JME. v. 7. Aug. 1871, Liquidation und Verrechnung der Gericktsvollzieher-Gebühren in Verbrechens- und Vergehenssachen betr. Mit FME. v. 28. Juli 1871. (JMBl. 1871 S. 247.)

n. JME. v. 11 Sept. 1871, Stempelanwendung zu Quittungen der Gerichtsvollzieher betr. Mit FME. v. 31. Aug. 1871. (JMBl. 1871. S. 264)

o. JME. v. 7. Dez. 1871, die Stempelverwendung bei Gerichtsvollzieherakten und die Führung des Repertoriums betr. (JMBl. 1871 S. 354.)

p. JME. v. 17. Jan. 1872, Visitation der Stadt- und Landgerichte, dann der Geschäftsführung der Notare u. Gerichtsvollzieher betr. (JMBl. 1872. S. 51.)

q. E. des k. Staatsminist. d. k. Hauses u. des Aeussern vom 28. Jan. 1872, Gesuch mehrerer Gerichtsvollzieher, die Benützung der Eisenbahn zu Zustellungen betr. (JMBl. 1872. S. 66.)

r. E. des k. Staatsminist. des k. Hauses und des Aeussern v. 16. Febr. 1872, die Portofreiheit der Gerichtsvollzieher betr. (JMBl. 1872. S. 87.)

s. Bek. des k. App.-Ger. v. Oberfranken v. 18. Merz 1872, die Ladung beurlaubter Angeklagter vor das Militärbezirksgericht betr. (JMBl. 1872. S. 119.)

t. JME. v. 16. Juli 1872, das Gerichtsvollzieherwesen b. (JMbl. 1872 S. 189.)

u. J. u. FME. v. 6. Aug. 1872, Zustellgebühren der Gerichtsvollzieher in Strafsachen. (JMbl. 1872 S. 206.)

v. FME. v. 1. Febr. 1873, Zust.-Geb. der GV in Strafs. etc. (JMbl. 1873. S. 49.)

w. JME. v. 4. Juli 1873, das Gerichtsvollzieherwesen betr. (JMbl. 1873 S 109)

Beilage VII.

Zeitberechnungstabelle.

Diese Tabelle zeigt die Zahl der zwischen zwei gegebenen Terminen liegenden Tage an, wenn Anfang und Ende des Zeitraums auf gleiche Tage zweier verschiedener Monate fallen. Fällt der Februar eines Schaltjahres hinein, so ist, weil in der Tabelle der Februar nur mit 28 Tagen berechnet ist, ein Tag hinzuzurechnen. Wenn Anfang und Ende des Zeitraumes auf ungleiche Tage fallen, so ist die Differenz bei dem Ergebnisse ab- oder zuzurechnen. Der erste Tag eines Zeitraumes ist nicht mitgerechnet, dagegen aber der letzte.

Beispiele: Um zu wissen wie viele Tage vom 15. Jänner bis 15. Dezember eines Jahres zählen, sucht man in der Spalte I den Monat Jänner und fährt auf dieser Zeile hinaus bis zur Spalte XIII. Dezember, wo sich die gesuchte Zahl 334 Tage findet; fällt der inzwischen liegende Februar in ein Schaltjahr, so ergeben sich 334 + 1 = 335 Tage; und wäre der Zeitraum vom 15. Jänner bis 12. oder 18. Dezember zu suchen, so wären im ersteren Falle 3 Tage abzuziehen (334 − 3 = 331 Tage) und im letzteren Falle 3 Tage zuzuzählen 334 + 3 = 337 Tage. — Ist die Zeit vom 23. August 1871 bis 14. Merz 1872 zu suchen, so sucht man in der Spalte I den Monat August und fährt auf der Zeile bis in die Spalte IV. März, wo sich die 212 Tage finden, dazu 1 Schalttag = 213 und davon ab 9 Tage Differenz zwischen 14 und 23 = 204 Tage.

Zeitberechnungstabelle.

I	II	III	IV	V	VI	VII	VIII	IX	X	XI	XII	XIII
Monate.	Januar	Februar	März	April	Mai	Juni	Juli	August	September	Oktober	November	Dezember
Januar . .	—	31	59	90	120	151	181	212	243	273	304	334
Februar .	334	—	28	59	89	120	150	181	212	242	273	303
März . .	306	337	—	31	61	92	122	153	184	214	245	275
April . .	275	306	334	—	30	61	91	122	153	183	214	244
Mai . . .	245	276	304	335	—	31	61	92	123	153	184	214
Juni . . .	214	245	273	304	334	—	30	61	92	122	153	183
Juli . . .	184	215	243	274	304	335	—	31	62	92	123	153
August . .	153	184	212	243	273	304	334	—	31	61	92	122
September.	122	153	181	212	243	273	303	334	—	30	61	91
Oktober .	92	123	151	182	212	243	273	304	335	—	31	61
November .	61	92	120	151	181	212	243	273	304	334	—	30
Dezember .	31	62	90	121	151	182	212	243	274	304	335	—

Beilage VIII.

Stempelnormen.

B. Ges. v. 18. Dez. 1812 u. 11. Sept. 1825.
B. Ges. v. 21. Juni 1870, Einige prov. Bestimmungen über Tax- u. Stempelgebühren in bürgerlichen Rechtssachen betr.
R.-Ges. v. 10. Juni 1869, betr. die Wechselstempelsteuer.
R.-Ges. v. 8. Juni 1871, betreffend die Inhaberpapiere mit Prämien.
B. Ges. v. 29. Dez. 1873, die vorl. Fortdauer etc. betr. (G. u. Vbl. 1874 S. 25.)

A. Gradationsstempel.

Dem Gradationsstempel unterliegen alle Urkunden, Instrumente und Schriften, welche auf eine bestimmte Summe Geldes lauten, in folgender Steigung:

von 1	bis 49 fl.	. . . . .	— fl. 3 kr.
„ 50	„ 99 „	. . . . .	— „ 6 „
„ 100	„ 299 „	. . . . .	— „ 15 „
„ 300	„ 499 „	. . . . .	— „ 30 „
„ 500	„ 599 „	. . . . .	1 „ — „
„ 1000	„ 1999 „	. . . . .	2 „ — „
„ 2000	„ 2499 „	. . . . .	3 „ — „

und so fort von jedem 500 fl. allemal 1 fl. mehr.

Nach folgender Formel kann leicht und sicher der höhere Gradationsstempel (und zwar von 2000 fl. zu 3 fl. an) berechnet werden: 2 mal x tausend Gulden weniger 1 ist gleich dem Stempelbetrag, d. h. die Zahl der Tausender wird mit zwei multiplicirt und von der Summe oder dem Produkte wird 1 abgezogen, der Rest spricht den Stempelbetrag in Gulden aus. Dabei müssen aber auch die halben Tausende, welche jedesmal von 500 bis 999 fl. gerechnet werden, während 1 bis 499 fl. für 0 gilt, gehörig in Ansatz kommen, z. B. der Gradationsstempel aus 6190 fl. = 11 fl., nemlich 6 mal 2 = 12 — 1 = 11 fl.; der Gradationsstempel aus 25675 fl. = 50 fl., nemlich $25^1/_2$ mal 2 = 51 — 1 = 50 fl.

B. Klassenstempel.

Dem Klassenstempel unterliegen:

a) zu 30 kr. alle Vollmachten (ausländische wie inländische) Substitutorien, die von den Gerichtsvollziehern aufgenommenen Wechselproteste und die Gerichtsvollzieherakte bei einer Streitsumme über 150 fl.;

b) zu 15 kr. alle Geburts- und Taufzeugnisse, Copulations- und Todtenscheine, alle von einer vorgesetzten höheren weltlichen oder geistlichen Stelle, ferner alle gerichtlichen oder von einem öffentlichem Amte, oder einem Notar ausgestellten Zeugnisse oder Atteste, alle förmlich fidemirten und gefertigten Beilagen, Proklamen, Edikte in Gantsachen, Ediktalzitationen und gerichtlichen oder amtlichen Inserate in den öffentlichen Zeitungen und Amtsblättern, Notariatsinstrumente (wie z. B. die not. Wechselproteste) und Gerichtsurkunden, insoferne sie nicht als selbständige Verhandlungen zu anderen Stempelrubriken geeignet sind, Urkunden, welche über die Beglaubigung der Unterschriften in Privaturkunden errichtet werden, wenn nicht zu der Priraturkunde bereits der entsprechende Gradationsstempel, der den Betrag von 15 kr. erreicht, verwendet ist, Vergleiche, welche keine bestimmte Summe Geldes betreffen, die Hypothekzessionen, die Gerichtsvollzieherakte bei einer Streitsumme bis 150 fl. incl. (ausserdem 30 kr.) und die Anwaltsakte;

c) zu 6 kr. die Gerichtsvollzieherakte bei Zustellungen von Anwalt zu Anwalt, die Einlagebogen der Anwaltsakte und die denselben beiliegenden Abschriften und die Einlagebogen der Gerichtsvollzieherakte, wenn die Streitsumme über 150 fl. beträgt;

d) zu 3 kr. alle Schriften, welche bei irgend einer mittel- oder unmittelbaren administrativen oder Justizbehörde eingereicht werden, mit den dazu gehörigen Beilagen und Duplikaten, (insbesondere die Gesuche der Parteien, Gerichtsvollzieher und Advokaten um Erlassung bedingter Zahlungsbefehle, Protestationen derselben gegen solche und Anträge derselben auf Erlassung von Vollstreckungsbeschlüssen, welche bei den Einzelngerichten angebracht werden. JMBl 1871 S. 309.); alle Resolutionen, Befehle und Ausfertigungen, Requisitions- und Compassschreiben in Parteisachen, die jährlichen Interimsvormundschaftsrechnungen, mit Ausschluss der zu einem andern Stempel geeigneten Finalrechnungen, alle Privatzeugnisse.

C. Wechselstempel.

Vom 1. Juli 1871 an unterliegen in Bayern gezogene und eigene Wechsel desgleichen an die Ordre lautende Zahlungsversprechen (Billets à Ordre) und die von Kaufleuten oder auf Kaufleute ausgestellten Anweisungen (Assignationen) einer Stempelabgabe, (Wechselstempelsteuer) zur Reichskasse, und zwar

von	50 Rthlrn.	= 87½ fl. od. weniger	1 Sgr.	= 3½ kr.
„	50–100 Rthlrn.	= 87½–175 fl.	– 1½ Sgr.	= 5¼ kr.
„	100–200 „	= 175 – 350 „	– 3 „	= 10½ „
„	200–300 „	= 350 – 525 „	– 4½ „	= 15¾ „
„	300–400 „	= 525 – 700 „	– 6 „	= 21 „
„	400–500 „	= 700 – 875 „	– 7½ „	= 26¼ „
„	500–600 „	= 875 –1050 „	– 9 „	= 31½ „
„	600–700 „	=1050 –1225 „	–10½ „	= 36¾ „
„	700–800 „	=1225 –1400 „	–12 „	= 42 „
„	800–900 „	=1400 –1575 „	–13½ „	= 47¼ „
„	900–1000 „	=1575 –1750 „	–15 „	= 52½ „

u. s. f. von jedem ferneren 100 Rthlr. = 175 fl. — 1½ Sgr. = 5¼ kr, mehr.

Die Entrichtung der Stempelabgabe muss erfolgen, ehe ein inländischer Wechsel von dem Aussteller und ein ausländischer Wechsel von dem ersten inländischen Inhaber aus den Händen gegeben wird.

Die Stempelpflicht wird erfüllt: 1) durch Ausstellung des Wechsels auf einen mit dem erforderlichen Bundesstempel versehenen Blanket oder 2) durch Verwendung der erforderlichen Bundesstempelmarke auf dem Wechsel, wenn hiebei die vom Bundesrathe erlassenen und bekannt gemachten Vorschriften über die Art und Weise der Verwendung beobachtet worden sind, widrigenfalls sie als nicht verwendet angesehen werden.

Die bezügliche Bekanntmachung des Bundesrathes vom 13. Dez. 1869 mit Abänderung vom 11. Juli 1873 (JMbl. S. 188) schreibt Folgendes vor:

„Die den erforderlichen Steuerbetrag darstellenden Marken sind auf der Rückseite der Urkunde, und zwar, wenn die Rückseite noch unbeschrieben ist, am oberen Rande derselben, andernfalls unmittelbar unter dem letzten Vermerke (Indossament u. s. w.), der sich auf der Rückseite befindet, dergestalt aufzukleben, dass oberhalb der Marke kein zur Niederschreibung eines Vermerks (Indossamentes, Blanco-Indossamentes u. s. w.) hinreichender Raum übrig bleibt. — Der inländische Inhaber, welcher die Marke aufklebt, hat sein Indossament oder seinen sonstigen Vermerk unterhalb derselben niederzuschreiben. — Jede Durchkreuzung der Marke, auch wenn sie die Schriftzeichen nicht berührt, ist unstatthaft, ebenso die Bezeichnung der Monate September, Oktober, November und Dezember mit 7ber, 8ber, 9ber, 10ber. — In jeder einzelnen der aufgeklebten Marken müssen mindestens die Anfangsbuchstaben des Wohnortes und des Namens, beziehungsweise der Firma desjenigen, der die Marke verwendet, und das Datum der Verwendung (in arabischen Ziffern) mittels deutlicher Schriftzeichen (Buchstaben und Ziffern) ohne jede Rasur, Durchstreichung oder Ueberschrift niedergeschrieben sein (zum Beispiel: H. 7./1. 70 statt: Hamburg, 7. Januar 1870., E. F. M. statt: Ernst Friedrich Moldenhauer., oder N. V. B. statt: Norddeutsche Vereinsbank) — Statt der Schrift ist auch Stempelabdruck zulässig. — Enthält der Kassationsvermerk mehr als nach dem Vorstehenden erforderlich ist, (z. B. den ausgeschriebenen Namen statt der Anfangsbuchstaben etc.), so ist derselbe dennoch gültig, wenn nur die vorgeschriebenen Stücke (Anfangsbuchstaben des Wohnorts und Namens, beziehungsweise der Firma und Datum) auf der Marke sich befinden. — Ergänzungsstempelmarken zu gestempelten Blankets sind in derselben Weise zu verwenden."

Der Verkauf der Stempelmarken und gest. Blankets findet bei den k. Postanstalten statt und zum Werth von 1, 1½ u. 3 Sgr. bei allen Postexpeditionen.

Die Wechselstempelhinterziehung unterliegt einer Geldbusse im 50fachen Betrage des hinterzogenen Stempels, und ist von jedem nach § 4—12 des Gesetzes Betheiligten besonders und ganz (also nicht pro rata oder solidarisch) zu entrichten.

Das Strafverfahren ist analog dem bei Zolldefraudationen und die Anzeigen gehen an die Rentämter, welche auch im Falle freiwilliger Unterwerfung die Geldbusse einzuziehen haben. — Zuständig zur Aburtheilung sind bis 100 fl. Geldbusse die Einzelngerichte und darüber die Bezirksgerichte.

Für die bei den Postanstalten angekauften, demnächst aber verdorbenen Stempelmarken und Blankets kann nur die Erstattung beansprucht werden, wenn der Schaden mindestens einen Thaler beträgt, wenn Zufall oder Versehen als die Ursache vollständig erwiesen wird, und der Erstattungsanspruch innerhalb 14 Tagen bei dem k. Oberpostamt angemeldet wird.

Die Stempelmarken werden zu 1, $1^1/_2$, 3, $4^1/_2$, 6, $7^1/_2$, 9, 12, 15, $22^1/_2$, 30, 45, 60, 90, 150 und 300 Groschen und die Wechselbankets mit Stempel von 1, $1^1/_2$, 3, $4^1/_2$, 6, $7^1/_2$, 9, 12, 15, $22^1/_2$ und 30 Groschen ausgegeben.

Alle vor dem 1. Juli 1871 ausgestellten inländischen oder von dem ersten inländischen Inhaber aus den Händen gegebenen ausländischen Wechsel u. dgl. unterliegen in Bayern noch lediglich dem bisherigen Gradationsstempel, welcher für die seit dem 1. Juli 1871 ausgegebenen Wechsel u. dgl. aufgehoben ist.

Man vergleiche auch die Fin.-Min.-Entschl. v. 30. Juni u. 11. Okt. 1873. (JMbl. 1873 S. 190.)

D. Prämienstempel.

Inhaberpapiere mit Prämien, welche ohne Reichsgenehmigung im Inlande nach dem 14. Juni 1871 und im Auslande nach dem 30. April 1871 ausgegeben worden, sind ausser Verkehr gesetzt, und bei gleicher Strafe müssen solche vor dem 1. Mai 1871 ausgegebene ausländische Schuldverschreibungen bis zu 100 Thaler Nominalwerth mit 5 Sgr. und darüber mit 10 Sgr. abgestempelt sein, wozu sie spätestens am 15. Juli 1871 einzureichen waren. — Restitution ist nur aus entschuldbaren Gründen zulässig.

Beilage IX.

Notariatsgebühren

nach den K. A. Verordnungen vom 19. Januar 1862 und 7. Juni 1863.

(Das Hilfsbuch von Karl Reber ist von den Herren Notaren als das beste anerkannt.)

Bemerkung. Im Nachstehenden werden zwar nur die Artikel der ersten Verordnung angeführt, doch ist in denselben der neue Tarif eingeschaltet.

Die Notariatsgebühren zerfallen hauptsächlich in

A. Prozenttaxen,
B. Maximaltaxen,
C. Ständige Taxen,
D. Zeittaxen.

A. Die Prozenttaxe beträgt:

a) 30 kr. bei einem Werthe des Vertragsgegenstandes unter 50 fl.
b) 1 Proz. für den Betrag bis zu 100 fl. einschl.
c) $^1/_2$ » » » » von mehr als 200 fl. bis zu 600 fl. einschl.
d) $^1/_4$ » » » » » » » 600 fl. » » 2000 fl. »
e) $^1/_6$ » » » » » » » 2000 fl. » » 10000 fl. »
f) $^1/_{15}$ » » » » » » » 10000 fl. jedoch nie über 150 fl.

nach Art. 2.

a) 30 kr. bei einem Werthe od. einer Schuldsumme bis zu 100 fl. einschl.
b) 1 fl. für den Betrag von mehr als 100 fl. bis zu 300 fl. einschl.
c) $1/_3$ Proz. für den Betrag bis zu 600 fl. einschl.
d) $^1/_6$ » » » » von mehr als 600 fl. bis zu 2000 fl. einschl.
e) $^1/_{10}$ » » » » » » » 2000 fl. » » 10000 fl. »
f) $^1/_{30}$ » » » » » » » 10000 fl. jedoch nie über 100 fl.

nach Art. 3.

a) $^1/_4$ Proz. bei einem Betrage bis u 1000 fl. einschl.
b) 30 kr. für den Betrag von mehr als 1000 fl. für je volle 500 fl. an baarem Gelde oder Banknoten.
c) 15 kr. für je volle 500 fl. über 1000 fl. an anderen geldwerthen Papieren.

nach Art. 4.

1) Bei Versteigerung von Mobilien:
   a. 3 Proz. bei einem Strichgelde bis zu 500 fl. einschl.
   b. 2 » für den Betrag von mehr als 500 fl. bis zu 1000 fl. einschl.
   c. 1 » für den Betrag von mehr als 1000 fl.
2) Bei Versteigerungen von Immobilien:
   a. 1 Proz. bei einem Betrage der Strichgelder bis zu 1000 fl. einschl
   b. $^1/_2$ » für den Betrag von mehr als 1000 fl.

Der Prozenttaxe unterliegen:

Bürgschaften auf bestimmte Summe nach Art. 2.
Cessionen nach Art. 2.
Depositen von Geld und geldwerthen Papieren nach Art. 3.
„ der Strichgelder bei Versteigerungen nach Art. 4.
Eigenthumsübertragungen an Zahlungsstatt nach Art. 1.
„ „ im Vergleichswege nach Art. 1.
Erbtheilungen nach Art. 1.
Faustpfandbestellungen nach Art. 2.
Grundrentenbestellung, Kauf oder Ablösung nach Art. 1.
Gutsübergaben nach Art. 1.
Kaufverträge nach Art. 1.
Kautionsbestellungen auf bestimmte Summen nach Art. 2.
Miethverträge über Liegenschaften nach Art. 1.
Militäreinstandsverträge nach Art. 2.
Pachtverträge über Liegenschaften nach Art, 1.
Schenkungen nach Art. 1.
Schuldbekenntnisse nach Art. 2.
Schuldübernahmen nach Art. 2.
Tauschverträge nach Art. 1.
Uebergaben, s. Gutsübergaben.
Vergleiche, welche Eigenthumsübertragung enthalten, nach Art. 1.
„ welche ein Schuldbekenntniss auf eine bestimmte Summe enthalten, nach Art. 2.
Vermögenstheilungen nach Art. 1.
Versteigerungen von Liegenschaften auf Kauf oder Pacht nach Art. 1.
Werkverdingungsverträge nach Art. 1.

B. Maximaltaxe.

Je nach dem Umfange der Schwierigkeit und Wichtigkeit des Geschäftes und nach den Vermögensverhältnissen der Betheiligten beträgt das Honorar des Notars nach Art. 9:

Für Abnährungsverträge	1—5 fl.
„ Bürgschaften, welche nicht auf eine bestimmte Summe lauten	1—4 „
„ Cautionsbestellungen, welche nicht auf eine bestimmte Summe lauten	1—4 „
„ Eheverträge, wenn sie lediglich die religiöse Erziehung der Kinder betreffen	1 „
„ Eheverträge, wenn das Vermögen der Ehegatten, beziehungsweise der Verlobten, zusammengenommen unter 1000 fl. beträgt. oder wenn es weder aus dem Vertrage ersichtlich, noch sonst hinreichend bekannt ist	2—5 fl.
Für Eheverträge ausserdem	4—10 „
„ Einkindschaftsverträge	2—20 „
„ Erbverträge	2—20 „
„ Gesellschaftsverträge	3—40 „
„ Aufnahme einer letztwilligen Verfügung	2—20 „
„ Testamente, Codizille (Aufnahme)	2—20 „
„ Verlassenschafts-Korrespondenzen, Berichte und Zeugnisse	30kr.—2 „

C. Ständige Taxen.

Die ständigen Gebühren betragen nach Art. 10, 11 und 12: 2 fl., 1 fl. und 30 kr. — Die einschlägigen Gegenstände sieh in den erwähnten Artikeln.

D. Die Zeittaxe

beträgt nach Art. 14 für die Stunde 1 fl. und gilt jede angefangene Stunde für eine volle.

Die Geschäfte, welche nach der Zeittaxe honorirt werden, sind im Art. 13 aufgezählt.

Beilage X.

Advokaten-Gebühren.

A.

Gebühren der Advokaten und Rechtspraktikanten in bürgerlichen Rechtsstreitigkeiten.

Verordnung vom 22. Aug. 1873. JM. Bl. S. 129—164.

Erste Abtheilung.

Allgemeine Bestimmungen.

Art. 1. Der Betrag der Gebühren der Advokaten als Gewalthaber oder Beistände der Parteien in bürgerlichen Rechtsstreitigkeiten richtet sich, soweit nicht ein in Mitte liegendes statthaftes Uebereinkommen Mass oder die gegenwärtige Verordnung dem richterlichen Ermessen Raum gibt, nach den in dieser Verordnung enthaltenen Taxsätzen.

Art. 2. Wo die gegenwärtige Verordnung die Gebühren nach Klassen festsetzt, umfasst:

die I. Klasse Sachen im Werthsbetrage bis zu 50 fl.,
die II. Klasse Sachen im Werthsbetrage von über 50 fl. bis zu 150 fl.,
die III. Klasse Sachen im Werthsbetrage von über 150 fl. bis zu 300 fl,
die IV. Klasse Sachen im Werthsbetrage von über 300 fl. bis 500 fl..
die V. Klasse Sachen im Werthsbetrage von über 500 fl. bis 2000 fl.,
die VI. Klasse Sachen im Werthsbetrage von über 2000 fl.

Bei der Werthsberechnung des Streitgegenstandes sind die Bestimmungen der Artikel 4 und 5 Absatz 2 der Prozessordnung anzuwenden und im Uebrigen die Anhaltspunkte zu berücksichtigen, welche sich aus den Prozessakten und der Verhandlung ergeben.

Kann hienach der Geldwerth des Streitgegenstandes nicht so weit ermittelt werden, als dies zur Einreihung des Rechtsstreites in eine der bezeichneten Klassen erforderlich ist, so sind die Gebühren bei den Einzelngerichten und bei den Bezirksgerichten als Berufungsgerichten nach den Bestimmungen für die zweite Klasse, bei den andern Gerichten nach den Bestimmungen für die fünfte Klasse festzusetzen. Streitsachen über dingliche Rechte an Immobilien gehören, soferne es sich nicht um Klagen über Pfandrechte handelt, ohne Rücksicht auf den Werth des Streitgegenstandes in die fünfte Klasse.

Art. 3. Wird von dem Beklagten eine Widerklage erhoben, so wird, falls der Werth des Gegenstandes der Widerklage den der Klage übersteigt, der erstere der Berechnung zu Grunde gelegt, so weit nicht Handlungen in Frage stehen, welche die Widerklage nicht berühren.

Art. 4. Wird der Streitgegenstand erhöht oder vermindert, so entscheidet bezüglich der Gebühren für Verhandlungen und Schriftsätze, welche nach der Erhöhung oder Minderung in dem betreffenden Rechtszuge vorkommen, der erhöhte oder verminderte Werthsbetrag.

Art. 5. Im Falle der Häufung mehrerer Klagansprüche wird die Gebühr nach dem Gesammtbetrage der Ansprüche berechnet.

Wird die getrennte Behandlung mehrerer kumulirter Klagsansprüche angeordnet, so entscheidet bezüglich der Gebühren für die betreffenden Verhandlungen und Schriftsätze der Werth des Streitgegenstandes der getrennten Verhandlungen.

Art. 6 Früchte, Zinsen und sonstige Nebensachen mit Ausnahme der Prozesskosten werden dem Werthe der Hauptsachen in so weit zugerechnet, als sie bis zur Erhebung der Klage bereits erwachsen sind, beziehungsweise den Gegenstand der Berufung bilden.

Art. 7. Ist die Gebühr nach Verhältniss der auf das betreffende Geschäft verwendeten Zeit und zwar nach Stunden bestimmt, so wird jede begonnene Stunde als voll gerechnet.

Art. 8. Für Dienstreisen erhalten die Advokaten, wenn die Entfernung über $2^1/_2$ Kilometer beträgt, ausser den Gebühren für die betreffenden Geschäfte noch Taggeld von 8 fl. für den ganzen und von 4 fl. für den halben Tag. Ist das Geschäft an einem ausserhalb Bayerns gelegenen Orte vorzunehmen, so erhöht sich das Taggeld um die Hälfte. Für Uebernachten gebührt dem Advokaten ausser dem Taggelde eine Entschädigung von 3 fl. 30 kr.

Das Taggeld wird für die ausserhalb des Wohnortes wirklich zugebrachte Zeit nach Kalendertagen berechnet. Eine Abwesenheit bis zu 6 Stunden gilt für einen halben, eine Abwesenheit bis zu 12 Stunden einschl. für einen ganzen Tag. Bei einer Abwesenheit von mehr als 12 Stunden eines Kalendertages kann das Taggeld für einen und einen halben Tag berechnet werden.

Ausser dem Taggelde und der Entschädigung für Uebernachten werden den Advokaten ihre Auslagen für Fahrtaxen und besonderes Fuhrwerk vergütet. Bei Benützung der Eisenbahn gebührt ihnen die Taxe für die zweite Wagenklasse nebst Vergütung der auf die Fahrt oder den Gepäcktransport zu und von den Bahnhöfen bestrittenen ortsüblichen Auslagen.

Bei Benützung besonderen Fuhrwerkes gebührt den Advokaten der ortsübliche Preis und zwar letzterer auch dann, wenn sie ihr eigenes Fuhrwerk benützen. Ist das Geschäft an einer Eisenbahnstation vorzunehmen, so dürfen sie sich eines besonderen Fuhrwerkes statt der Eisenbahn nur dann bedienen, wenn die Kosten dadurch nicht vermehrt werden oder durch die Benützung der Eisenbahn ihre Abwesenheit vom Wohnorte um mehr als zwei Stunden verlängert würde.

Nimmt ein Advokat auf der nämlichen Reise mehrere Geschäfte vor, so darf er die Reiseentschädigung nur einmal ansetzen und hat dieselbe auf die verschiedenen Geschäfte in billiger Weise zu vertheilen.

Art. 9. Für die zur Zustellung an eine Gegenpartei oder zur Hinterlegung bei Gericht von den Advokaten zu fertigenden und zu beglaubigenden Abschriften von Entscheidungen, Anwaltsakten oder sonstigen Schriftstücken wird denselben für den ersten Bogen eine Abschreibgebühr von 30 kr. und bei den folgenden Bogen für jede Seite — die Seite zu 25 Zeilen und die Zeile zu 12 Sylben gerechnet — eine Abschreibgebühr von 4 kr. bewilligt. Jede begonnene Seite wird für voll gerechnet.

Für die Reinschrift von Originalien wird, soweit die gegenwärtige Verordnung nicht anders bestimmt, keine Gebühr bewilligt.

Art. 10. Für Correspondenzen haben die Advokaten ausser ihren Auslagen für Postporto, Telegramme und etwa erforderliche Botenlöhne nichts anzusprechen.

Für Porto der vom Advokaten abgesendeten Poststücke kann auch eine Pauschalsumme von einem Gulden für jeden Rechtszug angerechnet werden.

Art. 11. Für Einkassirung von Geldern oder Werthpapieren für die Partei nebst Ablieferung an Letztere oder für deren Rechnung an einen Dritten gebührt dem Advokaten bis zum Betrage von 500 fl. ein Prozent, von da bis zu 2000 fl. ein halbes Prozent und für jeden weiteren Betrag ein viertel Prozent.

Art. 12. Für die gerichtliche Hinterlegung von Geldern oder Werthpapieren haben die Advokaten, wenn sie dieselben für eine Partei einkassirt und hiefür die im Art. 11 bestimmte Gebühr bezogen haben, keine weitere Gebühr, andernfalls bis zum Betrage von 500 fl. ein halbes Prozent, von da bis zu 2000 fl. ein viertel Prozent und für jeden weiteren Betrag ein achtel Prozent zu beanspruchen.

Für die Mittheilung darüber, dass die Hinterlegung geschehen ist, darf nur, wenn die Mittheilung durch Anwaltsakt erfolgt ist, eine Taxe und zwar von 30 kr. in Ansatz gebracht werden.

Geschieht die Hinterlegung bei einer Bank oder öffentlichen Kasse, so hat der Advokat hiefür unter den Voraussetzungen des Absatz 1 die daselbst bestimmte Gebühr und für die etwa erforderliche Hinterlegung der hierüber ertheilten Bescheinigung bei Gericht eine Gebühr von dreissig Kreuzer anzusprechen.

Art. 13. Für Gänge zu den Gerichten oder sonstigen Behörden, Abholung von Entscheidungen oder sonstigen Aktenstücken, für die über Auslieferung derselben ertheilten Bescheinigungen, Verbringung von Schreiben und Akten zur Post und ähnliche Bemühungen dürfen Gebühren nicht angesetzt werden.

Art. 14. Die Gebühr für eine einfache Vorstellung einschliesslich der Mittheilung an die Gegenpartei, wo eine solche erforderlich ist, sowie der etwaigen nachträglichen Beibringung von Aufklärungen und Urkunden beträgt, gleichviel ob dieselbe schriftlich eingereicht oder zu Protokoll erklärt wird, bei den Einzelngerichten 1 Gulden, bei anderen Gerichten 2 fl.

Unterbleibt die Vorstellung aus einem ausserhalb der Person des Advoten liegenden Grunde, so kann derselbe die Hälfte der vorbezeichneten Gebühr in Anspruch nehmen.

Der Anwalt der Gegenpartei hat, wenn derselben von der Anbringung einer einfachen Vorstellung Kenntniss gegeben oder Letztere zugestellt worden ist, für die Einsicht der Vorstellung und der Belege, sowie Abgabe etwaiger Bemerkungen oder Erinnerungen die in Abs. 1 bestimmte Gebühr anzusprechen.

Art. 15. Die Gebühr für ein bei einem Einzelnrichter, Gerichts- oder Senatsvorstande mündlich oder schriftlich angebrachtes Gesuch um Erlassung, Abänderung oder Aufhebung einer Vorsichts- oder einstweiligen Verfügung beträgt 1 fl.; jene für Vertretung oder Verbeistandung einer Partei bei einer Verhandlung vor einem Einzelnrichter, Gerichts- oder Senatsvorstande über ein solches Gesuch ebenfalls 1 fl., jene für Veranlassung des Eintrages einer das Verbot der Veräusserung und weiteren Belastung von Immobilien enthaltenden Vorsichtsverfügung im Hypothekenbuche einschliesslich der Veranlassung der Mittheilung, dass dies geschehen, an die Gegenpartei 1 fl. 30 kr.

Art. 16. Die Gebühr für ein Gesuch um Ertheilung einer zweiten vollstreckbaren Ausfertigung beträgt 30 kr. und jene für Vertretung oder Verbeistandung bei der hierauf stattfindenden Verhandlung vor dem Gerichtsvorstande 1 fl.

Art. 17. Die Gebühr für Verzögerungsbeschwerden nach Art. 56 und 57 der Prozessordnung beträgt 45 kr.

Art. 18. Ist die Vertretung einer Sache oder ein einzelnes Geschäft, insbesondere auch die Sammlung des Beweismaterials, mit aussergewöhnlichem Aufwand von Zeit und Mühe für den Advokaten verbunden, so dass die Sätze der Gebührenordnung nicht mehr als eine angemessene Vergütung dafür erscheinen, so können vom Gericht ausnahmsweise für Arrha und mündliche Vertretung oder Verbeistandung Gebühren bewilligt werden, welche das höchste Mass der verordnungsmässigen Sätze überschreiten.

Die Festsetzung der den Advokaten in Fällen, worüber die gegenwärtige Verordnung Bestimmungen nicht enthält, für gerichtliche oder aussergerichtliche Dienstleistungen gebührenden Entschädigung bleibt dem richterlichen Ermessen überlassen.

Zweite Abtheilung.

Verfahren bei den Bezirksgerichten als Civilgerichten erster Instanz.

Art. 19. Für Arrha werden den als Anwälte bestellten Advokaten folgende Gebühren bewilligt:

bis zur III. Klasse einschlüssig . .	4 fl. —
in der IV. Klasse	6 fl. —
in der V. Klasse	8 fl. —
in der VI. Klasse	10 fl. —

und bei Sachen dieser Klasse im Werthsbetrage von über 3000 fl. für je neu beginnende 3000 fl. einen Gulden mehr, jedoch nicht über 50 fl.

Die Arrha gilt als Belohnung für alle Bemühungen des Anwaltes vor Einleitung oder im Laufe eines Prozesses, welche die Information oder den auf den Prozess sich beziehenden schriftlichen oder mündlichen Verkehr mit der Partei oder dritten Personen betreffen, insbesondere auch für die Vollmacht, für die Einsicht von Hilfsakten, Urkunden und Rechnungsbüchern, für Führung der Handakten und dergleichen, soweit hiefür nicht in der gegenwärtigen Verordnung besondere Gebühren bestimmt sind. Auslagen, welche zum Zwecke der Information bestritten werden, sind dem Advokaten zu vergüten. Für Dienstreisen zum Zwecke der Information finden die in Art. 8 festgesetzten Gebühren statt.

Advokaten, welche in einer Sache nur die mündliche Rechtsvertheidigung führen oder die Partei bei einzelnen Prozesshandlungen vertreten, können eine Arrha nicht ansprechen.

Art. 20. Wenn die Sache nicht zur Zustellung eines motivirten Antrages für die betreffende Partei und auch nicht zu einer mündlichen kontradiktorischen oder zu einer gerichtlichen Vergleichs-Verhandlung gelangt, darf die Arrha nur zur Hälfte angesetzt werden.

Art. 21. Die Arrha wird dem nämlichen Anwalte in derselben Sache und in dem nämlichen Rechtszuge nur einmal bewilligt, wenn auch das Verfahren z. B. durch Berufung gegen ein Zwischenurtheil, Veränderung in den Parteien oder ihren gesetzlichen Vertretern unterbrochen und später wieder aufgenommen worden ist.

Ebenso darf der Anwalt, welcher in einem Aufforderungsverfahren aufgestellt war und später auch in der Hauptsache aufgestellt wird, diese Gebühr nur einmal ansetzen.

Art. 22. Die Gebühr für die Klagschrift beträgt:

a) wenn die Klage die Hauptsache betrifft,

bis zur dritten Klasse einschlüssig	. 3 fl. —
in der vierten Klasse	. 4 fl. —
in der fünften Klasse	. 5 fl. —
in der sechsten Klasse	. 6 fl. —

und bei Sachen dieser Klasse im Werthsbetrage von über 3000 fl. für je neu beginnende 3000 fl. einen Gulden mehr, im Ganzen jedoch nicht über 15 fl.

b) wenn die Klage nur einen Vor- oder Zwischenstreit über Prozessfragen betrifft, die Hälfte der vorstehenden Sätze.

Ausser der in Abs. 1 bestimmten Gebühr kann für die Reinschrift des Originals der Klagschrift die in Art. 9 Abs. 1 und 2 bestimmte Abschreibgebühr angesetzt werden.

Art. 23. Für die Aufforderung zur Mittheilung der Akten findet keine Gebühr statt.

Für die Mittheilung der Akten an die Gegenanwälte wird, gleichviel ob sie von Hand zu Hand oder auf der Gerichtsschreiberei geschieht, und zwar wenn in der Sache mehr als zwei Anwälte aufgestellt sind, für die Mittheilung an jeden derselben eine Gebühr von 30 kr., für die Einsicht der gegnerischen Akten, wenn in der Sache nur zwei Anwälte aufgestellt sind, eine Gebühr von 1 fl., andernfalls von 1 fl. 30 kr. bewilligt.

Diese Gebühren dürfen in dem nämlichen Rechtsstreite und in demselben Rechtszuge nur einmal angesetzt werden und es kommen die näheren Bestimmungen des Art. 21 auch hier analog zur Anwendung.

Für den schriftlichen Antrag im Falle der Verzögerung der Rückgabe mitgetheilter Urkunden (Art. 174 der Prozessordnung), sowie für den Einspruch gegen die hierauf ergangene Entscheidung beträgt die Gebühr 30 kr.

Art. 24. Für motivirte Anträge können berechnet werden:

1) für einen in die Hauptsache eingehenden motivirten Antrag des Beklagten dieselben Ansätze, wie für eine Klage in der Hauptsache, ohne dass jedoch für eine etwaige Widerklage eine besondere Gebühr stattfindet;
2) für einen in die Hauptsache eingehenden motivirten Antrag des Klägers einschlüssig der Beantwortung einer etwaigen Widerklage die unter Ziffer 1 bezeichnete Gebühr;
3) für motivirte Anträge, welche in die Hauptsache nicht eingehen, sondern nur einen Vor- oder Zwischenstreit von prozessualer Natur, eine prozesshindernde Einrede, die Verwerfung von Zeugen, Ablehnung von

Sachverständigen oder ähnliche Fragen behandeln, ohne Rücksicht auf die Klasse und die Parteistellung 3 fl., dann für die in Art. 282 und 283 der Prozessordnung vorgesehenen Anträge 1 fl. 30 kr.

Ausser der in Abs. 1 angegebenen Gebühr kann für die Reinschrift des Originals eines motivirten Antrags die in Art. 9 Abs. 1 und 2 bestimmte Abschreibgebühr angesetzt werden.

Für nachträgliche Aenderungen oder Zusätze, die etwaige nachträgliche Aufstellung von Beweissätzen und dergleichen wird eine weitere Gebühr nicht bewilligt.

Hinsichtlich der vorbezeichneten Gebühren werden die Anwälte der Gewährschaftsbeklagten und sonstiger in den Rechtsstreit beigeladenen Personen den Anwälten der Hauptbeklagten, jene der Intervenienten den Anwälten der Kläger gleich geachtet.

Werden nach Beendigung einer Beweisaufnahme oder über Streitigkeiten, die sich in einem Vollstreckungs- oder Gantverfahren ergeben haben, oder in ähnlichen Fällen motivirte Anträge gewechselt oder bei Gericht hinterlegt, so sind den betreffenden Anwälten ohne Rücksicht auf die Parteistellung ihrer Clienten hiefür, je nachdem die Anträge in die Hauptsache eingehen oder nicht, die in Ziffer 1 oder in Ziffer 3 des Abs. 1 angegebenen Gebühren zu bewilligen.

Art. 25. Die in Art. 24 für die motivirten Anträge bestimmten Gebühren dürfen im Allgemeinen nicht blos für die der Gegenpartei zugestellten, sondern auch für die ohne vorherige Zustellung bei Gericht hinterlegten motivirten Anträge angesetzt werden.

Ist jedoch in einem Falle, wo die Zustellung eines motivirten Antrages gesetzlich vorgeschrieben ist, diese Zustellung unterlassen worden, so darf für den bei Gericht hinterlegten Antrag keinerlei Gebühr angesetzt werden.

Für die bei Gericht hinterlegten Abschriften von vorher zugestellten motivirten Anträgen werden die in Art. 9 Abs. 1 und 2 bestimmten Abschreibgebühren bewilligt.

Für die bei Gericht hinterlegten oder der Gegenpartei mitgetheilten nicht motivirten Anträge dürfen keinerlei Gebühren angesetzt werden.

Art. 26. Für die Hinterlegung der Anträge in der Sitzung beträgt die Gebühr 1 fl.

Findet jedoch die Verhandlung in der nämlichen Sitzung statt, so darf für die Hinterlegung des Antrags eine besondere Gebühr nicht angesetzt werden.

Wird nach Hinterlegung der Anträge die Erlassung eines Verbindungsurtheiles beantragt, so wird für die Stellung dieses Antrages und den darauf bezüglichen Vortrag noch eine weitere Gebühr von 1 fl. bewilligt.

Art. 27. Die Gebühr für die mündliche Rechtsvertheidigung, gleichviel ob diese durch den aufgestellten Anwalt oder durch einen andern Advokaten geführt wird, beträgt:

1) wenn die Verhandlung die Hauptsache betrifft:
   a) im kondradiktorischen Verfahren
      bis zur dritten Klasse einschlüssig 4 fl. —
      in der vierten Klasse . . . 6 fl. —
      in der fünften Klasse . . . 8 fl. —
      in der sechsten Klasse . . . 10 fl. —
   und bei Sachen dieser Klasse im Wertbsbetrage von über 3000 fl. für je neu beginnende 3000 fl. einen Gulden mehr, im Ganzen jedoch nicht über 20 fl.;
   b) in Versäumungsfällen die Hälfte der vorstehenden Gebühren;
2) wenn die Verhandlung nur einen das Verfahren betreffenden Präjudizialpunkt, eine prozesshindernde Einrede, einen im Laufe des Prozesses entstandenen das Verfahren betreffenden Zwischenpunkt, die Frage der Verwerfung von Zeugen, Ablehnung von Sachverständigen oder eine ähnliche Frage zum Gegenstande hat, ohne Rücksicht auf die Klasse im kontradiktorischen Verfahren 4 fl., in Versäumungsfällen die Hälfte;
3) nach Wiederaufnahme der Verhandlung (Art. 274 der Prozessordnung), sowie in den Fällen der Art. 174, 282 und 283 der Prozessordnung im kontradiktorischen Verfahren 2 fl. in Versäumungsfällen 1 fl.

Nimmt die Verhandlung einer Sache mehrere Sitzungen in Anspruch, so wird die Gebühr für jede Sitzung bewilligt. Ist die Sitzung jedoch nur unterbrochen und am nämlichen Tage fortgesetzt worden, so ist diess als eine weitere Sitzung nicht zu betrachten.

Art. 28. Der aufgestellte Anwalt, der die mündliche Rechtsvertheidigung nicht selbst führt, hat für jede Stunde der Anwesenheit bei der Verhandlung 1 fl. anzusprechen.

Art. 29. Für Vertagung einer zur Verhandlung fixirten Sache in der dazu anberaumten Sitzung wird den Anwälten, welche in dieser Sitzung anwesend und in die Verhandlung einzutreten bereit sind oder die Vertagung nicht aus einem in ihrer Person liegenden Grund beantragen, eine Gebühr von 1 fl. bewilligt.

Für sonstige Vertagungen darf eine Gebühr nicht angesetzt werden.

Art. 30. Ist die Urtheilsverkündung in eine spätere Sitzung verwiesen worden, so können die zur Verkündigung erschienenen Anwälte hiefür eine Gebühr von 1 fl. ansetzen.

Art. 31. Die Gebühr für die Darstellung des Sachverhaltes beträgt ohne Rücksicht auf die Klasse im kontradiktorischen Verfahren 2 fl., in Versäumungsfällen die Hälfte.

Für das dem Gerichtsvollzieher erklärte Verlangen einer Abänderung wird eine Gebühr nicht bewilligt.

Für die Verhandlung vor dem Vorsitzenden im Falle dass eine Abänderung verlangt worden ist, beträgt die Gebühr 1 fl.

Derjenige Anwalt, welcher die Abänderung verlangt hat, kann jedoch die letztere Gebühr nur dann ansetzen, wenn seinem Verlangen entsprochen worden ist.

Art. 32. Eine Gebühr von 2 fl. wird bewilligt für:

1) das Verzeichniss der vorzuführenden Zeugen (Art. 412 der Prozess-Ordn.);
2) eine Nebenintervention;
3) ein Gesuch um Wiedereinsetzung in den vorigen Stand;
4) den Antrag auf Erlassung der in Art. 658 der Prozessordnung bezeichneten Aufforderung;
5) schriftliche Eingaben nach Art. 421 der Prozessordnung;
6) Gesuche um Beweisaufnahme zum ewigen Gedächtniss;
7) Ablehnung eines Sachverständigen (Art. 439 der Prozessordnung);
8) eine Erklärung nach Art. 127 Absatz 3 der Prozessordnung, sowie die Antwort darauf;
9) eine Streitverkündung ohne Gewährschaftsklage.

Art. 33. Für Vertretung oder Verbeistandung einer Partei bei einer Beweisaufnahme oder Vergleichsverhandlung in der Sitzung oder vor einem beauftragten Richter, bei einer nach Art. 155 Absatz 2 der Prozessordnung stattfindenden Vernehmung einer Partei am Wohnorte derselben und in ähnlichen Fällen beträgt die Gebühr für jede Stunde einen Gulden.

Im Falle der Vernehmung einer Partei oder einer in den Rechtsstreit beigeladenen Person in der Sitzung, sowie für die bei einer der in Absatz 1 erwähnten Verhandlungen etwa gestellten Anträge z. B. auf Verwerfung eines Zeugen, findet keine besondere Gebühr statt.

Wurde nach einer Beweisaufnahme oder Vergleichsverhandlung, welche in der Sitzung stattgefunden hat, unmittelbar über die Hauptsache verhandelt, so wird die in Absatz 1 bestimmte Gebühr nur dann, wenn die Beweisaufnahme oder Vergleichsverhandlung über zwei Stunden gedauert hat, und nur für die Dauer von zwei Stunden übersteigende Zeit bewilligt.

Ist bei der in Abs. 1 bezeichneten Sitzung oder Tagfahrt ein Vergleich zu Stande gekommen, so kann an Stelle der dort bestimmten Gebühr der Ansatz für eine mündliche Rechtsvertheidignng in der Hauptsache gemacht werden.

Art. 34. Eine Gebühr von dreissig Kreuzern wird bewilligt für:

1) ein mündliches oder schriftliches Ersuchen an den Gerichts- oder Senatsvorstand um Anberaumung einer Sitzung zur sofortigen Verhandlung bei Gefahr auf Verzug;
2) die Anzeige an die Gegenpartei über die erfolgte Bestellung als Anwalt;
3) die Mittheilung an den Gegenanwalt über eine vorgenommene Streitverkündung oder erhobene Gewährschaftsklage;

4) die schriftliche oder mündliche Anmeldung einer Sache für die Sitzung;
5) desgleichen zur Wochentabelle nach Erledigung eines Präjudizial- oder Zwischenpunktes, einer Beweisaufnahme, Erhebung eines Einspruches oder in ähnlichen Fällen;
6) die Aufforderung an den Gegenanwalt zum Erscheinen in der Sitzung;
7) den Schriftsatz, durch welchen dem Gegenanwalt nach Hinterlegung der Anträge eine Abänderung des früheren Gesuches oder die Vorbringung neuer Thatsachen mitgetheilt wird (Artikel 245 der Prozessordnung);
8) ein Gesuch um Festsetzung einer Tagfahrt für die Beweisaufnahme;
9) ein Gesuch um Ertheilung der Ermächtigung zur Vernehmlassung eines öffentlichen Beamten;
10) ein schriftliches Gesuch um Ernennung eines andern Sachverständigen (Art. 442 der Prozessordnung);
11) eine Anzeige nach Art. 491 der Prozessordnung;
12) eine Wiederaufnahme des Verfahrens (Art. 494 Ziffer 2 der Proz-.Ordn);
13) die Benennung des rechten Besitzers sowie die Antwort darauf;
14) die Aufforderung zur Einreichung des Kostenverzeichnisses nach Art. 113 Abs. 2 der Prozessordnung;
15) die schriftliche Erklärung des Abstandes vom Prozesse, desgleichen bezüglich der Annahme (Art. 497 Abs. 1 und 3 der Prozessordnung);
16) alle sonstigen in der gegenwärtigen Verordnung nicht besonders erwähnten der Gegenpartei zugestellten oder bei einem Gerichte, Gerichts- oder Senatsvorstande oder beauftragten Richter eingereichten Anwaltsakte.

Im anderen als den in Ziffer 1 bezeichneten Fällen darf für das Ersuchen an einen Gerichts- oder Senatsvorstand um Anberaumung einer Sitzung eine Gebühr nicht angesetzt werden.

Art. 35. Für die nach Artikel 113 oder 118 Absatz 2 und 3 der Prozessordnung aufgestellten Kostenverzeichnisse beträgt die Gebühr für die Seite fünfzehn Kreuzer.

Für den Antrag auf Feststellung und Erlassung eines Vollstreckungsbeschlusses wird eine weitere Gebühr nicht bewilligt.

Die Gebühr für den Einspruch gegen die Kostenfestsetzung beträgt dreissig Kreuzer und jene für die Verhandlung hierüber einen Gulden.

Für andere als die in Absatz 1 bezeichneten Kostenverzeichnisse darf eine Gebühr nicht angesetzt werden.

Dritte Abtheilung.

Verfahren vor den Handelsgerichten.

Art. 36. In den bei einem Handelsgerichte anhängigen Rechtsstreitigkeiten wird dem als Gewalthaber oder Beistand aufgestellten Advokaten ausser den in der ersten Abtheilung bestimmten und vorkommenden Falles auch bei den an den Handelsgerichten anhängigen Rechtsstreiten Platz greifenden Gebühren für Arrha und für die mündliche Verhandlung dieselbe Gebühr wie in dem Verfahren bei den Bezirksgerichten als Civilgerichten erster Instanz bewilligt.

Für Vertretung oder Verbeistandung einer Partei bei einer Beweisaufnahme oder Vergleichsverhandlung in der Sitzung oder vor einem beauftragten Richter wird eine Gebühr von einem Gulden für jede Stunde bewilligt. Die Bestimmungen des Art. 33 Abs. 3 u. 4 kommen auch hier zur Anwendung.

Eine Gebühr von je 2 Gulden wird bewilligt für ein Gesuch um Beweisaufnahme zum ewigen Gedächtniss, für eine schriftliche Eingabe nach Art. 421 der Prozessordnung und für ein Gesuch um Ernennung von Sachverständigen in den in Art. 538 der Proz.-O. angegebenen Fällen.

Art. 37. Andere als die in Art. 36 bezeichneten Gebühren werden in dem Verfahren vor den Handelsgerichten nicht bewilligt.

Vierte Abtheilung.

Verfahren vor den Einzelngerichten.

Art. 38. In den bei einem Einzelngerichte anhängigen Rechtsstreitigkeiten wird dem als Gewalthaber oder Beistand aufgestellten Advokaten ausser den in der ersten Abtheilung bestimmten und vorkommenden Falles auch hier Platz greifenden Gebühren:

1) für Arrha in der I. Klasse 1 fl. 30 kr.,
in den folgenden Klassen 3 fl. —

2) für jede mündliche Verhandlung in der I. Klasse 2 fl. —
in den folgenden Klassen . . . . . 4 fl. —

3) für die Anwohnung bei Beweiserhebungen oder Vergleichsverhandlungen für jede Stunde ein Gulden bewilligt.

Der Ansatz für Arrha wird auf die Hälfte, jedoch nicht unter 1 fl. ermässigt, wenn die Sache nicht zur kontradiktorischen oder gerichtlichen Vergleichs-Verhandlung gelangt.

Für Verhandlungen, welche nicht die Hauptsache betreffen, ist nur die halbe Gebühr zulässig.

In Versäumungsfällen ist für die mündliche Verhandlung die Hälfte der sonst zulässigen Taxe, jedoch nicht unter einem Gulden anzusetzen.

Die Bestimmungen der Artikel 21 und 33 Absatz 3 und 4 finden auch hier entsprechende Anwendung.

Art. 39. Eine Gebühr von 1 Gulden wird bewilligt:

1) für ein Gesuch um Erlassung eines bedingten Zahlungsbefehles (Art. 554 der Prozessordnung);

2) für eine Protestation gegen einen Zahlungsbefehl (Art. 558 der Prozess ordnung);

3) für ein Gesuch um Erlassung eines Vollstreckungsbeschlusses (Art. 561 der Prozessordnung).

Fünfte Abtheilung.

Verfahren im Falle der Einlegung von Rechtsmitteln.

Erster Abschnitt.

Verfahren vor den Appellations- und Handels-Appellationsgerichten.

Art. 40. So weit im gegenwärtigen Abschnitte nicht anders bestimmt ist, haben die Advokaten im Verfahren vor den Appellations- und Handelsappellationsgerichten dieselben Gebühren wie im Verfahren bei den Bezirksgerichten als Civilgerichten erster Instanz anzusprechen.

Art. 41. Die Arrha darf, wenn der Advokat die Partei auch im ersten Rechtszuge zu vertreten oder verbeistanden hat, nur zur Hälfte angerechnet werden.

Art. 42. Die Gebühr für motivirte Anträge beträgt sowohl für den Anwalt des Appellanten als für jenen des Appellaten:

bis zur dritten Klasse einschlüssig 4 fl. —
in der vierten Klasse . . . . . 6 fl. —
in der fünften Klasse . . . . 8 fl. —
in der sechsten Klasse . . . . 10 fl. —

und bei Sachen dieser Klasse im Werthsbetrage von über 3000 fl. für je neu beginnende 3000 fl. 1 fl. mehr, im Ganzen jedoch nicht über 20 fl.;

wenn es sich aber nur um einen prozessualen Vor- oder Zwischenpunkt handelt, die Hälfte dieser Sätze.

Die Bestimmungen des Artikel 24 Absatz 2 und 3 und des Artikel 25 kommen auch hier zur Anwendung.

Eine besondere Gebühr findet weder für die Anschliessung noch für die Beantwortung der Anschliessung statt, wenn solche mit einem andern in der Sache zugestellten oder hinterlegten motivirten Antrag verbunden ist oder verbunden werden konnte. In anderen Fällen ist für die Anschliessung, desgleichen für die Beantwortung der Anschliessung nur die Hälfte derjenigen Gebühr statthaft, welche in der betreffenden Sache für einen motivirten Antrag angesetzt werden darf.

Art. 43. Die Gebühren für Hinterlegung der Anträge und für den Antrag auf Erlassung eines Verbindungsurtheiles betragen je zwei Gulden und es finden hiebei die Bestimmungen des Artikel 26 gleichmässige Anwendung.

Art. 44. Die im Artikel 27 für die mündliche Rechtsvertheidigung festgesetzten Gebühren werden für das Verfahren bei den Appellations- und Handelsappellationsgerichten um die Hälfte erhöht.

Art. 45. Die Gebühr für Darstellung des Sachverhaltes beträgt in kontradiktorischen Sachen drei Gulden, in Versäumungsfällen die Hälfte hievon, jene für die Verhandlung vor dem Vorsitzenden, wenn eine Abänderung verlangt worden ist, einen Gulden und dreissig Kreuzer.

Die Bestimmungen des Art. 31 Abs. 2 u. 4 finden auch hier Anwendung.

Art. 46. In den in Artikel 34 bezeichneten Fällen beträgt die Gebühr einen Gulden.

Zweiter Abschnitt.

Verfahren vor den Bezirksgerichten als Berufungsgerichten.

Art. 47. Im Verfahren bei den Bezirksgerichten als Berufungsgerichten haben die Advokaten dieselben Gebühren wie in dem Verfahren bei den Bezirksgerichten als Civilgerichten erster Instanz mit folgenden Abweichungen anzusprechen:

1) Die Arrha beträgt in der ersten Klasse zwei, in der zweiten Klasse drei und in den folgenden Klassen vier Gulden, darf jedoch, wenn der Advokat die Partei auch im ersten Rechtszuge vertreten oder verbeistandet hat, nur zur Hälfte angerechnet werden.

2) Die Gebühr für motivirte Anträge beträgt sowohl für den Anwalt des Appellanten als den des Appellaten in der ersten Klasse zwei Gulden, in den folgenden Klassen drei Gulden, und wenn der Antrag nicht auf die Hauptsache eingeht, die Hälfte dieser Ansätze.

3) Die Gebühr für die mündliche Rechtsvertheidigung beträgt in der ersten Klasse zwei Gulden, in den folgenden Klassen vier Gulden und in Versäumungsfällen die Hälfte, in den in Artikel 27 Absatz 1 Ziffer 3 bezeichneten Fällen ohne Rücksicht darauf, ob das Verfahren kontradiktorisch ist oder nicht, einen Gulden.

Für die Reinschrift des Originals eines motivirten Antrags wird ausser der in Absatz 1 Ziffer 2 bestimmten Gebühr noch die in Artikel 9 Absatz 1 und 2 bestimmte Abschreibgebühr bewilligt.

Die Bestimmungen der Artikel 20, 21, 24 Absatz 3, 25, 27 Absatz 2 und 42 Absatz 3 finden auch hier Anwendung.

Dritter Abschnitt.

Beschwerde und Gegenvorstellung.

Art. 48. Die Gebühr für eine Beschwerde, einschliesslich der Mittheilung an die Gegenpartei, wo eine solche erforderlich ist, sowie der etwaigen nachträglichen Beibringung von Aufklärungen und Urkunden beträgt, gleichviel von welchem Gerichte die angefochtene Entscheidung erlassen wurde, und ohne Unterschied, ob sie schriftlich eingereicht oder zu Protokoll erklärt wird, drei Gulden.

Die Gebühr für eine Gegenvorstellung beträgt, wenn diese gegen eine einzelngerichtliche Entscheidung gerichtet ist, einen Gulden, ausserdem zwei Gulden. Die Protokollarabgabe steht auch hier der schriftlichen Einreichung gleich.

Wird eine Beschwerde oder Gegenvorstellung ausserhalb eines anhängigen Prozesses oder von einem Advokaten erhoben, welcher nicht im Prozesse als Anwalt, Gewalthaber oder Beistand der betreffenden Partei aufgestellt ist, so erhöht sich die in Absatz 1 und 2 bezeichnete Gebühr um die Hälfte.

Der Advokat der Gegenpartei hat, wenn dieser von der Anbringung der Beschwerde oder Gegenvorstellung Kenntniss gegeben oder ihr dieselbe zugestellt worden ist, für Einsichtnahme und Abgabe etwaiger Bemerkungen oder Erinnerungen die in Absatz 1 — 3 bezeichneten Gebühren anzusprechen.

Die Vorschrift des Art. 14 Abs. 2 findet in den im vorstehenden dritten Absatze bezeichneten Fällen auf Beschwerden und Gegenvorstellungen entsprechende Anwendung.

Weitere Gebühren finden bei Beschwerden und Gegenvorstellungen nicht statt. Insbesondere darf für Arrha nichts berechnet werden.

Vierter Abschnitt.
Wiederaufnahme des Verfahrens.

Das Verfahren nach Hauptstück XXIX der Prozessordnung ist hinsichtlich der Gebühren der Advokaten als ein neuer selbstständiger Prozess zu behandeln.

Erfolgt die Wiederaufnahme des Verfahrens in der Hauptsache nach vorgängiger gesonderter Verhandlung über die Zulässigkeit des Wiederaufnahmsverlangens, so darf der in beiden Sachen als Gewalthaber bestellte Advokat die Arrha nur einmal ansetzen.

Fünfter Abschnitt.
Nichtigkeitsbeschwerde.

Art. 50. Wenn im gegenwärtigen Abschnitte die Gebühren nach Klassen festgesetzt sind, so ist unter der ersten Klasse der Fall zu verstehen, dass die angefochtene Entscheidung von einem Einzelngericht, unter der zweiten Klasse der Fall, dass die Entscheidung von einem Bezirks- oder Handelsgerichte, unter der dritten Klasse der Fall, dass die Entscheidung von einem Appellations- oder Handelsappellationsgerichte erlassen wurde.

Art. 51. Die Arrha beträgt:

in der ersten Klasse	3 fl. —
in der zweiten Klasse	6 fl. —
in der dritten Klasse	9 fl. —

Eine Arrha darf nicht angesetzt werden, wenn der für die Nichtigkeitsbeschwerde bestellte Anwalt in der Sache schon früher, gleichviel ob bei dem obersten Gerichtshofe oder in einer frühern Instanz, als Anwalt, sonstiger Gewalthaber oder Beistand aufgestellt war.

Art. 52. Die Gebühr für die Beschwerdeschrift, desgleichen für die Antwort hierauf beträgt:

in der ersten Klasse	4 fl.
in der zweiten Klasse . . .	8 fl.
in der dritten Klasse	12 fl.

Für die durch einen besonderen Akt geschehene Anzeige von der Bestellung eines Anwaltes für die Nichtigkeitsbeklagten darf, wenn der bestellte Anwalt eine Antwort auf die Beschwerdeschrift zustellen lässt, eine besondere Gebühr nicht angesetzt werden, andernfalls beträgt die Gebühr hiefür 1 Gulden.

Ausser der im Absatz 1 angegebenen Gebühr kann für die Reinschrift des Originals der Beschwerdeschrift und der Antwort darauf die im Art. 9 Absatz 1 und 2 bestimmte Abschreibgebühr angesetzt werden.

Art. 53. Die Gebühr für die Hinterlegung der Akten auf der Gerichtsschreiberei beträgt 2 Gulden. Dieselbe Gebühr wird für die Benachrichtigung des Gegenanwaltes einschliesslich der nachträglichen Einreichung der Zustellungsurkunde bewilligt.

Art. 54. Die Gebühr für den Vortrag in der öffentlichen Sitzung beträgt, gleichviel ob für die Gegenpartei ein Anwalt aufgetreten ist oder nicht:

in der ersten Klasse	4 fl.
in der zweiten Klasse . . .	8 fl.
in der dritten Klasse	12 fl.

Die Bestimmung des Artikel 27 Absatz 2 findet auch hier Anwendung.

Art. 55. Ist die Urtheilsverkündung in eine spätere Sitzung verwiesen worden, so können die zur Verkündung erschienenen Anwälte hiefür eine Gebühr von einem Gulden ansetzen.

Auswärtige Advokaten dürfen, wenn sie die Urtheilsverkündung abwarten, für den hiedurch veranlassten längern Aufenthalt am Gerichtssitze nichts ansprechen.

Art. 56. So weit im gegenwärtigen Abschnitte besondere Bestimmungen nicht getroffen sind, greifen die für das Verfahren bei den Appellationsgerichten bestimmten Gebühren auch bei dem obersten Gerichtshofe Platz.

Art. 57. Vorstehende Bestimmungen kommen auch bei den in Artikel 810 der Prozessordnung behandelten Nichtigkeitsbeschwerden zur Anwendung.

Sechste Abtheilung.

Vollstreckungs- und Gantverfahren.

Erster Abschnitt.

Allgemeine Bestimmungen.

Art. 58. Bei den in einem Vollstreckungs- oder Gantverfahren vorkommenden Klagen und Streitigkeiten greifen die für das Verfahren bei den betreffenden Gerichten festgesetzten Gebühren Platz.

Gleiches gilt für die im Vollstreckungs- und Gantverfahren veranlassten Eingaben, Vorstellungen und dergleichen, so weit die gegenwärtige Abtheilung andere Bestimmungen nicht enthält.

Im Vollstreckungs- und Gantverfahren wird den Advokaten, welche das Verfahren gleichviel ob mittels Klage oder auf anderem Wege betreiben oder Betheiligte in einem solchen Verfahren vertreten oder verbeistanden, desgleichen bei Streitigkeiten, welche nur die Zulässigkeit, Art oder Giltigkeit des Verfahrens oder einzelner Akte, den Ort, die Zeit oder die Bedingungen der Versteigerung oder sonstige prozessuale Fragen betreffen, im ersten Rechtszuge eine Arrha nicht bewilligt. Bei Streitigkeiten, wo hiernach eine Arrha zu bewilligen ist, darf dieselbe im nämlichen Verfahren von dem nämlichen Advokaten nur einmal angesetzt werden, wenn sich in diesem Verfahren auch verschiedene Streitigkeiten ergeben oder der Advokat bei der betreffenden Streitigkeit mehrere Betheiligte vertritt. Ausserdem kommt die Bestimmung des Artikel 20 auch hier zur Anwendung.

Wo nach den vorstehenden Bestimmungen eine Arrha nicht Platz greift, findet im Vollstreckungs- und Gantverfahren die Vorschrift des Art. 14 Abs. 2 entsprechende Anwendung, wenn die für die Vornahme der betreffenden Handlung zu bewilligende Gebühr nicht unter einem Gulden betragen würde.

Art. 59. Im Vollstreckungs- und Gantverfahren sind alle Gebühren, gleichviel ob sie in der gegenwärtigen Abtheilung oder für das gerichtliche Verfahren überhaupt bestimmt sind, mit Ausnahme der in Artikel 8 und 9 festgesetzten Reiseentschädigung und Abschreibgebühr auf die Hälfte zu ermässigen, wenn der Anspruch, für welchen die Vollstreckung stattfindet beziehungsweise der Werth der Gantmasse den Betrag von 150 fl. nicht übersteigt. Doch darf die so geminderte Gebühr nicht unter 30 Kreuzer herabsinken und erleiden Gebühren in diesem oder einem niedrigeren Betrage keine Minderung.

Gleiches hat bei den in einem solchen Verfahren vorkommenden, nach den einschlägigen Bestimmungen der Prozessordnung zur Zuständigkeit der Bezirksgerichte gehörigen Klagen und Streitigkeiten bezüglich der für das Verfahren bei den Bezirksgerichten Platz greifenden Gebühren zu geschehen, wenn der Streitgegenstand den Betrag von 150 fl. nicht übersteigt.

Bei Anwendung der Bestimmungen der Absätze 1 und 2 sind die zur Zeit der Einleitung der Vollstreckung oder des Ganterkenntnisses bereits verfallenen Zinsen und angewachsenen Kosten, nicht aber die späteren Zinsen und Kosten in Rechnung zu bringen.

Art. 60. Die Gebühr für die in Artikel 829 der Prozessordnung bezeichnete Anmeldung, sowie jene für Erholung des in Artikel 828 bezeichneten Zeugnisses beträgt dreissig Kreuzer.

Art. 61. Ueberträgt eine zur Rechnungsstellung verurtheilte Partei die Stellung der Rechnung einem Advokaten, so wird die Gebühr, welche dafür zu entrichten ist, nach richterlichem Ermessen bestimmt.

Art. 62. Die Gebühr für Einsicht der nach Artikel 889 der Prozessordnung zugestellten Rechnung und der dazu gehörigen Belege einschlüssig der nach Artikel 890 abzugebenden Erklärung richtet sich im Anwaltsprozesse nach richterlichem Ermessen.

Gleiches gilt im Parteiprozesse von der Einsicht der Rechnung und Belege einschliesslich der Entwerfung der der Gegenpartei zugestellten Erklärung.

Art. 63. Sind Ansprüche zur nachträglichen Liquidation verwiesen worden, so ist die Gebühr für Aufstellung der betreffenden Posten einschliesslich der Mittheilung oder Hinterlegung der Belege im Anwaltsprozesse die gleiche wie für eine in die nämliche Klasse fallende Klage bei demselben Gerichte.

Im Parteiprozesse darf für die Aufstellung der betreffenden Posten einschliesslich der Mittheilung oder Hinterlegung der Belege die gleiche Gebühr wie für die mündliche Verhandlung in der Hauptsache angesetzt werden.

Für die Prüfung der Liquidation und ihrer Belege im Anwaltsprozesse einschliesslich des die etwaigen Einwendungen enthaltenden Antrages, gilt dieselbe Taxe wie für die Liquidation selbst.

Zweiter Abschnitt.

Pfändung von Fahrnissen und von Früchten auf der Wurzel.

Art. 64. Für mündliche oder schriftliche Anträge an den Einzelngerichten auf Erlassung einer der in den Hauptstücken XXXII. und XXXIII. der Prozessordnung erwähnten Verfügungen beträgt die Gebühr dreissig Kreuzer.

Art. 65. Für das gerichtliche Vertheilungsverfahren werden folgende Gebühren festgesetzt:

1) für ein Gesuch wegen Ernennung eines Commissärs einschliesslich der Veranlassung der Vorladung der Gläubiger und des Schuldners zur festgesetzten Tagfahrt ein Gulden;
2) für Anmeldung einer Forderung ein Gulden und zwar, wenn ein Advokat getrennte Forderungen für verschiedene Gläubiger obgleich in der nämlichen Tagfahrt anmeldet, für jede solche Anmeldung besonders;
3) für die Verhandlung über die angemeldeten Forderungen gleichfalls ein Gulden und zwar für jede getrennte Forderung eines andern Gläubigers besonders, jedoch beides nur in dem Falle, wenn die Verhandlung nicht an dem Tage der Anmeldung selbst gepflogen wird;
4) für ein Gesuch um Wiederaufnahme der geschlossenen Verhandlung ein Gulden;
5) für ein Gesuch um Anberaumung einer Tagfahrt zur Vertheilung nach gänzlicher oder theilweiser Erledigung der Streitpunkte dreissig Kreuzer.

Dritter Abschnitt.

Arrest auf Forderungen.

Art. 66. Die Gebühr für die im Namen des Drittschuldners abgegebene Erklärung über die mit Arrest belegte Forderung beträgt zwei Gulden; jene für die Mittheilung über eine weitere Arrestanlegung an den Anwalt des früheren Arrestklägers und ebenso für jene an den Gerichtsschreiber (Art. 982 der Prozessordnung) dreissig Kreuzer.

Eine Arrha darf in den Fällen des Absatz 1 nicht angesetzt werden.

Art. 67. Wird ein gerichtliches Vertheilungsverfahren nöthig, so greifen die im Artikel 65 bestimmten Gebühren Platz.

Art. 68. Die Gebühr für Erwirkung des im Artikel 996 der Prozessordnung angegebenen Vollstreckungsbeschlusses einschliesslich der Aufstellung des Kostenverzeichnisses beträgt dreissig Kreuzer.

Art. 69. Für Anmeldung einer der in Art. 997 der Prozessordnung bezeichneten bevorzugten Forderungen in der im Artikel 998 bestimmten Weise beträgt die Gebühr dreissig Kreuzer.

Die Gebühr für die von dem Drittschuldner nach Artikel 998 oder 999 der Prozessordnung zu machende Anzeige beträgt ebenfalls dreissig Kreuzer.

Vierter Abschnitt.

Einweisung in die Erträgnisse unbeweglicher Sachen.

Art. 70. Die Gebühr für die nach Artikel 1021 Absatz 3 der Prozessordnung zu bewirkende Hinterlegung beträgt dreissig Kreuzer.

Art. 71. Für die Anmeldung der im Artikel 1024 Ziffer 2 der Prozessordnung bezeichneten Forderungen in der im Artikel 1022 bestimmten Weise beträgt die Gebühr dreissig Kreuzer.

Art. 72. Für das Rechnungs- und Vertheilungsverfahren werden die Gebühren in folgender Weise festgesetzt:

1) für Vertretung oder Verbeistandung einer Partei bei der betreffenden Tagfahrt ein Gulden und dreissig Kreuzer und zwar falls der Anwalt für verschiedene Gläubiger mit getrennten Forderungen handelt, für jeden derselben dieser Betrag;
2) für ein Gesuch um nachträgliche Zulassung nach Artikel 1028 der Prozessordnung ein Gulden;
3) für das Ansuchen nach Artikel 1032 der Prozessordnung dreissig Kreuzer.

Art. 73. Für das im Namen des Schuldners nach Artikel 1036 der Prozessordnung gestellte Ansuchen beträgt die Gebühr dreissig Kreuzer.

Fünfter Abschnitt.

Subhastation.

Art. 74. Die Gebühren des Anwalts des betreibenden Theils werden soweit nicht frühere Bestimmungen der gegenwärtigen Verordnung Platz greifen, in nachstehender Weise festgesetzt:
1) für ein Gesuch an den Versteigerungsbeamten zur Festsetzung von Ort, Tag und Stunde der Versteigerung oder Wiederversteigerung ein Gulden;
2) für Erholung der nöthigen Hypothek- u. Steuerkataster-Auszüge, dann der sonstigen amtlichen Urhunden im Ganzen drei Gulden;
3) für Anfertigung des Anschlagszettels einschliesslich der Veranlassung seiner Zustellung und Anheftung fünf Gulden;
4) für Anfertigung der in ein oder mehrere öffentliche Blätter einzurückenden Bekanntmachung einschliesslich der Veranlassung der Einrückungen drei Gulden;
5) für die Bekanntmachung, dass die Versteigerung nicht oder nicht in der angekündigten Art stattfindet, desgleichen für die Ankündigung der Versteigerung nach Beseitigung der Hindernisse jedesmal ein Gulden;
6) für die Mittheilung an den Versteigerungsbeamten von der Erhebung oder Beendigung eines Incidentstreites jedesmal dreissig Kreuzer;
7) für jeden der nach Artikel 1081 Absatz 1 und 2 der Prozessordnung zuzustellenden Anwaltsakte dreissig Kreuzer;
8) für die Anzeige einer Wiederversteigerung einschliesslich der Bekanntmachungen und Zustellungen drei Gulden.

Art. 75. Im Vertheilungsverfahren greifen folgende Gebühren Platz:
1) für das Gesuch um Eröffnung des Vertheilungsverfahrens (Art. 1094 der Prozessordnung) zwei Gulden;
2) für Veranlassung der Aufforderungen an die Gläubiger zur Anmeldung ihrer Forderungen sowie an den etwaigen Verwalter zur Uebergabe seiner Rechnung im Ganzen zwei Gulden;
3) für mündliche oder schriftliche Anmeldung einer Forderung beziehungsweise der einem Gläubiger zustehenden Forderungen, zwei Gulden, und wenn die angemeldete Forderung der fünften oder sechsten Werthsklasse angehört, vier Gulden, wobei bestimmt wird, dass, falls Forderungen des nämlichen Gläubigers getrennt angemeldet werden, die Gebühr doch immer nur einmal angesetzt werden darf;
4) für Veranlassung der Mittheilungen, welche der betreibende Theil nach Artikel 1103, 1111 und 1112 der Prozessordnung durch Gerichtsvollzieherakte bewirken zu lassen hat, und zwar so oft eine solche Mittheilung zu erfolgen hat, ein Gulden;
5) für Einsicht des Vertheilungsplanes einschliesslich der Erklärung von Einwendungen drei Gulden;
6) für Mittheilung an den Gerichtsschreiber von einer erfolgten Anwaltsbestellung (Art. 1106 der Prozessordnung) dreissig Kreuzer;
7) für ein Gesuch um Zulassung zur nachträglichen Anmeldung oder Erhebung von Einwendungen (Art. 1112 der Prozessordnung) ein Gulden;
8) für Einsichtnahme und Erhebung von Einwendungen im Falle der Berichtigung des Vertheilungsplanes in Folge der Zulassung einer nachträglichen Anmeldung ein Gulden.

Die unter Ziffer 5 und 8 angegebenen Gebühren werden, wenn ein Advokat mehrere Gläubiger vertritt, für jeden Gläubiger besonders bewilligt.

Gläubiger, denen eine Forderung gemeinschaftlich zusteht, sowie Erben eines verstorbenen Gläubigers werden jedoch hiebei nur als ein einziger Gläubiger betrachtet.

Sechster Abschnitt.

Personalhaft.

Art. 76. Die Gebühr für ein Gesuch um freies Geleite beträgt einen Gulden.

Siebenter Abschnitt.

Gant.

Art. 77. Eine Gebühr von einem Gulden wird bewilligt für:

1) Gesuche um Einstellung einer Vollstreckung (Art. 1218 der Prozessordnung);
2) Anbringung eines Gesuchs um Aufhebung der Haft (Art. 1231):
3) Gesuche um Auslieferung von Gegenständen wegen eines Absonderungsrechts;

Für sonstige an den Commissär gerichtete schriftliche Gesuche, Anträge oder Beschwerden darf eine Gebühr von 30 kr. angesetzt werden.

Art. 78. Die Gebühr für mündliche oder schriftliche Anmeldung einer Forderung (Art. 1257 der Prozessordnung) einschliesslich der Einsicht der Akten des Gantverfahrens (Art. 1258) beträgt zwei Gulden, und wenn die angemeldete Forderung der fünften oder sechsten Werthsklasse angehört, vier Gulden. Die Bestimmungen des Artikel 75 Ziffer 3 und Absatz 2 finden bei den vorbezeichneten Anmeldungen gleichmässige Anwendung.

Art. 79. Die Gebühr für ein Gesuch um Zulassung zur nachträglichen Anmeldung oder Anfechtung eines Anspruches einschliesslich der Veranlassung der Mittheilung an die Betheiligten (Artikel 1270 der Prozessordnung) beträgt einen Gulden.

Art. 80. Für die in Artikel 1272 der Prozessordnung vorgeschriebene Hinterlegung eines motivirten Antrags und etwaiger Beweisurkunden auf der Gerichtsschreiberei wird eine Gebühr von einem Gulden bewilligt.

Art. 81. Für Einsichtnahme von dem Vertheilungsplane und etwaiger Abgabe von Erinnerungen beträgt die Gebühr drei Gulden.

Art. 82. Für Vertretung oder Verbeistandung eines Betheiligten bei Gläubigerversammlungen und sonstigen Verhandlungstagfahrten wie bei der Verhandlung vor dem Kommissär beträgt die Gebühr zwei Gulden.

Diese Gebühr darf, wenn der Advokat mehrere Personen, welche nicht zusammen eine Partei bilden, vertritt, für jede Person besonders angerechnet werden.

Siebente Abtheilung.

Schiedsgerichte.

Art. 83. Für Vertretung oder Verbeistandung bei schiedsgerichtlichen Verhandlungen sind dieselben Gebühren zulässig, wie sie für das Verfahren vor den Handelsgerichten bestimmt sind.

Für Vertretung oder Verbeistandung bei einer durch ein Einzelngericht vorzunehmenden Beweisaufnahme (Artikel 1333 der Prozessordnung) beträgt die Gebühr für jede Stunde einen Gulden,

für Hinterlegung des schiedsgerichtlichen Urtheils sammt Akten auf der Gerichtsschreiberei (Artikel 1337) dreissig Kreuzer.

Achte Abtheilung.

Einige besondere Bestimmungen für die Pfalz.

Art. 84. In den bei den pfälzischen Gerichten im ersten Rechtszuge zu verhandelnden Ehescheidungsprozessen werden für die nachbezeichneten Fälle folgende besondere Gebühren festgesetzt:

1) für Vertretung oder Verbeistandung einer Partei bei der nach Artikel 242—244 des Civilgesetzbuchs stattfindenden Verhandlung drei Gulden;

2) desgleichen bei der nach Artikel 246—250 des Civilgesetzbuchs stattfindenden Verhandlung einschliesslich der hiebei vorkommenden An- und Vorträge sechs Gulden;

3) für Vertretung oder Verbeistandung bei der Vernehmung der Zeugen für jede Stunde ein Gulden;

4) desgleichen bei der Schlussverhandlung einschliesslich der hiebei vorkommenden An- und Vorträge sechs Gulden.

Für die Veranlassung der vorgeschriebenen Zustellungen sowie für die bei einer Verhandlung gestellten Anträge auf Erlassung von Vorsichtsverfügungen können besondere Gebühren nicht angesetzt werden.

Für das Gesuch um Zulassung der Ehescheidung wegen Verurtheilung eines der Ehegatten zu einer Verbrechensstrafe (Artikel 261 code civil) beträgt die Gebühr drei Gulden.

Art. 85. Die Gebühr für die von Seite des Ehegatten, welcher eine Klage auf Trennung von Tisch und Bett erheben will, bei dem Vorstande des Bezirksgerichts nach Artikel 875 des Code de procédure civile einzureichende Vorstellung beträgt sechs Gulden.

Art. 86. In Beziehung auf Gütertrennungsklagen werden folgende besondere Gebühren festgesetzt:

1) für die nach Artikel 865 des Code de procédure civile an den Vorstand des Bezirksgerichts zu richtende Vorstellung drei Gulden;

2) für den Auszug aus der Klage zum Zwecke der Bekanntmachung und die Veranlassung der vorgeschriebenen Anheftungen und Einrückungen zusammen drei Gulden.

Art. 87. Für den Auszug aus einem Urtheile, welches die Gütertrennung oder die Trennung von Tisch und Bett ausspricht, sammt der Veranlassung der vorgeschriebenen Veröffentlichung beträgt die Gebühr drei Gulden.

Art. 88. Für die Namens einer Ehefrau oder eines Erben auf der Gerichtsschreiberei abgegebene Erklärung, dass sie auf die Gütergemeinschaft beziehungsweise den Nachlass verzichten oder letztern nur unter der Rechtswohlthat des Inventars annehmen, desgleichen für die Verbeistandung der genannten Personen bei Abgabe einer solchen Erklärung beträgt die Gebühr einen Gulden.

Art. 89. Die Gebühr für ein Gesuch um Ernennung eines Curators zur Verwaltung des Vermögens eines Abwesenden beträgt zwei Gulden;

für ein Gesuch um Bezeichnung eines Notars zur Vertretung des Abwesenden bei Inventaren, Rechnungen, Theilungen und Liquidationen einen Gulden.

Für ein Gesuch um Anordnung eines Zeugenverhörs zur Constatirung der Abwesenheit,

desgleichen für ein Gesuch um Einweisung in den Besitz des Vermögens des Abwesenden beträgt die Gebühr drei Gulden.

Art. 90. Die Gebühr für ein Gesuch um Ermächtigung zur Vornahme einer gerichtlichen Theilung oder um Bestätigung einer solchen beträgt drei Gulden, jene um Bestätigung eines Familienrathsbeschlusses einen Gulden.

Art. 91. Bezüglich derjenigen Klagen, welche bezwecken, dass eine Person interdicirt oder dass derselben ein gerichtlicher Beistand ernannt werde, werden folgende besondere Gebühren festgesetzt:

1) für die nach Artikel 890 des Code de procedure civile zu machende Eingabe sechs Gulden;

2) für Beiwohnung bei dem Interrogatorium und den etwaigen Beweisaufnahmen für jede Stunde einen Gulden;

3) für die Anfertigung und Veröffentlichung eines Auszugs aus dem Urtheile, durch welches die Interdiktion ausgesprochen oder ein gerichtlicher Beistand ernannt wird, drei Gulden.

Art. 92. Die Gebühr für das Gesuch um Erlassung der in Artikel 93 des Einführungsgesetzes zur Prozessordnung erwähnten Ediktalladung beträgt drei Gulden,

jene für das Gesuch um Einweisung in den Besitz, falls diese nach dem angeführten Artikel 93 Absatz 2 ohne weitere Verhandlung in geheimer Sitzung zu erfolgen hat, zwei Gulden.

Art. 93. Die Gebühr für das Gesuch um Ertheilung der gerichtlichen Ermächtigung, von welcher in Artikel 796 des Code civil und Artikel 986 des Code de procédure civil die Rede ist, beträgt, gleichviel ob es an den Vorstand des Bezirks- oder an jenen des Einzelngerichts gerichtet wird, einen Gulden;

jene des Gesuchs um Anordnung der Abschätzung der zu einer Benefiziarmasse gehörigen Immobilien zum Zwecke der Veräusserung derselben zwei Gulden und

jene des Gesuchs um Bestätigung des Experteuberichts einen Gulden.

Art. 94. Für das Purgationsverfahren werden folgende Gebühren festgesetzt, für:

1) Anfertigung des in Artikel 2183 des Code civil bezeichneten Schriftstückes einschliesslich der Veranlassung der Zustellung und zwar für die in Ziffer 1 und 2 erwähnten Auszüge sechs Gulden und für jede in die in Ziffer 3 bezeichnete Tabelle aufzunehmende Hypothekareinschreibung dreissig Kreuzer,

2) Hinterlegung einer Abschrift des Erwerbstitels auf der Gerichtsschreiberei nach Artikel 2194 des Code civil einschliesslich der Veranlassung der erforderlichen Zustellungen drei Gulden,

3) Veranlassung der in dem Staatsrathsgutachten vom 9. Mai 1807 für den dort vorgesehenen Fall vorgeschriebenen Bekanntmachungen zwei Gulden.

4) Erholung der nöthigen Hypothekenauszüge zwei Gulden.

Bei der Wiederversteigerung greifen die für das Subhastationsverfahren festgesetzten Gebühren Platz.

Art. 95. In dem in Artikel 111 des Einführungsgesetzes zur Prozessordnung angeführten Fall beträgt die Gebühr für Erwirkung der Erlaubniss zur Vorladung einen Gulden und jene für die Vertretung oder Verbeistandung einer Partei bei der betreffenden Verhandlung für jede Stunde einen Gulden.

Art. 96. Bei possessorischen Klagen richten sich die Gebühren nach der zweiten Klasse. Die Gebühr für die mündliche Rechtsvertheidigung im zweiten Rechtszuge wird jedoch auf sechs Gulden festgesetzt.

Art. 97. Soweit die gegenwärtige Abtheilung nichts besonders bestimmt, sind die nach den sonstigen Bestimmungen der gegenwärtigen Verordnung sich ergebenden Gebühren in Ansatz zu bringen.

Insbesondere finden auf die in der gegenwärtigen Abtheilung nicht besonders erwähnten Gesuche und Vorstellungen (requètes) die Bestimmungen des Artikel 14 Anwendung. Die Ehescheidungsklage (Art. 236 c. civ.) ist als Klagschrift zu behandeln.

Neunte Abtheilung.

A.

Gehühren der Rechtspraktikanten.

Art. 98. Wurde eine mündliche Rechtsvertheidigung unter dem Beistande des aufgestellten Anwalts von einem geprüften Rechtspraktikanten geführt, so ist hierauf bei Feststellung der Kosten keine Rücksicht zu nehmen, die Sache vielmehr so zu behandeln, als wenn der aufgestellte Anwalt die mündliche Rechtsvertheidigung selbst geführt hätte.

Art. 99. Das den Advokaten durch Artikel 8 Absatz 1 bewilligte Taggeld wird bezüglich der Rechtspracktikanten auf 2 fl. 30 kr. für den halben und auf 5 fl. für den ganzen Tag ermässigt; die Gebühr für das Uebernachten kommt jedoch den letzteren im gleichen Betrage wie den Advokaten zu.

Im Uebrigen werden den Rechtspraktikanten als Bevollmächtigten oder Beiständen bei Handels- oder Einzelngerichten dieselben Gebühren bewilligt, wie sie in der gegenwärtigen Verorduung für die Advokaten festgesetzt sind.

Art. 100. Gegenwärtige Verordnung tritt im Umfange des ganzen Königreiches mit dem 1. Oktober 1873 in Wirksamkeit.

Sie findet auf Handlungen, welche vor dem bezeichneten Tage vorgenommen sind, keine Anwendung.

Die Bestimmungen der gegenwärtigen Verordnung über die Arrha finden auch auf alle vor dem bezeichneten Tage anhängig gewordenen in dem betreffenden Rechtszuge noch nicht erledigten Rechtssachen Anwendung.

Mit dem 1. Oktober 1873 treten alle bezüglich der Gebühren der Advokaten und Rechtspraktikanten in bürgerlichen Rechtsstreitigkeiten dermal noch geltenden Bestimmungen, insbesondere die Verordnung vom 21. Juni 1870, die Gebühren der Advokaten und Rechtspraktikanten in bürgerlichen Rechtsstreitigkeiten betr., letztere jedoch vorbehaltlich der darin enthaltenen Uebergangsbestimmungen und der in Absatz 2 des gegenwärtigen Artikels getroffenen Vorschrift, ausser Kraft.

Schloss Berg, den 22. August 1873.

B.

Die aufrecht erhaltenen Gebühren der Advokaten-Gebührenordnung vom 15. Dez. 1852 für die im alten Verfahren noch fortzuführenden Rechtsstreitigkeiten sind in den vorjährigen Terminkalendern Beilage X abgedruckt.

C.

Gebühren in Sachen der nichtstreitigen Rechtspflege.

(V. v. 15. Dezember 1852.)

	Von fl.	kr.	bis fl.	kr.
1. Für Entwerfung eines Vertrages	2	—	10	—
2. Für protokollarische Handlungen gelten die Ansätze unter Ziffer I. 17 und 18.				
3. Für eine Vorstellung	1	—	4	—
4. Für eine Beschwerdeschrift	1	—	6	—
5. Für Liquidationen und andere Anträge in Verlassenschafts- und Vormundschaftssachen, sowie für Erklärungen hierauf gelten die Ansätze wie bei Schuldenwesen und Konkursen.				
6. Aussergerichtliche Arbeiten, welche der Advokat als Testamentar, Rechnungsführer, Familienkonsulent übernimmt, sind dieser Gebührenordnung nicht unterworfen.				

D.

Gebühren in Strafsachen.

1. Für die Vertheidigung in öffentlicher Sitzung kommen statt der oben unter Ziffer I. 17 angeführten Tagfahrtsgebühren in Ansatz:

	Von fl.	kr.	bis fl.	kr.
I. Vor dem Schwurgerichtshofe:				
a) Für einen halben Tag .	5	—	10	—
b) Für einen ganzen Tag .	10	—	20	—

Beilage XI.

Gebühren

der

Parteien, Zeugen und Sachverständigen

in Civil- und Strafsachen.

A. Vorschriften.

1. Zur Zeit (Juli 1870) sind massgebend a) für bürgerliche Rechtsstreitigkeiten die a. Verordnung v. 13. Juni 1870 (JMBl. S. 202); b) für das Strafverfahren die a. Verordnung v. 5. Januar 1862 (G.-Bl. 1862 S. 17.)

2. Die Gebühren sind
   a) Entschädigungen für die Reisekosten;
   b) Entschädigungen für Zeitversäumniss und Verpflegungsauslagen (Taggebühren);
   c) Entschädigungen für Uebernachten insbesondere;
   d) Honorare oder Taggebühren der Sachverständigen.

3. Bezüglich der Reisekosten ist es im Allgemeinen gleich, ob sich der Reisende eines Fuhrwerkes bediente oder nicht, und nur so weit als eine Eisenbahn benützt werden kann, findet eine geringere Entschädigung statt.

4. Die Reisekostenentschädigung ist ausgeschlossen, wenn die Ortsentfernung im Civilverfahren nicht mehr als eine halbe geogr. Stunde und im Strafverfahren für Zeugen nicht mehr als 2 geogr. Stunden beträgt.

5. Diese Reisekostenentschädigung beträgt für jede geographische Stunde (3704 Meter) der gesammten Weglänge der Hin- und Rückreise
   a) in Civilsachen für Zeugen, Sachverdändige und Parteien ohne Unterschied des Alters und Geschlechts ohne Eisenbahn 12 kr., mit Eisenbahn 6 kr.,
   b) in Strafsachen für Zeugen und einfache Schätzleute ohne Eisenbahn 9 kr., mit Eisenbahn 6 kr.; für Sachverständige ohne Eisenbahn 18 kr., mit Eisenbahn 12 kr.

6. Die Taggebühr umfasst die Zeitversäumniss und Verpflegung mit Ausschluss des Uebernachtens.

7. Die Taggebühr beträgt im Civilverfahren:
   a) für Zeugen
      aa) ausserhalb des Wohnortes ohne Unterschied des Geschlechts unter 15 Jahren: 36 kr.; von 15 Jahren an: 1 fl.;
      bb) am Wohnorte unter 15 Jahren nichts; von 15 Jahren an für Mannspersonen 48 kr.; für Frauenspersonen 36 kr.;

cc) wenn der ganze nothwendige Zeitaufwand an einem Tage nicht über 5 Stunden beträgt, nur die Hälfte der Sätze aa und bb.

b) für die Begleiter hilfsbedürftiger Zeugen dieselben Beträge wie für die erwachsenen Zeugen.

c) für Sachverständige ohne Unterschied wie für Zeugen.

d) für Parteien, wenn der Zeitaufwand über 5 Stunden beträgt, 36 kr., ausserdem nichts.

8. Die Taggebühr beträgt im Strafverfahren:

a) ausserhalb des Wohnortes:
aa) für einfache Schätzleute 48 kr.
bb) für Sachverständige 2 fl.
cc) für Sachverständige höherer Bildung bis 5 fl.
dd) für erwachsene Zeugen, männliche 48 kr., weibliche 36 kr.
ee) für Zeugen unter 15 Jahren 24 kr.
ff) für Begleiter hilfsbedürftiger Personen wie für Zeugen.

b) am Wohnorte:
aa) für einfache Schätzleite 36 kr.
bb) für alle andern Sachverständigen 1 fl.
cc) für erwachsene Zeugen, männliche 36 kr., weibliche 24 kr.
dd) für Kinder unter 15 Jahren nichts.

c) wenn der Zeitaufwand an einem Tage nicht über 5 Stunden beträgt, nur die Hälfte der Sätze a u. b.

9. Für jedes Uebernachten erhalten (als Nachtgebühr)

a) in bürgerlichen Rechtsstreitigkeiten Parteien, Zeugen und Sachverständige ohne Unterschied 1 fl.

b) im Strafverfahren:
aa) Sachverständige 1 fl.
bb) Zeugen u. einfache Schätzleute ohne Unterschied des Alters und Geschlechts 24 kr.

10. Das Honorar der Sachverständigen beträgt

a) in bürgerlichen Rechtsstreitigkeiten zwischen 1—50 fl., aus ganz besonderen Gründen bis 100 fl., bei Dolmetschern für jede Stunde der Vernehmung 1—2 fl., für jede Seite der Uebersetzung 2—4 fl., für eine Schriftenvergleichung 5 fl., für Zeichnungen, Schriften und Pläne 1 fl. — 10 fl. pr. Blatt; für einfache Schätzleute nichts; für Feldgeschworne nach ihrem Regulative;

b) im Strafverfahren ausser obiger Taggebühr nichts, wovon jedoch ausgenommen sind

aa) die Gebühren der Aerzte nach der Medizinaltaxordnung vom 28. Oktober 1866 (R.-Bl. S. 1833) und

bb) die auf 10—25 fl. festzusetzenden Gebühren für die Vornahme der mikroskopischen Untersuchungen gemäss Verordnung vom 14. Oktober 1868 (R.-Bl. S. 2187.)

c) in Hypothekensachen für gew. Schätzungen $^1/_3$ bis 3 Thaler (1—9 Mark). V. v. 8. Dez. 1873. JMbl. 1873 S. 225.

Bemerkung. Nachstehend folgt eine Tabelle zur Berechnung der Entschädigungen für die Reisekosten, bei deren Gebrauch Folgendes zu beachten ist.

In der ersten Spalte sind nicht die Stunden der Ortsentfernung, sondern des hin und her zurückzulegenden Gesammtweges, der in der Regel das Doppelte der Ortsentfernung ausmacht, enthalten. In jedem einzelnen Falle frägt es sich vor Allem, wie weit der Reisende die Eisenbahn benützen konnte. Konnte die Eisenbahn nicht benützt werden, so zählt man die geographischen Wegstunden der Hin- und Rückreise zusammen und die Gesammtzahl der Wegstunden, welche der doppelten Ortsentfernung gleichkommt, ist in der ersten Spalte aufzusuchen, und die auf gleicher Zeile mit dieser Spalte in den folgenden Spalten stehende Entschädigung hat der Reisende anzusprechen. Das Gleiche gilt auch, wenn auf die ganze Ortsentfernung die Eisenbahn benützt werden kann. Ist aber nur eine theilweise Eisenbahnbenützung möglich, so muss die Eisenbahnwegstrecke ermittelt und von der ganzen Ortsentfernung abgesondert berechnet werden.

Beträgt also z. B. die Ortsentfernung $6^3/_4$ Stunden und die einfache Bahnstrecke $3^1/_2$ Stunden, so ist die Eisenbahngebühr auf 7 Wegstunden und die übrige Reiseentschädigung auf 6 Wegstunden zu suchen und miteinander zu summiren, wogegen die überzählige halbe Stunde nicht vergütet wird.

B. Tabelle der Reise-Entschädigungen.

(Die Gebrauchsanweisung enthält obige Bemerkung. — Eine Tabelle für Taggebühren und Uebernachten erscheint mit Rücksicht auf die übersichtliche Zusammenstellung unter A. 6. 7. 8. und 9. oben entbehrlich.)

Zahl der Wegstunden	In bürgerlichen Rechtsstreitigkeiten.				Im Strafverfahren.							
	Für Parteien, Zeugen, Sachverständige und Begleiter ohne Unterschied.				Für Sachverständige.				Für Zeugen, Begleiter und einfache Schätzleute.			
	Ohne Eisenbahn		Mit Eisenbahn		Ohne Eisenbahn		Mit Eisenbahn		Ohne Eisenbahn		Mit Eisenbahn	
	fl.	kr.	fl.	kr.	fl.	kr.	fl.	kr.	fl.	kr.	fl.	kr.
1	—	12	—	6	—	18	—	12	—	(9	—	(6)
2	—	24	—	12	—	36	—	24	—	—	—	—
3	—	36	—	18	—	54	—	36	—	—	—	—
4	—	48	—	24	1	12	—	48	—	—		—
5	1	—	—	30	1	30	1	—	—	45	—	30
6	1	12	—	36	1	48	1	12	—	54	—	36
7	1	24	—	42	2	6	1	24	1	3	—	42
8	1	36	—	48	2	24	1	36	1	12	—	48
9	1	48	—	54	2	42	1	8	1	21	—	54
10	2	—	1	—	3	—	2	—	1	30	1	—
11	2	12	1	6	3	18	2	12		39	1	6
12	2	24	1	12	3	36	2	24	1	[illegible]	1	12
13	2	36	1	18	3	54	2	36	1	57	1	18
14	2	48	1	24	4	12	2	48	2	6	1	21
15	3	—	1	30	4	30	3	—	2	15	1	30
16	3	12	1	36	4	48	3	12	2	24	1	36
17	3	24	1	42	5	6	3	24	2	33	1	42
18	3	36	1	48	5	24	3	36	2	42	1	48
19	3	48	1	54	5	42	3	48	2	51	1	54
20	4	—	2	—	6	—	4	—	3	—	2	—
21	4	12	2	6	6	18	4	12	3	9	2	6
22	4	24	2	12	6	36	4	24	3	18	2	12
23	4	36	2	18	6	54	4	36	3	27	2	18
24	4	48	2	24	7	12	4	48	3	36	2	24
25	5	—	2	30	7	30	5	—	3	45	2	30
26	5	12	2	36	7	48	5	12	3	54	2	36
27	5	24	2	42	8	6	5	24	4	3	2	42

Zahl der Wegstunden	In bürgerlichen Rechtsstreitigkeiten. Für Parteien, Zeugen, Sachverständige und Begleiter ohne Unterschied. Ohne Eisenbahn		Mit Eisenbahn		Im Strafverfahren. Für Sachverständige. Ohne Eisenbahn		Mit Eisenbahn		Im Strafverfahren. Für Zeugen, Begleiter und einfache Schätzleute. Ohne Eisenbahn		Mit Eisenbahn	
	fl.	kr.	fl.	kr.	fl.	kr.	fl.	kr.	fl.	kr.	fl.	kr.
28	5	36	2	48	8	24	5	36	4	12	2	48
29	5	48	2	54	8	42	5	48	4	21	2	54
30	6	—	3	—	9	—	6	—	4	30	3	—
31	6	12	3	6	9	18	6	12	4	39	3	6
32	6	24	3	12	9	36	6	24	4	48	3	12
33	6	36	3	18	9	54	6	36	4	57	3	18
34	6	48	3	24	10	12	6	48	5	6	3	24
35	7	—	3	30	10	30	7	—	5	15	3	30
36	7	12	3	36	10	48	7	12	5	24	3	36
37	7	24	3	42	11	6	7	24	5	33	3	42
38	7	36	3	48	11	24	7	36	5	42	3	48
39	7	48	3	54	11	42	7	48	5	51	3	54
40	8	—	4	—	12	—	8	—	6	—	4	—
41	8	12	4	6	12	18	8	12	6	9	4	6
42	8	24	4	12	12	36	8	24	6	18	4	12
43	8	36	4	18	12	54	8	36	6	27	4	18
44	8	48	4	24	13	12	8	48	6	36	4	24
45	9	—	4	30	13	30	9	—	6	45	4	30
46	9	12	4	36	13	48	9	12	6	54	4	36
47	9	24	4	42	14	6	9	24	7	3	4	42
48	9	36	4	48	14	24	9	36	7	12	4	48
49	9	48	4	54	14	42	19	48	7	21	4	54
50	10	—	5	—	15	—	10	—	7	30	5	—
51	10	12	5	6	15	18	10	12	7	39	5	6
52	10	24	5	12	15	36	10	24	7	48	5	12
53	10	36	5	18	15	54	10	36	7	57	5	18
54	10	48	5	24	16	12	10	48	8	6	5	24
55	11	—	5	30	16	30	11	—	8	15	5	30
56	11	12	5	36	16	48	11	12	8	24	5	36
57	11	24	5	42	17	6	11	21	8	33	5	42
58	11	36	5	48	17	24	11	36	8	42	5	48
59	11	48	5	54	17	42	11	48	8	51	5	54
60	12	—	6	—	18	—	12	—	9	—	6	—
61	12	12	6	6	18	18	12	12	9	9	6	6
62	12	24	6	12	18	36	12	24	9	18	6	12
63	12	36	6	18	18	54	12	36	9	27	6	18
64	12	48	6	24	19	12	12	48	9	36	6	24
65	13	—	6	30	19	30	13	—	9	45	6	30

Beilage XII.

Münz-Umwandlungs-Tabellen.

A.

Auszug aus dem Münzgesetze vom 9. Juli 1873 und dem Reichsgesetze vom 4. Dezember 1871, betreffend die Ausprägung von Reichsgoldmünzen.

1. Die neue Währung ist die **Reichsgoldwährung**. Die Rechnungseinheit ist die Mark. Art. 1.
2. Den Anfang bestimmt eine kaiserliche Verordnung, früher eine Verordnung der Landesregierung. Art. 1.
3. Als Reichsmünzen werden ausgeprägt (Art. 2. 3):
   a. in Gold: 20, 10 und 5 Markstücke;
   b. in Silber: 5, 2 und 1 Markstücke;
   50 und 20 Pfennigstücke;
   c. in Nickel: 10 und 5 Pfennigstücke;
   d. in Kupfer: 2 und 1 Pfennigstücke.
   (Wegen Mangel an Raum sind in der folgenden Tabelle I. die 5 Markstücke in Silber, die aber in der Tabelle der Goldmünzen zu finden sind, dann die 5 und 2 Pfennigstücke nicht aufgeführt. Dagegen ist der Thaler (obwohl 3 Markstücke nicht ausgeprägt werden), da er noch länger im Curse bleibt, vorläufig beibehalten.)
4. Niemand ist verpflichtet, Reichssilbermünzen im Betrage von mehr als 20 Mark und Nickel- und Kupfermünzen im Betrage von mehr als einer Mark (100 Pfennige) in Zahlung zu nehmen. — Die Reichs- und Landeskassen müssen Reichssilbermünzen in jedem Betrage in Zahlung nehmen. (Art. 9.)
5. Tauschweise werden R.-Goldmünzen nur von 200 M. an und R. Nickel- und Kupfermünzen nur von 50 Mark an ausgegeben. (Art. 9.)
6. Silbermünzen dürfen als Denkmünzen nicht mehr ausgeprägt werden. (Art. 11.)
7. Bei der Umrechnung werden 1 Thlr. = 3 Mark; — 1 fl. sd. = $1^5/_7$ Mark; — 1 Mark lüb. od. hamb. = $1^1/_5$ Mark, die übrigen Münzen derselben Währungen zu entsprechenden Werthen nach ihrem Verhältniss zu den genannten berechnet. Art. 14 § 2.
8. In allen gerichtlich oder notariell aufgenommenen Urkunden, welche auf einen Geldbetrag lauten, desgl. in allen zu einem Geldbetrag verurtheilenden gerichtlichen Entscheidungen ist dieser Geldbetrag, wenn für denselben ein bestimmtes Verhältniss zur Reichswährung gesetzlich feststeht, in Reichswährung auszudrücken, woneben jedoch dessen gleichzeitige Bezeichnung nach derjenigen Währung, in welcher ursprünglich die Verbindlichkeit begründet war, gestattet bleibt.
9. Bis zur Ausserkurssetzung sind anzunehmen Ein- u. Zweithaler (1 Thlr. = 3 M.); $^1/_3$ Thlr. = 1 M.; $^1/_6$ Thlr. = $^1/_2$ M.; $^1/_{12}$ Thlr. = 25 Pf.; $^1/_{15}$ Thlr. = 20 Pf.; $^1/_{30}$ Thlr. = 10 Pf.; $^1/_2$ Groschen = 5 Pf.; $^1/_5$ Gr. = 2 Pf.; $^1/_{10}$ u. $^1/_{12}$ Gr. = 1 Pf.; — Dreipfennig = $2^1/_2$ Pf.; 1 Heller = $^1/_2$ Pf. — (auch d. österr. einf. u. dopp. Vereinsthaler bis z. Prägung 1867 (RGBl. 1874 S. 35.)
10. Ueber die Ausserkurssetzung s. RGbl. 1873 S. 375: (Goldmünzen); 1874 S. 12: (österr. Gulden); — 1874 S. 21: (Kronenthaler u. Conventionsmünzen); — 1874 S. 111 (niederländische Halbgulden, österr. u. ungar. Viertelgulden, südd. Zweigulden.)
11. Ueber Reichskassenscheine s. Ges. v. 30. Apr. 1874 (RGbl. S. 40.)

B.

Umwandlung von Münzen der deutschen Reichsgoldwährung in die süddeutsche Silberwährung.

I.

Stück	Silber-Münzen.											Nickel-Münz.			Kupfer-Münz.	
	3 Mark = 300 R. Pf.; 1 Thaler		2 Mark = 200 R. Pf.; 1 österr. Gulden		1 Mark = 100 R. Pf.; 10 Sgr.; 1/3 Thlr.		1/2 Mark = 50 R. Pf.; 5 Sgr.; 1/6 Thlr.			1/5 Mark = 20 R. Pf.; 2 Sgr.; 1/15 Thlr		1/10 Mark = 10 R. Pf.; 1 Sgr.; 1/30 Thlr.			1/100 Mark = 1 Reichs-Pfennig.	
	fl.	kr.	fl.	kr.	fl.	kr	fl.	kr	dl	fl.	kr.	fl.	kr.	dl	kr.	1/1, 1/10 Heller.
1	1	45	1	10	—	35	—	17	2	—	7	—	3	2	—	2,8
2	3	30	2	20	1	10	—	35	—	—	14	—	7	—	—	5,6
3	5	15	3	30	1	45	—	52	2	—	21	—	10	2	1	0,4
4	7	—	4	40	2	20	1	10	—	—	28	—	14	—	1	3,2
5	8	45	5	50	2	55	1	27	2	—	35	—	17	2	1	6,0
6	10	30	7	—	3	30	1	45	—	—	42	—	21	—	2	0,8
7	12	15	8	10	4	5	2	2	2	—	49	—	24	2	2	3,6
8	14	—	9	20	4	40	2	20	—	—	56	—	28	—	2	6,4
9	15	45	10	30	5	15	2	37	2	1	3	—	31	2	3	1,2
10	17	30	11	40	5	50	2	55	—	1	10	—	35	—	3	4,0
11	19	15	12	50	6	25	3	12	2	1	17	—	38	2	3	6,8
12	21	—	14	—	**7**	—	3	30	—	1	24	—	42	—	4	1,6
13	22	45	15	10	7	35	3	47	2	1	31	—	45	2	4	4,4
14	24	30	16	20	8	10	4	5	—	1	38	—	49	—	4	7,2
15	26	15	17	30	8	45	4	22	2	1	45	—	52	2	5	2,0
16	28	—	18	40	9	20	4	40	—	1	52	—	56	—	5	4,8
17	29	45	19	50	9	55	4	57	2	1	59	—	**59**	2	5	7,6
18	31	30	21	—	10	30	5	15	—	2	6	1	3	—	6	2,4
19	33	15	22	10	11	5	5	32	2	2	13	1	6	2	6	5,2
20	35	—	23	20	11	40	5	50	—	2	20	1	10	—	**7**	—
21	36	45	24	30	12	15	6	7	2	2	27	1	13	2	7	2,8
22	38	30	25	40	12	50	6	25	—	2	34	1	17	—	7	5,6
23	40	15	26	50	13	25	6	42	2	2	41	1	20	2	8	0,4
24	42	—	28	—	**14**	—	**7**	—	—	2	48	1	24	—	8	3,2
25	43	45	29	10	14	35	7	17	2	2	55	1	27	2	8	6,0
26	45	30	30	20	15	10	7	35	—	3	2	1	31	—	9	0,8
27	47	15	31	30	15	45	7	52	2	3	9	1	34	2	9	3,6
28	**49**	—	32	40	16	20	8	10	—	3	16	1	38	—	9	6,4
29	50	45	33	50	16	55	8	27	2	3	23	1	41	2	10	1,2
30	52	30	35	—	17	30	8	45	—	3	30	**1**	**45**	—	10	4,0
31	54	15	36	10	18	5	9	2	2	3	37	1	48	2	10	6,8
32	56	—	37	20	18	40	9	20	—	3	44	1	52	—	11	1,6
33	57	45	38	30	19	15	9	37	2	3	51	1	55	2	11	4,4
34	59	30	39	40	19	50	9	55	—	3	58	1	59	—	11	7,2
35	61	15	40	50	20	25	10	12	2	4	5	2	2	2	12	2,0
36	63	—	42	—	**21**	—	10	30	—	4	12	2	6	—	12	4,8
37	64	45	43	10	21	35	10	47	2	4	19	2	9	2	12	7,6
38	66	30	44	20	22	10	11	5	—	4	26	2	13	—	13	2,4
39	68	15	45	30	22	45	11	22	2	4	33	2	16	2	13	5,2
40	70	—	46	40	23	20	11	40	—	4	40	2	20	—	**14**	—
41	71	45	47	50	23	55	11	57	2	4	47	2	23	2	14	2,8
42	73	30	**49**	—	24	30	12	15	—	4	54	2	27	—	14	5,6
43	75	15	50	10	25	5	12	32	2	5	1	2	30	2	15	0,4
44	77	—	51	20	25	40	12	50	—	5	8	2	34	—	15	3,2
45	78	45	52	30	26	15	13	7	2	5	15	2	37	2	15	6,0
46	80	30	53	40	26	50	13	25	—	5	22	2	41	—	16	0,8

Stück	3 Mark = 300 R. Pf.; 1 Thaler		2 Mark = 200 R. Pf.; 1 österr. Gulden		1 Mark = 100 R. Pf.; 10 Sgr.; 1/3 Thlr.		1/2 Mark = 50 R. Pf.; 5 Sgr.; 1/6 Thlr.			1/5 Mark = 20 R. Pf.; 2 Sgr.; 1/15 Thlr.		1/10 Mark = 10 R.Pf.; 1 Sgr.; 1/30 Thlr.			1/100 Mark = 1 Reichs-Pfennig.	
	fl.	kr.	fl.	kr.	fl.	kr.	fl.	kr.	dl	fl.	kr.	fl.	kr.	dl	kr.	1/1, 1/10 Heller.
47	82	15	54	50	27	25	13	42	2	5	29	2	44	2	16	3,6
48	84	—	56	—	**28**	—	**14**	—	—	5	36	2	48	—	16	6,4
49	85	45	57	10	28	35	14	17	2	5	43	2	51	2	17	1,2
50	87	30	58	20	29	10	14	35	—	5	50	2	55	—	17	4,0
51	89	15	59	30	29	45	14	52	2	5	57	2	58	2	17	6,8
52	91	—	60	40	30	20	15	10	—	6	4	3	2	—	18	1,6
53	92	45	61	50	30	55	15	27	2	6	11	3	5	2	18	4,4
54	94	30	63	—	31	30	15	45	—	6	18	3	9	—	18	7,2
55	96	15	64	10	32	5	16	2	2	6	25	3	12	2	19	2,0
56	98	—	65	20	32	40	16	20	—	6	32	3	16	—	19	4,8
57	**99**	**45**	66	30	33	15	16	37	2	6	39	3	19	2	19	7,6
58	101	30	67	40	33	50	16	55	—	6	46	3	23	—	20	2,4
59	103	15	68	50	34	25	17	12	2	6	53	3	26	2	20	5,2
60	105	—	70	—	**35**	—	17	30	—	7	—	**3**	**30**	—	**21**	—
61	106	45	71	10	35	35	17	47	2	7	7	3	33	2	21	2,8
62	108	30	72	20	36	10	18	5	—	7	14	3	37	—	21	5,6
63	110	15	73	30	36	45	18	22	2	7	21	3	40	2	22	0,4
64	112	—	74	40	37	20	18	40	—	7	28	3	44	—	22	3,2
65	113	45	75	50	37	55	18	57	2	7	35	3	47	2	22	6,0
66	115	30	77	—	38	30	19	15	—	7	42	3	51	—	23	0,8
67	117	15	78	10	39	5	19	32	2	7	49	3	54	2	23	3,6
68	119	—	79	20	39	40	19	50	—	7	56	3	58	—	23	6,4
69	120	45	80	30	40	15	20	7	2	8	3	4	1	2	24	1,2
70	122	30	81	40	40	50	20	25	—	8	10	4	5	—	24	4,0
71	124	15	82	50	41	25	20	42	2	8	17	4	8	2	24	6,8
72	126	—	81	—	**42**	—	**21**	—	—	8	24	4	12	—	25	1,6
73	127	45	85	10	42	35	21	17	2	8	31	4	15	2	25	4,4
74	129	30	86	20	43	10	21	35	—	8	38	4	19	—	25	7,2
75	131	15	87	30	43	45	21	52	2	8	45	4	22	2	26	2,0
76	133	—	88	40	44	20	22	10	—	8	52	4	26	—	26	4,8
77	134	45	89	50	44	55	22	27	2	8	59	4	29	2	26	7,6
78	136	30	91	—	45	30	22	45	—	9	6	4	33	—	27	2,4
79	138	15	92	10	46	5	23	2	2	9	13	4	36	2	27	5,2
80	140	—	93	20	46	40	23	20	—	9	20	4	40	—	**28**	—
81	141	45	94	30	47	15	23	37	2	9	27	4	43	2	28	2,8
82	143	30	95	40	47	50	23	55	—	9	34	4	47	—	28	5,6
83	145	15	96	50	48	25	24	12	2	9	41	4	50	2	29	0,4
84	147	—	98	—	**49**	—	24	30	—	9	48	4	54	—	29	3,2
85	148	45	**99**	**10**	49	35	24	47	2	9	55	4	57	2	29	6,0
86	150	30	100	20	50	10	25	5	—	10	2	5	1	—	30	0,8
87	152	15	101	30	50	45	25	22	2	10	9	5	4	2	30	3,6
88	154	—	102	40	51	20	25	40	—	10	16	5	8	—	30	6,4
89	155	45	103	50	51	55	25	57	2	10	23	5	11	2	31	1,2
90	157	30	105	—	52	30	26	15	—	10	30	**5**	**15**	—	31	4,0
91	159	15	106	10	53	5	26	32	2	10	37	5	18	2	31	6,8
92	161	—	107	20	53	40	26	50	—	10	44	5	22	—	32	1,6
93	162	45	108	30	54	15	27	7	2	10	51	5	25	2	32	4,4
94	164	30	109	40	54	50	27	25	—	10	58	5	29	—	32	7,2
95	166	15	110	50	55	25	27	42	2	11	5	5	32	2	33	2,0
96	168	—	112	—	**56**	—	**28**	—	—	11	12	5	36	—	33	4,8
97	169	45	113	10	56	35	28	17	2	11	19	5	39	2	33	7,6
98	171	30	114	20	57	10	28	35	—	11	26	5	43	—	34	2,4
99	173	15	115	30	57	45	28	52	2	11	33	5	46	2	34	5,3
100	175	—	**116**	**40**	58	20	**29**	**10**	—	11	40	5	50	—	35	—
500	875	—	583	20	291	40	145	50	—	58	20	29	10	—	2 fl·55 kr.	
1000	1750	—	1166	40	583	20	291	40	—	116	40	58	20	—	5 fl·50 kr.	

II. Reichs-Goldmünzen.

Stück	5 Mark = 1 2/3 Thlr., 2 1/2 fl. östr., 2 fl. 55 kr. sd.		10 Mark = 3 1/3 Thlr., 5 fl. östr., 5 fl. 50 kr. sd.		20 Mark = 6 2/3 Thalr. 10 fl. öster., 11 fl. 40 kr. s.		Stück	5 Mark = 1 2/3 Thlr., 2 1/2 fl. östr., 2 fl. 55 kr. sd.		10 Mark = 3 1/3 Thlr., 5 fl. öster., 5 fl. 50 kr. sd.		20 Mark = 6 2/3 Thlr., 10 fl. öster., 11 fl. 40 kr. s.	
	fl.	kr.	fl.	kr.	fl.	kr.		fl.	kr.	fl.	kr.	fl.	kr.
1	2	55	5	50	11	40	**52**	151	40	303	20	606	40
2	5	50	11	40	23	20	**53**	154	35	309	10	618	20
3	8	45	17	30	35	—	**54**	157	30	315	—	630	—
4	11	40	23	20	46	40	**55**	160	25	320	50	641	40
5	14	35	29	10	58	20	**56**	163	20	326	40	653	20
6	17	30	35	—	70	—	**57**	166	15	332	30	665	—
7	20	25	40	50	81	40	**58**	169	10	338	20	676	40
8	23	20	46	40	93	20	**59**	172	5	344	10	688	20
9	26	15	52	30	105	—	**60**	**175**	—	**350**	—	**700**	—
10	29	10	58	20	116	40	**61**	177	55	355	50	711	40
11	32	5	64	10	128	20	**62**	180	50	361	40	723	20
12	35	—	70	—	140	—	**63**	183	45	367	30	735	—
13	37	55	75	50	151	40	**64**	186	40	373	20	746	40
14	40	50	81	40	163	20	**65**	189	35	379	10	758	20
15	43	45	87	30	**175**	—	**66**	192	30	385	—	770	—
16	46	40	93	20	186	40	**67**	195	25	390	50	781	40
17	49	35	**99**	**10**	198	20	**68**	198	20	396	40	793	20
18	52	30	105	—	210	—	**69**	201	15	402	30	805	—
19	55	25	110	50	221	40	**70**	204	10	408	20	816	40
20	58	20	116	40	233	20	**71**	207	5	414	10	828	20
21	61	15	122	30	245	—	**72**	210	—	420	—	840	—
22	64	10	128	20	256	40	**73**	212	55	425	50	851	40
23	67	5	134	10	268	20	**74**	215	50	431	40	863	20
24	70	—	140	—	280	—	**75**	218	45	437	30	875	—
25	72	55	145	50	291	40	**76**	221	40	443	20	886	40
26	75	50	151	40	303	20	**77**	224	35	449	10	898	20
27	78	45	157	30	315	—	**78**	227	30	455	—	910	—
28	81	40	163	20	326	40	**79**	230	25	460	50	921	40
29	84	35	169	10	338	20	**80**	233	20	466	40	933	20
30	87	30	**175**	—	350	—	**81**	236	15	472	30	945	—
31	90	25	180	50	361	40	**82**	239	10	478	20	956	40
32	93	20	186	40	373	20	**83**	242	5	484	10	968	20
33	96	15	192	30	385	—	**84**	245	—	490	—	980	—
34	**99**	**10**	198	20	396	40	**85**	247	55	495	50	991	40
35	102	5	204	10	408	20	**86**	250	50	501	40	1003	20
36	105	—	210	—	420	—	**87**	253	45	507	30	1015	—
37	107	55	215	50	431	40	**88**	256	40	513	20	1026	40
38	110	50	221	40	443	20	**89**	259	35	519	10	1038	20
39	113	45	227	30	455	—	**90**	262	30	525	—	1050	—
40	116	40	233	20	466	40	**91**	265	25	530	50	1061	40
41	119	35	239	10	478	20	**92**	268	20	536	40	1073	20
42	122	30	245	—	490	—	**93**	271	15	542	30	1085	—
43	125	25	250	50	501	40	**94**	274	10	548	20	1096	40
44	128	20	256	40	513	20	**95**	277	5	554	10	1108	20
45	131	15	262	30	525	—	**96**	280	—	560	—	1120	—
46	134	10	268	20	536	40	**97**	282	55	565	50	1131	40
47	137	5	274	10	548	20	**98**	285	50	571	40	1143	20
48	140	—	280	—	560	—	**99**	288	45	577	30	1155	—
49	142	55	285	50	571	40	**100**	**291**	**40**	**583**	**20**	**1166**	**40**
50	145	50	291	40	583	20	**500**	1458	20	2916	40	5833	20
51	148	45	297	30	595	—	**1000**	2916	40	5833	20	11666	40

175 fl. = 100 Thlr. = 60 Fünfmark = 30 Zehnmark = 15 Zwanzigmark.
350 fl. = 200 Thlr. = 120 „ = 60 „ = 30 „
700 fl. = 400 Thlr. = 240 „ = 120 „ = 60 „
100 fl. = 17 Zehnm. + 50 kr. = 8 Zw.-M. + 1 Zehnmark + 50 kr.
1000 fl. = 171 Zehnm. + $2^1/_2$ fl. = 85 Zw.-M. + 1 Zehnmark + $2^1/_2$ fl.

C.

Umwandlung von Münzen der süddeutschen Silberwährung in die deutsche Reichsgoldwährung.

Heller

Stück	Mark	Pfennig
hl.	M.	Pf.
1	—	1/2
2	—	1
3	—	1
4	—	1 1/2
5	—	2
6	—	2
7	—	2 1/2
8	—	3

Kreuzer

Stück	Mark	Pfennig
kr.	M.	Pf.
1	—	3
2	—	6
3	—	9
4	—	11
5	—	14
6	—	17
7	—	20
8	—	23
9	—	26
10	—	29
11	—	31
12	—	34
13	—	37
14	—	40
15	—	43
16	—	46
17	—	49
18	—	51
19	—	54
20	—	57
21	—	60
22	—	63
23	—	66
24	—	69
25	—	71
26	—	74
27	—	77
28	—	80
29	—	83
30	—	86
31	—	89
32	—	91
33	—	94
34	—	97
35	1	—
36	1	3
37	1	6
38	1	9
39	1	11
40	1	14
41	1	17
42	1	20
43	1	23
44	1	26
45	1	29
46	1	31
47	1	34
48	1	37
49	1	40
50	1	43
51	1	46
52	1	49
53	1	51
54	1	54
55	1	57
56	1	60
57	1	63
58	1	66
59	1	69
60	1	71

Gulden

Stück	Mark	Pfennig
fl.	M.	Pf.
1	1	71
2	3	42
3	5	14
4	6	85
5	8	57
6	10	28
7	12	—
8	13	71
9	15	42
10	17	14
11	18	85
12	20	57
13	22	28
14	24	—
15	25	71
16	27	42
17	29	14
18	30	85
19	32	57
20	34	28
21	36	—
22	37	71
23	39	42
24	41	14
25	42	85
26	44	57
27	46	28
28	48	—
29	49	71
30	51	42
31	53	14
32	54	85
33	56	57
34	58	28
35	60	—
36	61	71
37	63	42
38	65	14
39	66	85
40	68	57
41	70	28
42	72	—
43	73	71
44	75	42
45	77	14
46	78	85
47	80	57
48	82	28
49	84	—
50	85	71
51	87	42
52	89	14
53	90	85
54	92	57
55	94	28
56	96	—
57	97	71
58	99	42
59	101	14
60	102	85
61	104	57
62	106	28
63	108	—
64	109	71
65	111	42
66	113	14
67	114	85
68	116	57
69	118	28
70	120	—
71	121	71
72	123	42
73	125	14
74	126	85
75	128	57
76	130	28
77	132	—
78	133	71
79	135	42
80	137	14
81	138	85
82	140	57
83	142	28
84	144	—
85	145	71
86	147	42
87	149	14
88	150	85
89	152	57
90	154	28
91	156	—
92	157	71
93	159	42
94	161	14
95	162	85
96	164	57
97	166	28
98	168	—
99	169	71
100	171	42
150	257	14
200	342	85
250	428	57
300	514	28
350	600	—
400	685	71
450	771	42
500	857	14
550	942	85
600	1028	57
650	1114	28
700	1200	—
750	1285	71
800	1371	42
850	1457	14
900	1542	85
950	1628	57
1000	1714	28
1100	1885	71
1200	2057	14
1300	2228	57
1400	2400	—
1500	2571	42
1600	2742	85
1700	2914	28
1800	3085	71
1900	3257	14
2000	3428	57
2100	3600	—
2200	3771	42
2300	3942	85
2400	4114	28
2500	4285	71
2600	4457	14
2700	4628	57
2800	4800	—
2900	4971	42
3000	5142	85
3100	5314	28
3200	5485	71
3300	5657	14
3400	5828	57
3500	6000	—
3600	6171	42
3700	6342	85
3800	6514	28
3900	6685	71
4000	6857	14
4100	7028	57
4200	7200	—
4300	7371	42
4400	7542	85
4500	7714	28
4600	7885	71
4700	8057	14
4800	8228	57
4900	8400	—
5000	8571	42
6000	10285	71
7000	12000	—
8000	13714	28
9000	15428	57
10000	17142	85

Beilage XIII.

Post-Tarif.

Revid. Posttransportordnung für das Königreich Bayern v. 28. Januar 1872. (R.-Bl. S. 561.)

Postvertrag zwischen Deutschland und der österr. Monarchie v. 7. Mai 1872 und zwischen Deutschland und Luxemburg v. 19. Juni 1872. (Rgbl. 1873 S. 1.) Vergl. auch RGbl. 1873 S. 366. 1489. 1593. Bayer. G. u. Vdgbl. 1874 S. 51. JMBL. 1873. S. 178. 205. — 1874 S. 32. 77.

A. Brief-Post-Tarif.

Nach Bayern, Deutsches Reich, Luxemburg u. Oesterreich Ungarn kostet

a) im Aufgabepostbezirke:

aa) ein Brief bis zu 15 Gramm einschl. franco 1 kr., porto (unfrankirt) 3 kr., über 15—250 Gramm einschl. fr. 2 kr. porto: 6 kr.

bb) eine Drucksachen-Sendung frankirt bis 50 Gramm einschl. 1 kr., über 50—250 Gr. 2 kr., über 250—500 Gr. 3 kr., unfrankirt wie ein Brief (aa).

cc) eine Waarenproben- und Mustersendung bis zu 40 Gr. 1 kr., über 40—250 Gr. 2 kr.

dd) eine Correspondenzkarte nur franko 1 kr. (»im Lokalverkehr«); mit bezahlter Rückantwort 2 kr.

b) Im übrigen Bayern etc. kostet ohne Unterschied der Entfernung

aa) ein Brief bis zu 15 Gr. einschl. franco 3 kr., porto: 7 kr., an Soldaten nur 3 kr.; über 15—250 Gr. franko 7 kr., porto 11 kr., an Soldaten nur 7 kr.

bb) eine Drucksachen-Sendung bis zu 250 Gramm franco 1 kr. für je 50 Gramm; von 250—500 Gramm 11 kr., unfrankirt wie Briefe. (aa.)

cc) eine Waarenproben- und Mustersendung für je 40 Gr. 1 kr.

dd) eine Correspondenzkarte nur franco 2 kr., mit bezahlter Rückantwort 4 kr.

ee) ein Expressbrief nach dem Ortsbestellbezirke weitere 9 kr., nach dem Landbestellbezirke weitere 27 kr. pro Meile, für jede Fünftelmeile 6 kr. Minimum 14 kr.

B. Fahrpost-Tarif.

Die Gewichtstaxe beträgt:

I. für Pakete bis zum Gewichte von 5 Kilogrammen (10 Pfd.)

a) auf Entfernungen bis zu 10 Meilen einschliesslich 9 kr.,

b) auf alle weiteren Entfernungen 18 kr.

II. Für Pakete im Gewichte über 5 Kilogramm (10 Pfd.)

a) für die ersten 5 Kilogramme die Sätze wie vorstehend unter I.

b) für jedes weitere Kilogramm oder den überschiessenden Theil eines Kilogramms

bis	10	Meilen:	$1^3/_4$ kr.,
über	10—20	„	$3^1/_2$ kr.,
„	20—50	„	7 kr.,
„	50—100	„	$10^1/_2$ kr.,
„	100—150	„	14 kr.,
„	150	„	$17^1/_2$ kr.

III. Für Briefe mit Werthangabe und Vorschussbriefe
auf Entfernungen bis 10 Meilen einschliesslich 7 kr.,
auf alle weiteren Entfernungen 14 kr.

Die Assekuranzgebühr s. § 81. u. G. u. Vbl. 1874 S. 68.

Die Entfernung wird berechnet, indem das ganze Postvereinsgebiet in quadratische Taxfelder von 2 g. Meilen Seitenlänge eingetheilt ist und der direkte Abstand des Diagonalkreuzungspunktes des einen Quadrats von dem des andern Quadrats die Entfernung bildet, (Luftlinie), Bruchmeilen aber unberücksichtigt bleiben.

C. Bemerkungen.

1) Zur Briefpost gehören: Briefe und Schriftsendungen ohne Werthsangabe und Waarenproben bis zu 250 Grammen einschl., Drucksachen unter Band und Aktenpakete in portofreien Staatsdienstsachen bis 1 Pfd., (Drucksachen nach Oesterreich, Ungarn und Luxemburg aber nur bis zu 250 Gr.), dann Postanweisungen, Postmandate und Zeitungen.

2) Zur Fahrpost gehören die übrigen Sendungen.

3) Der Aufgabepostbezirk umfasst den Aufgabeort und den betr. Landbezirk.

4) Aufgabescheine für rekommandirte frankirte oder unfrankirte Briefe kosten 7 kr., welche zugleich mit der Taxe eingehoben werden; ebenso für Fahrpostsendungen ohne Werthsangabe 7 kr., mit deklarirtem Werthe nichts; Rückscheine (Retour-Rezepisse): 7 kr.; Behändigungsscheine 7 kr. und die Taxe für die Rücksendung; Expressbriefbestellungen nach dem Ortsbestellbezirke 9 kr.; nach dem Landbestellbezirke 27 kr. pro Meile, für jede Fünftelmeile 6 kr., jedoch im Ganzen nicht unter 14 kr.; Zustellgebühren bis 25 Pfund und 1000 fl. Werth 3 kr.; darüber 6 kr. (anders im Landpostbezirke); Nach- und Rücksendungen von Briefen, sowie Aufgabescheine für Postanweisungen kosten nichts.

5) Postvorschüsse und Postmandate werden im Deutschen Reiche und Oesterreich bis zu 50 Thlr. = $87^1/_2$ fl., Postanweisungen (Baareinzahlungen) in Bayern bis zu 100 fl. im übrigen Reichsgebiete bis zu $87^1/_2$ fl. angenommen. Taxe für Vorschüsse in Bayern für je 5 fl.: 2 kr.; ausser Bayern: 1 kr. von 1 fl. und mindestens 3 kr., für Postanweisungen (Einzahlungen) nach Bayern bis 50 fl. incl. 6 kr., bis 100 fl.: 12 kr., nach dem Vereinsgebiete bis $43^3/_4$ fl. = 25 Thlr. incl. 7 kr., bis $87^1/_2$ fl. = 50 Thlr. incl.: 14 kr.; für Mandate 18 kr. Für die Rücksendung des eingezogenen Betrages die Postanweisungsgebühr.

6) Die Entschädigung für eine verlorne rekomm. Brief- oder Fahrpostsendung ohne Werthsdeklaration beträgt $24^1/_2$ fl.; für Beschädigung oder Verzögerung von Briefen: Nichts; für Verlurst oder Beschädigung eines Paketes ohne Werthsangabe: 1 fl. 45 kr. maxim. für jedes Pfund.

7) Die Sendungen von Privaten an Stellen, Behörden und Aemter müssen bei der Aufgabe frankirt werden. Dagegen wird für versiegelte und auf der Adresse als »Portopflichtige Dienstsache« bezeichnete, unfrankirte Ausfertigungen öffentlicher Behörden oder Beamten im deutschen Reiche vom Empfänger nur die Frankotaxe erhoben.

8) Beschaffenheit der Drucksachen s. § 12. Ausser der Adresse dürfen Namensunterschrift des Absenders nebst Datum und Wohnort handschriftlich beigefügt sein. — Den Correkturbogen kann auch das Manuscript beigelegt werden.

9) Ueber Postpaketadressen s JMbl. 1874 S. 32 u. 77 — u. G. u. VBl. 1874 S. 51.

Beilage XIV.

Telegraphen-Tarif.

Bayer. Telegr.-Ordnung v. 22. Aug. 1872 (Rbl. S. 1231.)

I. Eine einfache Depesche kostet bis zu 20 Worten

A. in und zwischen Bayern und Württemberg	$17^1/_2$ kr. = 5 Sgr.
B. zwischen Bayern u. dem deutschen Reiche (d.h. dem ehem. norddeutschen Bunde, Baden, Luxemburg, Hohenzollern u. Elsass-Lothringen)	
in der I. Zone (auf 18 Meilen) . . .	$17^1/_2$ kr. = 5 Sgr.
in der II. Zone (auf 52 Meilen) . .	35 kr. = 10 Sgr.
in der III. Zone (über 52 Meilen) . .	$52^1/_2$ kr. = 15 Sgr.
C. Zwischen Bayern und Oesterreich, Ungarn und den Niederlanden	
in der I. Zone	35 kr. = 10 Sgr.
in der II. Zone	1 fl. 10 kr. = 20 Sgr.

Für je 10 Worte mehr ist die Hälfte der Einheitstaxe zu bezahlen, sohin

bei A.	$8^3/_4$ kr. = $2^1/_2$ Sgr.
bei B. I. Zone	$8^3/_4$ kr. = $2^1/_2$ Sgr.
bei B. II. Zone	$17^1/_2$ kr. = 5 Sgr.
bei B. III. Zone	$26^1/_4$ kr. = $7^1/_2$ Sgr.
bei C. I. Zone	$17^1/_2$ kr. = 5 Sgr.
bei C. II. Zone	35 kr. = 10 Sgr

In die 20 Worte einer einfachen Depesche werden Adresse, Unterschrift und »Rückantwort« bezahlt« eingerechnet.

Die Taxen können wie die Posttaxen auch mit Marken entrichtet werden.

Beilage XV.

Maass und Gewicht.

Bemerkung. Durch Reichsgesetz vom 26. November 1871 (RGbl. S. 397) ist die Maass- und Gewichtsordnung für den Norddeutschen Bund vom 17. August 1868 (Beil. II S. 21 zum bayr. Ges.-Bl. 1871/72) vom 1. Januar 1872 an auch in Bayern, sohin im ganzen deutschen Reiche eingeführt, jedoch mit dem Vorbehalte, dass für Bayern die bisherigen Feldmaasse bis 1. Januar 1878 und die Art. 11 u. 12 der bayr. Maass- und Gewichtsordnung vom 29. April 1869 (GBl. S. 853), welche namentlich die Aichordnung betreffen, giltig bleiben, wogegen die Art. 15—20 der deutschen Maass- und Gewichtsordnung auf Bayern keine Anwendung finden. — Die bayr. Aichordnung datirt vom 12. Dezember 1871 (Rbl. 1872 S. 537 u. 829.) Nachträge s. RBl. 1873 S. 1209. — Die Bundesaichordnung vom 16. Juli 1869 und die Vollzugsvorschriften v. 6 Dez. 1869 u. 16. Aug. 1871 sind abgedruckt im bayr. Ges.-Bl. 1871/72 Beil. II. S. 21.) — Die Meile zu 7500 Meter als Entfernungsmaass ist aufgehoben durch Gesetz v. 7. Dez. 1873 (RGbl. 1873 S. 377.) — Ueber die Strasseneintheilung in Bayern s. MBl. d. J. 1874 Nr. 21 S. 247 ff.

A.

Neues Maass und Gewicht vom 1. Januar 1872 an.

I. Längenmaass.

Einheit: Das Meter (m.) oder der Stab. 10 Meter = 1 Dekameter (Dm) oder die Kette. 1000 Meter = 1 Kilometer (Km.)

$^1/_{10}$ Meter = 1 Dezimeter (dm)

$^1/_{100}$ „ = 1 Zentimeter (zm) oder Neuzoll.

$^1/_{1000}$ „ = 1 Millimeter (mm) oder Strich.

Entfernungsmaass: vormals die Meile = 7500 Meter, jetzt das Kilometer.

II. Flächenmaass.

Einheit: Das Quadratmeter (□m) oder der Quadratstab; 100 □m = das Ar; 10000 □m = 1 Hektar. (Unterabtheilungen wie beim Meter oben I.)

III. Körpermaass.

Einheit: Das Liter (L.) oder die Kanne; 50 Liter = 1 Scheffel; 100 L. = 1 Hektoliter oder Fass; 1000 L. = 1 Kubikmeter oder Kubikstab. (Grundlage). Das halbe Liter heisst der Schoppen.

IV. Gewicht.

Einheit: Das Kilo oder Kilogramm (K. Kgr.) = 2 (Zoll) Pfund; 50 Kilogramm oder 100 Pfund = 1 Zentner; 1000 Kilogramm oder 2000 Pfund = eine Tonne. $^1/_{1000}$ Kilogramm = 1 Gramm (gr.)

1000 gr. = 1 Kgr.

500 gr. = 1 Pfd.

10 gr. = 1 Dekagramm (Dgr.) oder Neuloth.

$^1/_{10}$ gr. = 1 Dezigramm (dgr.)

$^1/_{100}$ gr. = 1 Zentigramm (cgr.)

$^1/_{1000}$ gr. = 1 Milligramm (mgr.)

$^1/_2$ kgr. = 1 Pfund.

B.

Verhältnisszahlen der alten und neuen Maasse.

Alt.		Neu.			Neu.		Alt.		
Stück	Maass	Verhältniss-Zahl genau	Verhältniss-Zahl annähernd	Maass	Stück	Maass	Verhältn.-Zahl. genau	Verhältn.-Zahl. annähernd.	Maass
				I. Längenmaasse.					
1	Fuss = 12 Zoll	0,291	$^3/_{10}$	Meter	1	Meter	3,426	$3^2/_5$	Fuss
1	Zoll	2,432	$2^2/_5$	Zentimeter	1	Zentimeter	0,411	$^2/_5$	Zoll
1	Linie	2,026	2	Millimeter	1	Millimeter	0,493	$^1/_2$	Linie
1	Klafter zu 6′	1,751	$1^3/_4$	Meter	1	Kilometer	0,269	$^1/_4$	Stunde
1	Ruthe zu 10′	2,918	3	„	1	Meter	0,571	$^1/_2$	Klafter
1	Elle zu 2′ $10^1/_4$″	0,833	$^4/_5$	„	1	„	0,342	$^1/_3$	Ruthe
1	geom. (Post-) Stunde zu 12,703′	3,707	$3^3/_4$	Kilometer	1	„	1,200	$1^1/_5$	Elle
					5	„	6,002	6	Ellen
				II. Flächenmaasse.					
1	Quadratfuss = 144 □″	0,085	$^1/_{12}$	□ Meter	1	Quadratmeter	11,739	$11^3/_4$	□ Fuss
1	□ Zoll	5,915	$5^9/_{10}$	□ Zentim.	1	Quadr.-Zentimeter	0,169	$^1/_5$	□ Zoll
1	□ Linie	4,107	$4^1/_{10}$	□ Millim.	1	Quadr.-Millimeter	0,243	$^1/_4$	□ Linie
1	□ Klafter = 36 □′	3,066	3	□ Meter	1	Ar	32,610	$32^3/_5$	□ Klafter
1	□ Ruthe = 100 □′	8,518	$8^1/_2$	□ Meter	1	Ar	11,739	$11^3/_4$	□ Ruthen
1	Tgw. od. Morgen zu 400 □ Ruthen	34,072	34	Are	1	Hektar	2,934	$2^9/_{10}$	Tagwerk

Alt.		Neu.			Neu.		Alt.		
Stück	Maass	Verhältniss-Zahl genau	Verhältniss-Zahl annähernd	Maass.	Stück	Maass	Verhältn.-Zahl genau	Verhältn.-Zahl annähernd	Maass
				III. Körpermaasse.					
1	Kubik-Fuss	0,024	$\frac{1}{40}$	Kubikmeter	1	Kubik-Meter	40,223	$40\frac{1}{5}$	Kubikfuss
1	Kubik-Zoll	14,387	$14\frac{3}{10}$	Kub.-Zent.	1	Kubik-Zentimeter	0,069	$\frac{1}{16}$	Kubikzoll
				IV. Hohlmaasse für Flüssigkeiten.					
1	Mass	1,069	$1\frac{7}{100}$	Liter	1	Liter	0,935	$\frac{9}{10}$	Mass
1	Eimer = 64 Mass.	68,417	$68\frac{1}{2}$	Liter	1	Hektoliter	1,461	$1\frac{1}{2}$	Eimer
					1	"	93,543	$93\frac{1}{2}$	Mass
				V. Getreidmaasse.					
1	Metzen = $34\frac{2}{3}$ Mss.	37,059	$37\frac{1}{19}$	Liter	1	Hektoliter	2,698	$2\frac{7}{10}$	Metzen
$\frac{1}{2}$	" = 1 Viertel	18,529	$18\frac{1}{2}$	"	1	"	5,396	$5\frac{2}{5}$	Viertel
$\frac{1}{4}$	" = $\frac{1}{2}$ Viertel	9,264	$9\frac{1}{4}$	"	1	"	10,793	$10\frac{4}{5}$	$\frac{1}{2}$ Viertel
$\frac{1}{8}$	" = 1 Massl	4,632	$4\frac{3}{5}$	"	1	"	21,586	$21\frac{3}{5}$	Massl
$\frac{1}{16}$	" = $\frac{1}{2}$ Massl	2,316	$2\frac{1}{3}$	"	1	"	43,173	$43\frac{1}{5}$	$\frac{1}{2}$ Massl
$\frac{1}{32}$	" = 1 Dreissig.	1,158	$1\frac{1}{7}$	"	1	"	86,347	$86\frac{3}{10}$	Dreissiger
6	" = 1 Schäffel.	2,223	$2\frac{1}{5}$	Hektoliter	1	"	0,449	$\frac{3}{7}$	Schäffel
				VI. Handelsgewicht.					
-	Pfund = 32 Loth	560	560	Gramm	1	Kilogr. = 2 Pfund	1,785	$1\frac{3}{4}$	Pfund
1	Loth = 4 Quentchen	17,5	$17\frac{1}{2}$	"	1	Pfund	0,892	$\frac{9}{10}$	Pfund
1	Quentchen	4,375	$4\frac{2}{5}$	"	1	Dekagramm	2,285	$2\frac{1}{4}$	Quentchen
1	Centner = 100 Pfd.	56	56	Kilogramm	1	Gramm	0,228	$\frac{1}{5}$	Quentchen
		= 1 Ctr. 12 Pfd Zollgewicht.							

Beilage XVI.

Vorschriften

über die

Reihenfolge der Beamten

bei dem Zusammentreffen in Amtshandlungen.

Entschliessung der (6) Staatsministerien, vom 24. Mai 1864. — I. M. Bl. 1864 S. 150. — KABl. 1864 S. —)

I. Bei dem Zusammentreffen in feierlichen Zügen hat

1) in den Kreishauptstädten die vorhandene Collegialstelle mit ihren Zugehörungen vor den übrigen Behörden den Vortritt, welche sodann nach der im Hof- und Staatshandbuche den vorgesetzten Staatsministerien angewiesenen Reihenstellung zu folgen haben. (S. Beil. XVII.)

Den k. Behörden reiht sich der Magistrat mit den Gemeindebehörden in der Art an, dass die Bürger-Landwehroffiziere (des Orts) zwischen dem Magistrate und den Gemeindebevollmächtigten eintreten.

(Die höheren Bürger-Landwehroffiziere, welche als Inspektoren über grössere Bezirke aufgestellt sind, haben sich den Vorständen der königlichen Behörden nach Ziff. 3 anzureihen.) (M. E. v. 11. Juli 1864. I. M. Bl. 1864. S. 179. KABl. 1864 S. —)

2) In den übrigen Städten mit dem Sitze von Stellen oder Behörden mit kollegialer Verfassung gebührt diesen — unter sich gereiht nach der Folge der Staatsministerien — der Vortritt vor den übrigen Behörden, welche sich nach Ziffer 3 reihen.

3) Ausser den Kreishauptstädten gehen — abgesehen von dem Vortritte kollegialer Stellen und Behörden nach Ziff. 2 — sämmtliche Vorstände der k. Behörden, sodann die Nebenbeamten, endlich die Funktionäre der koordinirten Behörden zusammen.

Am Sitze eines Bezirksamtes gebührt hiebei dem Bezirksamtmann die erste Stelle unter den Vorständen, die übrigen Vorstände, sowie die Nebenbeamten haben sich untereinander nach der festgesetzten Reihenfolge der Staatsministerien zu ordnen. —

(An Orten, wo sich keine Garnison befindet, ist dem Landwehrbezirkskommandanten der Platz unmittelbar nach dem k. Bezirksamtmanne, sohin vor den übrigen Amtsvorständen einzuräumen. ME. v. 26. Mai 1869. JM.-Bl. 1869 S. 735.)

(Im Falle der Theilnahme an öffentlichen Festzügen haben sich die k. Notare an die Vorstände der k. Behörden anzuschliessen ME. v. 15. Okt. 1866. KABl. f. OB. S. 2074.)

II. Wenn Beamte in Uniform nicht korporativ sich zusammenfinden, so bestimmt der persönliche Rang und unter Gleichen das Dienstalter den Vortritt.

III. Dasselbe gilt, wo nur die Spitzen der Stellen und Behörden zusammentreffen.

Die Leitung und etwa stattfindende Vorführung gebührt hiebei dem Vorstande der höchsten politischen Stelle oder Behörde, dem Regierungspräsidenten, Stadtkommissäre, Bezirksamtmann.

Beilage XVII.

Aemterverzeichniss mit Bevölkerungsliste

des Königreichs Bayern

nach dem Stande vom Juli 1873.

(Zeitschr. des k. b. Statistischen Bureau 1872 S. 303 ff.)

Abkürzungen: St. = Stadtgericht; St. L. = Stadt- und Landgericht; L. = Landgericht. Einzelngerichte ohne Beisatz sind nur Landgerichte. M. = Unmittelbarer Magistrat; B. = Bezirksamt. Verwaltungsbehörden ohne Beisatz sind nur Bezirksämter. H. = Zugleich Handelsgericht. Die Bevölkerungszahlen begreifen Civil und Militär.

A.
Centralstellen

I. Staatsministerien s. Beamtenlisten.
II. Oberappellationsgericht (Oberster Gerichtshof, Cassationshof) mit dem Sitze in München, umfasst das ganze Königreich Bayern mit 4,863,450 Einwohnern.
III. Bundesoberhandelsgericht. Sitz in Leipzig.

B.
Kreisstellen und Behörden.

Nro.	Kreis	Stelle oder Behörde	Sitz	Bevölkerung des Sprengels.
1	Oberbayern	Regierung	München	841,707
		Appellationsgericht	»	»
		Handelsappell.-Ger.	»	1,445,496
		Bezirksgericht	Aichach	105,959
		»	Freising	103,429
		»	München l. (H.)	141,769
		»	München r. (H.)	139,376
		»	Traunstein	134,778
		»	Wasserburg	115,216
		»	Weilheim	101,180
2	Niederbayern	Regierung	Landshut	603,789
		Appellationsgericht	Passau	»
		Handelsappell.-Ger.	München	S. Oberb.
		Bezirksgericht	Deggendorf	111,942
		»	Landshut (H.)	151,202
		»	Passau (H.)	118,981
		»	Pfarrkirchen	115,906
		»	Straubing	105,758

Nro.	Kreis	Stelle oder Behörde	Sitz	Bevölkerung des Sprengels.
3	Pfalz	Regierung	Speyer	615,035
		Appellationsgericht	Zweibrücken	»
		Handelsappell.-Ger.	»	»
		Bezirksgericht	Frankenthal (H.)	170,823
		»	Kaiserslautern (H.)	148,982
		»	Landau (H.)	147,392
		»	Zweibrücken (H.)	147,838
4	Oberpfalz und Regensburg	Regierung	Regensburg	497,861
		Appellationsgericht	Nürnberg	S. Mittelfr.
		Handelsappell.-Ger.	Nürnberg	»
		Bezirksgericht	Amberg (H.)	122,203
		»	Neunburg v. W.	117,456
		»	Regensburg (H.)	141,595
		»	Weiden	116,580
5	Oberfranken	Regierung	Bayreuth	541,063
		Appellationsgericht	Bamberg	1,127,195
		Handelsappell.-Ger.	Nürnberg	S. Mittelfr.
		Bezirksgericht	Bamberg (H.)	149,331
		»	Bayreuth (H.)	133,714
		»	Hof (H)	143,414
		»	Kronach	114,604
6	Mittelfranken	Regierung	Ansbach	583,666
		Appellationsgericht	Nürnberg	1,081,527
		Handelsappell.-Ger.	Nürnberg	2,208,722
		Bezirksgericht	Ansbach (H.)	125,762
		»	Eichstädt	96,636
		»	Fürth (H.)	108,905
		»	Nürnberg (H.)	147,964
		»	Windsheim	104,399
7	Unterfranken und Aschaffenburg	Regierung	Würzburg	586,132
		Appellationsgericht	Bamberg	S. Oberfr.
		Handelsappell.-Ger.	Nürnberg	S. Mittelfr.
		Bezirksgericht	Aschaffenburg (H.)	117,737
		»	Lohr	101,692
		»	Neustadt a. S.	79,199
		»	Schweinfurt (H.)	148,060
		»	Würzburg (H.)	139,444
8	Schwaben und Neuburg	Regierung	Augsburg	582,773
		Appellationsgericht	»	»
		Handelsappell.-Ger.	»	»
		Bezirksgericht	Augsburg (H.)	196,211
		»	Donauwörth	141,044
		»	Kempten (H.)	139,570
		»	Memmingen (H.)	105,948

NB. Wegen der Appell.-Gerichte s. JMBl. 1872 S. 257.

C.
288 Einzelngerichte.

(9 Stadtgerichte, 24 Stadt- und Landgerichte, 255 Landgerichte.)

*) Die Sitze der Kreisstellen enthält die vorige Tabelle B.

Stadt- u. Landgerichte.	Bevölkerung.	Bezirksämter u. unm. Magistrate.	Bezirksgerichte.	Handelsgerichte.	*) Kreis.
Abensberg	14,961	Kelheim	Landshut	Landshut	NB.
Aibling	16,801	Rosenheim	Traunstein	München r/J	OB.
Aichach	24,246	Aichach	Aichach	München l/J	OB.
Altdorf	15,299	Nürnberg	Nürnberg	Nürnberg	MF.
Altötting	19,557	Altötting	Wasserburg	München r/J	OB.
Alzenau	9,856	Alzenau	Aschaffenb.	Aschaffenb.	UF.
Amberg St. L.	26,345	Amberg M. B.	Amberg	Amberg	OPf.
Amorbach	7,172	Miltenberg	Aschaffenb.	Aschaffenb.	UF.
Ansbach St. L.	26,865	Ansbach M. B.	Ansbach	Ansbach	MF.
Anweiler	15,164	Bergzabern	Landau	Landau	Pf.
Arnsdorf	13,357	Eggenfelden	Pfarrkirch.	Passau	NB.
Arnstein	12,430	Karlstadt	Schweinfurt	Schweinfurt	UF.
Aschaffbrg St.L.	30,574	Aschaffbrg. M.B.	Aschaffenb.	Aschaffenb.	UF.
Aub	11,259	Ochsenfurt	Würzburg	Würzburg	UF.
Auerbach	9,258	Eschenbach	Amberg	Amberg	OPf.
Augsburg St.	51,220	Augsburg M.	Augsburg	Augsburg	Schw.
Augsburg L.	21,986	Augsburg	Augsburg	Augsburg	Schw.
Babenhausen	9,243	Illertissen	Memmingen	Memmingen	Schw.
Bamberg St.	25,738	Bamberg M.	Bamberg	Bamberg	OF.
Bamberg L. I.	12,563	Bamberg I.	Bamberg	Bamberg	OF.
Bamberg L. II.	16,338	Bamberg II.	Bamberg	Bamberg	OF.
Baunach	8,891	Ebern	Schweinfurt	Schweinfurt	UF.
Bayreuth St.	17,841	Bayreuth M.	Bayreuth	Bayreuth	OF.
Bayreuth L.	18,426	Bayreuth	Bayreuth	Bayreuth	OF.
Beilngries	13,622	Beilngries	Eichstädt	Nürnberg	MF.
Berchtesgaden	8,328	Berchtesgaden	Traunstein	München r/I	OB.
Bergzabern	23,054	Bergzabern	Landau	Landau	Pf.
Berneck	16,280	Berneck	Bayreuth	Bayreuth	OF.
Bischofsheim	9,915	Neustadt a/S.	Neustadt a/S	Schweinfurt	UF.
Bliescastl	12,150	Zweibrücken	Zweibrück.	Zweibrück.	Pf.
Bogen	12,454	Bogen	Straubing	Landshut	NB.
Bruck	20,860	Bruck	München r/I	München r/I	OB.
Brückenau	13,719	Brückenau	Lohr	Würzburg	UF.
Buchloe	10,316	Kaufbeuern	Augsburg	Augsburg	Schw.
Burgau	14,460	Günzburg	Augsburg	Augsburg	Schw.
Burgebrach	11,719	Bamberg II.	Bamberg	Bamberg	OF.
Burghausen	10,376	Altötting	Wasserburg	München r/I	OB,
Burglengenfeld	13,903	Burglengenfeld	Regensburg	Regensburg	OPf.
Cadolzburg	12,724	Fürth	Fürth	Fürth	MF.
Cham	16,488	Cham	Neunbg v/W.	Regensburg	OPf.
Culmbach	21,133	Culmbach	Bayreuth	Bayreuth	OF.
Cusel	18,582	Cusel	Kaiserslaut.	Kaiserslaut.	Pf.
Dachau	20,260	Dachau	München r/I	München r/I	OB.
Dahn	9,351	Pirmasenz	Zweibrück.	Zweibrück.	Pf.
Deggendorf	21,375	Deggendorf	Deggendorf	Passau	NB.
Dettelbach	11,053	Kitzingen	Würzburg	Würzburg	UF.
Diessen	7,721	Landsberg	Weilheim	München l/I.	OB.
Dillingen	15,348	Dillingen	Donauwörth	Augsburg	Schw.
Dingolfing	21,075	Dingolfing	Landshut	Landshut	NB.
Dinkelsbühl St.L	17,899	DinkelsbühlM.B.	Ansbach	Ansbach	MF.
Donauwrth St.L.	17,927	DonauwörthM.B.	Donauwörth	Augsburg	Schw

Stadt- u. Landgerichte.	Bevölkerung.	Bezirksämter u. unm. Magistrate.	Bezirksgerichte.	Handelsgerichte.	Kreis.
Dorfen	12,640	Erding	Freising	München l/I.	OB.
Dürkheim	28,072	Neustadt a/H.	Frankenthal	Frankenthal	Pf.
Ebermannstadt	11,622	Ebermannstadt	Bamberg	Bamberg	OF.
Ebern	11,029	Ebern	Schweinfurt	Schweinfurt	UF.
Ebersberg	22,544	Ebersberg	Wasserburg	München r/I	OB.
Edenkoben	23,805	Landau	Landau	Landau	Pf.
Eggenfelden	18,694	Eggenfelden	Pfarrkirch.	Passau	NB.
Eichstädt St. L.	19,387	Eichstädt M. B.	Eichstädt	Nürnberg	MF.
Ellingen	10,323	Weissenburg	Eichstädt	Nürnberg	MF.
Eltmann	14,452	Hassfurt	Schweinfurt	Schweinfurt	UF.
Erbendorf	9,491	Kemnath	Weiden	Amberg	OPf.
Erding	22,005	Erding	Freising	München l/I.	OB.
Erlangen St. L.	25,388	Erlangen M. B.	Fürth	Fürth	MF.
Eschenbach	14,236	Eschenbach	Weiden	Amberg	OPf.
Euerdorf	10,245	Hammelburg	Lohr	Würzburg	UF.
Falkenstein	6,248	Roding	Neunbg v/W	Regensburg	OPf.
Feuchtwangen	14,205	Feuchtwangen	Ansbach	Ansbach	MF.
Forcheim	17,419	Forchheim	Bamberg	Bamberg	OF.
Frankenthal	21,990	Frankenthal	Frankenthal	Frankenthal	Pf.
Freysing St. L.	23,140	Freising M. B.	Freising	München l/I.	OB.
Freyung	15,274	Wolfstein	Passau	Passau	NB.
Friedberg	21,533	Friedberg	Aichach	München l/I.	OB.
Furth	7,353	Cham	Neunbg v/W.	Regensburg	OPf.
Fürth St.	24,577	Fürth StM.	Fürth	Fürth	MF.
Fürth L.	11,814	Fürth	Fürth	Fürth	MF.
Füssen	14,116	Füssen	Kempten	Kempten	Schw.
Geisenfeld	15,169	Pfaffenhofen	Freising	München l/I.	OB.
Gemünden	16,044	Lohr	Lohr	Würzburg	UF.
Germersheim	25,536	Germersheim	Landau	Landau	Pf.
Gerolzhofen	11,998	Gerolzhofen	Schweinfurt	Schweinfurt	UF.
Göllheim	9,834	Kirchheimbolan.	Kaiserslaut.	Kaiserslaut.	Pf.
Grafenau	16,647	Grafenau	Deggendorf	Passau	NB.
Gräfenberg	13,833	Forchheim	Bamberg	Bamberg	OF.
Greding	11,738	Beilngries	Eichstädt	Nürnberg	MF.
Griesbach	14,260	Griesbach	Pfarrkirch.	Passau	NB.
Grönenbach	12,210	Memmingen	Memmingen	Memmingen	Schw.
Grünstadt	22,378	Frankenthal	Frankenthal	Frankenthal	Pf.
Günzburg St. L.	17,645	Günzburg M. B.	Augsburg	Augsburg	Schw
Gunzenhausen	15,979	Gunzenhausen	Ansbach	Ansbach	MF.
Haag	16,760	Wasserburg	Wasserburg	München r/I	OB.
Hammelburg	11,853	Hammelburg	Lohr	Würzburg	UF.
Hassfurt	12,786	Hassfurt	Schweinfurt	Schweinfurt	UF.
Heidenheim	12,856	Gunzenhausen	Eichstädt	Nürnberg	MF.
Heilsbronn	16,237	Heilsbronn	Ansbach	Ansbach	MF.
Hemau	19,175	Hemau	Regensburg	Regensburg	OPf.
Hengersberg	17,559	Deggendorf	Deggendorf	Passau	NB.
Herrieden	11,789	Feuchtwangen	Ansbach	Ansbach	MF.
Hersbruck	17,968	Hersbruck	Nürnberg	Nürnberg	MF.
Herzogenaurach	11,822	Höchstadt a/A.	Bamberg	Bamberg	OF.
Hiltpoltstein	13,145	Neumarkt	Amberg	Amberg	OPf.
Höchstadt a/A.	15,543	Höchstadt a/A,	Bamberg	Bamberg	OF.
Höchstädt a/D.	14,245	Dillingen	Donauwörth	Augsburg	Schw
Hof St. L.	32,978	Hof StM. u. BA.	Hof	Hof	OF.
Hofheim	14,287	Königshofen	Schweinfurt	Schweinfurt	UF.
Hollfeld	12,775	Ebermannstadt	Bayreuth	Bayreuth	OF.
Homburg	10,693	Homburg	Zweibrück.	Zweibrück.	Pf.
Hornbach	9,959	Zweibrücken	Zweibrück.	Zweibrück.	Pf.

Stadt- u. Landgerichte.	Bevölkerung.	Bezirksämter u. unm. Magistrate.	Bezirksgerichte.	Handelsgerichte.	Kreis.
Illertissen	10.146	Illertissen	Memmingen	Memmingen	Schw
Immenstadt	15,004	Sonthofen	Kempten	Kempten	Schw
Ingolstadt St. L.	29,189	Ingolstadt M. B.	Aichach	München l/I.	OB.
Kaiserslautern	33,657	Kaiserslautern	Kaiserslaut.	Kaiserslaut.	Pf.
Kandel	26,750	Germersheim	Landau	Landau	Pf.
Karlstadt	16,584	Karlstadt	Lohr	Würzburg	UF.
Kastl	11,006	Velburg	Amberg	Amberg	OPf.
Kaufbeuern St.L.	14,272	KaufbeuernM.B.	Kempten	Kempten	Schw.
Kelheim	15,930	Kehlheim	Landshut	Landshut	NB.
Kemnath	13,821	Kemnath	Weiden	Amberg	OPf.
Kempten St. L.	33,960	Kempten M. B.	Kempten	Kempten	Schw.
Kipfenberg	9,572	Eichstädt	Eichstädt	Nürnberg	MF.
Kirchenlamitz	12,128	Wunsiedel	Hof	Hof	OF.
Kirchheimboln.	14,544	Kirchheim	Kaiserslaut.	Kaiserslaut.	Pf.
Kissingen	14,134	Kissingen	Neustadt a/S	Schweinfurt	UF.
Kitzingen St. L.	17,317	Kitzingen M. B.	Würzburg	Würzburg	UF.
Klingenberg	14,203	Obernburg	Aschaffenbg	Aschaffenbg	UF.
Königshofen	15,391	Königshofen	Neustadt a/S	Schweinfurt	UF.
Kötzting	12,805	Kötzting	Straubing	Landshut	NB.
Kronach	28,374	Kronach	Kronach	Bamberg	OF.
Krumbach	19,551	Krumbach	Memmingen	Memmingen	Schw
Landau in Ndb.	21,040	Landau	Pfarrkirchen	Passau	NB.
Landau i. d. Pf.	33,083	Landau	Landau	Landau	Pf.
Landsberg	19,274	Landsberg	Weilheim	München l/I.	OB.
Landshut St. L.	39,745	Landshut M. B.	Landshut	Landshut	NB.
Landstuhl	18,906	Homburg	Zweibrück.	Zweibrück.	Pf.
Lauf	15,823	Hersbruck	Nürnberg	Nürnberg	MF.
Laufen	18,214	Laufen	Traunstein	München r/I	OB.
Lauingen	13,712	Dillingen	Donauwörth	Augsburg	Schw.
Lauterecken	9,387	Kusel	Kaiserslaut.	Kaiserslaut.	Pf.
Leutershausen	10,383	Ansbach	Ansbach	Ansbach	MF.
Lichtenfels	17,928	Lichtenfels	Kronach	Bamberg	OF.
Lindau St.- L.	13,131	Lindau M. B.	Kempten	Kempten	Schw
Lohr	12,540	Lohr	Lohr	Würzburg	UF.
Ludwigshafen	32,666	Speyer	Frankenthal	Frankenthal	Pf.
Ludwigstadt	11,381	Teuschnitz	Kronach	Bamberg	OF.
Mainburg	14,234	Rottenburg	Landshut	Landshut	NB.
Mallersdorf	19,472	Mallersdorf	Straubing	Landshut	NB.
Marktbibart	10,307	Scheinfeld	Windsheim	Fürth	MF.
Marktbreit	8,428	Kitzingen	Würzburg	Würzburg	UF.
Markterlbach	14,027	Neustadt a/A.	Windsheim	Fürth	MF.
Marktheidenfeld	10,811	Marktheidenfeld	Lohr	Würzburg	UF.
Melrichstadt	13,664	Mellrichstadt	Neustadt a/S	Schweinfurt	UF.
Memming. St. L.	12,238	Memmingen.MB.	Memmingen	Memmingen	Sch w.
Miesbach	16,252	Miesbach	München r/I	München r/I	OB.
Miltenberg	11,076	Miltenberg	Aschaffenbg	Aschaffenbg	UF.
Mindelheim	16,313	Mindelheim	Memmingen	Memmingen	Schw.
Mitterfels	18,278	Bogen	Straubing	Landshut	NB.
Monheim	16,560	Donauwörth	Donauwörth	Augsburg	Schw.
Moosburg	15,311	Freising	Freising	München l/I.	OB.
Mühldorf	16,257	Mühldorf	Wasserburg	München r/I	OB.
Münchberg	24,960	Münchberg	Hof	Hof	OF.
München St. l/I.	141,769	München M. Pd.	München l/I.	München l/I	OB.
München St. r/I.	27,924	München M. Pd.	München r/I	München r/I	OB.
München L. l/I.	22,528	München l/I.	München l/I	München l/I	OB.
München Ld. r/I.	11,417	München r/I.	München r/I	München r/I	OB.

Stadt- u. Landgerichte.	Bevölkerung.	Bezirksämter u. unm. Magistrate.	Bezirksgerichte.	Handelsgerichte.	Kreis.
Münnerstadt	14,844	Kissingen	Neustadt a/S	Schweinfurt	UF.
Nabburg	18,177	Nabburg	Neunbg v/W.	Regensburg	OPf.
Naila	22,493	Naila	Hof	Hof	OF.
Neubrg a/D. St.L	24,962	Neubrg a/D. M.B.	Donauwörth	Augsburg	Schw.
Neukirchen	10,854	Kötzting	Straubing	Landshut	NB.
Neumarkt OPf.	20,049	Neumarkt	Amberg	Amberg	OPf.
Neumarkt a/R.	13,379	Mühldorf	Wasserburg	München r/I	OB.
Neunburg v/W.	15,597	Neunburg v/W.	Neunbg v/W	Regensburg	OPf.
Neustadt a/A.	18,569	Neustadt a/A.	Windsheim	Fürth	MF.
Neustadt a/H.	39,055	Neustadt a/H.	Frankenthal	Frankenthal	Pf.
Neustadt a/S.	11,251	Neustadt a/S.	Neustadt a/S	Schweinfurt	UF.
Neustadt a/W.N.	12,599	Neustadta/W.-N.	Weiden	Amberg	OPf.
Neuulm	16,138	Neuulm	Augsburg	Augsburg	Schw.
Nittenau	10,583	Roding	Neunbg v/W	Regensburg	OPf.
Nordhalben	5,597	Teuschnitz	Kronach	Bamberg	OF.
Nördlingen St.L.	23,136	Nördlingen M. B.	Donauwörth	Augsburg	Schw.
Nürnberg St.	83,214	Nürnberg M.	Nürnberg	Nürnberg	MF.
Nürnberg L.	15,660	Nürnberg	Nürnberg	Nürnberg	MF.
Oberdorf	10,344	Oberdorf	Kempten	Kempten	Schw.
Obergünzburg	9,136	Oberdorf	Kempten	Kempten	Schw.
Obermoschel	15,115	Kirchheimbolnd.	Kaiserslaut.	Kaiserslaut.	Pf.
Obernburg	12,535	Obernburg	Aschaffenbg	Aschaffenbg	UF.
Oberviechtach	16,799	Neunburg v/W.	Neunbg v/W	Regensburg	OPf.
Ochsenfurt	14,018	Ochsenfurt	Würzburg	Würzburg	UF.
Osterhofen	15,435	Vilshofen	Deggendorf	Passau	NB.
Oettingen	15,154	Nördlingen	Donauwörth	Augsburg	Schw.
Otterberg	12,626	Kaiserslautern	Kaiserslaut.	Kaiserslaut.	Pf.
Ottobeuern	13,242	Memmingen	Memmingen	Memmingen	Schw.
Pappenheim	10,780	Weissenburg	Eichstädt	Nürnberg	MF
Parsberg	15,180	Velburg	Amberg	Amberg	OPf.
Passau St.	13,379	Passau M.	Passau	Passau	NB.
Passau L. I.	21,043	Passau	Passau	Passau	NB.
Passau L. II.	14,453	Passau	Passau	Passau	NB.
Pegnitz	12,775	Pegnitz	Bayreuth	Bayreuth	OF.
Pfaffenhofen	15,164	Pfaffenhofen	Freising	München l/I.	OB.
Pfarrkirchen	15,563	Pfarrkirchen	Pfarrkirch.	Passau	NB.
Pirmasens	22,260	Pirmasens	Zweibrück.	Zweibrück.	Pf.
Pottenstein	15,051	Pegnitz	Bayreuth	Bayreuth	OF.
Prien	9,432	Rosenheim	Traunstein	München r/I	OB.
Rain	12,768	Aichach	Aichach	München l/I	OB.
Regen	21,461	Regen	Deggendorf	Passau	NB.
Regensburg St.	33,267	Regensburg M.	Regensburg	Regensburg	OPf.
Regensburg L.	16,649	Regensburg	Regensburg	Regensburg	OPf.
Regenstauf	13,541	Stadtamhof	Regensburg	Regensburg	OPf.
Rehau	15,139	Rehau	Hof	Hof	OF.
Reichenhall	8,032	Berchtesgaden	Traunstein	München r/I	OB.
Riedenburg	13,575	Hemau	Regensburg	Regensburg	OPf.
Roding	9,979	Roding	Neunbg v/W	Regensburg	OPf.
Rockenhausen	10,557	Kirchheimbolnd	Kaiserslaut.	Kaiserslaut.	Pf.
Rosenheim St. L.	24,782	Rosenheim M. B.	Traunstein	München r/I	OB.
Roth	13,467	Schwabach	Fürth	Fürth	MF.
Rothenbuch	10,596	Aschaffenburg	Aschaffenbg	Aschaffenbg	UF.
Rothenbg. a/T. St.L.	13,135	Rothenbg. a/T. M.B.	Windsheim	Fürth	MF.
Rothenfels	9,896	Marktheidenfeld	Lohr	Würzburg	UF.
Rottenburg Nb.	18,933	Rottenburg	Landshut	Landshut	NB.
Rottthalmünstr.	16,925	Griesbach	Pfarrkirch.	Passau	NB.
Scheinfeld	9,958	Scheinfeld	Windsheim	Fürth	MF.

Stadt- u. Land-gerichte.	Bevölk-erung.	Bezirksämter u. unm. Magistrate.	Bezirks-gerichte.	Handels-gerichte.	Kreis.
Schesslitz	12,734	Bamberg I.	Bamberg	Bamberg	OF.
Schillingsfürst	8,411	Rothenburg a/T.	Windsheim	Fürth	MF.
Schöllkrippen	8,992	Alzenau	Aschaffenbg	Aschaffenbg	UF.
Schongau	19,123	Schongau	Weilheim	München l/I	OB.
Schrobenhausen	18,223	Schrobenhausen	Aichach	München l/I	OB.
Schwabach St. L.	20,935	Schwabach M. B.	Fürth	Fürth	MF.
Schwabmünchn.	15,160	Augsburg	Augsburg	Augsburg	Schw
Schwandorf	8,456	Burglengenfeld	Regensburg	Regensburg	OPf.
Schweinfurt St.L	27,061	Schweinfurt M.	Schweinfurt	Schweinfurt	UF.
Selb	10,372	Rehau	Hof	Hof	OF.
Sesslach	6,243	Staffelstein	Kronach	Bamberg	OF.
Simbach	16,067	Pfarrkirchen	Pfarrkirch.	Passau	NB.
Sonthofen	13,831	Sonthofen	Kempten	Kempten	Schw
Speyer	26,662	Speyer	Frankenthal	Frankenthal	Pf.
Stadtamhof	13,250	Stadtamhof	Regensburg	Regensburg	OPf.
Stadtprozelten	12,433	Marktheidenfeld	Aschaffenbg	Aschaffenbg	UF.
Stadtsteinach	19,648	Stadtsteinach	Kronach	Bamberg	OF.
Staffelstein	13,902	Staffelstein	Kronach	Bamberg	OF.
Starnberg	12,011	München l/I.	Weilheim	München l/I	OB.
Straubing St. L.	31,895	Straubing M. B.	Straubing	Landshut	NB.
St. Ingbert	13,984	Zweibrücken	Zweibrückn.	Zweibrückn	Pf.
Sulzbach	17,079	Sulzbach	Amberg	Amberg	OPf.
Tegernsee	5,192	Miesbach	München r/I	München r/I	OB.
Thiersheim	10,852	Wunsiedel	Hof	Hof	OF.
Thurnau	9,764	Kulmbach	Bayreuth	Bayreuth	OF.
Tirschenreuth	13,872	Tirschenreuth	Weiden	Amberg	OPf.
Tittmoning	10,388	Laufen	Traunstein	München r/I	OB.
Tölz	12,887	Tölz	Weilheim	München l/I	OB.
Traunstein	24,299	Traunstein	Traunstein	München r/I	OB.
Trostberg	14,502	Traunstein	Traunstein	München r/I	OB.
Türkheim	15,315	Mindelheim	Augsburg	Augsburg	Schw
Uffenheim	14,588	Uffenheim	Windsheim	Fürth	OF.
Viechtach	19,465	Viechtach	Deggendorf	Passau	NB.
Vilsbiburg	26,324	Vilsbiburg	Landshut	Landshut	NB.
Vilseck	10,168	Amberg	Amberg	Amberg	OPf.
Vilshofen	23,775	Vilshofen	Passau	Passau	NB.
Vohenstrauss	23,211	Vohenstrauss	Weiden	Amberg	OPf.
Volkach	12,275	Gerolzhofen	Schweinfurt	Schweinfurt	UF.
Waldfischbach	10,486	Pirmasens	Zweibrück.	Zweibrück.	Pf.
Waldkirchen	12,942	Wolfstein	Passau	Passau	NB.
Waldmohr	18,216	Homburg	Zweibrück.	Zweibrück.	Pf.
Waldmünchen	16,232	Waldmünchen	Neunbg v/W	Regensburg	OPf.
Waldsassen	15,122	Tirschenreuth	Weiden	Amberg	OPf.
Wasserburg	16,343	Wasserburg	Wasserburg	München r/I	OB.
Wassertrüding.	12,405	Dinkelsbühl	Ansbach	Ansbach	MF.
Wegscheid	18,115	Wegscheid	Passau	Passau	NB.
Weiden	14,228	Neustadt a/W.-N.	Weiden	Amberg	OPf.
Weidenberg	9,669	Bayreuth	Bayreuth	Bayreuth	OF.
Weiler	15,776	Lindau	Kempten	Kempten	Schw
Weilheim	20,348	Weilheim	Weilheim	München l/I	OB.
Weismain	11,531	Lichtenfels	Kronach	Bamberg	OF.
Weissenbrg St.	8,358	Weissenburg	Eichstädt	Nürnberg	MF.
Weissenhorn L.	13,005	Illertissen	Memmingen	Memmingen	Sch w
Werdenfels	9,816	Werdenfels	Weilheim	München l/I	OB.
Werneck	14.187	Schweinfurt	Schweinfurt	Schweinfurt	UF.
Wertingen	17,685	Wertingen	Augsburg	Augsburg	Schw
Wiesentheid	8,664	Gerolzhofen	Schweinfurt	Schweinfurt	UF.

Stadt- u. Landgerichte.	Bevölkerung.	Bezirksämter u. unm. Magistrate.	Bezirksgerichte.	Handelsgerichte.	Kreis.
Windsheim	15,384	Uffenheim	Windsheim	Fürth	MF.
Winnweiler	12,936	Kaiserslautern	Kaiserslaut.	Kaiserslaut.	Pf.
Wolfratshausen	14,943	München r/I.	München r/I	München r/I	OB.
Wolfstein	11,744	Kusel	Kaiserslaut.	Kaiserslaut.	Pf.
Wörth	9,776	Regensburg	Regensburg	Regensburg	OPf.
Wunsiedel	14,492	Wunsiedel	Hof	Hof	OF.
Würzburg Stg.	40,005	Würzburg M.	Würzburg	Würzburg	UF.
Würzbrg Lg.	37,334	Würzburg	Würzburg	Würzburg	UF.
Zusmarshausen	16,286	Zusmarshausen	Augsburg	Augsburg	Schw
Zweibrücken	21,833	Zweibrücken	Zweibrück.	Zweibrück.	Pf.

D.

Bevölkerung der 237 Städte Bayerns.

NB. Die 33 unmittelbaren Städte sind gesperrt gedruckt.

Namen.	Bevölkerung.	Namen.	Bevölkerung.	Namen.	Bevölkerung.
Abenberg	1443	Dettelbach	2255	Grafenau	967
Abensberg	1816	Dietfurt	1115	Grafenwöhr	927
Aichach	2551	Dillingen	4894	Greding	1070
Altdorf	3160	Dingolfing	3100	Grünstadt	3344
A m b e r g	11688	D i n k e l s b ü h l	5212	G ü n z b u r g	3758
Amorbach	2380	D o n a u w ö r t h	3443	Gundelfingen	2517
Annweiler	2734	Dürkheim	5572	Gunzenhausen	3313
A n s b a c h	12636	Ebermannstadt	709	Hammelburg	2793
Arnstein	1597	Ebern	1116	Harburg	1270
Arzberg	2108	Edenkofen	4777	Hassfurt	2428
A s c h a f f e n b g.	9212	Eibelstadt	1228	Heideck	960
Aub	1003	E i c h s t ä d t	7013	Heidingsfeld	3392
Auerbach	1673	Ellingen	1467	Helmbrechts	2486
Augsburg	51220	Eltmann	1504	Hemau	1605
Bärnau	1307	Erbendorf	1433	Herrieden	1041
B a m b e r g	25738	Erding	2693	Hersbruck	3277
Bayersdorf	1271	E r l a n g e n	12510	Herzogenaurach	2062
B a y r e u t h	17841	Eschenbach OPf.	1388	Hilpoltstein	1511
Beilngries	1620	Eschenbach MF.	922	Hirschau	1737
Berching	1467	Feuchtwangen	2392	Höchstadt a. A.	1868
Bergzabern	2283	Fladungen	743	Höchstädt	2304
Berneck	1355	Forchheim	3659	H o f	16010
Betzenstein	672	Frankenthal	7021	Hofheim	986
Bischofsheim	1470	F r e i s i n g	7783	Hollfeld	1041
Blieskastel	1542	Freystadt	858	Homburg	3525
Brückenau	1669	Friedberg	2366	Hornbach	1449
Burgau	2071	F ü r t h	24577	Immenstadt	2200
Burghausen	3131	Füssen	2128	Ingbert St.	8434
Burgkundstadt	1248	Furth	3963	I n g o l s t a d t	13157
Burglengenfeld	2829	Gemünden	2319	Iphofen	1867
Cham	2920	Germersheim	6223	Kaiserslautern	17896
Creussen	1084	Gerolzhofen	2055	Karlstadt	2240
Deggendorf	5452	Goldkronach	876	K a u f b e u e r n	5191
Deidesheim	2697	Gräfenberg	1032	Kelheim	2820

Namen.	Bevölkerung.	Namen.	Bevölkerung.	Namen.	Bevölkerung.
Kemnath	1413	Neuötting	2387	Schwabach	6702
Kempten	11223	Neustadt a. A.	3709	Schwandorf	3215
Kirchheimboland.	3083	Neustadt a. Culm	996	Schwarzenbach	3376
Kissingen	3120	Neustadt a. D.	1728	Schweinfurt	10325
Kitzingen	5967	Neustadt a H.	9320	Selb	4236
Klingenberg	880	Neustadt a. S.	2094	Sesslach	770
Königshofen	1841	Neustadt a. WN.	1449	Spalt	1805
Kronach	3992	Neu-Ulm	5268	Speyer	13223
Kulmbach	4939	Nördlingen	7079	Stadtamhof	2860
Kupferberg	872	Nürnberg	83214	Stadtlauringen	730
Kusel	2778	Obermoschel	1311	Stadtprozelten	831
Landau Pf.	6921	Obernburg	1708	Stadtsteinach	1493
Landau a. I.	2557	Ochsenfurt	2380	Staffelstein	1665
Landsberg	4476	Oettingen	2868	Straubing	11150
Landshut	14140	Oggersheim	3115	Sulzbach	4270
Landstuhl	3032	Ornbau	803	Teuschnitz	1022
Langenzenn	1744	Osterhofen	1452	Tirschenreuth	2462
Lauf	3171	Otterberg	2512	Tittmoning	1471
Laufen	2149	Pappenheim	1821	Traunstein	3972
Lauingen	3644	Passau	13379	Uffenheim	1981
Leipheim	1676	Pegnitz	1612	Velburg	1089
Leutershausen	1482	Pfaffenhofen	2448	Velden	736
Lichtenberg	832	Pfarrkirchen	2277	Vilseck	1109
Lichtenfels	2309	Pfreimd	1346	Vilshofen	2937
Lindau	4445	Pirmasens	8563	Volkach	1906
Lohr	4205	Pleistein	1205	Wachenheim	2468
Ludwigshafen	7874	Pottenstein	978	Waischenfeld	791
Mainbernheim	1381	Pressat	1867	Waldmünchen	2676
Marktbreit	2210	Prichsensadt	779	Wasserburg	3371
Mellrichstadt	1904	Rain	1425	Wassertrüdingen	1734
Memmingen	7209	Regensburg	29185	Weiden	3670
Merkendorf	815	Rehau	3317	Weilheim	3328
Miltenberg	3232	Reichenhall	3312	Weissenburg	5148
Mindelheim	3120	Röttingen	1294	Weissenhorn	1794
Monheim	1264	Rötz	1182	Weissenstadt	2637
Moosburg	2600	Rosenheim	5779	Weissmain	1166
Mühldorf	2283	Roth	2458	Wemding	1991
Münchberg	3460	Rothenburg	5382	Wertingen	1789
München	169693	Rothenfels	711	Windsbach	1483
Münnerstadt	2038	Schauenstein	1284	Windsheim	3350
Nabburg	1887	Scheinfeld	1166	Wörth	1421
Naila	2112	Schesslitz	1257	Würzburg	40005
Neuburg a. D.	6379	Schönsee	1392	Wunsiedel	3668
Neumarkt	4513	Schongau	1803	Zeil	1368
Neunburg v. W.	2386	Schrobenhausen	2439	Zweibrücken	8395

Gesammtbevölkerung aller Städte: 1,170,624.

Beilage XVIII.

Zinsberechnungen.

Kapit.-Betrag.	Zu 4 pro Cent auf								Zu 4½ pro Cent auf								Zu 5 pro Cent auf						Zu 6 pro Cent auf					
	1 Tag		1 Monat			1 Jahr			1 Tag		1 Monat			1 Jahr			1 Tag		1 Mon.		1 Jahr		1 Tag		1 Monat		1 Jahr	
fl.	kr	hl	fl.	kr.	hl.	fl.	kr	hl.	kr	hl.	fl.	kr	hl.	fl.	kr	hl.	kr	hl.	fl.	kr.	fl.	kr.	kr	hl.	fl.	kr.	fl.	kr.
1	—	4/75	—	—	1 3/5	—	2	3 1/5	—	3/50	—	—	1 4/5	—	2	5 3/5	—	1/15	—	1/4	—	3	—	2/25	—	1/4	—	3 5/8
2	—	8/75	—	—	3 1/5	—	4	6 2/5	—	6/50	—	—	3 3/5	—	5	3 1/5	—	2/15	—	1/2	—	6	—	4/25	—	3/4	—	6 1/8
3	—	4/25	—	—	4 4/5	—	7	1 3/5	—	9/50	—	—	5 2/5	—	8	4/5	—	1/5	—	3/4	—	9	—	6/25	—	7/8	—	10 3/4
4	—	16/75	—	—	6 2/5	—	9	4 4/5	—	12/50	—	—	7 1/5	—	10	6 2/5	—	4/15	—	1	—	12	—	8/25	—	1 1/8	—	14 3/8
5	—	4/15	—	1	—	—	12	—	—	3/10	—	1	1	—	13	4	—	1/3	—	1 1/4	—	15	—	2/5	—	1 1/2	—	18
6	—	8/25	—	1	1 3/5	—	14	3 1/5	—	18/50	—	1	2 4/5	—	16	1 3/5	—	2/5	—	1 1/2	—	18	—	12/25	—	1 3/4	—	21 5/8
7	—	28/75	—	1	3 1/5	—	16	6 2/5	—	21/50	—	1	4 3/5	—	18	7 1/5	—	7/15	—	1 3/4	—	21	—	14/25	—	2 1/8	—	25 1/8
8	—	32/75	—	1	4 4/5	—	19	1 3/5	—	12/25	—	1	6 2/5	—	21	4 4/5	—	8/15	—	2	—	24	—	16/25	—	2 3/8	—	29 3/4
9	—	12/25	—	1	6 2/5	—	21	4 4/5	—	27/50	—	2	1/5	—	24	2 2/5	—	3/5	—	2 1/4	—	27	—	18/25	—	2 5/8	—	32 3/8
10	—	8/15	—	2	—	—	24	—	—	3/5	—	2	2	—	27	—	—	2/3	—	2 1/2	—	30	—	4/5	—	3	—	36
20	—	1 1/15	—	4	—	—	48	—	—	1 1/5	—	4	4	—	54	—	—	1 1/3	—	5	1	—	—	1 3/5	—	6	1	12
30	—	1 3/5	—	6	—	1	12	—	—	1 4/5	—	6	6	1	21	—	—	2	—	7 1/2	1	30	—	2 2/5	—	9	1	48
40	—	2 2/15	—	8	—	1	36	—	—	2 2/5	—	9	—	1	48	—	—	2 2/3	—	10	2	—	—	3 1/5	—	12	2	24
50	—	2 2/3	—	10	—	2	—	—	—	3	—	11	2	2	15	—	—	3 1/3	—	12 1/2	2	30	—	4	—	15	3	—
60	—	3 1/5	—	12	—	2	24	—	—	3 3/5	—	13	4	2	42	—	—	4	—	15	3	—	—	4 4/5	—	18	3	36
70	—	3 11/15	—	14	—	2	48	—	—	4 1/5	—	15	6	3	9	—	—	4 2/3	—	17 1/2	3	30	—	5 3/5	—	21	4	12
80	—	4 4/15	—	16	—	3	12	—	—	4 4/5	—	18	—	3	36	—	—	5 1/3	—	20	4	—	—	6 2/5	—	24	4	48
90	—	4 4/5	—	18	—	3	36	—	—	5 2/5	—	20	2	4	3	—	—	6	—	22 1/2	4	30	—	7 1/5	—	27	5	24
100	—	5 1/3	—	20	—	4	—	—	—	6	—	22	4	4	30	—	—	6 2/3	—	25	5	—	1	—	—	30	6	—
200	1	2 2/3	—	40	—	8	—	—	1	4	—	45	—	9	—	—	1	5 1/3	—	50	10	—	2	—	1	—	12	—
300	2	—	1	—	—	12	—	—	2	2	1	7	4	13	30	—	2	4	1	15	15	—	3	—	1	30	18	—
400	2	5 1/3	1	20	—	16	—	—	3	—	1	30	—	18	—	—	3	2 2/3	1	40	20	—	4	—	2	—	24	—
500	3	2 2/3	1	40	—	20	—	—	3	6	2	52	4	22	30	—	4	1 1/3	2	5	25	—	5	—	2	30	30	—
600	4	—	2	—	—	24	—	—	4	4		15	—	27	—	—	5	—	2	30	30	—	6	—	3	—	36	—
700	4	5 1/3	2	20	—	28	—	—	5	2	2	37	4	31	30	—	5	6 2/3	2	55	35	—	7	—	3	30	42	—
800	5	2 2/3	2	40	—	32	—	—	6	—	3	—	—	36	—	—	6	5 1/3	3	20	40	—	8	—	4	—	48	—
900	6	—	3	—	—	36	—	—	6	6	3	22	4	40	30	—	7	4	3	45	45	—	9	—	4	30	54	—
1000	6	5 1/3	3	20	—	40	—	—	7	4	3	45	—	45	—	—	8	2 2/3	4	10	50	—	10	—	5	—	60	—
2000	13	2 2/3	6	40	—	80	—	—	15	—	7	30	—	90	—	—	16	5 1/3	8	20	100	—	20	—	10	—	120	—
3000	20	—	10	—	—	120	—	—	22	4	11	15	—	135	—	—	25	—	12	30	150	—	30	—	15	—	180	—
4000	26	5 1/3	13	20	—	160	—	—	30	—	15	—	—	180	—	—	33	2 2/3	16	40	200	—	40	—	20	—	240	—
5000	33	2 2/3	16	40	—	200	—	—	37	4	18	45	—	225	—	—	41	5 1/3	20	50	250	—	50	—	25	—	300	—

Die Zinsen zu 2, 2½ oder 3 Procent können leicht dadurch gefunden werden, dass die doppelt so grossen Zinsbeträge bei 4, 5 oder 6 Prozent aufgesucht und halbirt werden.

Beilage XIX.

Truppen-Dislocations-Tabelle.

Abtheilung.	Garnison.	Brigade.	Armee-Division.	General- oder Corps-Commando.	Bemerkungen. Die Occupationstruppen sind im Juli 1873 wieder in ihre bayer. Garnisonen zurückgekehrt.
Infanterie-Regimenter.		Inf.			
Infanterie-Leib-Regiment	München	1.	1.	München	II. Bataillon vorerst Augsburg.
1. Inf.-Reg. König	München	1.	1.	München	II. Bataillon vorerst Neu-Ulm.
„ „ Kronprinz	München	2.	1.	München	II. Bataillon vorerst Ingolstadt.
3 „ Prinz Karl v. Bayern R.-St. I. u. III. B. II. Bataillon	Augsburg Lindau	3.	2.	München	
4. „ König Carl v. Württemberg, R.-Stab. I., II. u. III. Bat.	Metz	*	.	Würzburg	* Besatzungs-Brigade von Metz.
Depot	Germersheim	8.	.	Würzburg	
5. „ „ Grossh. v. Hessen, R.-St. II. u. III. B. I. Bataillon	Bamberg Germersheim	7.	4.	Würzburg	
6. „ „ Kaiser Wilhelm, König v. Preussen, Reg-Stab III. Bat. II. „ I. „	Amberg Sulzbach Germersheim	5.	3.	Würzburg	
7. „ „ Hohenhausen, R.-Stab II. u. III. Bat. I. „	Bayreuth Landau	5.	3.	Würzburg	
8. „ „ Pranckh, R.-Stab I., II. u. III. Bat.	Metz	*	.	Würzburg	* Besatzungs-Brigade von Metz.
Depot	Germersheim	8.	.	Würzburg	
9 „ „ Wrede, Reg.-Stab II. u. III. Bat. I. Bat.	Würzburg Germersheim	7.	4.	Würzburg	

10. „ „ Prinz Ludwig	Ingolstadt	4.	2.	München	
11. „ „ von der Tann	Regensburg	2.	1.	München	
12. „ „ Königin Amalie von Griechenland	Neu-Ulm	3.	2.	München	
13. „ „ Kaiser Franz Joseph v. Oesterreich	Ingolstadt	4.	2.	München	
14. „ „ Hartmann	Nürnberg	6.	3.	Würzburg	
15. „ „ König Johann von Sachsen . .	Neuburg	6.	3.	Würzburg	I. Bataillon vorerst Ingolstadt.
Jäger-Bataillone.					
1. Jäger-Bataillon	Kempten	3.	2.	München	
2. „ „	Burghausen	1.	1.	München	
3. „ „	Eichstädt	6.	3.	Würzburg	
4. „ „	Landshut	2.	1.	München	
5. „ „	Zweibrücken	8.	4.	Würzburg	
6. „ „	Erlangen	[illegible]	[illegible]	Würzburg	
7. „ „	Landsberg	4.	2.	München	
8. „ „	Straubing	5.	3.	Würzburg	
9. „ „	Passau	1.	1.	München	
10. „ „	Aschaffenburg	8.	4.	Würzburg	
Cavalerie-Regimenter.		Cav.			
1. Cuirassier-Reg. Prinz Carl von Bayern .	München	1.	1.	München	
2. „ „ Prinz Adalbert, Reg.-Stab, 1., 3., 4. u. 5. Escadron 2. „	Landshut Nymphenburg	1.	1.	München	
1. Chevauxl.-Reg. Kaiser Alexander v. Russland Reg.-Stab 3., 4. u. 5. Escadr. 1. „ 2. „	Nürnberg Schwabach Neumarkt	3.	3.	Würzburg	

Abtheilung.	Garnison.	Brigade.	Armee-Division.	General- oder Corps-Commando.	Bemerkungen.
2. Chevauxl.-Reg. Taxis, Reg.-Stab, 2., 3., 4. u. 5. Escadr. 1. „	Bamberg Neustadt a. A.	4.	4.	Würzburg	
3. „ „ Herzog Maximilian, Reg.-St., 1., 2. u. 5. Escadr. 3. u. 4. „	Freising München	1.	1.	München	
4. „ „ König, Reg.-Stab, 1., 2., 3. u. 5. Escadr. 4. „	Augsburg Neu-Ulm	2.	2.	München	
5. „ „ Prinz Otto, Reg.-Stab, 1. u. 2. Escadr. 3. u. 4. „ Depot u. 5. „	Saargemünd St. Avold Zweibrücken	4.	4.	Würzburg	
6. „ „ Grossfürst Constantin Nikolajewitsch Reg.-Stab, 1. u. 5. Escadr. 3. u. 4. „ 2. „	Bayreuth Amberg Forchheim	3.	3.	Würzburg	
1. Uhlanen-Reg. vac. Grossfürst Thronfolger Nikolaus von Russland	Dillingen	2.	2.	München	
2. „ „ König	Ansbach	3.	3.	Würzburg	

Artillerie-Regimenter.				
1. Feld-Art.-Reg.	München	1.		München
2. „ „ „ Stb. u. F.-Abth.	Würzburg	2.		Würzburg
2. F.-Abth.	Landau	2.		„
Reit. Abth.	Würzburg	2.		„
3. „ „ „ Stb., 1. u. 2. F.-Abth.	München	1.		München
Reit. Abth.	„	1.		„
4. „ „ „ Stb., 1. u. 2. F.-Abth.	Augsburg	2.		Würzburg
1 F.-Batt.	Nürnberg	2.		„
1. Fuss-Art.-Reg. Stb., 1. u. 2. F.-Bat.	Ingolstadt	.		Insp. d. Artillerie u. d. Trains.
2. „ „ „ Stb. u. 1. F.-Batt.	Germersheim			„
2. F.-Bat.	Neu-Ulm			„
Pioniere.				
1. Pionier-Bat. Stb., 3. Feld- u. 1. Fest.-P.-Comp.	Ingolstadt			München
2. Fest.-P.-Comp.	Neu-Ulm			„
2. Pionier-Bat. Stb., 3. Feld- u. 1. Fest.-P.-Comp.	Ingolstadt			Würzburg
2. Fest.-P.-Comp.	Germersheim			„
Train mit Sanitätstruppen.				
1. Trainbat. mit Sanit.-Comp. u. Krankenw.-Abth.	München			München
2. „ „ „ „ „ „	Würzburg			Würzburg
Eisenbahn-Compagnie	Ingolstadt			München

Beilage XX.

Landwehrbezirke.

Brigaden	Nro. d. Landw.-Bezirks-Comm.	Regimenter	Landwehr-Bat.	Landwehr-Bezirks-Commandos	Zum Landwehr-Bezirks-Commando gehörige Bezirksämter und Magistrate * Die mit römischen Ziffern bezeichneten Namen sind Compagniesitze, welche, wenn an keinem Bezirksamte befindlich, in Klammern beigesetzt sind.
I. Brigade Sitz in München.	1.	1. Leib-R.	1.	**Traunstein**	I. (Reichenhall), Berchtesgaden, III. Traunstein, II. Laufen, IV. Rosenheim; Magistrat: Rosenheim.
	2.		2.	**Altötting**	I. Altötting, Mühldorf, III. Wasserburg, IV. Ebersberg, II. Erding.
	3.	1. I.-Reg.	1.	**Weilheim**	I. Miesbach, II. Tölz, III. Weilheim, Werdenfels, IV. Schongau.
	4.		2.	**München**	I. München r. d. Isar (Au), II. Magistrat München, III. (Haidhausen), IV. (Wolfratshausen).
II. Brigade Sitz in München.	5.	2. I.-Reg.	1.	**Bruck**	München l. d. I., IV. Landsberg, I. Bruck, II. (Neuhausen), III. Friedberg, Dachau.
	6.		2.	**Landshut**	IV. Dingolfing, Vilsbiburg, I. Landshut, III. Rottenburg, II. Freising, Magistrate: Landshut, Freising.
	7.	11. I.-Reg.	1.	**Vilshofen**	Eggenfelden, III. Pfarrkirchen, IV. Griesbach, I. Vilshofen, II. Landau a. d. Isar.
	8.		2.	**Passau**	I. Passau, II. (Freyung), III. (Schönberg), Wegscheid, Wolfstein, Grafenau, Regen, IV. Deggendorf, Magistrat: Passau.
III. Brigade Sitz in Augsburg.	9.	3. I.-Reg.	1.	**Kempten**	I. Kempten, II. (Nesselwang), III. (Immenstadt), Füssen, Sonthofen, IV. Lindau; Magistrate: Kempten, Lindau.
	10.		2.	**Mindelheim**	IV. Oberdorf, III. Kaufbeuren, I. Mindelheim, II. Memmingen; Magistrate: Kaufbeuren, Memmingen.
	11.	12. I.-Reg.	1.	**Augsburg**	III. Augsburg, IV. Zusmarshausen, II. Krumbach, Illertiessen, I. Neu-Ulm; Magistrat Augsburg.
	12.		2.	**Dillingen**	IV. Günzburg, I. Dillingen, Wertingen, II. Donauwörth, III. Nördlingen; Magistrate: Nördlingen, Donauwörth.
IV. Brigade Sitz in Ingolstadt.	13.	10. I.-Reg.	1.	**Ingolstadt**	IV. Aichach, Schrobenhausen, III. Pfaffenhofen, I. Ingolstadt, II. Eichstädt, Neuburg; Magistrate: Ingolstadt, Eichstädt, Neuburg.
	14.		2.	**Nürnberg**	Beilngries, Neumarkt, III. Velburg, I. Nürnberg, II. (Freystadt), IV. (Berching); Magistrat Nürnberg.
	15.	13. I.-Reg.	1.	**Regensburg**	III. Kelheim, IV. Hemau, I Regensburg. II. Stadtamhof; Magistrat Regensburg.
	16.		2.	**Straubing**	Mallersdorf, III. Straubing, IV. (Geiselhöring), Bogen, II. Viechtach, Kötzting, I. Cham; Magistrat Straubing.

Brigaden	Nro. d. Landw.-Bezirks-Comm.	Regimenter	Landwehr-Bat.	Landwehr-Bezirks-Commandos.	Zum Landwehr-Bezirks-Commando gehörige Bezirksämter und Magistrate * Die mit römischen Ziffern bezeichneten Namen sind Compagniesitze, welche wenn an keinem Bezirksamte befindlich, in Klammern beigesetzt sind.
V. Brigade Sitz in Bayreuth.	17.	6. I.-Reg.	1.	**Amberg**	IV. Roding, Waldmünchen, III. Neunburg v. W., Burglengenfeld, Nabburg, I. Amberg, II. (Schwandorf); Magistrat Amberg.
	18.		2.	**Neustadt a/WN.**	II. Vohenstrauss, I. Neustadt a. d. WN., III. Tirschenreuth, Kemnath, IV. Eschenbach.
	19.	7. I.-Reg.	1.	**Hof**	IV. Wunsiedel, Rehau, I. Hof, II. Naila, Teuschnitz, III. Münchberg, Berneck; Magistrat Hof.
	20.		2.	**Bayreuth**	I. Kronach, Stadtsteinach, II. Kulmbach, III. Bayreuth, IV. Pegnitz; Magistrat: Bayreuth.
VI. Brigade Sitz in Nürnberg.	21.	15. I.-Reg.	1.	**Gunzenhausen**	I. Dinkelsbühl, II. Gunzenhausen, III. Weissenburg, IV. Schwabach, Heilsbronn; Feuchtwangen; Magistrate: Dinkelsbühl, Weissenburg, Schwabach.
	22.		2.	**Ansbach**	I. Ansbach, II. Fürth, III. Neustadt a. d. A., IV. Uffenheim, Rothenburg; Magistrate: Fürth, Ansbach, Rothenburg.
	23.	14. I.-Reg.	1.	**Erlangen**	I. Sulzbach, II. Hersbruck, III. Erlangen, Forchheim, IV. Höchstadt; Magistrat: Erlangen.
	24.		2.	**Kitzingen**	Ochsenfurt, I. Kitzingen, II. Scheinfeld, III. Volkach, Gerolzhofen, IV. Hassfurt; Magistrat: Kitzingen.
VII. Brigade Sitz in Würzburg	25.	5. I.-Reg.	1.	**Bamberg**	IV. Ebern, II. Staffeltein, Lichtenfels, III. Ebermannstadt, I. Bamberg I., Bamberg II.; Magistrat: Bamberg.
	26.		2.	**Kissingen**	IV. Königshofen, III. Melrichstadt, Neustadt a. d. S., II. Brückenau, I. Kissingen, Hammelburg.
	27.	9. I.-Reg.	1.	**Würzburg**	II. Würzburg, III. Karlstadt, IV. Gemünden, I. Schweinfurt; Magistrate: Würzburg, Schweinfurt.
	28.		2.	**Aschaffenburg**	II. Miltenberg, Obernburg, III. Marktheidenfeld, IV. Lohr, Alzenau, I. Aschaffenburg; Magistrat Aschaffenburg.
VIII. Brigade Sitz in Speyer.	29.	4. I.-Reg.	1.	**Landau**	III. Bergzabern, I. Landau, II. (Annweiler), IV. (Langenkandel), Germersheim.
	30.		2.	**Speyer**	IV. Frankenthal, III. (Dürkheim), II. Neustadt a. H., I. Speyer.
	31.	8. I.-Reg.	1.	**Kaiserslautern**	IV. Kirchheimbolanden, II. Kusel, III. (Rockenhausen), I. Kaiserslautern.
	32.		2.	**Zweibrücken**	III. Homburg, I. Zweibrücken, II. (Blieskastel), IV. Pirmasens.

Beilage XXI.

Gehalts-Regulativ

für die

königl. bayerischen Staatsbeamten.

(V. V. v. 23. Mai 1872. Rbl. S. 1297. — V. v. 30. Mai 1872. Rbl. S. 1353. — ME. v. 25. Mai 1872. Rbl. S. 1337. — V. v. 30. Mai 1872. Rbl. S. 1369. — ME. v. 13. Juni 1872. Rbl. S. 1425. — ME. v. 14. Juni 1872. JMbl. S. 168.)

NB. Die römischen Ziffern in der II. Spalte geben die Gehaltsklasse nebst Unterabtheilungen (a. b. etc.) der pragmatisch angestellten Beamten an. Für die nicht pragmatisch angestellten (funktionirenden) Beamten ist in der II. Spalte ein »F.« (= Funktionsbezug) eingesetzt.

In den Spalten III. 1—4 sind die Gehälter nach Quinquennien angegeben. Ausnahmen (nach Triennien etc.) sind besonders überschrieben. Von den Bruchzahlen in der Spalte III. 1. bedeutet die obere Zahl den Gehalt in den ersten 3 Jahren und die untere jenen der letzten 2 Jahre dieses Quinquenniums. Von den Bruchzahlen in der Spalte III. 4. gibt die obere die Alterszulage im vierten Quinquennium, die untere jene eines jeden weiteren Quinquenniums an. Bei den Regierungsfunktionären bedeuten die Bruchzahlen Perioden von 2, 3 und 4 Jahren. Andere Funktionsbezüge sind wegen ihrer Unständigkeit und Individualität gar nicht angegeben.

I.	II.	III.			
		1	2	3	4
Beamten-Kategorien	Gehaltsklasse oder Funkt.-Bezug	Jahresgehalt in den Dienstjahren 1—5 $\left(\frac{1-3}{4-5}\right)$	6—10	11—15	Jahreszulage für jed. weitere Quinquennium
I. Ministerial-Beamte.		fl.	fl.	fl.	fl.
Staatsminister des Königl. Hauses und des Aeussern . . .		18000	.	.	.
„ der Justiz . . .		12000	.	.	.
„ des Innern		12000	.	.	.
„ des Innern für Kirchen- u. Schulangelegenheiten	.	12000	.	.	.
„ der Finanzen . . .	.	12000	.	.	.
Kriegsminister	.	12000	.	.	.
Ministerialdirektor	.	4000	.	.	.
	F.	1000			
Ministerialrath	I. a.	3300	3500	3700	$\frac{200}{100}$
Generalsekretär . . .	I. b	3000	3200	3300	$\frac{100}{100}$

I.	II.	III.			
		1	2	3	4
Beamten-Kategorien.	Gehaltsklasse oder Funkt.-Bezug	Jahresgehalt in den Dienstjahren			Jahreszulage fürjed. weitere Quinquennium
		1—5 (1—3 / 4—5)	6—10	11—15	
		fl.	fl.	fl.	fl.
Geheimer Legationsrath I. Klasse .					
Geheimer Legationsrath II. Klasse .	*II. a.*	2800	3000	3100	100
Oberregierungsrath	„	2800	3000	3100	100
Obermedizinalrath	„	2800	3000	3100	100
Legationsrath	*III. b.*	2200	2400	2600	100
Ministerialassessor	„	2200	2400	2600	100
Geheimer Hausarchivar	„	2000	2400	2600	100
Geheimer Archivar	*IV. c.*	2000	2200	2300	100
Geheimer Sekretär im Referatsdienste .	*IV. d.*	1800	2000	2100	100
Geheimer expedirender Sekretär . .	„	1800	2000	2100	100
Geheimer Sekretär des formellen Dienstes	*IV. e.*	1600	1800	2000	100
Geheimer Registrator	„	1600	1800	2000	100
Geheimer Registrator des Staatsarchivs	„	1600	1800	2000	100
Geheim. Ministerialrechnungskommissär	„	1600	1800	2000	100
Ministerialsekretär I. Klasse . . .	*V. b.*	1700	1800	1900	100
Registrator	*VII.*	1400	1600	1700	100
Registrator des Staatsarchivs . .	„	1400	1600	1700	100
Rechnungskommissär	„	1400	1600	1700	100
Sekretär des Staats- und Hausarchivs .	*VIII. c.*	1000/1200	1300	1400	100
Ministerialsekretär II. Klasse . .	„	1000/1200	1300	1400	100
Ministerialkanzleisekretär . .	„	1000/1200	1300	1400	100
Ministerialregistraturgehilfe . . .	„	1000/1200	1300	1400	100
(Geheimer) Registraturgehilfe . .	„	1000/1200	1300	1400	100
(Geheimer) Kanzlist	*VIII. d.*	900/1000	1100	1200	100
Landtags-Archivar	.	2600			
Landtags-Archivariatsgehilfe .	*F.*	900			

II.
Staatsraths-Beamte.

Staatsrath		6000			
Generalsekretär	*I. a.*	3300	3500	3700	200/100
Geheimer Sekretär	*IV. e.*	1600	1800	2000	100
Geheimer Registrator	„	1600	1800	2000	100
Bureausekretär	*VII.*	1400	1600	1700	100
Kanzleisekretär	*VIII. c.*	1000/1200	1300	1400	100
I. Inspektor der lithograph. Anstalt .	„	1000/1200	1300	1400	100
II. Inspektor der lithogr. Anstalt .	*VIII. d.*	900/1000	1100	1200	100
Staatsrathsdiener und Bote . . .	*F.*	650	750	850 in 3Kl.	

I.	II.	III.			
		1	2	3	4
Beamten-Kategorien	Gehaltsklasse oder Funkt. Bezug	Jahresgehalt in den Dienstjahren 1–5 (1–3 / 4–5)	6–10	11–15	Jahreszulage für jed. weitere Quinquennium
		fl.	fl.	fl.	fl.
III. Beamte der den 5 Civilstaatsministerien untergeordneten Stellen und Behörden.					
A. Staatsministerium des Königl. Hauses und des Aeussern.					
General-Direktion der Verkehrs-Anstalten mit ihren 4 Abtheilungen					
a. Beamte mit pragmatischen Rechten.					
Generaldirektor		6000			
Direktor	I. a.	3300	3500	3700	200 / 100
Diensteskategorie A. I.	III. a.	2400	2600	2800	100
Generaldirektionsrath	"	"	"	"	"
Oberpostmeister	"	"	"	"	"
Oberpost- und Bahnamtsvorstand	"	"	"	"	"
Centralkassier	"	"	"	"	"
Diensteskategorie A. II. a.	III. b.	2200	2400	2600	100
Oberinspektor	"	"	"	"	"
Oberingenieur	"	"	"	"	"
Obermaschinenmeister	"	"	"	"	"
Diensteskategorie A. II. b	V. a.	1800	2000	2100	100
Generaldirektions-Assessor	"	"	"	"	"
Centralkassa-Controleur	"	"	"	"	"
Materialverwalter der G. D.	"	"	"	"	"
Post- und Bahnamts-Vorstand	"	"	"	"	"
Postinspektor	"	"	"	"	"
Postmeister	"	"	"	"	"
Bureauinspektor	"	"	"	"	"
Telegrapheninspektor	"	"	"	"	"
Bezirkskassier	"	"	"	"	"
Bezirksingenieur (Kanalbez.-Ing.	"	"	"	"	"
Bezirksmaschinenmeister	"	"	"	"	"
Diensteskategorie A. III.	VII.	1400	1600	1700	100
Generaldirektions-Sekretär	"	"	"	"	"
" Registrator	"	"	"	"	"
" Rechnungscommissär	"	"	"	"	"
Bezirkskassa-Controleur	"	"	"	"	"
Betriebsingenieur	"	"	"	"	"
Kanal-Ingenieur	"	"	"	"	"
Postverwalter	"	"	"	"	"
Post- und Bahnverwalter	"	"	"	"	"
Güterverwalter, Bahnhofverwalter	"	"	"	"	"
Dampfschiffverwalter, Bahnamtsverw.	"	"	"	"	"
Postspezialkassier	"	"	"	"	"
Eisenbahnspezialkassier	"	"	"	"	"
Zahlmeister	"	"	"	"	"

I.	II.	III.			
		1	2	3	4
Beamten-Kategorien	Gehaltsklasse oder Funkt.-Bezug	Jahresgehalt in den Dienstjahren 1–5 (1–3 / 4–5)	6–10	11–15	Jahreszulage für jed. weitere Quinquennium
		fl.	fl.	fl.	fl.
Telegraphen-Ingenieur . . .	*VII.*	1400	1600	1700	100
„ Mechaniker . . .	„	„	„	„	„
„ Verwalter . . .	„	„	„	„	„
Maschinenmeister	„	„	„	„	„
Magazinsverwalter	„	„	„	„	„
Postinspektions-Commissär . . .	„	„	„	„	„
Diensteskategorie A. IV. . . .	*VIII.* c.	1000 / 1200	1300	1400	100
Eisenbahn-Official	„	„	„	„	„
Post- „	„	„	„	„	„
Telegraphen- „	„	„	„	„	„
Kanal- „	„	„	„	„	„
Kanzlist	„	„	„	„	„
Abtheilungs-Ingenieur . . .	„	„	„	„	„
„ Maschinenmeister . .	„	„	„	„	„
Obergeometer	„	„	„	„	„
Obertelegraphist	„	„	„	„	„
b. Beamte ohne pragmatische Rechte.		1–3	4–6	7–12	nach 12 Jahr.
B. I. Ingenieur-Assistent, Obermaschinist, Postexpeditor, Bahnexpeditor, Dampfschifffahrtsexpeditor, Kanaleinnehmer	*F.*	600	700	800	900
B. II. Post-, Eisenbahn-, Canal-, Telegraphen- und Dampfschifffahrtsassistenten	*F.*	450	550	700	850
C. Amtsgehilfen	*F.*	400	475	550	625
Post-, Eisenbahn-, Canal-, Telegraphen- und Dampfschifffahrts-Amtsgehilfen.					
D. Niedere Bedienstete.					
D. I. Wagenmeister, Oberamts-, Haus- u. Stationsmeister, Oberpacker, Oberbriefträger, Hafenmeister, Generaldirektionsdiener, Oberkondukteur, Capitän-Condukteur, Lokomotivführer u. Maschinist, Steuermann, Bahnmeister .	*F.*	500	575	650	725
D. II. Post- und Eisenbahn-Condukteur, Wagenwärter und Rudergeher, Briefträger, Packer, Stationsmeister, Telegraphendiener und Bureaudiener, Lokomotivführer und Maschinistenlehrling, Telegraphenwärter, Schleussen-Oberwärter und Aichdiener . .	*F.*	400	450	500	550
D. III. Briefstempler, Stationsdiener u. Bureaudienergehilfe, Wagenwärtergehilfe, Matrose, Dampfbootheizer, Lokomotivheizer, Wechselwärter, Schleussenwärter	*F.*	300	350	400	450
D. IV. Bahnwärter, Hafen- u. Schleussenwärtergehilfe	*F.*	250	275	300	325

I.	II.	III.			
		1	2	3	4
Beamten-Kategorien	Gehaltsklasse oder Funkt.-Bezug	Jahresgehalt in den Dienstjahren 1–5 (1–3/4–5)	6–10	11–15	Jahreszulage für jed. weitere Quinquennium
		fl.	fl.	fl.	fl.
B. Staatsministerium der Justiz.					
1. Oberster Gerichtshof.					
Präsident	.	7000	.	.	.
I. Direktor	.	4000	.	.	.
II. und III. etc. Direktor	*I. a.*	3300	3500	3700	20/100
Rath	*II. a.*	2800	3000	3100	100
Obergerichtsschreiber	*VI. b.*	1600	1800	2000	"
Sekretär					
Rathdiener	*F.*	700	.	.	
Bote (2 Klassen)	*F.*	650 u. 600			
2. Appellationsgerichte.					
Präsident	.	5000	.	.	.
I. Direktor	*I. a.*	3300	3500	3700	200/100
II. Direktor	*I. b.*	3000	3200	3300	100
Rath	*III. b.*	2200	2400	2600	"
Obergerichtsschreiber	*VIII. b.*	1200/1300	1400	1500	"
Untergerichtsschreiber diess. u. I. U. G. jens. d. Rheins	*VIII. c.*	1000/1200	1300	1400	"
Sekretär					
Rathdiener	*F.*	600	.	.	.
Bote (2 Klassen)	*F.*	600 u. 500			
3. Bezirksgerichte.					
Direktor	*III. b.*	2200	2400	2600	100
Rath	*VI. b.*	1600	1800	2000	"
Assessor	*VIII. c.*	1000/1200	1300	1400	"
Obergerichtsschreiber	"	1000/1200	1300	1400	,
Sekretär	*X. a.*	800/850	900	1000	"
Untergerichtsschreiber	*X. b.*	800	900	1000	100/50
Gefängnisswärter	*F.*	500	.	.	.
Bote	*F.*	400	.	450	.
4. Stadt- und Landgerichte.					
Stadt- und Landrichter	*VI. b.*	1600	1800	2000	100
Assessor	*VIII. c.*	1000/1200	1300	1400	"
Gerichtsschreiber	*X. b.*	800	900	1000	"
Funktionäre	*F.*	600	.	.	.
Stadtgerichtsgefängnisswärter	*F.*	500	.	.	.
Stadtgerichtsbote	*F.*	400	.	450	.
Gerichtsdiener (2 Klassen)	*F.*	500 u. 450			

I.	II.	III.			
		1	2	3	4
Beamten-Kategorien	Gehaltsklasse oder Funkt.-Bezug	Jahresgehalt in den Dienstjahren 1—5 (1—3 / 4—5)	6—10	11—15	Jahreszulage fürjed weitere Quinquennium
		fl.	fl.	fl.	fl.
5. Staatsanwaltschaft.					
Generalstaatsanwalt	.	4000	.	.	.
Oberstaatsanwalt	I. a.	3300	3500	3700	200/100
II. u. III. Appell.-Gerichtsstaatsanwalt	VI. a.	1800	2000	2200	100
I. Bezirksgerichts-Staatsanwalt	„	1800	2000	2200	„
II. u. III. Bezirksgerichts-Staatsanwalt	VIII. a.	1200/1400	1500	1600	„
Funktionirender Staatsanwalts-Substitut am Bezirksgerichte	F.	900	.	.	
6. Straf- und Polizeianstalten.					
Direktor	VI. b.	1600	1800	2000	100
Verwalter	VIII. c.	1000/1200	1300	1400	„
Hausgeistlicher beim Zellengefängnisse in Nürnberg	„	1000/1200	1300	1400	„
C. Staatsministerium des Innern.					
I.					
1. Allgemeines Reichsarchiv.					
Vorstand	I. a.	3300	3500	3700	200/100
Reichsarchivsrath	III. b.	2200	2400	2600	100
Reichsarchivs-Assessor	V. b.	1700	1800	1900	„
Reichsarchivs-Sekretär	VII.	1400	1600	1800	„
2. Archivs-Conservatorien.					
Archivs-Conservator	VI. b.	1600	1800	2000	„
„ Sekretär	VIII. c.	1000/1200	1300	1400	„
3. Kreisregierungen (K. d. I. u. d. F.)					
Präsident	.	5000	.	.	.
I. Direktor	I. a.	3300	3500	3700	200/100
II. Direktor	I. b.	3000	3200	3300	100
Regierungsrath	III. b.	2200	2400	2600	„
Regierungsassessor	V. b.	1700	1800	1900	„
Regierungssekretär	VIII. c.	1000/1200	1300	1400	„
Regierungsregistrator	„	1000/1200	1300	1400	„
Rechnungskommissär	„	1000/1200	1300	1400	„
Kanzlist und Registraturgehilfe	X. c.	800/850	900	950	50

I.	II.	III.			
		1	2	3	4
Beamten-Kategorien	Gehalts-klasse oder Funkt.-Bezug	Jahresgehalt in den Dienstjahren 1—5 ((1—3)/(4—5))	6—10	11—15	Jahreszulage fürjed. weitere Quinquennium
		fl.	fl.	fl.	fl.
(Revisor) Rechnungs-Kommissariats-Funktionär*) K. des Innern . .	F.	500/550,	600/650	u. 700	
K. der Finanzen .	F.	500, 600 u. 700 in Trienn.			
Rathsaccessist	F.				
Rechnungskommissariatsaccessist . .	F.				
Sekretariats- u. Registratur-Funktionär	F.	500/550,	600/650	u. 700	
Geometer-Assistent	F.				
Kanzlei-Funktionär	F.	450/500	550/600	650/700	
Bote und Diener	F.	400/450	500/550	600	
4. Polizeidirektion München.					
Direktor	III. b.	2200	2400	2600	100
Oberkommissär	VI. a.	1800	2000	2200	"
Polizeikommissär	VI. b.	1600	1800	2000	"
Polizeiassessor	VIII. c.	1000/1200	1300	1400	"
Offiziant	VIII. d.	900/1000	1100	1200	"
Sekretär	"	900/1000	1100	1200	"
Polizeibezirkskommissär	"	900/1000	1100	1200	"
5. Stadtkommissariat Nürnberg.					
Stadtkommissär	III. b.	2200	2400	2600	"
Assessor	VIII. c.	1000/1200	1300	1400	"
Offiziant	X. c.	800/850	900	950	50
6. Bezirksämter.					
Bezirksamtmann	VI. a.	1800	2000	2200	100
Bezirksamtsassessor	VIII. c.	1000/1200	1300	1400	"
7. Polizei- und Erziehungsanstalten.					
Direktor der Polizeianstalt . . .	VI. b.	1600	1800	2000	"
Inspektor der Staatserziehungsanstalt .	VII.	1400	1600	1700	"
8. Feuerversicherungsanstalt.					
Centralrechnungskommissär . . .	IV. d.	1800	2000	2100	"
Rechnungskommissär	VIII. c.	1000/1200	1300	1400	"
Brandversicherungsinspektor	.	1000	1150	1300	"
9. Aerztliches Personal.					
Obermedizinalrath im St. M. d. I. .	II. a.	2800	3000	3100	"
Kreismedizinalrath	III. b.	2200	2400	2600	"

*) Die Bezüge dieser und der nachstehenden Funktionäre werden von den einzelnen Kreisregierungen festgesetzt, und gelten z. Z. nur für Oberbayern.

I.	II.	III.			
		1	2	3	4
Beamten-Kategorien	Gehaltsklasse oder Funkt. Bezug	Jahresgehalt in den Dienstjahren 1—5 (1—3 / 4—5)	6—10	11—15	Jahreszulage für jed. weitere Quinquennium
		fl.	fl.	fl.	fl.
	Von	1—3	4—6	7—9	Jahr.
Bezirksgerichtsarzt	*IX. a.*	1000	1200	1400	—
Hausarzt b. Zellengefängniss in Nürnberg	„	1000	1200	1400	—
Centralimpfarzt in München . . .	*IX. b.*	800	1000	1200	—
Bezirksarzt I. Klasse	„	800	1000	1200	—
Bezirksarzt II. Klasse	*IX. c.*	600	700	800	—
Landesthierarzt	*F.*	1000			
Kreisthierarzt	*F.*	800			
Bezirksthierarzt	*F.*	300			
Distriktsthierarzt	*F.*	.			
II.					
Abtheil. f. Landwirthsch., Gewerbe u. Handel.					
10. Oberste Baubehörde.					
Oberbaudirektor	*I. a.*	3300	3500	3700	200/100
Oberbaurath	*II. b.*	2700	2900	3000	100
Baurath	*III. b.*	2200	2400	2600	„
Bauassessor	*V. b.*	1700	1800	1900	„
Etatsbuchhalter	*VII.*	1400	1600	1700	„
Registrator	„	1400	1600	1700	„
Rechnungskommissär	„	1400	1600	1700	„
Kanzleisekretär	*VIII. c.*	1000/1200	1300	1400	„
11. Kreisbaubehörden.					
Kreisbaurath	*III. b.*	2200	2400	2600	„
Kreisbaubeamter (bisheriger) . .	*IV. d.*	1800	2000	2100	„
12. Aeusserer Baudienst.					
Bauamtmann	*VI. b.*	1600	1800	2000	„
Bauamtsassessor	*VIII. c.*	1000/1200	1300	1400	„
Wegmeister und Assistent aus der Reihe der Wegmeister	*F.*	700	.	.	.
Wegmacher I. Klasse (monatl. 26 fl.)	*F.*	312	.	.	.
„ II. „ („ 24 fl.)	*F.*	288	.	.	.
13. Bergbehörden.					
Oberbergdirektor	*I. a.*	3300	3500	3700	200/100
Oberbergrath	*III. b.*	2200	2400	2600	100
Oberbergamtsassessor	*V. b.*	1700	1800	1900	„
Oberbergamtssekretär					
Oberbergamtsoffiziant	*X. c.*	800/850	900	950	50
Bezirksbergamtmann	*VI. a.*	1800	2000	2200	100
Bergamtsassessor	*VII.*	1400	1600	1700	„
Bergamtsmarkscheider	*VIII. c.*	1000/1200	1300	1400	„
Bergamtsschreiber	*X. c.*	800/850	900	950	50
14. Landgestütsanstalt d. d. Rh.					
Oberlandstallmeister	I. a.	3300	3500	3700	200/100
Landgestütsthierarzt	„	„	„	„	„
Verwaltungsbeamter	VI. a.	1800	2000	2200	100
Landstallmeister	III. b.	2200	2400	2600	100

I. Beamten-Kategorien	II. Gehaltsklasse oder Funkt.-Bezug	III. 1 Jahresgehalt in den Dienstjahren 1–5 ((1–3)/(4–5))	III. 2 Jahresgehalt in den Dienstjahren 6–10	III. 3 Jahresgehalt in den Dienstjahren 11–15	III. 4 Jahreszulage für jed. weitere Quinquennium
D. Staatsministerium des Innern für Kirchen- und Schulangelegenheiten.		fl.	fl.	fl.	fl.
(Ueber die Funktionsbezüge des nichtstabilen Personals der technischen und landwirthschaftlichen Lehranstalten s. Verh. d. K. d. Abg. v. J. 1872. Beil.-Bd. III. S. 183 u. 139.)					
Protestantische Kirchenangelegenheiten.					
1. Oberkonsistorium.					
Präsident	.	6000	.	.	.
Oberkonsistorialrath	II. a.	2800	3000	3100	100
Sekretär	VII.	1400	1600	1700	„
Registrator	VIII. b.	1200 / 1300	1400	1500	„
Kanzlist	VIII. d.	900 / 1000	1100	1200	„
Diener	F.				
2. Kreiskonsistorien.					
Direktor in Speier	I. a.	3300	3500	3700	200 / 100
Uebrige Direktoren (Regierungsdirektoren mit Funktionszulage)	F.	500	.	.	.
Konsistorial-Rath	III. b.	2200	2400	2600	100
„ Assessor	V. b.	1700	1800	1900	„
„ Rechnungskommissär	VIII. c.	1000 / 1200	1300	1400	„
„ Sekretär	„	1000 / 1200	1300	1400	„
„ Registrator	„	1000 / 1200	1300	1400	„
„ Kanzlist	X. c.	800 / 850	900	950	50
„ Bote	F.	650	.	.	.
Schulangelegenheiten.					
I. Höhere wissenschaftliche Bildung.					
3. Akademie der Wissenschaften.					
Sekretär	VII.	1400	1600	1700	100
Kassier	„	1400	1600	1700	„
Rechnungsführer	„	1400	1600	1700	„
Diener	F.	650	.	.	„
4. Generalkonservatorium der wissenschaftlichen Sammlungen des Staates.					
Generalkonservator	F.				
Sekretär	VII.	1400	1600	1700	100

I.	II.	III.			
		1	2	3	4
Beamten-Kategorien	Gehaltsklasse oder Funkt.-Bezug	Jahresgehalt in den Dienstjahren 1–5 (1–3 / 4–5)	6–10	11–15	Jahreszulage für jed. weitere Quinquennium
		fl.	fl.	fl.	fl.
Conservator	*VIII. c.*	1000 / 1200	1300	1400	100
Adjunkt, Präparator	„	1000 / 1200	1300	1400	„
Custode	*F.*				
Inspektor der botanischen Gärten (Custos)	*VIII. c.*	1000 / 1200	1300	1400	„
Assistent					
Gehilfe der Sternwarte	„	1000 / 1200	1300	1400	„
Diener „ „	*F.*				
5. Hof- und Staatsbibliothek.					
Direktor	*I. b.*	3000	3200	3300	„
Oberbibliothekar	*II. b.*	2700	2900	3000	„
Bibliothekar	*III. b.*	2200	2400	2600	„
Custode	*V. b.*	1700	1800	1900	„
Sekretär	*VI. c.*	1400	1600	1800	„
Assistent	*F.*				
Diener	*F.*				
6. Universitäten.					
Ordentliche Professoren		2000	2200	2300	„
Ausserordentliche Professoren		1500	1600	1700	„
(NB. Mehrere ord. und ausserord. Professoren sind ganz oder theilweise anderweit besoldet, daher ihre Bezüge auf Rechnung der Universität individuell normirt sind.)					
7. Lyceen.					
Professor	*VI. b.*	1600	1800	2000	„
Bibliothek-Sekretär	*VIII. d.*	900 / 1000	1100	1200	„
II. Kunstausbildung.					
8. Akademie der bildend. Künste.					
Direktor	*I. b.*	3000	3200	3300	„
Professor	*III. b.*	2000	2200	2300	„
Ausserordentl. Professor (S. NB. zu 6.)					
Act. Künstler					
Kassier	*VII.*	1400	1600	1700	„
Hausmeister und Diener	*F.*	700	.	.	.
9. Polytechnische Hochschule.					
Ordentlicher Professor	*III. b.*	2000	2200	2300	100
Ausserordentlicher Professor	*V. c.*	1500	1600	1700	„
Kassier und Rechnungsführer	*VII.*	1400	1600	1700	„
Sekretär	„	1400	1600	1700	„
10. Kunstgewerbeschule (München, Nürnberg.)					
Direktor	*III. b.*	2200	2400	2600	„
Professor	*VI. b.*	1600	1800	2000	„
Assistent	*F.*				
Hausmeister etc.	*F.*				

I.	II.	III.			
		1	2	3	4
Beamten-Kategorien	Gehaltsklasse oder Funkt.-Bezug	Jahresgehalt in den Dienstjahren 1—5 ((1—3)/(4—5))	6—10	11—15	Jahreszulage für jed. weitere Quinquennium
		fl.	fl.	fl.	fl.
11. Centralgemäldegallerie.					
Galleriedirektor	III. b.	2200	2400	2600	100
Conservator	VIII. c.	1000/1200	1300	1400	„
Gemälderegenerator	„	„	„	„	„
Hausmeister und Diener etc. . .	F.				
12. Filialgemäldegallerie in Augsburg					
Conservator	VIII. c.	1000/1200	1300	1400	„
Diener	F.	400	.	.	.
13. Erzgiesserei.					
Inspektor					
14. Glasmalerei.					
Vorstand					
15. Kupferstichkabinet.					
Vorstand	VI. c.	1400	1600	1800	„
16. Nationalmuseum.					
Direktor	III. b.	2200	2400	2600	„
Conservator	VI. c.	1400	1600	1800	„
Diener	F.				
17. Realgymnasium. (Wie Human-Gymnasium (Z. 22.)					
18. Industrie-Schulen.					
Professor	VI. b.	1600	1800	2000	„
19. Hebammenschule.					
20. Veterinärschule (Thierarzneischule).					
Direktor	III. b.	2200	2400	2600	„
Professor	VI. b.	1600	1800	2000	„
21. Landwirthschaftliche Centralschule Weihenstephan.					
Direktor	III. b.	2200	2400	2600	„
Professor	VI. b.	1600	1800	2000	„
Sekretär	VII.	1400	1600	1700	„
Kassa- und Rechnungsführer . .	„	1400	1600	1700	„
III. Allgemeine Volksbildung.					
22. Gymnasien und damit verbundene Lateinschulen.					
Rektor (z. Z. F.) event.	III. b.	2200	2400	2600	„
Gymnasialprofessor (Human u. Real) .	VI. b.	1600	1800	2000	„
Studienlehrer	VIII. c.	1000/1200	1300	1400	„

I.	II.	III.			
		1	2	3	4
Beamten-Kategorien	Gehaltsklasse oder Funkt.-Bezug	Jahresgehalt in den Dienstjahren 1–5 (1–3 / 4–5)	6–10	11–15	Jahreszulage für jed. weitere Quinquennium
		fl.	fl.	fl.	fl.
Religionslehrer	F.				
Assistent	F.				
Sprach-, Zeichnen-, Schreib-, Musik-, Turn- etc. Lehrer	F.				
Studienaktuar	F.				
Pedell	F.				
23. Schullehrer-Seminar.					
Inspektor	*VI. b.*	1600	1800	2000	100
Präfekt	*VIII. c.*	1000 / 1200	1300	1400	„
Seminarlehrer		900 / 1050	1200	1300	„
Hilfslehrer					
Seminarschullehrer					
24. Präparandenschulen.					
Hauptlehrer		900 / 1050	1200	1300	„
Erster Hilfslehrer					
Ständige Lehrer		800 / 900	950	1000	„
Zweiter Hilfslehrer		400	.	.	.
E.					
Staatsministerium der Finanzen.					
1. Oberster Rechnungshof.					
Präsident	.	6000	.	.	.
Oberrechnungsrath	*II. b.*	2700	2900	3000	100
Rechnungskommissär	*VI. b.*	1600	1800	2000	„
Kanzlist	*VIII. d.*	1000 / 1200	1300	1400	„
Rechnungsgehilfe	F.				
Kanzleifunktionär	F.				
Bote und Diener	F.				
2. Rechnungskammer.					
Direktor	*I a.*	3300	3500	3700	200 / 100
Rechnungsrath (Regierungsrath)	*III. b.*	2200	2400	2600	100
Regierungsassessor	*V. b.*	1700	1800	1900	„
Rechnungskommissär	*VIII. c.*	1000 / 1200	1300	1400	„
„ Sekretär und Registrator	„	1000 / 1200	1300	1400	„
Kanzlist	*X. c.*	800 / 850	900	950	50
Rathsaccessist	F.				
Rechnungsrevisor	F.				
Kanzleifunktionär	F.				
Bote und Diener	F.				
3. Centralstaatskassa.					
Centralstaatskassier	*II. a.*	2800	3000	3100	100

I.	II.	III.			
		1	2	3	4
Beamten-Kategorien	Gehaltsklasse oder Funkt.-Bezug	Jahresgehalt in den Dienstjahren 1–5 (1–3 / 4–5)	6–10	11–15	Jahreszulage für jed. weitere Quinquennium
		fl.		fl.	fl.
Centralstaatskassa-Controleur . .	IV. a.	2300	2500	2600	100
" Zahlmeister . .	VI. a.	1800	2000	2200	"
" Buchhalter . .	VII.	1400	1600	1700	"
" Offiziant . . .	VIII. c.	1000 / 1200	1300	1400	"
Geldzähler	F.				
Kassadiener	F.				
Kassafunktionär	F.				
Aushilfsdiener	F.				
4. Regierungsfinanzkammer. (S. das Personal der Kreisregierungen im Ressort des k. Staatsministeriums des Innern, oben C. 3.)					
5. Kreiskassa.					
Kreiskassier	IV. b.	2100	2300	2400	"
Kreiskassa-Controleur , . . .	VI. a.	1800	2000	2200	"
" Zahlmeister	VII.	1400	1600	1700	"
" Offiziant	VIII. d.	1000 / 1200	1300	1400	"
" Funktionär	F.				
" Diener	F.				
6. Rentämter.					
Rentbeamte (mit Vorbehalt) . .	VI. b.	1600	1800	2000	"
Rentamtsdiener	F.				
7. Staatsschuld.					
Vorstand	.	4000	.	.	.
Regierungsrath	.				
Regierungsassessor	.				
Rechnungskommissär	VIII. b.	1200 / 1300	1400	1500	"
Sekretär	.				
Registrator	VIII. b.	1200 / 1300	1400	1500	"
Kanzlist	X. c.	800 / 850	900	950	50
Hauptkassier	IV. a.	2300	2500	2600	100
Hauptkassakontroleur	IV. b.	2100	2300	2400	"
Oberbuchhalter	VI. a.	1800	2000	2200	"
Spezialkassier	IV. b.	2100	2300	2400	"
Kassier der Grundrentenkassa . .	"	2100	2300	2400	"
Spezialkassakontroleur	VI. a.	1800	2000	2200	"
Zahlmeister	VII.	1400	1600	1700	"
Buchhalter	VIII. b.	1200 / 1300	1400	1500	"
Offiziant	VIII. d.	900 / 1000	1100	1200	"
Geldzähler	F.				
Kassadiener	F				

I.	II.	III.			
		1	2	3	4
Beamten-Kategorien	Gehaltsklasse oder Funkt.-Bezug	Jahresgehalt in den Dienstjahren 1—5 $\left(\begin{matrix}1-3\\4-5\end{matrix}\right)$	6—10	11—15	Jahreszulage für jed. weitere Quinquennium
		fl.	fl.	fl.	fl.
Accessist	F.				
Funktionär	F.				
Hilfsarbeiter	F.				
Diurnist	F.				
Beibote	F.				
8. Steuerkatasteranstalt.					
Steuerrath	*III. b.*	2200	2400	2600	100
Steuerassessor	*V. b.*	1700	1800	1900	„
Katasterinspektor	*III. b.*	2200	2400	2600	„
Kassier	*VI. b.*	1600	1800	2000	„
Registrator	*VIII. b.*	1200 / 1300	1400	1500	„
Obergeometer	*VIII. c.*	1000 / 1200	1300	1400	„
Geometerassistent	F.				
Bezirksgeometer	F.				
9. Haupt-Münz- und Stempelamt.					
Obermünzmeister	*II. a.*	2800	3000	3100	„
Vorstand des Haupt-Stempel-, Verwaltungs- und Verlagsamts	*IV. c.*	2000	2200	2300	„
Materialverwalter des Haupt-Münz- und Stempelamts	*VI. b.*	1600	1800	2000	„
Kassier	„	1600	1800	2000	„
Kontroleur des Haupt-Stempel-Verwaltungs- und Verlagsamts	„	1600	1800	2000	„
Controleur des Haupt-Münz- und Stempelamts	*VII.*	1400	1600	1700	„
Münzmeister	*VI. b.*	1600	1800	2000	„
Stempelverwalter der Pfalz	*VII.*	1400	1600	1700	„
Medailleur und Scheider	*VIII. b.*	1200 / 1300	1400	1500	„
Graveur	„	1200 / 1300	1400	1500	„
Aktuar . , ...	*X. c.*	800 / 850	900	950	5
Amtsdiener	F.	500	.	.	.
10. Forstpersonal.					
Forstrath im Ministerium und bei den Kreisregierungen	*III. b.*	2200	2400	2600	100
Forstmeister	*VI. b.*	1600	1800	2000	„
Oberförster	*VIII. c.*	1000 / 1200	1300	1400	„
Forstamtsassistent (2 Klassen) . . .		700 u. 600			Nach
Forstgehilfe (2 Klassen)		300 u. 250			18
Von	1—3	4—6	7—12	13—18	Jahr.
Förster	520	545	570	595	620
11. Centralforstlehranstalt.					
Direktor	*III. b.*	2200	2400	2600	100
Professor	*VI. b.*	1600	1800	2000	„

I.	II.	III.			
		1	2	3	4
Beamten-Kategorien	Gehaltsklasse oder Funkt.-Bezug	Jahreszulage in den Dienstjahren 1–5 (1–3 / 4–5)	6–10	11–15	Jahreszulage für jed. weitere Quinquennium
		fl.	fl.	fl.	fl.
Assistent	*F.*	500	u. 600		
Pedell	*F.*	360			
12. Berg-, Hütten- und Salinenverwaltung.					
Generalbergwerks- und Salinenadministrator (Direktor)	*I. a.*	3300	3500	3700	200/100
Oberberg- und Salinenrath	*III. b.*	2200	2400	2600	100
Oberberg- und Salinenassessor	*V. b.*	1700	1800	1900	"
Buchhalter, Registrator, Rechnungskommissär und Sekretär der Generalbergwerks- und Salinenadministration	*VIII. b.*	1200/1300	1400	1500	"
Registratur-Offiziant	*VIII. d.*	900/1000	1100	1200	"
General-Bergwerks- und Salinen-Hauptkassier	*IV. c.*	2000	2200	2300	"
General-Bergwerks- und Salinen-Hauptkassa-Controleur	*VI. b.*	1600	1800	2000	"
Hauptsalzamtskassier	*VII.*	1400	1600	1700	"
Salineninspektor	*VI. a.*	1800	2000	2200	"
Bergmeister	*VI. b.*	1600	1800	2000	"
Hüttenmeister	*VIII. b.*	1200/1300	1400	1500	"
Hüttenverwalter	*VIII. c.*	1000/1200	1300	1400	"
Grubenverwalter	"	"	"	"	"
Kassier	"	"	"	"	"
Materialverwalter	"	"	"	"	"
Obereinfahrer und Einfahrer	"	"	"	"	"
Sudfaktor	"	"	"	"	"
Hüttenoffiziant	*X. c.*	800/850	900	950	50
Salinenoffiziant	"	"	"	"	"
Bergschreiber	"	"	"	"	"
Hauptsalzamtsschreiber	"	"	"	"	"
13. Triftanstalt.					
Triftmeister und Holzhofverwalter	*VIII. d.*	900/1000	1100	1200	100
14. Hofbräuhaus München.					
Hofbräuhausbeamter	*VI. b.*	1600	1800	2000	"
Controlirender Offiziant	*VIII. c.*	1000/1200	1300	1400	"
15. Staatsgut Schleissheim.					
Staatsgutsverwalter	*VI. b.*	1600	1800	2000	"
Rechnungsführer	*VIII. d.*	1000/1200	1300	1400	"
16. Weingut in Unterfranken.					
Kellermeister und Weinbauinspektor		1600	.	.	
17. Gas- und Soole-Badanstalt Kissingen.					
Badeverwalter	*VIII. c.*	1000/1200	1300	1400	100

I.	II.	III.			
		1	2	3	4
Beamten-Kategorien	Gehaltsklasse oder Funkt.-Bezug	Jahresgehalt in den Dienstjahren 1–5 (1–3 / 4–5)	6–10	11–15	Jahreszulage fürjed. weitere Quinquennium
	fl.	fl.	fl.	fl.	fl.
Zollwesen. (Stabiles Personal.)					
a. General-Zolladministration.					
Generalzolladministrator	.	4000	.	.	.
Oberzollrath	*III. b.*	2200	2400	2600	100
Centralzollkassier	*IV. b.*	2100	2300	2400	„
Grenzwachinspektionskommissär	*IV. c.*	2000	2200	2300	„
Oberzollassessor	*V. b.*	1700	1800	1900	„
Centralzollkassakontroleur	*VI. a.*	1800	2000	2200	„
Hauptbuchhalter	*VI. b.*	1600	1800	2000	„
I. Registrator und Materialverwalter	*VII.*	1400	1600	1700	„
Grenzwachbureauinspektor	„	1400	1600	1700	„
II. Sekretär und Materialverwaltungskontroleur	*VIII. a.*	1200 / 1400	1500	1600	„
I. Sekretär	*VIII. b.*	1200 / 1300	1400	1500	„
II. Registrator	„	1200 / 1300	1400	1500	„
Rechnungskommissär	„	1200 / 1300	1400	1500	„
Centralzollkassa-Offiziant	*VIII. d.*	900 / 1000	1100	1200	„
Registraturgehilfe	*X. c.*	800 / 850	900	950	50
Kanzlist	„	800 / 850	900	950	„
b. Zollerhebungs- u. Aufsichts-Behörden.					
Oberzollinspektor	*IV. c.*	2000	2200	2300	100
Hauptzollamtsverwalter	*VI. b.*	1600	1800	2000	„
Zollinspektor	„	1600	1800	2000	„
Hauptzollamtskontroleur	*VIII. a.*	1200 / 1400	1500	1600	„
(Zoll-) Revisionsbeamter	*VIII. c.*	1000 / 1200	1300	1400	„
Zollverwalter (Nebenzollamtsverwalter)	„	1000 / 1200	1300	1400	„
(Grenz-) Oberkontroleur	„	1000 / 1200	1300	1400	„
Salzsteueramtskontroleur	„	1000 / 1200	1300	1400	„
Nebenzollamtskontroleur	*X. c.*	800 / 850	900	950	50

Beilage XXII.

Miscellen.

I. Amtsverschwiegenheit, Enthebung von derselben. Hierüber siehe
1) StGB. v. J. 1813 Thl. II. Art. 204.
2) StPG. v. 10. Nov. 1848 Art. 134.
3) StGB. v. 10. Nov. 1861 Art. 61.
4) Verordn. vom 28. Dez. 1813. (Doppelm. S. 216)
5) Just.-Min.-Entschl. v. 12. Jan. 1851. (Fertig I. S. 55)
6) „ „ „ v. 9. Nov. 1855. (M. Z. II S. 411)
7) „ „ „ v. 13. Dez. 1855.
8) „ „ „ v. 2. Nov. 1856. (M. Z. III. S. 449)
9) „ „ „ v. 21. Okt. 1860. (M. Z. VII. S. 398.)
10) „ „ „ v. 24. Sept. 1861. (M. Z. VIII. S. 203)
11) „ „ „ v. 22. Okt. 1866. (I. M. Bl. S. 316.)
12) Verordn. v. 28. Mai 1870. (JMBl. S. 157.)

II. Armenrecht. Hierüber siehe:
1) Bayr. G. O. Cap. III. §. 8.
2) Seuffert, Commentar hiezu Bd. II. S. 133—140.
3) Resolution v. 7. Juni 1765 in den Nov. zur G. O. München 1811 S. 209.
4) Stempel-Mandat v. 18. Dez. 1812. Abschn. IV. lit. h. (RBl. v. 1813 S. 70.)
5) Ver. über das Armenwesen v. 17. Nov. 1816 Art. 4. (RBl. S. 779.)
6) Reskr. v. 18. Febr. 1817 (Nov. z. G. O. Bd. III. S. 162.)
7) Ver. v. 17. Febr. 1809, die Postportofreiheit in Amtssachen betr. (RBl. S. 321.)
8) Ver. v. 23. Juni 1829, die Postportofreiheit in Amtssachen betr. §. 19. (RBl. S. 521.)
9) Disziplinarvorschr. f. d. Advok. des Königr. v. 23. März 1813 Nr. 2 (RBl. S. 425.)
10) Ges. v. 15. Aug. 1828, die Militärgerichtsbarkeit in bürgerlichen Rechtssachen betr. §. 6.
11) ME. v. 11. Okt. 1857, das Armenrecht b. (RBl. S. 1335.) (Hdb. Bd. II S. 380 n. 23. r.)
12) Taxregulativ v. 28. Mai 1852 Art. 3. (Hdb. IV. S. 223.)
13) Einf. Ges. v. 26. Dez. 1871 zum Strafgesetzbuche Art. 96.
14) OAGE. v. 20. April 1866. (M. Z. XIII. S. 183.)
15) FME. v. 1. Juli 1865, die Behandlung des Tax- u. Stempelwesens, hier bei Notariats-Geschäften für arme Parteien betr. (JMBl. 1865. S. 101.)
16) JME. vom 7. Febr. 1864, die Vormerkung von Untersuchungskosten auf das künftige Vermögen der Verurtheilten b. (JMBl. 1864. S. 38.)
17) C.-Proz.-Ord. v. 29. April 1869. Art. 133—145.
18) Verord. v. 12. Juni 1870, das Armenrecht in bürgerl. Rechtsstreitigkeiten betr. (JMBl. 1870. S. 197.)
19) JME. desselben Betr. v. 22. Juni 1870. (JMBl. S. 311.)

III. Einlieferungs-Rayons der Strafanstalten. Zur Zeit (Juni 1873) sind vorzugsweise massgebend:
a) bezüglich der Zuchthaussträflinge: JME. v. 10. Febr. 1873 JMBl. 1873 S. 29.
b) bezügl. der Gefängnisssträflinge : JME. v. 10. Febr. 1873 JMBl. S. 29.
c) bezüglich der Arbeitshäuser: JMBl. 1872 S. 46 u. 50.
d) bezüglich der von den Militärgerichten abgeurtheilten Individuen: Just. u. Krgs.-ME. v. 5. Jan. 1872 JMBl. S. 26. Gegen Militärpersonen ME. v. 13. Okt. 1872. (JMBl. 1872 S. 241); JME. v. 7. Nov. 1872. (JMBl. 1872 S. 265.)
e) bezüglich der Festungssträflinge (Civil und Militär): V. v. 31. Dez. 1871. JMBl. 1872 S. 1.
f) bezüglich der Erziehungs- u. Besserungsanstalten: JMBl. 1872 S. 16.

Aeltere Vorschriften enthalten: die Entschl. des StM. der Justiz u. des Innern v. 20. Dezbr. 1867 (JMBl. 1868 S. 10), JME. v. 26. I. 69. (JMBl. S. 17), ME. v. 18. Febr. 1870 (JMBl. S. 32), JME. v. 22. Febr.

1870 (JMBl. S. 73). Weiters JMBl. 1870 S. 73; 1871 S. 18, 21, 34, 53, 67, 265, 269, 318.

Bezüglich der Einlieferung und Einschaffung von Strafgefangenen sehe man auch JMBl. **1863** S. 69*, 22, 157; **1864** S. 281; **1865** S. 113, 191; **1866** S. 106, 197, 345; **1867** S. 163, 265; **1868** S. 2, 121, 192; **1869** S. 145; **1871** S. 26, 67; **1872** S. 286; **1873** S. 29. 230; **1874** S. 25. 49.

IV. Militärbezirke. Eintheilung der Militärkommandantschaftsbezirke: JMBl. 1868. S. 41; R.-Bl. 1868. S. 421. Eintheilung der InfanterieBrigaden: R.-Bl. 1868. S. 419. Eintheilung der Landwehrbezirkskommandos und Ersatz-Bezirke (JMBl. 1868. S. 43; R.-Bl. 1868. S. 286. Truppendislokation: JMBl. 1866. S. 269; Terminkalender 1867 Beil. XIX. JMBl. 1868. S. 117 und oben Beilage XVIII.

V. Namensänderungen von Personen und Ortschaften. Hierüber siehe

1) JME. v 15. Dez. 1852, die Familiennamen der unehelichen Kinder betr. (M. Z. I. S. 6, JMBl. 1864 S. 114.)
2) E. des StM. d. Innern v. 18. April 1863, u. JME. v. 6. Mai 1863, die Gesuche um Namensveränderungen betr. (KABl. 1863. S. — M. Z. X S. 401. JMBl. 1863 S. 33*)
3) E. des StM. d. Innern v. 5. April 1864 u. d. Justiz v. 11. Apr. 1864 die Familiennamen unehelicher Kinder betr. (KABl. 1864 S. — JMBl. 1864 S. 113.)

VI. Passwesen betreffend bestehen folgende Vorschriften:

1) Reichsgesetz über das Passwesen vom 12. Oktober 1867 (Beilage zum bayer. Ges.-Bl. 1871 S. 6.)
2) Ministerialentschliessung v. 9. Mai 1871 (KABl. f. OB. 1871 S. 858 ff.) wornach aufrecht bleiben:

Verordnung v. 14. Jan. 1851 die Einführung der Passkarten betr. und die Vollzugsvorschriften hiezu vom 18. Jan 1851 (V.-Sammlg. Bd. XXIX. S. 278 ff.)

Verordnung vom 9. Dez. 1865, das Passwesen betr. ME. v. 23. Dez. 1865 Z. X und v. 27. Dez. 1869, dann die Bestimmungen über die Gewerbslegitimationen der Handelsreisenden, die Bekanntmachung v. 19. April 1868, das Gewerbe derjenigen Personen, welche sich mit Vertilgung von Ungeziefer befassen, betr., die Vdg. v. 28. April 1868, den Gewerbsbetrieb im Umherziehen und den Hausirhandel betr.; die Vdgn. v. 25. Juni 1868, den Handel mit Landesprodukten im Umherziehen, dann den Marktverkehr betr.; die Vdg. v. 3. Juli 1868, die Schau- u. Vorstellungen betr.; die Vorschriften über Anordnungen von Sperrmassregeln bei Epidemien u. Epizootien betr.

VII. Die verloosten aber noch nicht heimbezahlten Obligationen des Staats, des Pfandbrieffonds und der Ostbahnaktien werden alljährlich im Regierungs- oder Kreisamtsblatte ausgeschrieben.

VIII. Die Vorladungen der im öffentlichen Dienste stehenden Personen zu gerichtlichen u. polizeilichen Verhandlungen. (ME. v. 4. November 1867. JM.-Bl. S. 258. — R.-Bl. 1867 S. 1161.) der Gendarmeriemannschaft Org. Verord. v. 24. Juli 1868 § 1. V. v. 28. Mai 1870. (JMBl. S. 158.)

IX. Von dem Bearbeiter der Beilagen zum Terminkalender sind seit dem Jahre 1860 folgende Schriften im Buchhandel erschienen:

1) **Die freien Gewerbe und Erwerbsarten in Bayern d. d. Rheins.** 1860. Selbstverlag (Beck in Nördlingen, Commission).
2) **Erläuterungen zum Gesetze vom 25. Juli 1850, die Unterstützung und Verpflegung hilfsbedürftiger und erkrankter Personen betr.** 1860. J. Thomann'sche Buchhandlung.
3) **Das bayerische Pflegschaftsrecht.** Eine Sammlung aller das Pflegschaftswesen im Königreiche Bayern betreffenden Gesetze, Verordnungen, Ministerialanordnungen, Kreisausschreibungen, Erkenntnisse und Erörterungen mit erläuternden Noten, dann Geschäftsformularien und Registern. 5 Hefte. 1869. Verlag der J. J. Lentner'schen Buchhandlung in München.

4) **E. Stahl's Terminkalender für die bayer. Juristen** 1864—1875. Verlag der J. J. Lentner'schen Buchhandlung in München.
5) Das **Polizeistrafgesetzbuch** für Bayern vom 26. Dez. 1871. Verlag der J. J. Lentner'schen Buchhandlung in München. 1872.
6) Das bayerische **Vollzugseinführungsgesetz** zum Strafgesetzbuche für das Deutsche Reich. Im obigen Verlage. 1872.
7) Die **Gewerbeordnung** für das Deutsche Reich nach den Gesetzen vom 21. Juni 1869 u. 12. Juni 1872. Im obigen Verlage 1872.
8) Die **Antragsdelikte des Deutschen Strafrechts.** Im obigen Verlage 1873. (Erscheint in 3 Lieferungen od. 2 Bänden. Lief. 1. u. 2 od. Bd. I. im Jahre 1874 erschienen Preis 4 fl. — Lief. 3 od. Bd. II erscheint nach Erlass der neuen Reichsstrafprozessordnung.

Beilage XXIII.

Erklärung der Abkürzungen in den Beilagen.

B. P. O. — Bürgerliche Prozessordnung v. 29. April 1869.
Bl f. RA. — Blätter für Rechtsanwendung Bd. I—XXXII.
D. Z. — M. Z. = Dollmann, Zeitschrift für Gesetzgebung und Rechtspflege Bd. I—XIII. = Ministerielle Zeitschrift.
E. — Erkenntniss.
Entschl. — Entschliessung.
E. G. (zu den StGB.) Einführungsgesetz vom 10. November 1861 zum Straf- und Polizeistrafgesetzbuche.
E. G. z. allg. d. H. G. B. — Einführungsgesetz vom 10. Nov. 1861 zum allgemeinen deutschen Handelsgesetzbuche.
G. Bl. — Gesetzblatt.
G. O. — Gerichtsordnung = Bayer. Ferichtsordnung v. 1753.
GVG. — Gerichtsverfassungsgesetz vom 10. Nov. 1861.
HAG. — Handelsappellationsgericht (zu Nürnberg).
Hdb. — Handbibliothek des bayer. Staatsbürgers.
JMBl. — Justizministerialblatt 1863. 1864. 1865. 1866. 1867. 1868.
JME. — Jnstizministerialentschliessung.
KABl. — Kreisamtsblatt.
Ldr. — Bayer. Landrecht.
Ldt. Absch. — Landtagsabschied.
M. Z. = D. Z. — Ministerielle Zeitschrift — Zeitschrift für Gesetzgebung und Rechtspflege etc., unter Aufsicht und Mitwirkung des k. Justizministeriums herausgegeben. Bd. I—XIII.
N. A. G. O. — Nürnberger Appellationsgerichtsordnung von 1802.
N. H. G. O. — Nürnberger Handelsgerichtsordnung vom 7. Januar 1804.
OAGE. — Oberappellationsgerichts-Erkenntniss.
PG. — Prozessgesetz.
RBl. — Regierungsblatt.
RG. — Reichsgesetz.
RGBl. — Reichsgesetzblatt.
S. w. E. d. C. — Sammlung wichtiger Entscheidungen des Cassationshofes. Bd. I. u. f.
S. w. E. d. HAG. — Sammlung wichtiger Entscheidungen des Handelsappellations-Gerichts. Bd. I. u. f.
St. Z. — Stenglein, Zeitschrift für Gerichtspraxis und Rechtswissenschaft. I.—VIII. Band.
StGB. — Strafgesetzbuch.
StPG. — Strafprozessgesetz v. 10. Nov. 1848.
StZ. — Stenglein, Zeitschr. f. Gerichtspraxis u. Rechtswissenschaft Bd. I u. f.
V. = Ver. (A. V.) — Verordnung (Allerhöchste Verordnung).
V G. = Gesetz vom 26. März 1859, die Verjährungsfristen b.
V. G. G. — Ges. v. 26. März 1859, die Gewährleistung bei Viehveräusserungen b.
V. V. — Vollzugsvorschriften.
W. u. MGO. — Bayer. Wechsel- u. Merkantilgerichtsordnung v. J. 1785. —
WVG. — Ges. v. 30. Januar 1868: Die Wehrverfassung betr.

Beilage XXIV.

Statistische Uebersicht

der

Justizanstellungen in den 10 Jahren 1863/64 bis 1873/74.

Die nachstehende Uebersicht ist aus den Beamtenlisten der letzten 10 Jahrgänge dieses Kalenders angefertigt, sohin eine reine Privatarbeit. Darum ist auch jedes Jahr vom 1. August bis 31. Juli berechnet. Die Gesammtzahl der Beamten und Aemter ist die vom Schlusse des letzten Jahrganges und umfasst theils das ganze Königreich (K.), theils die 7 Kreise r. oder diesseits des Rheins (r.), theils den Kreis links oder jenseits des Rheins, d. i. die Pfalz (l.), deren Beamte wegen ihrer besonderen Anstellungsverhältnisse überall ausgeschieden sind. — Da nur die Neuanstellungen (Beförderungen) angezeigt sind, so sind blosse Versetzungen z. B. von den Assessoren der Stadt- und Landgerichte zu den Bezirksgerichten etc. nicht einbezogen. Der Einziehung unterliegen die Stellen der Ministerialassessoren und aller Sekretäre. Da an die Stelle der letzteren im Jahre 1869/70 die Ober- und Untergerichtsschreiber getreten sind, so führt nur eine beiderseitige Combination zu richtigen Summen und Prozenten. — Die Anstellungs- und Beförderungsübersichten der Zeitschrift für Gesetzgebung und Rechtspflege reichen nur bis zum Jahr 1865. Hier fänden sich auch die Beförderungen aus einer Categorie, welche in den nachfolgenden Listen noch mit den Versetzungs-, Sterb- und Quieszenzfällen combinirt werden müssten.

Die augenfälligsten Ergebnisse der nachstehenden Uebersicht sind folgende:

Die geringste Aemterzahl (1) haben die Centralstellen des Königreichs und die oberste Kreisstelle der Pfalz, darauf folgen

4 Bezirksgerichte der Pfalz,
7 (künftig 5) Appellationsgerichte r. d. R.,
32 Landgerichte der Pfalz (ohne Stadt- oder Stadt- und Landgerichte),
35 Bezirksgerichte r. d. R.
256 Stadt- und Landgerichte r. d. Rh.

Die wenigsten Beamten finden sich und zwar
je 1 als Minister und M.-Geheim-Sekretär, als OAG.-Präsident, -Sekretär, -Obergerichtsschreiber und Generalstaatsanwalt, als Pfälzer App.-G.-Präsident, -Direktor, -Obergerichtsschreiber und -Oberstaatsanwalt, mit sehr verschiedenem Anstellungsdurchschnitt und Prozent.

Die meisten Beamten finden sich als
Stadt- und Landgerichts-Assessoren r. d. Rh. (305) mit 40,1 Jahres- und 13,1 Prozent-Anstellung;
Stadt- und Landgerichtsschreiber r. d. Rh. (286) mit 13,8 Jahres- u. und 4,8 Prozent-Anstellung;
Stadt- u. Landrichter r. d. Rh. (270) mit 16,0 Jahres- und 5,9 Prozent-Anstellung;
Bezirksgerichtsräthe r. d. Rh. (209) mit 19,7 Jahres- und 9,4 Prozent-Anstellung.

Die geringsten Anstellungs-Prozente sind 0,6 oder selbst unter Combination mit den Sekretären 1,4 bei den Obergerichtsschreibern an den Bez.-Ger. r. d. Rh.; dann 4,8 bei den St.- u. Ld.-Gerichtsschreibern r. d. Rh.; 5,0 bei den Bez.-Ger.-Assessoren r. d. Rh., welche im letzten Jahre nur mehr durch Versetzungen ergänzt wurden; 5,9 bei den Stadt- u. Landrichtern r. d. Rh. und je 7,5 bei den Landrichtern u. Landgerichtsschreibern in der Pfalz. Die höchsten Prozente haben die F. St.-A.-Subst. l. d. Rh. (56,5); dann die Landgerichts-Assessoren der Pfalz (48,3 gegen 13,1 r. d. Rh.); die II. BG.-Staatsanwälte der Pf. (32,5), endlich Minister, Geheimsekretär u. Oberstaatsanwalt der Pfalz (30,0). —

Beamten-Kategorien.	K. r. l.	Gesammtzahl der Aemter	Gesammtzahl der Beamten	Neuanstellungen in den Jahren 1800 63/64	64/65	65/66	66/67	67/68	68/69	69/70	70/71	71/72	72/73	Summe der 10 Jahre	Es treffen auf 1 Jahr	Es treffen auf 100 Beamte (jährl.)
Centralbeamte.																
Minister	K.	1	1	1	—	—	—	1	—	—	—	1	—	3	0,3	30,0
Ministerialräthe . . , ...	»	1	4	—	2	—	—	1	—	1	—	—	1	5	0,5	12,5
Ministerialassessoren	»	1	—	—	2	1	—	—	—	—	—	—	—	3	0,3	—
Geheime ref. Ministerial-Sekretäre .	»	1	1	—	2	—	—	—	—	1	—	—	—	3	0,3	30 0
Oberappellationsgerichts-Präsidenten .	»	1	1	—	—	—	—	—	1	—	—	—	—	1	0,1	10,1
» Direktoren	»	1	3	—	—	—	1	—	2	—	—	—	2	5	0,5	16,6
» Räthe	»	1	29	—	5	1	2	5	3	4	5	—	3	28	2,8	9,6
» Sekretäre	»	1	1	—	—	—	—	1	—	—	—	—	—	1	0,1	10,0
» Obergerichtsschreiber	»	1	1	—	—	—	—	—	—	1	—	1	—	2	0,2	20,0
» Untergerichtsschreib.	»	1	3	—	—	—	—	—	—	1	1	1	—	3	0,3	10,0
» Generalstaatsanwalt .	»	1	1	—	1	—	—	1	—	—	—	—	—	2	0,2	20,0
» II.,III.,IV. Staatsanw.	»	1	3	—	—	—	—	1	—	2	—	—	1	4	0,4	13,3
Kreisbeamte.																
Appellationsgerichts-Präsidenten . .	r.	7	7	1	2	2	1	2	1	—	—	—	1	10	1,0	14,3
» » . .	l.	1	1	—	—	—	—	—	—	—	1	—	—	1	0,1	10,0
» Direktoren	r.	7	8	2	1	1	3	1	1	3	—	—	2	14	1,4	17,4
» »	l.	1	1	—	—	—	—	—	—	—	—	—	—	—	—	—
» Räthe	r.	7	90	6	14	9	10	12	10	8	5	3	5	82	8,2	9,1
» »	l.	1	10	—	1	2	—	2	—	1	—	2	1	9	0,9	9,0
» Sekretäre	r.	7	11	1	2	7	5	1	—	1	—	—	—	17	1,7	15,4
» Obergerichtsschreiber	r.	7	6	—	—	—	—	—	—	1	—	1	—	2	0,2	28,5
» »	l.	1	1	—	—	—	—	—	—	—	—	—	—	—	—	—
» Untergerichtsschr. .	r.	7	7	—	—	—	—	—	—	2	1	2	2	7	0.7	10,0
» »	l.	1	2	—	—	1	1	1	1	—	—	—	1	5	0,5	25,0

Beamten-Kategorien.	K. r. l.	Gesammtzahl der Aemter	Gesammtzahl der Beamten	Neuanstellungen in den Jahren 1800 63/64	64/65	65/66	66/67	67/68	68/69	69/70	70/71	71/72	72/73	Summe der 10 Jahre	Estreffen auf 1 Jahr	Estreffen auf 100 Beamte (jährl.)
Appellationsgerichts-Oberstaatsanwälte	r.	7	7	1	4	1	1	2	—	—	—	—	—	9	0,9	12,8
» »	l.	1	1	—	—	—	—	1	—	—	1	—	1	3	0,3	30,0
» II. u. III. Staatsanw.	r.	7	9	—	—	—	—	—	—	—	—	—	—	—	—	—
(S. unt. I. BG.-StA.)	l.	1	2	—	—	—	—	—	—	—	—	—	—	—	—	—
Bezirksgerichts-Direktoren	r.	35	35	2	5	3	2	3	3	3	2	1	2	26	2,6	7,4
» »	l.	4	4	—	—	1	—	—	—	—	—	1	1	3	0,3	7,5
» Räthe	r.	35	209	7	34	26	25	26	19	22	11	9	8	197	19,7	9,4
» »	l.	4	17	3	—	3	2	3	—	4	1	6	3	25	2,5	14,7
» Assessoren	r.	35	124	19	7	13	5	2	4	8	1	3	—	62	6,2	5,0
» »	l.	4	4	1	—	1	1	—	—	1	—	4	—	8	0,8	20,0
» Sekretäre	r.	35	59	32	20	21	14	15	18	7	—	—	—	127	12,7	22,2
» Obergerichtsschreiber .	r.	35	35	—	—	—	—	—	—	1	—	1	—	2	0,2	0,6
														(5)	(0,5)	(1,4)
» » .	l.	4	4	—	—	1	—	—	1	1	1	—	1	5	0,5	12,5
» Untergerichtsschreiber .	r.	35	26	—	—	—	—	—	—	8	6	3	7	24	2,4	9,2 (?)
» »	l.	4	—	—	—	—	—	—	—	—	—	—	—	—	—	—
» I. Staatsanwälte . . . (Mit II. u. III. App.-G.-StA.)	r.	35 + 7	35 + 9	3	8	10	3	4	4	5	2	2	2	43	4,3	10,2
» » . . .	l.	4 + 1	4 + 2	1	2	2	1	—	—	1	1	3	1	12	1,2	20,0
» II. Staatsanwälte . .	r.	35	35	3	15	11	1	7	10	7	1	3	4	71	7,1	20,3
» » . .	l.	4	4	—	—	1	1	1	1	3	—	2	4	13	1,3	32,5
» F. St.-A.-Substituten .	r.	35	12	5	3	11	7	6	4	11	1	—	10	68	6,8	56,5
» » . .	l.	4	6	?	?	1	—	1	3	2	—	—	5	12	1,2	20,0
Stadt- und Land-Richter	r.	256	270	16	29	16	20	12	12	11	9	16	19	160	16,0	5,9
» » » »	l.	32	32	2	1	5	2	3	3	1	1	3	3	24	2,4	7,5
Stadt- und Landgerichts-Assessoren .	r.	256	305	50	16	56	52	56	53	31	30	24	33	401	40,1	13,1
» » » » .	l.	32	12	3	1	10	3	6	11	4	1	11	8	58	5,8	48,3
Stadt- und Land-Gerichtsschreiber .	r.	256	286	13	12	15	18	11	12	17	10	19	11	138	13,8	4,8
» » » » .	l.	32	32	—	2	5	1	1	2	1	3	—	9	24	2,4	7,5

Beilage XXV.

Personallisten

der

Staatsminister, der sämmtlichen Justizbeamten, der Regierungspräsidenten, der Distriktspolizeibeamten, der Rentbeamten, Notare, Advokaten u. Gerichtsvollzieher

des Königreichs Bayern,

nach dem Stande vom 31. Juli 1874.

Inhalt.

A.

Die sechs königlichen Staatsministerien.

I. Staatsministerium des k. Hauses und des Aeussern.

Se. Exzellenz Adolph v. Pfretschner, Staatsrath im ord. Dienste K3. — M1. — OL1 — RA3. — SA3. — KHW1.) (St.M. 30. Juli 1866.)

II. Staatsministerium der Justiz.

Se. Exzellenz Dr. Joh. Nep. v. Fäustle, Staatsrath im ordentl. Dienste K2b. — M3 — VKreuz — PK3.) (StM. 21. Aug. 1871.)

III. Staatsministerium des Innern.

Se. Exzellenz Sigmund H. von Pfeufer, Staatsrath (K3. — M2b. — MV3. — HG. u. 3. — OEK3. — PK3.) (StM. 21. Aug. 1871.

IV. Staatsministerium des Innern für Kirchen- und Schulangelegenheiten.

Se. Exzellenz Dr. Johann von Lutz, Staatsrath im ordentl. Dienst (K3. — M1. — OFI3. — PK1. PRA3. — JK1.) (StM. 20. Dez 1869.)

V. Staatsministerium der Finanzen.

Se. Exzellenz Georg Berr, Staatsrath i. o. Dienste. (M3 — VKz. — PK3.—MWK3.) (StM. 28. Sept. 1872.)

VI. Kriegsministerium.

Se. Exzellenz Sigmund Freiherr von Prankh, Staatsrath im ordentl. Dienste, Generallieutenant. (M2a. — OEK3. — PRA4. — MV1. — NA1. m. Schw. — PK1. — WF1.) (StM. 31. Juli 1866.)

B.

Justizbeamte des Königreichs Bayern.

I. Liste.

Staatsministerium der Justiz.

A. Minister:

Fäustle Dr. Joh. N. v., Staatsrath	Just.-Minist.	München	21.	Aug.	1871.
im ord. Dienste (K2b.—M3.)	Just.-Min.-R.	»	23.	Dez.	1870.
VKz.—PK3.—WF1. Excell.)	OAGR.	»	7.	»	1868.
	JMAss.	»	29.	Dez.	1864.
	Stadtrichter (Vorst.)	München l. I.	28.	Mai	1862.
	AGAss.	Neuburg	7.	März	1860.
	BGRath	Donauwörth	27.	April	1858.
	BGAss.	Augsburg	5.	Merz	1857.
	AGAcc.	Neuburg			
	Rechtspr.	Augsburg			
	Rechtspr.	Göggingen.			

B. Ministerialräthe:

1 Schebler K. v. (Gen.-Secr.) (K3.—M3.—BL3.)	MR.	München	25.	Nov.	1867.
2 Eisenhart Aug. (Sekr. d. K.) (BL3. — OFJ2 Kz.—JK4.—TnNJ2.—WK3.—K3.)	»	»	5.	Jan.	1870.
3 Loë Max (M3. — JK4. — RA3. — FEL. 4.)	»	»	4.	„	1871.
4 Schmitt Dr. Gottfr. (M3.—PK2.—W.K3)	OAGR.	»	23.	Sept.	1872.

C. Oberappellationsgerichtsräthe:

Staudinger Dr. Jul. (SEKr.—M3.—WK3.— VKz.—PK2.)	OAGR.	München	27.	Febr.	1874.

D. Appellationsgerichtsräthe:

1 Kastner Wilh. (M3.)	AGR.	München	24.	Aug.	1873.
2 Brunnhuber Joh. Nep.	»	»	24.	Aug.	1873.
3 Bothenfelder Otto	»	»	27.	Febr.	1874.
4 Petersen Friedr.	»	»	12.	Juni	1874.

E. Staatsanwalt:

Hauser Dr. Lorenz	I.StA.	»	27.	Febr.	1874.

F. Bezirksgerichtsräthe:

1 Weis Ludw.	BGR.	München	7.	Dez.	1871.
2 Juch Jul.	»	»	12.	Juni	1874.

G. Bezirksgerichtsassessoren:

1	Heller Wilh.	BGA.	München	20. Aug. 1866.
2	Barensfeld Frz. (verw. 12. VII. 74.)	»	»	12. April 1871.

H. Ministerial-Secretäre etc. etc.

Böhm Fr. Xav. (K.w.Rath)	G. exp. S.	München	24. Okt. 64
Adamo Max	Archiv.	»	1. Febr. 69.
Deitmeyer Jakob	geh.Rechn.-Commiss.	»	15. Juli 71.
Fickel Joh. Gg.	geh. Registr.	»	27. Mai 74.
Gürtler Frz. X.	Kanzlei-Sekr.	»	15. Juli 71.

II. Liste

Oberappellationsgericht des Königreichs, zugleich Cassationshof für die Pfalz.

A. Präsident.

Neumayer Dr. Ludw. v. (K3. — M2a. — RSt2.)	OAGP.	München	7. Dez. 69.

B. Direktoren:

1	Gresbeck Frdr. v. (K3.—M3.)	I. D.	„	26. Juli 73.
2	Kalb Dr. Joh. G. v. (K3.—M2b.)	II. D.	„	7. Dez. 68.
3	Wolf Ad. v. (K3.—M3.—SEH2b.)	III. D.	„	22. Jan. 73.

C. (28) Räthe:

1	Grundherr Gg. Wilh. Frdr. Carl v. Kammerjunker	OAGR.	„	23. Febr. 58.
2	Braun Ludw. (M3.)	„	„	3. Dez. 59.
3	Damm Karl (f. GStPr. am Cass. f. die Pfalz)	„	„	27. Jan. 60.
4	Langlois Dr. Ant. v. (K3.—M3.)	„	„	20. Jan. 61.
5	Künssberg Fried. Frz. (M3.)	„	„	21. April 62.
6	Beselmüller Lorenz (M3.)	„	„	1. Dez. 64.
7	Decrignis Carl Aug. (M3.)	„	„	11. Dez. 64.
8	Halm Ludw.	„	„	20. Mai 65.
9	Schuler Theodor	„	„	4. Juli 66.
10	Rosenkrantz Dr. Wilh. (M3.)	„	„	10. Jän. 67.
11	Dirrigl Johann (M3.)	„	„	14. Nov. 67.
12	Flembach Fdr. Ant. v.	„	„	10. Dez. 67.
13	Geyr Karl	„	„	7. Juli 68.
14	Freytag Theod. (M3.—VKz.)	„	„	7. Dez. 68.
15	Höfling Dr. Phil.	„	„	28. „ 69.
16	Arnold Frdr.	„	„	31. Dez. 69.
17	Koch Moriz	„	„	16. März 70.
18	Langlois Dr. Jos. v.	„	„	16. April 70.
19	Stoiber Jos. Rudolph	„	„	15. Juni 70.
20	Glaser Karl	„	„	4. Dez. 70.
21	Merz Albert	„	„	22. Dez. 70.
22	Röckelein Joh. (M3.)	„	„	20. Jan. 71.
23	Gumppenberg Karl Frhr. v. Kämm.	„	„	19. April 71.
24	Schmidt Karl Heinrich	„	„	20. April 71.
25	Wulffen Frdr. Frhr. v. Käm. (VKz.)	„	„	13. Jan. 73.
26	Hofmann Karl	„	„	26. Juli 73.
27	Fruhmann Wilh.	„	„	13. Dez. 73.
28	Barth Wilh.	„	„	10. Mai 74.

III. Liste.

Appellationsgerichts-Präsidenten und Direktoren.

A. Appellationsgericht in München (für Oberbayern).

(Zugleich Handelsappellationsgericht für Ober- und Niederbayern.)

Präs.:	Vogt Dr. Frz. v. (K3—M2b.)	AGP.	München	7. Dez. 60.
Dir. 1	Kleinschrod Ernst v. (K3.—M3.)	I. D.	„	6. Sept. 70.
„ 2	Kamerknecht Karl (M3.)	I. D.	„	7. Mai 73.

B. Appellationsgericht in Passau (für Niederbayern).

Präs.:	Steyrer Clem. v. (K3. M2b.)	AGP.	Passau	25. Okt. 67.
Dir.	Schiber Jos. v. (M3)	I. D.	„	10. Mai 70.

C. Appellationsgericht in Zweibrücken (für die Pfalz).

(Zugleich Handelsappellationsgericht für diesen Kreis.)

Präs.:	Weis Dr. Ludw. v. (K3.—M3.)	AGP.	Zweibrücken	20. April 71.
Dir.:	Kärner Karl C. W. v. Geh. Rath (K3.—M2b.—L.)	AGD.	„	4. Jan. 52.

D. Appellationsgericht in Bamberg (für Unter- und Oberfranken).

Präs.:	Schebler Karl v. (K3-M3-BL3.)	AGP.	Bamberg	
Dir. 1	Gareis Wilh. v. (K3.—M3.)	I. D.	„	11. Merz 54.
„ 2	Knappe Dr. Jul. v. (M3.—K3.)	I. D.	„	21. April 62.

E. Appellationsgericht in Nürnberg (für Oberpfalz u. Mittelfranken).

Zugleich Handelsappellationsgericht für Oberpfalz, Oberfranken, Mittelfranken und Unterfranken.)

Präs.:	Schab Frz. Jos. v. (K3.—M2a.)	AGP.	Nürnberg	31. Dez. 66.
Dir. 1	Sedlmayr Andreas	I. D.	„	30. Mai 70.
„ 2	Hettich Karl	I. D.		10. Mai 74.

F. Appellationsgericht in Augsburg (für Schwaben und Neuburg).

(Zugleich Handelsappellationsgericht für diesen Kreis.)

Präs.:	Wirschinger Dr. H. v. (K3—M2b)	AGP.	Augsburg	29. Juni 66.
1.	Schmitt Jos. (M3.)	I. D.	„	26. Juli 75.

IV. Liste

(100) Appellationsgerichts-Räthe.

1	Dingler Joh. Gottfr.	AGR.	Zweibrücken	27. Aug. 49.
2	Serini Phil. Jak. (M3)	„	Zweibrücken	28. Jan. 51.
3	Täuffenbach Karl v. Kämmerer	„	Nürnberg	19. Aug. 54.
4	Schieder Joh. Bpt. (M3)	„	Nürnberg	23. Juli 57.
5	Westermayer Richard	„	Augsburg	24. Juni 58.
6	Köppel Friedr. Wilh.	„	Passau	17. Juli 58.
7	Stich Maxim.	„	München	6. Dez. 58.
8	Enhuber M. Ritt. v. Kamrj. (M3.-VKz.)	„	München	19. Juni 59.
9	Branca Max Frhr. v., Kammerj.	„	„	25. Jan. 60.
10	Grabner Maximilian	„	Augsburg	10. März 60.
11	Gerstner Georg	„	Bamberg	9. Okt. 60.
12	Krätzer Dr. Adolph	„	Passau	8. Sept. 64.
			Rang seit	8. April 61.
13	Mähler Alois	„	München	18. Aug. 65.
			Rang seit	8. April 61.
14	Abt Friedr. August	AGR.	Passau	18. Febr. 66.
			Rang seit	21. Nov. 62.
15	Mayer Dr. Max Theod.	„	Augsburg	28. Mai 62.
16	Schaller Jak.	„	Bamberg	21. April 62.
17	Merkel J. Kasp. Gottlieb (M3)	„	Nürnberg	„

18	Schallern Frdr. Aug. v.	AGR.	Nürnberg	21. April 62.
19	Fertsch Otto (M3)	„	Nürnberg	„
20	Schlag Friedr.	„	Passau	„
21	Wolff Wilh.	„	Bamberg	„
22	Pfeufer Jos. Friedr.	„	Passau	„
23	Hofmann Karl	„	Bamberg	„
24	Petri Aug.	„	Zweibrücken	10. Juli 63.
25	Kurz Dr. Heinr. Karl (OEK3.)	„	Bamberg	24. Juli 63.
26	Zinn Friedr.	„	Bamberg	12. Jan. 66.
				Rang seit 21. Nov. 63.
27	Oberst Adolph Xaver	„	Augsburg	24. Juni 66.
				Rang seit 21. Nov. 63.
28	Tröltsch Sigm. Frhr. v.	„	Augsburg	21. Nov. 63.
29	Gürster Jos.	„	Nürnberg	25. Febr. 64.
30	Hohenleitner Bernh.	„	Augsburg	8. Sept. 64.
31	Maier Joh. Bapt.	„	Bamberg	7. Okt. 64.
32	Martin Frz. Xaver	„	Nürnberg	12. Dez. 64.
33	May Dr. Andr.	„	München	12. Dez. 64.
34	v. d. Pfordten Ludw.	„	Bamberg	25. Febr. 65.
35	Nest Jos.	„	München	3. März 65.
36	Cramer Christ. Ferd. W.	„	Nürnberg	19. März 65.
37	Heinleth Frz. Alex. v.	„	München	19. März 65.
38	Herold Gottlieb	„	Bamberg	13. April 65.
39	Hermann Otto Frhr. v. Kämmerer	„	München	20. Mai 65.
40	Edenhofer Frz. Xav.	„	Passau	14. Juli 65.
41	Greiner Frdr.	„	Nürnberg	22. Sept. 65.
42	Koller Gg.	„	München	30. Sept. 65.
43	Molitor L. Alois	„	Zweibrücken	19. Okt. 65.
44	Vogt Philipp Ferd.	„	München	5. Dez. 65.
45	Herold Wilh.	„	München	5. Dez. 65.
46	Schieder Quirin	„	Nürnberg	12. Febr. 66.
47	Obermüller Georg	„	München	18. Febr. 66.
48	Dürrschmidt Heinrich Otto	„	München	27. April 66.
49	Grosch Julius	„	Bamberg	23. Aug. 66.
50	Wagner Dr. Karl (HP3a)	„	Bamberg	„ „ „
51	Miller Jos.	„	München	25. März 67.
52	Lucas Vikt. Mich.	„	Augsburg	11. Mai 67.
53	Stramer Joh. Heinrich	„	Nürnberg	15. Juni 67.
54	Föll Theodor	„	Zweibrücken	6. Aug. 67.
55	Seiffert Frdr. Ludw.	„	Bamberg	9. Sept. 67.
56	Zinkgraf Karl Th.	„	Zweibrücken	30. Oktbr. 67.
57	Böhm Martin	„	München	23. Dez. 67.
58	Cucumus Frz.	„	München	26. Dez. 67
59	Flessa Carl Christoph	„	Passau	5. Jan. 68.
60	Erras Jos.	„	Passau	16. Jan. 68.
61	Gemeinhardt Dr. Joh. A.	„	München	18. Jan. 68.
62	Oppelt Joh W.	„	Bamberg	5. Febr. 68.
63	Fischer Gg.	„	Passau	15. Juni 68.
64	Edel Max	„	Nürnberg	21. Juni 68.
65	Schnurbein Marc. Frhr. v.	„	Augsburg	23. Juli 68.
66	Haus Ludw.	„	Bamberg	23. Juli 68.
67	Sigmund Ant.	„	Augsburg	12. Nov. 68.
68	Huber-Liebenau Th. v.	„	Nürnberg	3. Dez. 68.
69	Mayer Aug.	„	Passau	8. Dez. 68.
70	Bruder Aug.	„	Bamberg	7. Febr. 69.
71	Franz Joh. August	„	Nürnberg	26. April 69.
72	Behringer Wilh.	„	Augsburg	3. Juni 69.
73	Ketterl Josef	„	Bamberg	27. Aug. 69.
74	Neuper Aug.	„	Bamberg	22. Dez. 69.
75	Lössl Rich. v.	„	München	31. Dez. 69.
76	Dercum Herm.	„	Zweibrücken	20. Jan. 70.

77 Lunglmayr Eduard	AGR.	München	16. März 70.
78 Schneider Dr. Eug.	„	München	16. April 70.
79 Widmann Eduard v.	„	Augsburg	15. Juni 70.
80 Sigmund Hugo	„	München	15. Juni 70.
81 Reitzmann Wilh. Heinr.	„	Nürnberg	16. Juli 70.
82 Hermann Ldw.	„	„	4. Dez. 70.
83 Kleiner Otto	„	Nürnberg	22. Dez. 70.
84 Hibl Hermann	„	Nürnberg	16. Jan. 71.
85 Kühbacher Albert	„	Passau	24. Aug. 71.
86 Gässler Aug. v.	„	Nürnberg	31. Aug. 71.
87 Meyer Karl	„	Augsburg	21. Dez. 71.
88 Uebel Frdr. Chr.	„	Zweibrücken	14. Jan. 72.
89 Kast Caj.	„	Zweibrücken	10. März 72.
90 Thoma Karl Aug. (M4.)	„	Zweibrücken	19. Sept. 72.
91 Bibra Wilh. Frhr. v. (M3.)	„	Bamberg	
92 Roidl Jos.	„	München	11. Dez. 72.
93 Fuchs Max Heinrich	„	Passau	13. Jan. 73.
94 Hauck Ernst	„	Bamberg	26. Juli 73.
95 Scharrer Ludwig	„	München	18. Dez. 73.
96 Pechmann Adalb. Frhr. v.	„	Augsburg	10. Merz 74.
97 Streicher Franz	„	Passau	10. Mai 74.
98 Wolfram Rudolph	„	Nürnberg	12. Juni 74.
99 Bezold Gust. v.	„	Augsburg	9. Juli 74.
100 Schwaab Frdr.	„	Nürnberg	22. Juli 74.

V. Liste.

(38) Bezirksgerichts-Directoren.

1 Lippmann Frz. Alex. (M3.)	BD.	Landshut	14. Dez. 50.
2 Kahl Friedr. Adolph (M3)	„	Schweinfurt	23. Juli 57.
3 Fleissner Benno (M3)	„	Deggendorf	23. Juli 57.
4 Striegel Friedr. (M3)	„	Kronach	„
5 Luz Fedor (M3.)	„	Ansbach	3. Nov. 64.
6 Nero August	„	Freising	21. Sept. 62.
7 Hammer Wilh. (M3.)	„	Fürth	21. Apr. 62.
8 Russwurm Gg. (M3.)	„	Eichstädt	„
9 Paur Ludw.	„	Straubing	„
10 Kienast Joh. Bapt.	„	Wasserburg	17. Nov. 62
11 Gleitsmann Jakob	„	Lohr	25. Febr. 64.
12 Böhe Frz. Vikt. (M3.)	„	Bamberg	7. Okt. 64.
13 Rohrmüller Jos.	„	Passau	24. Juni 66.
14 Kopp Jul. (M3)	„	München l.	12. Dez. 64.
15 Pachmayr Ant.	„	Pfarrkirchen	28. Febr. 65.
16 Praxmarer Josef	„	München r. I.	7. Nov. 65.
17 Neubig Wilh.	„	Würzburg	11. Aug. 66.
18 Vollmuth Theodor	„	Neustadt a. S.	24. Mai 67.
19 Gareis Heinr.	„	Aichach	27. Nov. 67.
20 Lämminger Rudolph	„	Memmingen	23. April 68.
21 Heiligenstein Konrad v.	„	Regensburg	29. Juli 68.
22 Landgraf Wilh.	„	Bayreuth	21. Okt. 68.
23 Mehling Jos. (M3. — OEK3.)	„	Aschaffenburg	7. Dez. 68.
24 Stubenrauch Max v.	„	Kempten	18. Mai 69.
25 Schmauss Karl Ed.	„	Nürnberg	20. März 70.
26 Günther Georg	„	Augsburg	21. Juni 70.
27 Harsdorf Alex. Frhr. v.	II.BD.	München l.	25. Juni 70.
28 Petz Frdr. (VKz.)	BD.	Weilheim	12. Apr. 71.
29 Schmidt Frd. W.	„	Amberg	15. Juni 71.
30 Müller Jul. Ferd.	„	Kaiserslautern	24. Mai 72.
31 Niedermaier Joh.	„	Weiden	20. Juli 72.
32 Pichlmayr Dionys	„	Neunburg v. W.	14. Febr. 73.
33 Zöller Ludw.	„	Frankenthal	15. April 73.

34 Steinle Karl	BD.	Donauwörth	9. Mai 73.
35 Zölch Jos.	„	Windsheim	23. Sept. 73.
36 Föll Frdr. W.	„	Landau Pf.	8. Jan. 74.
37 Haas Ernst	„	Zweibrücken	1. Apr. 74.
38 Wimmer Gg.	„	Hof	27. Juli 74.

VI. Liste.

(229) Bezirksgerichts-Räthe.

1 Eckl Max Napoleon	BR.	Aschaffenburg.	
2 Fritscher Aug.	„	Würzburg	14. Merz 56.
(BGD. R. u. T. 6. XII. 71.)	„		
3 Otto Matthäus Christoph	„	Nürnberg	
(BGD. R. u. T. seit 28. V. 71.)	„		
4 Hommel Friedr.		Ansbach	28. Febr. 53.
5 Eyselein Jos. Heinr.	„	Fürth	2. Nov. 55.
6 Gugel Frdr.	„	Zweibrücken	17. Juni 56.
7 Schubert Gg. Karl Theod.	„	Bamberg	9. Juli 56.
8 Ruppert Konr.	„	Würzburg	8. Sept. 57.
9 Hörmann Eduard v.	„	Nürnberg	„ „ „
10 Gottschalk Dr. Lorenz	„	Schweinfurt	„ „ „
11 Lunz Joh.	„	Hof	„ „ „
12 Haffenbrädl Alois Frhr. v.	„	Regensburg	„ „ „
13 Hacker Friedr.	„	Kempten	„ „ „
14 Freundorfer Karl	„	Wasserburg	„ „ „
15 Schwaiger Jul.	„	Donauwörth	„ „ „
16 Bauer Wilh.	„	München l.	„ „ „
17 Senestrey Karl Jos. (HP3.-OFJ3.)	„	Traunstein	„ „ „
18 Schneider Phil. Ernst	„	Schweinfurt	„ „ „
19 Seitz Jos. Alois	„	Donauwörth	„ „ „
20 Wolff Erdm. Jak.	„	Neunburg v. W.	„ „ „
21 Lindheimer Dr. Karl v.	„	Regensburg	„ „ „
22 Hauck Ernst Chr.	„	Ansbach	„ „ „
23 Hundertpfund Joh.	„	Regensburg	„ „ „
24 Braun Wilh.	„	Aschaffenburg	„ „ „
25 Gerlach Anton	„	Aschaffenburg	13. Juni 58.
26 Frank Alois	„	Weiden	4. Juli 58.
27 Riedl Andr.	„	Memmingen	17. Juli 58.
28 Wolff Josef	„	Zweibrücken	22. Juni 62.
29 Hofmann Edmund	„	Bayreuth	13. Dez. 58.
30 Raab Oskar	„	Ansbach	18. Dez. 58.
31 Kopp Franz	„	Aschaffenbg.	14. Mai 59.
32 Prugger Alex.	„	Landshut	21. Mai 59.
33 Miltner Joh. Theod.	„	Bamberg	19. Juni 59.
34 Schleisinger Stephan	„	Freising	8. Juli 59.
35 Wutz Jos.	„	Landshut	25. Nov. 59.
36 Häcker Phil.	„	Würzburg	28. Nov. 59.
37 Siess Michael	„	Landshut	9. Jan. 60.
38 Schuller Anton	„	Deggendorf	9. Jan. 60.
39 Wening Fr. X. v.	„	Donauwörth	7. März 60.
40 Endres Andreas	„	Neustadt a. S.	16. April 60.
41 Schröder Jos.	„	Passau	12. Mai 60.
42 Leimbach Gustav	„	München r.	20. Juni 60.
43 Koch Karl	„	Kaiserslautern	17. Dez. 63.
44 Tretter Fduard	„	Amberg	4. Juli 60.
45 Lotzbeck Ludw. Jul.	„	Nürnberg	9. Okt. 60.
46 Kiliani Friedr.	„	Neustadt a. S.	9. Okt. 60.
47 Eigner Joh. Bapt.	„	Neunburg v. W.	9. Okt. 60.
48 Schweiger Ludw.	„	Deggendorf	27. Nov. 60.
49 Wiesend Franz Ant.	„	Memmingen	19. Dez. 60.

50	Kolb Adam	BR.	Augsburg	28. Mai 62.
51	Müller Eduard	"	Traunstein	"
52	Kuffner Lorenz	"	Kempten	"
53	Ochsenmaier Anton	"	Amberg	"
54	Loibl Joh. Bpt.	"	"	"
55	Oberhofer Karl	"	Landshut	"
56	Birner Frz. X.	"	Aichach	"
57	Hebendanz Martin	"	Regensburg	"
58	Rüdinger Jos.	"	Aschaffenbrg.	"
59	Hueb Karl v. Hofjunker	"	Passau	"
60	Hartmann Jul. Im.	"	Bayreuth	"
61	Gleichauf Ludw.	"	Kempten	"
62	Ruppenthal Theodor	"	Freising	"
63	Welsch Otto	"	München l.	"
64	Vollert Joh. Bpt.	"	Würzburg	"
65	Bauer Franz	"	Landau Pf.	13. Merz 68.
66	Huber Andr.	"	München r.	27. Aug. 62.
67	Wittmann Thomas	"	Weiden	21. Nov. 62.
68	Fischer Theod.	"	Aichach	2. Dez. 62.
69	Haindl Eugen	"	Wasserburg	23. Dez. 62.
70	Flessa Ernst	"	Augsburg	27. Jan. 63.
71	Bibel Ludw. Aug.	"	Nürnberg	29. März 63.
72	Hessler Frz.	"	Aschaffenburg	1. Mai 63.
73	Böttiger Karl Joh.	"	Bamberg	"
74	Reiffel Gg.	"	Frankenthal	9. Juli 68.
75	Dotterweich Adolph	"	Würzburg	24. Juli 63.
76	Gutschneider Bernh.	"	Regensburg	29. Juli 63.
77	Kauer Ant.	"	Kronach	29. Sept. 63.
78	Seiferling Gg. Karl	"	Weiden	21. Nov. 63.
79	Hiller Frz. Alois	"	Augsburg	"
80	Kisskalt Joh. Mart.	"	Fürth	21. Jan. 64.
81	Wehner Aug.	"	Augsburg	2. Juni 64.
82	Winkler von Mohrenfels Ludw. v.	"	Bamberg	7. Okt. 64.
83	Knirlberger Georg	"	Regensburg	28. Nov. 64.
84	Reiss Franz Jos.	"	Bamberg	10. Jan. 65.
85	Mecheln Theod. v.	"	München l.	10. Jan. 65.
86	Harlander Otto	"	München r.	10. Jan. 65.
87	Röder Nikolaus	"	Neustadt a. S.	10. Jan. 65.
88	Hutter Friedrich	"	München r. I.	13. Jan. 65.
89	Sibin Constantin	"	Schweinfurt	13. Febr. 65
90	Engelhard Anton	"	Aichach	28. Feb. 65.
91	Glück Friedrich (VKz.)	"	Windsheim	25. Feb. 65.
92	Kienhöfer Ludw.	"	Neunburg v. W.	11. April 65.
93	Castel Jos. Th. Frhr. v.	"	München l.	13. April 65.
94	Arnold Ferd.	"	Eichstädt	19. Mai 65.
95	Sailer Franz	"	Freising	20. Mai 65.
96	Hierl Dr. Alois	"	München r.	14. Juli 65.
97	Bayerlein Eduard	"	Bayreuth	11. Aug. 65.
98	Steinbrüchel G. Fr. M.	BR.	Ansbach	22. Sept. 65.
99	Märkel Jos.	"	Kronach	"
100	Langenmantel Jos.	"	Traunstein	"
101	Hammelbacher Mich.	"	München l.	"
102	Schels Aug.	"	Regensburg	24. Sept. 65.
103	Heigl Frdr.	"	München l. I.	3. Nov. 65.
104	Kirschbaum Max v.	"	Bayreuth	2. Dez. 69.
105	Kobler Joh. Anton	"	Straubing	30. Sept. 65.
106	Schieder Clem.	"	Memmingen	"
107	Habersbrunner Joh. N.	"	Regensburg	30. Sept. 65.
108	Kilp Dr. Fr. Theod.	"	Straubing	6. Nov. 65.
109	Herrbach Joh.	"	Bamberg	25. Dez. 65.
110	Reuter Friedr.	"	Aschaffenburg	12. Jan. 66.
111	Oertel Dr. Julius	"	Kempten	18. Febr. 66.

112	Braun Theod. v.	BR.	Bayreuth	15. April 66.
113	Volk Karl	„	Nürnberg	29. „ 66.
114	Krieger Alois	„	Donauwörth	24. Juni 66.
115	Merkel Adolph	„	Neustadt a. S.	24. „ 66.
116	Riedel Max	„	Weilheim	6. Juli 66.
117	Mauerer Karl	„	Ansbach	12. „ 66.
118	Gleitsmann Fr. X. W.	„	München l.	24. „ 66.
119	Hermann Dr. Albrecht	„	München l.	20. Aug. 66.
120	Kiliani Hermann	„	Augsburg	9. Nov. 66.
121	Müller Josef	„	Würzburg	14. Dez. 66.
122	Wucherer Mich.	„	München l.	14. „
123	Arnold Hermann	„	München r. I.	14. Dez. 66.
124	Dobeneck Const. Frhr. v.	„	Hof	11. Jan. 67.
125	Riedl Frz.	„	Passau	„
126	Behr Otto	„	Würzburg	19. „ 67.
127	Baumer Karl Frdr. Wald. v.	„	Ansbach	1. März 67.
128	Bacher Wolfg.	„	Passau	25. „ 67.
129	Zernott Christian	„	Ansbach	11. Mai 67.
130	Schmitt Phil. v.	„	Freising	22. Mai 67.
131	Pürkhauer Max Fr. W.	„	Nürnberg	18. Juni 67.
132	Brunner Kasp. Ferd.	„	Weiden	20. Juni 67.
133	Böck Frdr. v.	„	Donauwörth	30. Juni 67.
134	Schnitzlein Karl Frdr.	„	Ansbach	18. Aug. 67.
135	Knötzinger Jos.	„	Neunburg v.W.	18. Aug. 67.
136	Schuler Aug.	„	Zweibrücken	13. Aug. 67.
137	Fritz Friedr.	„	Eichstädt	9. Sept. 67.
138	Geret Viktor	„	Windsheim	9. Sept. 67.
139	Wütscher Andr.	„	Eichstädt	9. Okt. 67.
140	Reisenegger Jakob	„	Pfarrkirchen	11. Okt. 76.
141	Maier Dr. Herm.	„	München r.	23. Dez. 67.
142	Moralt Otto	„	München l.	10. Jan. 68.
143	Zech Frdr. Graf v.	„	Straubing	16. „ 68.
144	Rösen Karl	„	München r.	18. „ 68.
145	Herz Karl	„	Nürnberg	15. „ 68.
146	Endres Phil. Otto	„	Ansbach	15. Juni 68.
147	Lampel Karl Andr.	„	Hof	23. Juli 68.
148	Wolf Otto Konr.	„	Straubing	23. „ 68.
149	Michahelles Karl	„	Augsburg	23. Juli 68.
150	Strössenreuther Christoph	„	Schweinfurt	7. Sept. 68.
151	Oegg Karl	„	Lohr	7. Sept. 68.
152	Erbelding Ernst	„	Kaiserslautern	22. Nov. 68.
153	Hungerkhausen Frdr. K. v.	„	Neunburg v. W.	1. Nov. 68.
154	Vocke Heinr.	„	Donauwörth	4. Nov. 68.
155	Killinger Sigm. v.	„	Weiden	13. Nov. 68.
156	Eck Leopold	„	Kronach	3. Dez. 68.
157	Röhrle Karl	„	Augsburg	3. „ 68.
158	Dammer Frdr.	„	Nürnberg	25. „ 68.
159	Kirschner Kasp.	„	Traunstein	25. „ 68.
160	Braungart Rud.	„	Schweinfurt	7. Febr. 69.
171	Sicherer Theod. v.	„	Eichstätt	18. Mai 69.
162	Seitz Dr. Jos.	„	Lohr	3. Okt. 69.
163	Reder Dr. Ant.	„	Weilheim	31. Dez. 69.
164	Seibert Augustin	„	Landshut	17. Jan. 70.
165	Pramberger Ad.	„	Landshut	17. Jan. 70.
166	Weippert Heinr.	„	Lohr	29. Jan. 70.
167	Carben Wilh.	„	Würzburg	14. März 70.
168	Röder Angelus	„	Schweinfurt	9. April 70.
169	Irmischer Karl	„	München l.	16. April 70.
170	Moritz Joh.	„	Wasserburg	24. April 70.
171	Stöger Hermann	„	Weilheim	10. Mai 70.
172	Jungermann Wilhelm	„	Passau	15. Juni 70.
173	Rösling Frdr.	„	Fürth	16. Juli 70.

174	Schneider Gg. Frz.	BR.	Hof	16. Juli 70.
175	Hader Andr.	„	Bamberg	18. Aug. 70.
176	Speth Gg.	„	Würzburg	5. Sept. 70.
177	Lehmaier Jos. Eug.	„	Aichach	14. Nov. 70.
178	Kreitner Ldw.	„	Augsburg	14. Nov. 70.
179	Wesselack Frz. Xav.	„	Pfarrkirchen	22. Dez. 70.
180	Zeis Anton	„	Donauwörth	5. Jan. 71.
181	Kliem Karl Th.	„	Würzburg	26. Jan. 71.
182	Müller Aug.	„	Hof	29. Jan. 71.
183	Geigel Rup.	„	Memmingen	12. April 71.
184	Kohlhagen Frz. v.	„	Bayreuth	15. Juni 71.
185	Bonnet Otto Frhr. v.	„	Augsburg	18. Aug. 71.
186	Haas Ldw. H. v. (VKz.)	„	Ansbach	25. Aug. 71.
187	Seeholzer Mich.	„	Deggendorf	24. „ „
188	Kreller Christ.	„	Schweinfurt	31. „ „
189	Schmidt Frz. Xav.	„	Amberg	31. „ „
190	Osthelder Karl	„	Kaiserslautern	19. Sept. 71.
191	Fahr Daniel	„	Frankenthal	18. Okt. 71.
192	Höhnes Karl Cas.	„	Frankenthal	18. Okt. 71.
193	Eckhard Aug.	„	Kaiserslautern	18. Okt. 71.
194	Bregeard Franz	„	Landau Pf.	18. Nov. 71.
195	Drossbach Jos.	„	Lohr	21. Dez. 71.
196	Crämer Heinr.	„	Schweinfurt	17. Apr. 72.
197	Hosemann Karl	„	Landau (Pf.)	29. Juni 72.
198	Stummer Thom.	„	Regensburg	20. Juli 72.
199	Biersack Ant	„	Straubing	24. Juli 72.
200	Platz Jakob	„	Zweibrücken	31. Aug. 72.
201	Bossert Jul.	„	Frankenthal	3. Sept. 72.
202	Hacke Wilh.	„	Augsburg	19. Okt. 72.
203	Fritz Gg. Wilh.	„	Fürth	9. Nov, 72.
204	Henggi Karl A.	„	Wasserburg	10. Nov. 72.
205	Bögel Ant.	„	Augsburg	10. Nov. 72.
206	Dimroth Karl	„	München I.	11. Dez. 72.
207	Baum Wilh,	„	Frankenthal	13. Jan. 73.
208	Dannegger Alban	„	Deggendorf	14. Febr. 73.
209	Gehhard Karl	„	Kempten	30. Mai 73.
210	Karmann Math.	„	Straubing	26. Juli 73.
211	Welzel Christoph	„	Amberg	21. Sept. 73.
212	Schuberth Joh. M.	„	Pfarrkirchen	23. Sept. 73.
213	Kirchgessner Aug.	„	Windsheim	24. Sept. 73.
214	Mayr Otto Bas.	„	Kempten	29. Okt. 73.
215	Weiss Joh. Bapt.	„	Amberg	9. Dez. 73.
216	Haupt Andr. v.	„	Bamberg	6. Jan. 74.
217	Enderlein Frdr.	„	Fürth	27. Febr. 74.
218	Salzmann Frz.	„	Wasserburg	8. Merz 74.
219	Brandt Eduard	„	Kronach	10. Merz 74.
220	Söltl Otto	„	München I. J.	16. Merz 74.
221	Berghammer Mich.	„	Traunstein	8. April 74.
222	Wollner Karl	„	Fürth	25. April 74.
223	Drausnick Frdr. E.	„	Weilheim	10. Mai 74.
224	Englert Adam	„	Lohr	26. Mai 74.
225	Böcking Ferd.	„	Kaiserslautern	5. Juni 74.
226	Rinecker Frz.	„	Windsheim	12. Juni 74.
227	Becker Jak.	„	Landau Pf.	12. Juni 74.
228	Neumeier Karl	„	Pfarrkirchen	9. Juli 74.
229	Leusser Phil.	„	Würzburg	22. Juli 74.

VII. Liste.

(299) Stadt- und Landrichter.

1	Koch Jak.	L.	Kaiserslautern	28. Merz 43.
2	Müller Frdr. Wilh.	„	Kandel	10. Mai 48.

3	Kempf Karl	L.	Waldmohr	15. Aug. 45.
4	Ruppenthal K. M.	„	Landau Pf.	3. Jan. 46.
5	Pybringer Joh. Mich.	„	Weissenhorn	9. Mai 50.
6	Steinbach Joh. Gg.	„	Dettelbach	3. Okt. 50.
7	Aiwens Karl	„	Bergzabern	6. Jan. 51.
8	Platzer Leonh.	„	Sulzbach	28. Juli 51.
9	Dümmler Max Ant.	„	Waldmünchen	15. Aug. 51.
10	Freyseng Heinr.	„	Dürkheim	16. Febr. 52.
11	Platzer Ferd. Jos.	„	Marktbibart	27. Jan. 53.
12	Brück Arnold Frhr. v.	„	Burgau	23. Juni 53.
13	Richter Wilh.	„	Feuchtwangen	6. Okt. 53.
14	Ungemach Ignaz (M3.)	„	Würzburg	3. Okt. 53.
15	Plöderl Alex.	„	München r. I.	16. März 54.
16	Eisenbeiss Phil. Friedr. W. (VKz.)	„	Marktbreit	27. Juli 54.
17	Premauer Joh. v. G.	„	Oettingen	
18	Culman Ed. (M3.)	„	Ludwigshafen	25. Juli 64.
19	Schmahl Aug. (VKz.)	„	Neustadt a. H.	25. Juli 56.
20	Hofmann Augustin	„	Bayreuth	25. Juli 56.
21	Weber Gg. Joh.	StL.	Aschaffenburg	19. Jan. 57.
22	Horn Karl	L.	Homburg	4. Mai 57.
23	Hahn Adam (M3)	„	Würzburg	13. Juni 57.
24	Barthelme Frz.	St.	Würzburg	8. Sept. 57.
25	Furtenbach Karl v.	„	Nürnberg	„ „ „
26	Bernhuber Friedr.	L.	Türkheim	„ „ „
27	Gruner Friedr. W.	„	Ottobeuern	4. Nov. 57.
28	Rebhan Jul.	„	Schesslitz	31. Jan. 58.
29	Stadlbauer Jos.	„	Beilngries	3. Juli 58.
30	Braun Jul.	„	Thurnau	19. Mai 59
31	Mayer Franz X.	„	Arnstein	29. Dez. 59.
32	Schaaf Robert	„	Zweibrücken	23. Dez. 59.
33	Schmid Dr. Ludw	StL.	Eichstädt	6. März 60.
34	Ebenauer Friedr. Karl Aug. (M3)	„	Rothenb. a. T.	10. „ „
35	Schmitt Martin	I.St.L.	Schweinfurt	12. Juni 60.
36	Greiner Wilh.	St.L.	Ansbach	27. Juli 60.
37	Vaillant Ldw. R.	L.	Obermoschel	18. Mai 61.
38	Müller Christ. Gottfr.	„	Oberviechtach	?
39	Fries Hermann	„	Speyer	28. Mai 62.
40	Egger Felix v.	„	Nabburg	19. Dez. 60.
41	Enzensberger Wilh.	„	Zusmarshausen	„
42	Dorner Karl Christ. Wilh.	St.L.	Rosenheim	„
43	Kreutzer Ludw.	L.	Schongau	19. Dez. 60.
44	Bannig Adolph Friedr.	„	Wassertrüdingen	„
45	Kiesner Joh. Bpt.	„	Bischofsheim	„
46	Kiechle Joh. Gg.	„	Lauingen	„
47	Stadlbauer Christian	„	Immenstadt	„
48	Stettner Grabenhofen Joh. Chr. v.	St.L.	Weissenburg	„
49	Sämer Jos.	L.	Nittenau	„
50	Oppert Adolph	„	Landau a. I.	„
51	Gietl Karl	„	Trostberg	„
52	Dennerlein Thomas	„	Ebermannstadt	„
53	Schwingenstein Karl Aug. Chr.	St.L.	Dinkelsbühl	„
54	Lebender Albert	I.St.L.	Erlangen	„
55	Bach Max Eduard	L.	Füssen	„
56	Lang Valentin	„	Nürnberg	„
57	Höflinger Jak.	„	Deggendorf	„
58	Schieder Engelbert	„	Burghausen	„
59	Schrödel Ludw. Heinr.	„	Falkenstein	„
60	Killinger Heinr. Friedr.	L.	Windsheim	28. Mai 62.
61	Sieger Karl	„	Prien	„
62	Schultheiss Anton	II.St.L.	Schweinfurt	„
63	Eichbichler Peter	L.	Schrobenhausen	„
64	Hellersberg Eugen v. (M3.)	„	Dachau	„

65	Brandstetter Jos.	L.	Herrieden	28. Mai 62.
66	Hoppe Georg	„	Wolfratshausen	„
67	Wirth Franz	„	Auerbach	„
68	Huler Jak. (M3.)	„	Werneck	„
69	Fischer Fried. Wilh.	„	Fürth	„
70	Roidl Joh. Mich.	St.L.	Schwabach	„
71	Rubenbauer Bernhard	L.	Arnstorf	„
72	Lang Ant. Balt.	„	Wasserburg	„
73	Bauer Ludw. (VKz.)	„	Landsberg	„
74	Mayer Mich.	„	Waldsassen	„
75	Kuttler Ferd.	„	Sonthofen	„
76	Hösslin Wilh. v.	„	Gunzenhausen	„
77	Patin Peter	„	Scheinfeld	„
78	Gengler Joh. (M3)	St.L.	Straubing	„
79	Mann Frz. Karl	L.	Ebern	„
80	Trabert Daniel	„	Mellrichstadt	„
81	Bayerhammer Max	„	Reichenhall	„
82	Kroyer Antonin	„	Lauf	„
83	Bauer Theod.	„	Miltenberg	„
84	Friedl Mich.	„	Waldkirchen	„
85	Preis Karl Friedr.	„	Burgebrach	„
86	Weber Friedr. Wilh.	„	Selb	„
87	Seidel Karl	„	Grönenbach	„
88	Schramm Joh. Heinr. (M3)	„	Bamberg I.	„
89	Mack Jgn. Frz.	„	Klingenberg	„
90	Müller Martin	St.L.	Landshut	„
91	Wagner Heinr.	L.	Tegernsee	„
92	Küttenbaum Kilian	„	Karlstadt	„
93	Boxler Friedr.	„	Diessen	„
94	Klüg Ludw.	„	Mainburg	„
95	Banzer Ant.	„	Regensburg	„
96	Hiedl Hermann	„	Passau I.	„
67	Mayer Jos.	„	Hemau	„
98	Bauer Max	„	Gemünden	„
99	Kopp Anton	„	Alzenau	„
100	Schneider Franz Konrad Jos.	„	Bamberg II.	„
101	Bedall Max	StL.	Kempten	„
102	Erlbeck Eduard	L.	Augsburg	„
103	Royackers Heinrich	„	Volkach	„
104	Fischer Ludw. Wilh.	„	Oberdorf	„
105	Barth Ign. Frhr. v. Kämmerer	„	Berchtesgaden	„
106	Körber Ant. Karl	„	Rottenburg NB.	„
107	Küffner Peter Karl	„	Hilpoltstein	„
108	Stritzl Jos.	„	Ebersberg	„
109	Binder Jos.	„	Wertingen	„
110	Unold Gg. v.	St.L.	Memmingen	„
111	Wurzer Jos. (M3.)	L.	Dillingen	„
112	Kurz Frz. Xav.	St.L.	Donauwörth	„
113	Blum Jos.	L.	Lohr	„
114	Schiessl Jos.	„	Regenstauf	„
115	Schab Sigm. v. Hofjunker (VKz.)	„	Starnberg	„
116	Löffelholz Gotth. Em. Fr. Frhr. v.	„	Cadolzburg	„
117	Edel Gg.	L.	Münnerstadt	„
118	Eder Anton	„	Burglengenfeld	„
119	Mayr Joh. Bpt.	„	Neuulm	„
120	Hauser Jos. Friedr.	St.L.	Freising	„
121	Parst Anton	L.	Passau II	„
122	Dollacker Gg.	St.L.	Amberg	„
123	Breyer Richard	L.	Eltmann	„
124	Höss Joh. Bpt.	„	Bruck	„
125	Löw Karl Heinr. G. J.	„	Hersbruck	„
126	Debon Andr. (RA3.) (M3.)	„	Kissingen	„

127	Pfeuffer Gg.	L.	Euerdorf	28. Mai 62.
128	Reiter Gg. Andr.	„	Ochsenfurt	„
129	Mayer Heinrich (M3)	„	Neumarkt O.Pf.	„
130	Lex Gg.	„	Eggenfelden	„
131	Seifert Jos. Adrian	„	Sesslach	„
132	Jäger Jos. Maria	St.	Fürth	„
133	Rein Karl	„	Würzburg	„
134	Volkamer K. W.	„	Augsburg	„
135	Bestelmayer Gg. Theod.	„	Nürnberg	„
136	Stadler Karl	L.	Geisenfeld	12. Juni 62.
137	Nagel Gg.	„	Schillingsfürst	27. Sept. 62.
138	Stauffer Joh. Gg. Ferd.	„	Roth	21. Nov. 62.
139	Rasberger Jos.	„	Osterhofen	13. Jan. 63.
140	Stöckl Frz.	„	Aub	25. „ 63.
141	Bachmeyer Aug. Balt.	„	Forchheim	4. Febr. 63.
142	Dost Rudolph	„	Roding	19. Febr. 63.
143	Hoffmeister Joh.	St.L.	Kaufbeuern	1. Mai 63.
144	Fischer Jos.	L.	Kipfenberg	29. April 63.
145	Jung Kasp.	„	Illertissen	24. Mai 63.
146	Dorsch Christ. Bernh.	St.	Bayreuth	28. Mai 63.
147	Stenger Bened.	L.	Schwandorf	14. Juni 63.
148	Weissmann Wilh. Friedr. Z.	„	Pegnitz	18. „ 63.
149	Sondermann Hermann	„	Münchberg	23. „ 63.
150	Rossbach Philipp	„	Obernburg	24. „ 63.
151	Krämer Jos.	L.	Brückenau	8. Aug. 63.
152	Wolfart Bened. Jos.	„	Mitterfels	21. Nov. 63.
153	Memminger Adalbert	„	Leutershausen	„
154	Kummer Albert	St.L.	Neuburg a. D.	„
155	Roth Mich.	L.	Simbach	21. Nov. 63.
156	Plessinger Wilh. L.	„	Schöllkrippen	„
157	Münch Christian	„	Baunach	„
158	Disqué Adam	„	Germersheim	7. Jan. 64.
159	Demper Peter Eduard (Ab.f.St.)	I.St.	München l.	25. Febr. 64.
160	Steeger Willibald	L.	Dorfen	18. April 64.
161	Stengel Nik. Frhr. v.	St.	Passau	30. April 64.
162	Schels Max	L.	Traunstein	7. Mai 64.
163	Stocker Franz Ser.	„	Kastl	11. Okt. 64.
164	Hann Jakob	„	Rotthalmünster	15. Jan. 65.
165	Friedrich Anton	II.St.	Regensburg	26. „ 65.
166	Reischle Karl Jos.	L.	Mühldorf	12. April 65.
167	Krieg Christ. Theod.	L.	Uffenheim	13. April 65.
168	Landgraf Leopold	„	Kulmbach	30. April 65.
169	Püls Andreas	„	Altdorf	30. April 65.
170	Bergmann Karl H. G.	„	Wunsiedl	20. Mai 65.
171	Hoffmeister Nik. Jul.	„	Kronach	12. Juni 65.
172	Winkler Ferd.	„	Neunburg v. W.	„
173	Leist Karl Jos. Friedrich	St.	Bamberg	14. Juli 65.
174	Heinrich Rudolph	L.	Monheim	„
175	Wagner Georg	„	Kelheim	„
176	Haindl Franz Xav.	„	Vilshofen	21. Aug. 65.
177	Häffner Frdr. Chr. Ernst	„	Kemnath	22. Sept. 65.
178	Dornhöfer Andrä	„	Nordhalben	„
179	Enders Fr.	„	Vilsbiburg	„
180	Ammon Phil. v. (V)	St.	Regensburg	30. Sept. 65.
181	Käppel Karl	St.	München r. I.	7. Nov. 65.
182	Mark Sebastian	L.	Moosburg	10. Nov. 65.
183	Heuber Otto	„	Rehau	22. Dez. 65.
184	Eberhardt Joh.	„	Landstuhl	20. Merz 66.
185	Eppelsheim Frdr.	„	Grünstadt	19. April 66.
186	Kuby Ferd.	„	Edenkoben	24. Mai 66.
187	Graf Anton	„	Greding	10. Juni 66.
188	Pfitzer Jak.	„	Tölz	25. Juli 66.

189	Ludwig Frdr. Karl	L.	Ellingen	11. Aug. 66.
190	Becker Lamb.	"	Anweiler	20. Sept. 66.
191	Wiedemann Ldw.	"	Kirchheimbol.	18. Okt. 66.
192	Grieser Gg.	"	Hengersberg	26. Dez. 66
193	Cantler Joh. Bapt.	"	Erding	13. Febr. 67.
194	Kitzing Martin	"	Hammelburg	1. Merz 67.
195	Strössner Ulrich	"	Lichtenfels	5. " 67.
196	Jungbauer Jos.	"	Kötzting	13. " 67.
197	Franz Melch.	"	Marktheidenfeld	17. " 67.
198	Eberhard Konrad Math.	"	Thiersheim	19. Apr. 67.
199	Inngruber Dominikus	"	Abensberg	19. " 67.
200	Kappler Frz	"	Neustadt a. S.	22. Mai 67.
201	Sperger Joh. Paul	"	Stadtamhof	24. " 67.
202	Sartor Mich.	"	Grafenau	3. Juni 67.
203	Banzer Jos.	"	Rothenfels	"
204	Pettendorfer Alois	"	Weiden	"
205	Rauch Lor.	"	Aibling	26. " 67.
206	Ziegler Jak.	St.	München l. I.	28. Aug. 67.
207	Grünberger Max	L.	Aichach	9. Sept. 67.
208	Krumbach Gottfried	"	Friedberg	12. " 67.
209	Lindig Franz	"	Amorbach	2. Okt. 67.
210	Bauer Anton	"	Pfaffenhofen	18. Okt. 67.
211	Lombardino Leo Triph.	"	Göllheim	10. Dez. 67.
212	Kieffer Karl	"	Frankenthal	"
213	Maussner Joh. Gg.	St.L.	Landshut	19. Jan. 68.
214	Stritzl Wilh.	L.	Neumarkt OB.	15. " 68.
215	Köhler Rud.	St.	Augsburg	24. " 68.
216	Graf David	L.	Rockenhausen	28. Merz 68.
217	Streit Heinr.	"	Hofheim	27. März 68.
218	Stöckel G. K. (react.)	"	Stadtprozelten	4. Apr. 68.
219	Kästner L. W. Frdr.	II.StL.	Erlangen	19. Mai 68.
220	Nürnberger Frdr. W.	L.	Herzogenaurach	5. Juli 68.
221	Lauer Ludw.	"	Stadtsteinach	5. Aug. 68.
222	Schwarz Michael	"	Wegscheid	10. Okt. 68.
223	Schmid Ant.	"	Griesbach	22. Okt. 68.
224	Frey Phil. Jak.	"	Haag	1. Nov. 68.
225	Müller Christian	"	Rothenbuch	25. Nov. 68.
226	Seiler Heinr.	"	Höchtädt	15. Dez. 68.
227	Bolkard Ant.	"	Wiesentheid	2. Febr. 69.
228	Karges Wilh. (VKz.)	"	Hassfurt	10. März 69.
229	Gack Ottmar	St.L.	Günzburg	6. " 69.
230	Kunstmann Karl	St.	Augsburg	8. " 69.
231	Bader Val.	L.	Weiler	18. " 69.
232	Plasi Christ.	"	Eschenbach	21. Okt. 69.
233	Pickl Josef	"	Werdenfels	27. Okt. 69.
234	Model Frdr.	"	Neustadt a. A.	27. Nov. 69.
235	Pixis Emil	"	St. Ingbert	26. Dez. 69.
236	Wilhelm Otto	"	Dingolfing	14. März 70.
237	Ziegler Josef	"	Königshofen	31. März 70.
238	Fick Emil	"	Erbendorf	7. April 70.
239	Westermayr Mich.	"	Freyung	24. April 70.
240	Reinhard Alex.	L.	Pfarrkirchen	14. Juni 70.
241	Fritsch Aug.	"	Buchloe	16. " 70.
242	Schörner Gg.	"	Naila	16. Juli 70.
243	Buff Herm.	"	Heidenheim	9. Okt. 70.
244	Schwarz Joh.	"	Wörth	11. Jan. 71.
245	Sterzl Eduard	"	Tirschenreuth	15. " 71.
246	Schülein Frz.	"	Kirchenlamitz	26. " 71.
247	Eyberger Eduard	"	Heilsbronn	13. Febr. 71.
248	Umbscheiden Theod,	"	Winweiler	15. Merz 71.
249	Selling Emil	"	Ludwigstadt	28. Febr. 71.
250	Jaud Paul	"	Laufen	15. Merz 71.

251	Carner Rud.	St.L.	Hof	15. Juni 71.
252	Ravizza Julius	L.	Viechtach	14. Aug. 71.
253	Hurt Frdr.	„	Markterlbach	25. Sept. 71.
254	Hatry Jul.	„	Lauterecken	8. Okt. 71.
255	Bauer Frz. X.	„	Otterberg	18. Okt. 71.
256	Möller Heinr.	„	Staffelstein	21. Nov. 71.
257	Wessinger Ant.	„	Miesbach	„
258	Niller Andr.	„	Vohenstrauss	24. Nov. 71.
259	Walchner Thadd.	„	Vilseck	18. Dez. 71.
260	Schroder Frz.	„	Altötting	21. Dez. 71.
261	Hämmerl Max	„	Bogen	5. Jan. 72.
262	Lang Max	„	Regen	23. „ 72.
263	Lettenmaier Gust.	„	Schwabmünchen	6. Febr. 72.
264	Zeidler Erh.	St.L.	Nördlingen	15. Merz 72.
265	Kuhn Gust.	L.	Dahn	„
266	Göttner Jos.	„	Neukirchen	5. April 72.
267	Merkel Joh.	„	Höchstädt a. A.	23. April 72.
268	Schub Jos.	„	Furth	12. Juli 72.
269	Mayer Hier.	„	Riedenburg	10. Aug. 72.
270	Kastner Ldw. Aug.	„	Hollfeld	„
271	Mangold Jos.	„	Weissmain	„
272	Stegmüller Alois	„	Tittmoning	„
273	Schultz Adam	L.	Pirmasens	31. Aug. 72.
274	Pauli Aug.	„	Hornbach	7. Sept. 72.
275	Behringer Frz.	„	Obergünzburg	12. Okt. 72.
276	Kraus Joh. Ad.	St.L.	Kitzingen	20. „ 72.
277	Krieger Leonh.	L.	Mindelheim	28. „ 72.
278	Meindl Jos.	St.L.	Ingolstadt	10. Nov. 72.
279	Böhm Ferd.	St.	München l.	28. „ 72.
280	Schneider Jos.	L.	Babenhausen	11. Dez. 72.
281	Heldmann Ant.	„	Neustadt a/WN.	13. Jan. 73.
282	Leveling Karl v.	„	München l. I.	12. Merz 73.
283	Huggenberger Jos.	„	Krumbach	13. April 73.
284	Maurer Eduard	„	Wolfstein	6. Juni 73.
285	Moser Frdr.	„	Pottenstein	2. Juli 73.
286	Koller Konr.	„	Gräfenberg	26. Juli 73.
287	Löhr Gg.	„	Weidenberg	„
288	Daxenberger Joh. E.	„	Mallersdorf	„
289	Hartmann Jos.	„	Cham	„
290	Barth Karl	St.	München l. I.	21. Sept. 73.
291	Schrodt Alb.	„	Fürth	24. Sept. 73.
292	Zölch Ldw.	StL.	Lindau	18. Dez. 73.
293	Rottmann Eduard Fr.	L.	Gerolzhofen	3. Jan. 74.
294	Gradel Wilh.	St.	München l. I.	11. Jan. 74
295	Wallner Gg.	L.	Weilheim	12. Jan. 74.
296	Thürauf Leonh.	St.	Nürnberg	16. Jan. 74.
297	Wilde Ludw.	L.	Waldfischbach	1. Juli 74.
298	Zoll Karl	„	Parsberg	17. Juli 74.
299	Kleemann Frdr.	„	Berneck	27. Juli 74.

VIII. Liste.

(129) Bezirksgerichts-Assessoren.

1	Lohner Math.	BA.	Amberg	23. Febr. 63.
2	Schattenmann Frdr.	„	Donauwörth	30. Apr. 64.
3	Frank Max. Balt.	„	München l. I.	1. Mai 64.
4	Höhn Dr. Seb. (HGR.)	„	Schweinfurt	19. Mai 64.
5	Ott Johann	„	Memmingen	25. Okt. 64.
6	Gardill Max (react. 31. VIII. 71.)	„	Eichstädt	24. Nov. 64.
7	Neumüller Josef	„	Weilheim	„

8	Heerwagen Ludw.	BA.	Wasserburg	12. Dez. 64.
9	Schmidt Karl	„	Pfarrkirchen	10. Jan. 65.
10	Fuchs Otto Karl Frhr. v. Kmrj.	„	Neustadt a. S.	„
11	Mattenheimer Emil	„	Bayreuth	„
12	Stauber Joh. Gg.	„	Regensburg	„
13	Kühlmann Karl	„	Freising	„
14	Geiger Jos. Egid	„	München l. I.	13. Jan. 65.
15	Mayer Jos.	„	Deggendorf	9. Febr. 65.
16	Zimmermann Karl	„	Deggendorf	12. Febr. 65.
17	Kapfhammer Math.	„	Traunstein	28. Febr. 65.
18	Ehrne Melchthal Ruppert v.	„	München r. I.	„
19	Kraus Joh. Friedr.	„	Regensburg	15. März 65.
20	Haasy Fr. Jos. v.	„	Passau	11. April 65.
21	Eilles Joh. Bpt.	„	Aichach	17. April 65.
22	Brügel Karl	„	Traunstein	21. April 65.
23	Tretter Dr. Kasp. Alois	„	Augsburg	30. April 65.
24	Mussinan Gg.	„	Wasserburg	19. Mai 65.
25	Walter Johann	„	Amberg	22. Mai 65.
26	Schmidsiller Konr.	„	Nürnberg	31. Mai 65.
27	Pfäffinger Ulrich	„	Amberg	12. Juni 65.
28	Hess Wolfgang	„	Regensburg	„
29	Radlkofer Otto	„	München l.	3. Juli 65.
30	Briel Adalbert	„	„	„
31	Schropp Anton	„	Weilheim	14. Juli 65.
32	Höglauer Herm.	„	Passau	11. Juli 65.
33	Waldenfels Karl Ant. Frhr. v.	„	Bamberg	„
34	Schilcher Karl	„	Landshut	14. Juli 65.
35	Göbel Adam	„	München r.	25. Juli 65.
36	Bibra Ernst Frhr. v.	„	Bayreuth	11. Aug. 65.
37	Glaser Hermann	„	Kronach	22 Sept 65.
38	Pessl Joh. v.	„	Kempten	22. Sept. 65.
39	Laun Karl	„	Donauwörth	„
40	Zaska Jos.	„	Aichach	30. Sept. 65.
41	Sutor Jos. v.	„	Donauwörth	„
42	Geigel Philipp	„	Nürnberg	„
43	Epfelbacher Wolfg.	„	Straubing	„
44	Klingseisen Ant.	„	Deggendorf	7. Nov. 65.
45	Bihler Carl	„	Kempten	6. Nov. 65.
46	Dell Ludw.	„	Fürth	21. Nov. 65.
47	Esper Georg	„	München r.	19. Dez. 65.
48	Regemann Max v.	„	Schweinfurt	12. Jan. 66.
49	Stengel Otto Frhr. v.	„	Weilheim	12. Jan. 66.
50	Heidester Anton	„	Pfarrkirchen	18. Febr. 66.
51	Offner Franz	„	Memmingen	21. Febr. 66.
52	Prosinger Alois	„	Straubing	23. Merz 66.
53	Hofmann Bernhard	„	Ansbach	„
54	Fürst Gustav	„	Augsburg	23. Merz 66.
55	Ertl Otto	„	Weilheim	23. Merz 66.
56	Köth August	„	Lohr	6. April 66.
57	Ruppert Jos.	„	Neustadt a. S.	30. Mai 66.
58	Vierling Albert	„	Bamberg	24. Juni 66.
59	Sonnenburg Hermann v.	„	Aichach	„
60	Neuland Friedrich	„	Würzburg	12. Juli 66.
61	Stöckel Joh. Paul	„	Kronach	11. Aug. 66.
62	Heller Wilhelm	„	Aichach	14. Dez. 66.
63	Schirmer Aug.	„	Windsheim	2. Jan. 67.
64	Reiner Kosmas	„	Kempten	11. „ 67.
65	Schaupert Gg.	„	Nürnberg	13. Febr. 67.
66	Meyer Dr. Jul.	„	Ansbach	„
67	Rehm Heinr.	„	Fürth	5. Merz 67.
68	Meyer Friedr.	„	Hof	15. April 67.
69	Schoppe Karl G.	„	Windsheim	19. April 67.

70	Stengel Peter	BA.	Schweinfurt	22. Mai 67.
71	Korb Karl v.	„	Freising	„
72	Hauser Frz.	„	Pfarrkirchen	3. Juni 67.
73	Wissel Joh.	„	Lohr	„
74	Kistenfeger Jos.	„	Memmingen	20. „ 67.
75	Bodensteiner Seb.	„	Freising	16. Juli 67.
76	Aschenbrenner Ldw.	„	München r.	18. Aug. 67.
77	Ilgen Ldw.	„	Nürnberg	9. Sept. 67.
78	Görs Gg.	„	Passau	2. Okt. 67.
79	Boll Gg.	„	Eichstädt	18. Okt. 67.
80	Stettner Max	„	Amberg	16. Jan. 68.
81	Reissenbach Val.	„	München l.	7. Juni 68.
82	Veicht Peter	„	Neunburg v. W.	15. „ 68.
83	Sauer Franz	„	Kronach	21. „ 68.
84	Leicht Joh. Bapt.	„	Weiden	5. Juli 68.
85	Remeis Dr. Karl	„	Bamberg	23. Juli 68.
86	Schunk Heinr.	„	Straubing	9. „ 68.
87	Papellier Heinr. (e. st.)	„	Nürnberg	26. Juli 68.
88	Heintke Gg.	„	Weiden	1. Aug. 68.
89	Sperl Gust.	„	München l. I.	6. Aug. 68.
90	Schmidbauer Max	„	München l. I.	21. Okt. 68.
91	Weber Anton (HGR.)	„	Würzburg	25. Nov. 68.
92	Krämer Frz.	„	Schweinfurt	3. Dez. 68.
93	Kremer Ludw.	„	Würzburg	7. Dez. 68.
94	Schmitt Mich.	„	Neustadt a. S.	25. Dez. 68.
95	Zimmermann Christ.	„	Ansbach	29. Dez. 68.
96	Then Jos. Ad.	„	Landshut	7. Febr. 69.
97	Schmelcher Wilh.	„	Deggendorf	21. April 69.
98	Warmuth Aug.	„	Augsburg	8. Mai 69.
99	Donle Ernst	„	Hof	18. Mai 69.
100	Mantel Aug.	„	Traunstein	27. Mai 69.
101	Belzner Aug. G.	„	Hof	22. Juni 69.
102	Kunkel Ldw.	„	Lohr	19. Sept. 69.
103	Rücker K. v.	„	Fürth	17. Okt. 69.
104	Damm Jak.	„	Kaiserslautern	21. Okt. 69.
105	Hermann Otto	„	Neunburg v.W.	22. Dez. 69.
106	Scheuerer Frz. Xav.	„	Aschaffenburg	29. Jan. 70.
107	Meier Karl	„	Freising	9. Febr. 70.
108	Kirchgessner Gottfr.	„	Würzburg	14. Merz 70.
109	Luther Mich.	„	Weiden	26. Merz 70.
110	Hoffmann Theod.	„	Windsheim	7. April 70.
111	Baur-Breitenfeld W. v.	„	Straubing	24. April 70.
112	Ammon Luitp. v.	„	Landshut	15. Juni 70.
113	Götz Ferd.	„	Straubing	15 „ 70.
114	Schlöner Wilh.	„	Passau	25. „ 70.
115	Quante Frdr.	„	Straubing	16. Juli 70.
116	Wenninger Ant.	„	Fürth	16. Juli 70.
117	Weber Aug.	„	Bayreuth	18. Aug. 70.
118	Lang Frdr.	„	Landshut	4. Dez. 70.
119	Hönlein Long.	„	Lohr	10. Febr. 71.
120	Keyl Ottmar	„	Neunburg v. W.	13. Febr. 71.
121	Kremer Cölest.	„	Eichstädt	5. Merz 71.
122	Frank Ernst	„	Regensburg	20. Juli 71.
123	Lifer Oskar	„	Wasserburg	18. Aug. 71.
124	König Ludwig	„	Landau Pf.	18. Okt. 71.
125	Glaser Ad.	„	Frankenthal	21. Nov. 71.
126	Röder Franz	„	Lohr	9. Merz 72.
127	Bogner Chr.	„	Augsburg	17. April 72.
128	Leeb Leo	„	Landshut	20. Mai 72.
129	Girisch Joh.	„	München l. I.	12. Juni 74.

IX. Liste.

(311) Stadt- und Landgerichts-Assessoren.

1 Strehl Karl Frdr. Sigm.	L.	Bayreuth	12. April 49.
2 Hopfner Max	,,	Vilsbiburg	,,
3 Maier Karl	St.L.	Aschaffenburg	,,
4 Esper Karl Gg. Christ. Const. (Rang u. Tit. eines Stadt- u. Landrichters 26. XII. 73.)	,,	Erlangen	,,
5 Thalhauser Lor. Gg.	L.	Tirschenreuth	3. Juni 58.
6 Hofer Andreas	,,	Dingolfing	3. Juli 58.
7 Lammerer Joh. B.	,,	Dorfen	22. Sept. 58.
8 Sichlern Heinr. v.	St.L.	Rosenheim	12. Juni 62.
9 Mayerhofer Oskar	St.	München l. I.	29. Okt. 62.
10 Spatny Jos.	L.	Wegscheid	13. Jan. 63.
11 Manstorfer Heinr.	,,	Rottenburg N.-B.	29. April 63.
12 Schönbeck Jos.	,,	Mitterfels	,,
13 Reverdys Karl	St.L.	Ingolstadt	,,
14 Bauer Karl Jos.	L.	Volkach	19. Juni 63.
15 Schmidt Joh. Christ.	,,	Münnerstadt	24. Juni 63.
16 Oehrlein Peter (früher Notar)	,,	Karlstadt	22. April 69.
17 Gross Frz.	,,	Ebern	8. Aug. 63.
18 Götzelmann Ferd.	,,	Eltmann	27. Sept. 63.
19 Freudling Friedr.	,,	Laufen	27. Sept. 63.
20 Wieser Frz. X.	L.	Hemau	2. Nov. 63.
21 Rumpler Konr.	,,	Baunach	,,
22 Sonntag Gust.	,,	Wunsiedel	,,
23 Ziel Wilh.	St.L.	Ansbach	,,
24 Mehltretter Jos.	L.	München l. I.	,,
25 Renner Gregor	,,	Bamberg I.	,,
26 Geis Joh.	,,	Ochsenfurt	,,
27 Kuhn Melch.	,,	Euerdorf	,,
28 Altmann Frz. X.	,,	Passau I.	,,
29 Seitz Wilh.	,,	Landsberg	,,
30 Probst Mich.	,,	Mallersdorf	,,
31 Auer Anton	StL.	Neuburg a. D.	21. Nov. 63.
32 Schmidmayr Gottlieb	L.	Wörth	,,
33 Merkl Georg	,,	Aichach	,,
34 Schum Eduard	,,	Hammelburg	,,
35 Rein Otto	,,	Gemünden	24. Dez. 63.
36 Völderndorff Heinr. Frhr. v.	St.	Bayreuth	6. Febr. 64.
37 Greb Leo	,,	Würzburg	25. Febr. 64.
38 Simon Jos. Ant.	L.	Ebermannstadt	18. März 64.
39 Schreiner Jul.	St.L.	Amberg	19. März 64.
40 Fischer Nikol.	L.	Neumarkt a. R.	31. Merz 64.
41 Schimml Mich.	,,	Weiden	18. Apr. 64.
42 Perchtold Ludw. Anton	,,	Mallersdorf	7. Mai 64.
43 Hochenegger Raim.	,,	Krumbach	9. Mai 64.
44 Scherer Edmund	,,	Hofheim	23. Juli 64.
45 Simon Kasp. Ldw.	,,	Marktheidenfeld	11. Sept. 64.
46 Schrott Aug.	,,	Wolfratshausen	10. Okt. 64.
47 Käs Jos. M.	,,	Höchstädt	11. Okt. 64.
48 Friederich Friedrich	,,	Neustadt a. A.	,,
49 Hager Josef	,,	Lohr	16. Okt 64.
50 Bablitschky Lorenz	,,	Haag	25. Okt. 64.
51 Brühschwein Nikol.	L.	Selb	25. Nov. 64.
52 Klein Jos.	,,	Miesbach	10. Jan. 65.
53 Lang Paul	St.	München l. I.	13. Jan. 65.
54 Götz Wilh.	L.	Riedenburg	15. Jan. 65.
55 Schmid Isidor	St.	Augsburg	26. Jan. 65.

56	Ruppert Karl Jul.	L.	Schöllkrippen	16. Febr. 65.
57	Reichelmeyr Leo	„	Ellingen	25. Febr. 65.
58	Bäuerlein Alois	„	Wertingen	11. März 65.
59	Geiger Ldw.	„	Neustadt a. S.	20. Merz 67.
60	Flurl Mich.	„	Simbach	13. April 65.
61	Rumpf Aug.	„	Rotthalmünster	15. April 65.
62	Meyer Hugo	„	Kulmbach	30. April 65.
63	Schlegler Karl	„	Forchheim	„
64	Schnurrer Mich.	„	Neustadt a.WN.	19. Mai 65.
65	Reber Oskar	„	Mühldorf	20. Mai 65.
66	Eichenmüller Heinr.	„	Würzburg	„
67	Schweller Anton	„	Ebersberg	3. Juli 65.
68	Müller Gustav	„	Wertingen	11. Juli 65.
69	Mayr Gg.	„	Augsburg	14. Juli 65.
70	Schöner Christian	„	Pappenheim	11. Juli 65.
71	Aichberger Anton	„	Vilshofen	14. Juli 65.
72	Henneberger Max Ludw.	„	Passau II	11. Aug. 65.
73	Koch Karl	„	Oettingen	22. Sept. 65.
74	Megele Anton	„	Vilsbiburg	„
75	Schmitt Jos.	St.L.	Landshut	„
76	Haider Aug.	St.	Würzburg	10. Nov. 65.
77	Kalbskopf Wilhelm	L.	Schrobenhaus.	22. Dez. 65.
78	Körber Friedr.	St.L.	Nördlingen	„
79	Schönfessel Karl	L.	Augsburg	9. Febr. 66.
80	Pollmann Hugo	„	Hersbruck	18. Febr. 66.
81	Hirschberg Bernhard Frhr.v.	„	Nürnberg	21. Febr. 66.
82	Schechner Jos.	St.L.	Freising	28. Febr. 66.
83	Mayer Maximilian	L.	Altdorf	„
84	Paulus Carl	„	Aichach	6. April 66.
85	Bauer Joh. Bpt.	„	Bruck	„
86	Meidinger Ant.	„	Mainburg	1. Mai 66.
87	Kastner Heinrich	„	Griesbach	10. Juni 66.
88	Bauerschubert Emil	„	Stadtprozelten	18. Juni 66.
89	Louisoder Gregor	St.L.	Lindau	19. Juni 66.
90	Drexel Friedr.	„	Amberg	23. Juli 66.
91	Wolfring Friedr.	L.	Neumarkt OPf.	„
92	Fritsch Paul	St.	München I.	„
93	Eberth Leopold	L.	Bamberg II.	23. Aug. 66.
94	Hegele Kasimir	„	Neuulm	1. Sept. 66.
95	Sizzo Frz. X.	St.L.	Freising	9. Dez. 66.
96	Scherer Frdr.	„	Schweinfurt	14. Dez. 66.
97	Niebler Frz.	St.	München r. I.	„
98	Speiser Nikol.	L.	Mindelheim	26. Dez. 66.
99	Fries Philipp	„	Pottenstein	11. Jan. 67.
100	Jocham Friedr.	St.L.	Neuburg a. D.	13. Febr. 67.
101	Simon Karl	L.	Miltenberg	1. März 67.
102	Gleifenstein Mich.	„	Regensburg	13. März 67.
103	Heidemann Karl	St.	München I.	12. April 67.
104	Baumann Mich.	L.	Abensberg	19. April 67.
105	Stobäus Joh. Frdr.	„	Nabburg	29. April 67.
106	Prückner Albert	St.L.	Ansbach	11. Mai 67.
107	Deil Wilh.	L.	Aub	12. Mai 67.
108	Pistner Anton	„	Kipfenberg	„
109	Brandmaier Math.	L.	Gunzenhausen	22. Mai 67.
110	Schwendler Peter	„	Passau I.	24. Mai 67.
111	Rebay Adalb. v.	„	Weiler	3. Juni 67.
112	Landgraf Wilhelm	„	Waldmünchen	20. „ 67.
113	Geiger Ludwig	„	Regenstauf	26. „ 67.
114	Schreitmüller Frz. Xav.	„	Geisenfeld	18. Aug. 67.
115	Cavallo Bernhard	St.	Bamberg	23. Aug. 67.
116	Leidner Karl	L.	Greding	1. Sept. 67.
117	Waldmann Josef	„	Dachau	9. „ 67.

118 Zacher Josef	L.	Moosburg	12. Sept. 67.
119 Sandner Christoph	„	Cadolzburg	15. „ 67.
120 Ammon Ernst	„	Berneck	2. Okt. 67.
121 Schneidawind Gg.	„	Uffenheim	„
122 Bibra Karl Frhr. v.	St.	Regensburg	11. Okt. 67.
123 Aumüller Jakob	L.	Kissingen	12. Dez. 67.
124 Bergmüller Vitus	„	Friedberg	10. Jan. 68.
125 Ahles Rudolph	St.	München l.	„
126 Hildenbrand Otto	L.	Kötzting	16. Jan. 68.
127 Zürn Max	St.	München l.	5. Febr. 68.
128 Zeymer Gustav	L.	Heilsbronn	„
129 Killermann Joh. Gg.	„	Arnstorf	15. Febr. 68.
130 Fey Joh.	„	Beilngries	20. Febr. 68.
131 Wilhelm Jos.	St.L.	Amberg	24. März 68.
132 Wiesner Joh. Bapt.	L.	Würzburg	27. März 68.
133 Röhrle Otto	St.	Augsburg	23. April 65.
134 Römer Nik.	St.L.	Rothenburg a.T.	24. Mai 68.
135 Böck Karl	St.L.	Eichstädt	14. Juni 68.
136 Obenhuber Karl	L.	Bischofsheim	„
137 Verstl Jos.	„	Weilheim	„
138 Birkenbach Gg. Albert	„	Kissingen	26. Juni 68.
139 Gmeinwieser Jos.	„	Kemnath	5. Juli 68.
140 Eckmann Jakob	„	Auerbach	„ 68.
141 Sellner Hugo	„	Werneck	„ 68.
142 Wenzel Albert	L.	Ludwigsstadt	6. Aug. 68.
143 Staimer Mich. Frz.	L.	Stadtamhof	1. Aug. 68.
144 Oettl Karl	„	Illertissen	6. Aug. 68.
145 Zwerger Ludw.	St.L.	Kaufbeuern	„
146 Fux Frz.	L.	Brückenau	„
147 Stadler Gg.	„	Hengersberg	10. Okt. 68.
148 Friedberger Adalb.	„	Türkheim	14. Okt. 68.
149 Lucas Ant.	L.	Neunburg v. W.	22. Okt. 68.
150 Plöderl Joh. Ev.	„	Altötting	1. Nov. 68.
151 Beck Gg.	St.L.	Kitzingen	4. Nov. 68.
152 Osterrieder Frz. Xav.	St.	Kempten	13. Nov. 68.
153 Praetorius Jos. v.	„	München l.	21. Nov. 68.
154 Klotz Joh. B.	L.	Oberdorf	3. Dez. 68.
155 Föringer Heinr.	St.	München l.	13. Dez. 68.
156 Brügel Theod.	L.	Roth	19. Dez. 68.
157 Hayd Joh. B.	„	Eggenfelden	21. Dez. 68.
158 Kreibig Wilh.	St.	München l. I.	25. Dez. 68.
159 Mayr Gg.	L.	München r. I.	29. Dez. 68.
160 Meissner Jos.	„	Königshofen	2. Febr. 69.
161 Erhard Heinr.	„	Bamberg II.	10. März 69.
162 Stahl Heinr.	„	Dettelbach	12. März 69.
163 Collasowitz Albr.	„	Kastl	21. März 69.
164 Kellein Karl	„	Herrieden	2. April 69.
165 Dorfmüller Wilh.	St.L.	Hof	5. April 69.
166 Wohlfahrt Lor.	L.	Gerolzhofen	8. April 69.
167 Dirnberger Jos.	„	Vilshofen	9. April 69.
168 Schaupp Frz.	„	Viechtach	13. April 69.
169 Dereser Adam	„	Rothenbuch	3. Mai 69.
170 Sattler Joh.	„	Wassertrüdingen	6. Mai 69.
171 Stoll Heinr.	„	Lichtenfels	8. Mai 69.
172 Schilcher Frz. v.	„	München l.	10. „
173 Wimmer Theod.	„	Schongau	27. Mai 69.
174 Buck Frz X. (ex. st.)	„	Deggendorf	22. Juni 69.
175 Anns Wilh. v.	„	Lauf	3. Okt. 69.
176 Stürzenbaum Karl	„	Markterlbach	27. Nov. 69.
177 Schlaug Gg.	„	Kronach	27. Nov. 69.
178 Dennerl Anton	St.L.	Donauwörth	31. Dez. 69.
179 Lillbopp Const.	L.	Waldsassen	2. März 70.

180	Schneider Jos.	L.	Landau a. I.	14. März 70.
181	Hoffmann Gg.	„	Hassfurt	31. März 70.
182	Schreyer Gustav	„	Bogen	7. Apr. 70.
183	Hörmann Karl	St.	München l. I.	16. Apr. 70.
184	Zaun Ant.	L.	Freyung	24. Apr. 70..
185	Longriesser Joh. Nep. v.	„	München r. I.	11. Mai 70
186	Hönig Heinr.	L.	Weidenberg	20. Mai 70.
187	Gessner Phil.	„	Obernburg	12. Juni 70.
188	Bergold Adam	St.	Würzburg	12. Juni 70.
189	Schlosser Jak.	L.	Buchloe	16. Juni 70.
190	Schumann Frdr.	„	Feuchtwangen	16. Juli 70.
191	Reindl Theodor	St.	Bamberg	15. Juli 70.
192	Mayerhöfer Hugo	„	Fürth	16. Juli 70.
193	Langenbrunner Jos.	L.	Dingolfing	30. Juli 70.
194	Praun Mich.	„	Scheinfeld	5. Sept. 70.
195	Oelhafen Karl v.	St.L.	Dinkelsbühl	9. Okt. 70.
196	Hecht Joh. B.	„	Nördlingen	22. Okt. 70.
197	Pretzner Joh. B.	L.	Aibling	14. Nov. 70.
198	Schwaiger Ant.	St L.	Günzburg	14. Nov. 70.
199	Hess Alois	L.	Pfarrkirchen	22. Dez. 70.
200	Weber Franz	St.	München l.	7. Jan. 71.
201	Meister Adolph	„	Nürnberg	7. „ 71.
202	Westermayer Jos.	L.	Wasserburg	11. „ 71.
203	Huber Frz. Xav.	„	Osterhofen	15. „ 71.
204	Görz Ldw.	„	Schesslitz	25. „ 71.
205	Wohlfahrt Joh. Mich.	„	Burgebrach	26. Jan. 71.
206	Hemmerlein Math.	St.	Nürnberg	29. „ 71.
207	Kraus Erhard	L.	Staffelstein	1. Febr. 71.
208	Hofmann Frdr.	St.L.	Schwabach	28. „ 71.
209	Schneeweiss Albert v.	„	Memmingen	15. „ 71.
210	Eschenlohr Dominik.	L.	Monheim	18. „ 71.
211	Liebl Georg	„	Waldkirchen	12. Apr. 71.
212	Scheler Alfred	St.	Augsburg	6. Mai 71.
213	Lupin Frdr. Frhr. v.	L.	Tölz	15. Juni 71.
214	Malm Joh. Gg.	St.L.	Hof	15. „
215	Asimont Eduard	„	Bruck	14. Aug. 71.
216	Dachauer Ant.	St.L.	Straubing	25. Aug. 71.
217	Hertlein Adolph	L.	Zusmarshausen	24. Aug. 71.
218	Holzinger Gg.	„	Neustadt a. A.	28. Sept. 71.
219	Loschge Gust.	„	Naila	„
220	Kessler Gg.	St.	Nürnberg	„
221	Schlag Paul	L.	Burgau	18. Okt. 71.
222	Remy Theod.	„	Weissenhorn	„
223	Bruch Otto	„	Zweibrücken	„
224	Brinings Theod.	„	Landau Pf.	21. Nov. 71.
225	Heinlein Joh.	St.	Nürnberg	8. Nov. 71.
226	Fillweber Math.	L.	Höchstädt a. A.	21. Nov. 71.
227	Neff Jos.	„	Füssen	23. Nov. 71.
228	Witt Jos.	„	Oberviechtach	24. Nov. 71.
229	Hundrisser Osk.	„	Weismain	18. Dez. 71.
230	Greiner Otto	„	Kronach	21. Dez. 71.
231	Brunner Karl	„	Vohenstraus	5. Jan. 72.
232	Müller Mich.	„	Ottobeuern	6. Febr. 72.
233	Neuner Joh. Ev.	„	Erding	8. Merz 72.
234	Plötz Heinr.	„	Landau a. I.	10. Merz 72.
235	Geiger Eduard	„	Trostberg	5. Apr. 72.
236	Fleischmann Mart.	„	Münchberg	23. Apr. 72.
237	Steuer Mich.	„	Schwabmünchen	16. Mai 72.
238	Seubert Phil.	„	Grünstadt	29. Juni 72.
239	Reither Eduard	„	Germersheim	„
240	Bauer Max	„	Pfaffenhofen	12. Juli 72.
241	Birkner Ferd.	St.	Nürnberg	„

242	Koch Gottl. v.	L.	Pegnitz	24. Juli 72.
243	Lotter Joh. B.	„	Parsberg	10. Aug. 72.
244	Straub Karl	„	Vilseck	„
245	Crailsheim Ernst Frhr. v.	„	Klingenberg	„
246	Märkl Frnst	„	Immenstadt	„
247	Schmid Heinr.	„	Regen	11. Sept. 72.
248	Arzberger Johann	„	Rain	30. „ 72.
249	Schuster Mich.	„	Sonthofen	12. Okt. 72.
240	Hofmann Mich.	„	Arnstein	19. „ 72.
251	Gross Karl Frhr. v.	„	Würzburg	20. „ 72.
252	Halenke Ant.	„	Deggendorf	28. „ 72.
253	Spach Eug.	„	Kaiserslautern	28 „ 72.
254	Wilhelm Karl	St.	München l.	9. Nov. 72.
255	Jouvin Eugen	L.	Grönenbach	9. „ 72.
256	Buchheit Gottl.	„	Münchberg	9. „ 72.
257	Helfreich Karl	StL.	Aschaffenburg	10. „ 72.
258	Arnold Karl Frdr.	St.	Regensburg	10. „ 72.
259	Lippmann Dr. K.	„	München l.	28. „ 72.
260	Schramm Gg.	„	Passau	28. „ 72.
261	Ziegler Dr. Frdr. v. (Im K. S.)	„	München l.	7. Dez. 72.
262	Müller Ldw.	L.	Neustadt a. H.	10. „ 72.
263	Mettenleiter Engelbert	St	Bamberg	11. „ 72.
264	Sutor Ldw. v.	L.	Heidenheim	11. „ 72.
265	Cammerer Joh. Bapt.	„	Eschenbach	13. Jan. 73.
266	Jan Frdr.	„	Ludwigshafen	8. Febr. 73.
267	Roschl Ludw.	„	Kandel	8. „ 73.
268	Ehrlich Eugen	St.L.	Straubing	14. „ 73.
269	Petz Christoph v.	L.	Rehau	28. „ 73.
270	Krieg Hermann	„	Erding	12. Merz 73.
271	Wachter Gg. Friedr. v.	„	Dillingen	13. April 73.
272	Dauenhauer Jak.	„	Bergzabern	6. Juni 73.
273	Kapp Wilh.	„	Hilpoltstein	2. Juli 73.
274	Mörtl Frdr.	„	Gräfenberg	2. „ 73.
275	Donle Frd.	St.L.	Kempten	18. „ 73.
276	Hennch Jos.	„	Rothenfels	26. „ 73.
277	Paur Max	St.L.	Rosenheim	26. „ 73.
278	Bogner Anton	L.	Neukirchen	26. „ 73.
279	Leeb Albr.	St.L.	Ingolstadt	26. „ 73.
280	Pulstinger Frdr.	L.	Lauingen	26. „ 73.
281	Baumann Frz. W.	„	Pirmasens	31. „ 73.
282	Freyburger Dr. K.	„	Kusel	31. „ 73.
283	Mayer Jos.	„	Starnberg	21. Sept. 73.
284	Boller Ph.	„	Burglengenfeld	23. Sept. 73.
285	Pfeuffer Gg.	„	Vohenstraus	10. Okt. 73.
286	Wich Max	StL.	Eichstädt	17. Nov. 73.
287	Gros Christ.	L.	Karlsstadt	20. Nov. 73.
288	Thiermann Ant.	„	Hollfeld	9. Dez. 73.
289	Utting Edm.	„	Sulzbach	18. Dez. 73.
290	Schnarz Joh.	StL.	Schweinfurt	3. Jan. 74.
291	Weinmann Heinr.	„	Landshut	12. Jan. 74.
292	Berlin Max	St.	Nürnberg	16. Jan. 74.
293	Cnopf Adolph	L.	Fürth	27. Febr. 74.
294	Braun Christ.	StL.	Ingolstadt	8. Merz 74.
295	Fischer Rudolph	L.	Thiersheim	10. Merz 74.
296	Kleinschrod Heinr. Frhr. v.	St.	München l. I.	16. Merz 74.
297	Rauch Leonh.	L.	Grafenau	7. April 74.
298	Graf Joh. Bapt.	„	Traunstein	8. April 74.
299	Greis Max	St.	München l. I.	11. April 74.
300	Dürig Karl	StL.	Schwabach	25. April 74.
301	Böhm Karl	L.	Cham	10. Mai 74.
302	Clarus Eduard	St.	Nürnberg	10. Mai 74.
303	Molitor Hugo	L.	Kelheim	26. Mai 74.

304	Raab Alois	L.	Stadtsteinach	5. Juni 74.
305	Then Mart.	„	Alzenau	12. Juni 74.
306	Hetzel Joh.	St.	Augsburg	15. Juni 74.
307	Dompierre Friedr.	L.	Herzogenaurach	9. Juli 74.
308	Schmelz Herm.	„	Mellrichstadt	17. Juli 74.
309	Münch Erdmann	St.	Bayreuth	22. Juli 74.
310	Dütsch Mich.	L.	Windsheim	27. Juli 74.
311	Peter Phil.	„	Kirchenlamitz	1. Aug. 74.

X. Liste.

Gerichtsschreiber und Sekretäre.

A. Beim Staatsministerium der Justiz

(S. oben Liste I.)

B. Beim Oberappellationsgerichte.

Müller Ludwig	OG.	München	29. Juli 1872.
Mässenhausen Joh. Nep. v.	UG.	„	9. Juli 1870.
Valta Max v.	Secr.	„	
Wachter Aug. v.	UG.	„	22. Okt. 1870.
Kugler Josef	UG.	„	12. Aug. 1871.

C. Bei den Appellationsgerichten.

a. Obergerichtsschreiber.

1	Schön Joh. Bapt.	OG.	Augsburg	12. Juni 70.
2	Baier Michael	„	Bamberg	„
3	Schieder Albin	„	Passau	„
4	Klostermair Frz.	„	Nürnberg	„
5	Fasching Karl	„	München	29. Juli 1872.
6	Müh Jos.	„	Zweibrück.	13. Jan. 1869.

b. Untergerichtsschreiber.

1	Schum Konrad	UG.	Bamberg	13. Juni 1870.
2	Laucher Eug.	„	Passau	14. „ „
3	Wolfring Karl	„	„	9. Juli 1871.
4	Besendorfer Aug.	„	München	12. Aug. 1871.
5	Bold Joh.	I.UG.	Zweibrück.	2. Dez. 1867.
6	Schmid Frz. Ser.	UG.	München	29. Juli 1872.
7	Deisenhofer Math.	„	Nürnberg	30. Sept. 1872.
8	Rettig Simon	II.UG.	Zweibrück.	13. Jan. 1873.
9	Assn Jos.	„	Nürnberg	8. Merz 1873.
10	Kauffmann Herm.	UG.	Bamberg	14. Aug. 73.
11	Zanon Karl Frdr.	„	Nürnberg	17. April 74.

c. Sekretäre.

1	Geiger Georg Fr.	Sekr.	Augsburg	28. Okt. 66.
2	Benker Friedr. Karl	„	Nürnberg	18. Febr. 66.
3	Götz Frz. Jak.	„	München.	
4	Meier Heinrich	„	München	
5	Schott Heinr.	„	Passau	
6	Greif Carl	„	München	
7	Leuchs Joh. Gg. Karl	„	Augsburg	7. Juni 64.
8	Mennacher Seb.	„	München	23. Jan. 67.
9	Dalbon Jos.	„	Bamberg	21. Oktober 67.
10	Steigerwald Dr. Ant.	„	München	27. Aug. 69.

D. Bei den Bezirksgerichten.

a. Obergerichtsschreiber.

1	Rossé Frdr.	B.u.HOG.	Kaiserslautern	20. Nov. 59.
2	Merkel Gust.	„	Zweibrücken	25. Juni 70.
3	Grün Karl	„	Augsburg	12. Juni 70.
4	Müller Gustav	HOG.	München l. J.	„
5	Stadler Heinr.	BOG.	Traunstein	„
6	Heiss Jul.	„	Weiden	„
7	Dollfuss Aug.	B.u.HOG.	Ansbach	„
8	Bertels Ernst	„	Aschaffenburg	„
9	Henneberger David	BOG.	Neustadt a. S.	„
10	Schierlinger Wilhelm	B.u.HOG.	Würzburg	„
11	Siebenlist Aug.	BOG.	Eichstädt	„
12	Bergler Joh. B.	B.u.HOG.	Amberg	„
13	Mittermayer Jos.	„	Regensburg	„
14	Gistl Peter	B.u.HOG.	Landshut	„
15	Höpfel Friedr.	„	Bayreuth	„
16	Schäffer Alois	„	Schweinfurt	„
17	Bögler Karl	BOG.	Freising	„
18	Maier Michael	„	Windsheim	„
19	Fuchs Joh. Ph.	BOG.	Aichach	„
20	Röckel Ldw.	„	München l. I.	
21	Boos Frz. Loth.	„	Wasserburg	„
22	Sommer Jos.	„	Deggendorf	„
23	Hauber Karl	„	Donauwörth	„
24	Emmerling Julius	B.u.HOG.	Passau	„
25	Nobis Joseph	BOG.	Weilheim	„
26	Panrucker Friedr.	B.u.HOG.	München r I.	„
27	Laturner Simon	BOG.	Straubing	„
28	Schwemmer Joh. B.	BOG.	Neunburg v. W.	„
29	Messert Joh. Nep.	„	Pfarrkirchen	„
30	Hintermeier Jos.	B.u.HOG.	Memmingen	„
31	Geissler Gg.	BOG.	Kronach	„
32	Poller Gustav	B.u.HOG.	Bamberg	„
33	Voigt Wilh.	BOG.	Lohr	„
34	Hauck Wilh.	B.u.H.OG.	Fürth	„
35	Einwaag Christoph	„	Hof	„
36	Maier Gg.	„	Nürnberg	„
37	Pfirmann Jos.	„	Landau Pf.	28. Mai 71.
38	Frauendorfer Thom.	BOG.	Kempten	24. Juli 72.
39	Denig Hippolyt	B.u.HOG.	Frankenthal	16. Aug. 72.

b. Untergerichtschreiber.

1	Schneeweiss Adolph	BUG.	Ansbach	16. Juni 70.
2	Rodler Theodor	„	München l.	22. Mai 67.
3	Dörfler Joh. Mich.	„	Würzburg	28. Mai 62.
4	Hager Alois	„	München l. I.	15. Dez. 68.
5	Schlachter Karl	„	Eichstädt	7. Juli 70.
6	Obermillacher Joh.	„	Straubing	5. Juli 70.
7	Hubman Ant.	„	Pfarrkirchen	„
8	Stenglein Albert	„	Hof	5. Juli 70.
9	Roth Robert	„	Bayreuth	„
10	Müller Frdr.	„	Aschaffenburg	„
11	Steinbrecher Osk.	„	München l.	4. Okt. 70.
12	Kohlmann Gg.	„	Neustadt a. S.	5. Sept. 70.
13	Linprun Alfr. v.	„	Weilheim	20. Sept. 70.
14	Hoffmann Eduard	„	Freising	7. Nov. 70.
15	Adam Andr.	„	Deggendorf	28. Mai 71.
16	Weinzierl Frz. X.	„	Straubing	„
17	Friederich Sigm.	„	Memmingen	9. Juli 71.
18	Grienbeck Math.	„	Neunburg v. W.	25. Aug. 71.
19	Naager Jos.	„	München l. I.	

20	Ehrenfried Jos.	BUG.	Regensburg	24. Juli 72.
21	Hipper Joh.	„	Aichach	24. Sept. 72.
22	Uschold Frdr.	„	Amberg	25. Okt. 72.
23	Endres Gg.	„	Donauwörth	28. „ 72.
24	Schwarz Ant.	„	Regensburg	11. Dez. 72.
25	Baltheiser Jul.	„	Nürnberg	28. Febr. 73.
26	Rabus Ferd.	„	Fürth	10. Merz 73.
27	Wittmann Ludw.	„	Nürnberg	26. Juli 73.
28	Dotterweich Joh.	„	Kronach	19. Merz 74.

c. Sekretäre.

1	Eyberger Franz Jos.	Sekr.	Nürnberg	28. Mai 52.
2	Reisert Mich.	„	Würzburg	„
3	Toussaint Aug.	„	Regensburg	„
4	Eberl Karl	„	Amberg	28. „ 52.
5	Saile Karl	„	Passau	15. „ 58.
6	Kapp Karl Friedr.	„	Neustadt a. S.	23. Dez. 64.
7	Meyer Joh. Adam	„	Schweinfurt	24. April 63.
8	Teicher Gg.	„	Bayreuth	28. Mai 52.
9	Günther Jos.	„	Passau	„
10	Kalb Wilh.	„	Memmingen	„
11	Eisenhut Joh. Mich.	„	Schweinfurt	„
12	Schäfer Gg.	„	Aschaffenburg	„
13	Bauer Joh.	„	Weiden	„
14	Felbinger Lorenz	„	Weilheim	„
15	Marth Peter	„	Bamberg	„
16	Küneth Joh. Gg.	„	Hof	„
17	Reiner Karl	„	Traunstein	„
18	Winkler Gg.	„	Windsheim	„
19	Ecker Mich.	„	Aichach	„
20	Bernklau Jos.	„	Deggendorf	„
21	Kistler Nik.	„	Augsburg	„
22	Erhard Bened.	„	Wasserburg	„
23	Wissel Jos. Anton	„	Lohr	31. Dez. 63.
24	Zimmerer Josef	„	Eichstädt	12. Sept. 64
25	Knogler Clem.	„	Freising	29. Okt. 64.
26	Kugler Marquard	„	München r.	13. Jan. 66.
27	Haas Kasp. Valentin	„	Bamberg	18. Febr. 66.
28	Weinmayr Johann	„	Landshut	26. Mai 66.
29	Hensler Jos.	„	Kempten	12. Merz 67.
30	Reber Karl	„	München l. I.	25. Merz 67.
31	Tröbert Karl	„	Donauwörth	30. Merz 67.
32	Weber Karl Jul.	„	Bamberg	1. Nov. 62.
33	Zetl Adolph	„	Wasserburg	12. Jan 63.
34	Frühwein Ludw.	„	München r. I.	29. Apr. 63.
35	Fürthmaier Anton	„	Augsburg	14. Juli 65.
36	Schmid Joh. Bapt.	„	Augsburg	21. Febr. 66.
37	Pruckner Ldw.	„	Nürnberg	21. Febr. 66.
38	Ebenhöch Gg.	„	Landshut	3. Okt. 66.
39	Lechner Christoph	„	München l. I.	14. Dez. 66.
40	Zorn Karl	„	Schweinfurt	„
41	Krafft Christoph v.	„	Ansbach	11. Okt. 67.
42	Stockhammer Gg. (react.)	„	Traunstein	14. Juli 65.
43	Salzgeber Franz	„	Windsheim	5. Febr. 68.
44	Linner Joh. Bapt.	„	Amberg	24. Merz 68.
45	Seidenbusch Ludw.	„	Würzburg	27. Merz 68.
46	Pirngruber Friedr.	„	Landshut	6. Aug. 68.
47	Lützelburg Wilh. Frhr. v.	„	Augsburg	„
48	Schleifer Josef	„	Kempten	7. Sept. 68.
49	Lockemann Heinr.	„	Würzburg	3. Dez. 68.
50	Lehner Josef	„	Straubing	13. Apr. 69.
51	Schiffmann Jos.	„	Weiden	19. Mai 69.

52 Berninger Karl	Sekr.	Lohr	27. Aug. 69.
53 Behringer Gg.	„	Fürth	27. Nov. 69.
54 Conrad Frdr.	„	Augsburg	7. Apr. 70.
55 Köppel Ferd. (M. F. u. Sch. G. S.)	„	Nürnberg	9. Jan. 74.

E. Bei den Stadt- und Landgerichten.

Das eingeklammerte „(J.)" bedeutet die Eigenschaft als Jurist — vorm Rechtspraktikant oder Staatsanwaltsvertreter; diejenigen G.Schr., bei welchen sich ein solches J. nicht befindet, sind Nichtjuristen. Gschl. = Geschäftsleitender Gerichtsschreiber.

1 Schmidtborn Adolph (J.)	L.	Kandel	4. Sept. 37.
2 Serr Peter (J.)	„	Speyer	24. Mai 43.
3 Gassenberger Jak. (J.)	„	Frankenthal	27. Dez. 45.
4 Wenz Karl (J.)	„	Neustadt a. H.	3. Jan. 46.
5 Kreichgauer Josef (J.)	„	Anweiler	16. Sept. 46.
6 Mahla Wilhelm (J.)	„	Landau Pf.	„
7 Grau Nikol. (J.)	„	Landstuhl	20. Dez. 46.
8 Schatz Fr. Ant.	St.L.	Kaufbeuern	28. Mai 62.
9 Aulenbach Friedr. (J.)	L.	Dürkheim.	27. Apr. 52.
10 Drissl Frz.	„	Bamberg	22. Juni 63.
11 Sporer Ferdinand	L.	Schrobenhausen	28. Mai 62.
12 Verstl Adam	St.	München r.	„
13 Kösel Max	St.L.	Kempten	„
14 Grill Joh. Wilhelm (Geschl.)	St.	Fürth	„
15 Kraus Joh. Pet. Sigm.	„	Nürnberg	„
16 Krebser Joh. Paul	StL.	Erlangen	„
17 Ramlo Ferd. Joach.	St.	München l.	„
18 Spitzeder Georg	„	„	„
19 Weicht Gg. (J.)	L.	Zweibrücken	12. Okt. 58.
20 Rapp L. Chr. W. (J.)	„	Otterberg	6. Merz 60.
21 Schreyer Karl	„	Tirschenreuth	28. Mai 62.
22 Bach Adolph	„	Mitterfels	„
23 Altinger Jos. (J.)	„	Dorfen	„
24 Eisenbarth Frz. X. (J.)	„	Erding	„
25 Schütz Jos. (J.)	„	Weissenhorn	„
26 Lindermayer Ludw. (J.)	L.	Diessen	„
27 Wolff Bened. (J.)	„	Parsberg	„
28 Lehner Joh. Lor. (J.)	„	Erbendorf	„
29 Kastner Jak. (J.)	„	Neumarkt Opf.	„
30 Voggenauer Wolfg. (J.)	„	Ebersberg	„
31 Rossl Joh. (J.) (Gschl.)	St.	Regensburg	„
32 Pauly Jos. (J.) (Gschl.)	„	Augsburg	„
33 Wimmer Karl (J.)	L.	Osterhofen	„
34 Willacker Max Jos.	„	Klingenberg	„
35 Stettner Ludw.	St.L.	Günzburg	„
36 Mantel Mich.	L.	Ochsenfurt	„
37 Hartmann Frz. Ser.	„	Bruck	„
38 Költsch Ernst Adolph	„	Thiersheim	„
39 Zehnter Karl	„	Thurnau	„
40 Heldmann Frz. v. Paula	„	Greding	„
41 Barth Jos. Anton	„	Dillingen	„
42 Queitsch Bernh.	„	Hemau	„
43 Künsberg Ludw. Erh. Ernst	„	Lauf	„
44 Küffner Joh. Paul	St.L.	Kitzingen	„
45 Kessler Joh. Jak.	L.	Münchberg	„
46 Adam Frdr. W.	L.	Herrieden	„
47 Kuchler Nik.	„	Monheim	„
48 Gretler Josef	„	Weiler	„
49 Fuss Pangratz	„	Bamberg II.	„
50 Schafstek Franz	St.	Würzburg	„
51 Bolckart Franz Sal.	L.	Landsberg	„

52	Bohmann Andr.	St.L.	Dinkelsbühl	28. Mai 62.
53	Lippenberger Joh. Mart.	L.	Deggendorf	„
54	Kühlwein Joh. Jos.	„	Lichtenfels	„
55	Mauser Gg	„	Passau II.	„
56	Neun Joh. Chr.	„	Naila	30. Jan. 65.
57	Hellerich Joh. Ernst	„	Bernek	28. Mai 62.
58	Käshofer Joh.	„	Kronach	„
59	Pfeiffer Johann	St.L.	Nördlingen	„
60	König Christ. Theod.	„	Ingolstadt	„
61	Rüger Christ. Jak.	L.	Sulzbach	„
62	Gilles Bernh.	„	Regenstauf	„
63	Arold Joh. Gg. Mart.	„	Hersbruck	„
64	Obermaier Greg. Ant.	„	Altötting	„
65	Weis Leop.	„	Nabburg	„
66	Fürst Jak. (Gschl.)	St.	München r.	„
67	Wurm Joh. B.	L.	Tegernsee	„
68	Strassner Wilhelm Seb.	„	Pappenheim	„
69	Riess Joh. Wolfg.	St.	Fürth	„
70	Nies Joh. Mauritius	L.	Brückenau	„
71	Vogel Thomas	„	Bayreuth	„
72	Brechtelsbauer Joh. Math.	„	Marktheidenfeld	„
73	Prinner Anton	„	Regensburg	„
74	Friedrich Gottlieb	„	Riedenburg	„
75	Herbst Wilhelm	„	Uffenheim	„
76	Ulsenheimer Joh. Frdr.	St.L.	Rothenburg a. T.	„
77	Ochsenmaier Jos.	L.	Kemnath	„
78	Freundl Mich.	„	Traunstein	„
79	Stumpf Joh. Gg.	St.L.	Eichstädt	„
80	Holzschuher Mich.	L.	Rain	„
81	Pischinger Frdr.	„	Dettelbach	„
82	Schels Jos. Paul	St.L.	Amberg	„
83	Herold Alois	L.	Eggenfelden	„
84	Hirth Mich.	„	Ebermannstadt	„
85	Freund Mich.	„	Werneck	„
86	Thoma Joh. Chr. Frz.	„	Stadtamhof	„
87	Hessel Aug. Joh. W.	„	Feuchtwangen	„
88	Heide Simon	St.L.	Kempten	„
89	Winterstein Lor.	L.	Neustadt a. A.	„
90	Böck Jos.	„	Mindelheim	„
91	Dürwanger Franz Xav.	„	Miltenberg	„
92	Hacker Joh. Mich. (TB.) (Gschl.)	St.	Nürnberg	„
93	Rupprecht Wilh. Jos.	StL.	Ansbach	„
94	Zellhöfer Joh. Mich.	St.U.	Nürnberg	„
95	Schneider Karl Rob.	L.	Schesslitz	„
96	Munkert Konrad Joh.	„	Oettingen	„
97	Limpert Karl Christian	StL.	Schweinfurt	„
98	Knab Joh. Gg.	L.	Lohr	„
99	Lauer Joh. Val.	„	Windsheim	„
100	Friedl Jos. Ant.	StL.	Schwabach	„
101	Unger Ernst Christ. Fr. (Gschl.)	„	Schweinfurt	„
102	Habermann Joh. Nik.	L.	Gunzenhausen	„
103	Erb Christ. Frdr.	„	Wiesentheid	„
104	Gsell Frdr.	„	Marktbibart	„
105	Maggauer Christ.	„	München l.	„
106	Reiner Ludwig Joh. Mich.	„	Fürth	„
107	Appoldt Gg. Chr.	„	Heilsbronn	28. Mai 62.
108	Fischer Lor.	„	Wunsiedel	„
109	Lippert Anton Karl	„	Ebern	„
110	Wolfram Joh. Peter	„	Neustadt a. S.	„
111	Rothfischer Anton	„	Dingolfing	„
112	Andreae Karl	„	Würzburg	„
113	Pongratz Ant.	„	Vilshofen	„

114	Schiedermaier Gust.	L.	Dachau	28. Mai 62.
115	Streit Heinr. Christoph	„	Selb	„
116	Seuffert Joh. Bapt. (Geschl.)	St.	Bamberg	„
117	Engelhardt Joh.	L.	Kirchenlamitz	„
118	Süss Josef	„	Zusmarshausen	„
119	Redlich Chr. Adolph	St.L.	Hof	„
120	Krauseneck Karl	L.	Auerbach	„
121	Hacker Hermann	„	Altdorf	„
122	Lüttich Alois	„	Ellingen	16. Juli 63.
123	Strauss Jak.	St.L.	Freising	28. Mai 62.
124	Fröhlich Tobias	„	Aschaffenburg	„
125	Gmeiner Mich.	L.	Burglengenfeld	„
126	Soyter Joh. Bapt.	„	Moosburg	„
127	Goll Martin	St.	Würzburg	„
128	Müller Jos.	„	Augsburg	„
129	Fischer Joh. Andr.	L.	Bamberg I	„
130	Eberz Joh. Bapt.	St.	München l.	25. Juli 64.
131	Heitle Joh.	St.L.	Neuburg a. D.	28. Mai 62.
132	Stöhr Gg.	L.	Weiden	„
133	Gigglberger Mich.	„	Vohenstrauss	„
134	Bauer Konrad Christoph	St.	Nürnberg	„
135	Schmerl Leonh.	„	Würzburg	„
136	Brunner Max Joh.	L.	Schwabmünchen	„
137	Leidl Joh. Bapt.	St.L.	Landshut	„
138	Schmid Max	L.	Viechtach	„
139	Hogger Ferd.	„	Reichenhall	„
140	Lindner Wolfg.	„	Falkenstein	„
141	Gambera Jos.	St.	München l.	„
142	Preu Ernst	L.	Mellrichstadt	28. Mai 62
143	Allio Max	„	Kelheim	„
144	Betz Mich.	St.U.	Augsburg	„
145	Trammer Otto	L.	Oberviechtach	„
146	Weininger Franz S.	„	Rotthalmünster	„
147	Hagenauer Alois	„	Laufen	„
148	Weber Jos.	„	Waldmünchen	„
449	Bauer Karl	„	Staffelstein	„
150	Brechenmacher Gottfr. O.	St.	Nürnberg	„
151	Bergmann Ph. Gottfr.	L.	Herzogenaurach	„
152	Hofstetter Joh. Nep.	„	Aibling	„
153	Reichenbecher Friedr. Wilh.	„	Cadolzburg	„
154	Baumüller Joh. Georg (Gschl.)	St.	Würzburg	„
155	Kleinhanns Anton	L.	Aichach	„
156	Kernn Christian Franz	St.	Bayreuth	„
157	Thomann Philibert	L.	Miesbach	„
158	Müller Heinrich (Geschl. f. C.)	St.	München l.	„
159	Arzberger Joh. Kaspar	L.	Kulmbach	„
160	Henky Gg.	St.	Regensburg	„
161	Appel Karl Aug.	„	München l.	„
162	Ringler Friedr.	L.	Illertissen	„
163	Sturm Karl Rud. (J.)	„	Kaiserslautern	7. Juli 62.
164	Reischl Steph. (J.)	„	Pfaffenhofen	7. Sept. 62.
165	Butenschön Friedr. Jos. (J.)	„	Waldmohr	29. Sept. 62.
166	Deisenberger Jos. (J.)	„	Mühldorf	6. Okt. 62.
167	Schöller Anton	St.	München l.	6. Okt. 62.
168	Stoll Jos.	L.	Arnstein	20. Okt. 62.
169	Pattberg Edm. (J.)	„	Heidenheim	22. Nov. 62.
170	Hammersdorf Phil.	„	Bergzabern	8. Dez. 62.
171	Seebauer Jakob	„	Neunburg v. W.	16. Dez. 62.
172	Metschnabel Fr. Xav. (J.)	„	Obergünzburg	22. Jan. 63.
173	Wagenheimer Fr. Xav.	„	Türkheim	28. Febr. 63.
174	Mayer Gg. Andr.	„	Vilsbiburg	30. März 63.
175	Mendel Bruno (J.)	„	Starnberg	1. Mai 63.

176	Wenninger Anton	L.	Höchstädt	18. Juni 63.
177	Attenberger Heinr. (J.)	„	Griesbach	22. Juni 63.
178	Kerker Fr. X. M. L. (J.)	„	Grönenbach	27. Juni 63.
179	Stahl Franz	„	Landau a. I.	27. Juni 63.
180	Dumpert Seb.	„	Volkach	13. Juli 63.
181	Guggenberger Joh. Adam	„	Hassfurt	21. Nov. 63.
182	Schillinger Seb. (J.)	„	Kipfenberg	„
183	Brehm Joh. Gg. (J.)	„	Scheinfeld	„
184	Pramberger Ant.	„	Eschenbach	17. Dez. 63.
185	Störcher Joh.	„	Burgebrach	8. Febr. 64.
186	Würth Seb.	„	Vilseck	23. Febr. 64.
187	Stocke Frz. (J.)	„	Ludwigshafen	16. Febr. 64.
188	Heilmann Mart.	„	Aub	31. Merz 64.
189	Fichtl Anton	„	Friedberg	15. April 64.
190	Baumer Adam (J.)	„	Waldsassen	18. April 64.
191	Schwab Andreas (J.)	„	Gemünden	20. Mai 64.
192	Habermehl Mich.	„	Edenkoben	28. Mai 65.
193	Gebert Vincenz	„	Passau I.	12. Sept. 64.
194	Reil Joh. B. (J.)	„	Schongau	11 Okt. 64.
195	Lechner Anton (J.)	„	Neumarht OB.	29. Okt. 64.
196	Gänger Jos.	„	Rottenburg NB.	15. Jan. 65.
197	Kraus Adam Seb. (J.)	„	Schöllkrippen	25. Febr. 65.
198	Willkomm Eduard	„	Wertingen	17. Merz 65.
199	Haggenmüller Max Jos.	„	Geisenfeld	21. April 65.
200	Semmler Karl (J.)	St.L.	Lindau	24. Juli 65.
201	Bauer Gg. Mich. (J.)	L.	Hengersberg	26. Aug. 65.
202	Schöner Wilh. (J.)	„	Furth	19. Okt. 65.
203	Volkmann Frz.	„	Buchloe	3. Nov. 65.
204	Schulz Adam Heinr.	„	Germersheim	8. Nov. 65.
205	Scharner Gg. (J.)	„	Wegscheid	8. Nov. 65.
206	Wolf Ludw.	„	Weilheim	4. Dez. 65.
207	Schweigart Ludw.	„	Sonthofen	12. Jan. 66.
208	Kaul Karl	„	Homburg	2. Dez. 67.
209	Rosenberger Carl	„	St. Ingbert	18. Merz 66.
210	Ried Anton (J.)	„	Beilngries	26. Mai 66.
211	Pfaff Joh. Gg.	„	München r.	22. Juni 66.
212	Goldbach Heinrich	St.	Augsburg	24. Juni 66.
213	Schwarz Karl Heinr.	L.	Kissingen	10. Aug. 66.
214	Kiefer Andreas	„	Pfarrkirchen	15. Dez. 66.
215	Anwander Xaver	„	Waldfischbach	27. Jan. 67.
216	Seeliger Aug.	„	Grafenau	23. Febr. 66.
217	Gebrath Edmund	St.	Passau	8. Merz 67.
218	Wörle Bartlmä	L.	Trostberg	12. Merz 67.
219	Koch August (J.)	St.L.	Donauwörth	30. Merz 67.
220	Wasner Jos.	L.	Hollfeld	16. April 67.
221	Lehmann Gottfr. (J.)	„	Marktbreit	19. April 67.
222	Seidel Joh. A.	„	Höchstadt a. d. A.	„
223	Edenhofer Anton	St.L.	Straubing	„
224	Zeitlhöfler Mich.	L.	Bischofsheim	20. Mai 67.
225	Barthelmes Seb.	„	Pegnitz	15. Juni 67.
226	Forster Frz (J.) (Geschl.)	St.L.	Landshut	11. Juli 67.
227	Fichtner Martin (J.)	L.	Kötzting	16. Juli 67.
228	Schauer Valentin (J.)	„	Alzenau	16. Sept. 67.
229	Schülein Fried. (J.)	„	Ludwigsstadt	29. Jan. 68.
230	Ziegler Alois (J.) (Gschfl. St.)	St.	München l.	„
231	Gerhauser Mich. (J.)	L.	Prien	13. Juni 68.
232	Metz Nikolaus (J.)	„	Karlstadt	21. Juni 68.
233	Rothenberger Ludw. Herm. (J.)	„	Wassertrüdingen	„
234	Rothmayr Joh. B.	„	Wörth	5. Juli 68.
235	Hessler Alex. (J.)	„	Weissmain	23. Juli 68.
236	Postius Jul.	„	Blieskastel	22. Sept. 68.
237	Schneider Frz.	St.	München l.	23. Juli 68.

238	Fürst Karl (J.)	St.L.	Memmingen	31. Okt. 68.
239	Kammel Gg.	L.	Tittmoning	8. Nov. 68.
240	Riegler Gg. (J.)	St.L.	Weissenburg	9. Dez. 68.
241	Heun Peter (J.)	L.	Hofheim	17. Apr. 69.
242	Hauser Seb.	„	Tölz	10. Mai 69.
243	Reissinger Martin	„	Grünstadt	31. Mai 69.
244	Volkamer Christ. v. (J.)	St.	Regensburg	6. Juni 69.
245	Baumgartner Jos. (J.)	L.	Wolfratshausen	6. Juli 69.
246	Hauth Joh. (J.)	„	Schillingsfürst	12. Aug. 69.
247	Griebel Joh. (J.)	„	Gerolzhofen	15. Aug. 69.
248	Schiedermayer Joh. E. (J.)	„	Roding	30. Nov. 69.
249	Beitmüller Ant. (J.)	„	Simbach	19. Dez. 69.
250	Schlechter Karl (J.)	„	Haag	14. Jan. 70.
251	Feyerlein Xav. (J.)	„	Hammelburg	17. Merz 70.
252	Zeiller Jos. (J.)	„	Abensberg	16. Apr. 70.
253	Klein Frz. Xav. (J.)	„	Bogen	28. Mai 70.
254	Rückert Mart. (J.)	„	Eltmann	3. Juni 70.
255	Lederer Gg. (J.)	„	Münnerstadt	12. Juni 70.
256	Fischer Jos. (J.)	„	Burgau	„
257	Kainz Karl (J.)	„	Regen	„
258	Hammerschmid Christian (J.)	„	Pottenstein	29. Juni 70.
259	Dapping Heinr.	L.	Wolfstein	7. Juli 70.
260	Iblher Aug. (J.)	„	Stadtsteinach	9. Aug. 70.
261	Engel Gg. (J.)	„	Kastl	1. Sept. 70.
262	Hayd Frz. Jos. (J.)	„	Augsburg	16. Sept. 70.
263	Hierholzer Andr. (J.)	L.	Hilpoltstein	29. Dez. 70.
264	Goss Joh. Bapt. (J.)	„	Arnstorf	4. Jan. 71.
265	Probst Ulrich (J.)	„	Füssen	29. Jan. 71.
266	Engelhard Jos. (J.)	„	Forchheim	31. „
267	La Rosée Des. Graf v. (J.)	St.	Augsburg	17. Apr. 71.
268	Faber Phil.	„	Pirmasens	„
269	Raquet Christian	„	Kirchheimbolnd.	19. Juli 71.
270	Dibell Aug. (J.)	„	Sesslach	31. Aug. 71.
271	Binstadt Jos. (J.)	„	Markt Erlbach	19. Sept. 71.
272	Lermer Jos. (J.)	„	Rothenbuch	28. Sept. 71.
273	Rupprecht Joh. N. (J.)	„	Leutershausen	„
274	Kellenberger Jos. (J.)	„	Burghausen	9. Okt. 71.
275	Thoma Jos. (J.)	„	Immenstadt	18. Okt. 71.
276	Flucke Karl (J.)	„	Rothenfels	27. Okt. 71.
277	Schmidt Karl (J.)	„	Nürnberg	17. Nov. 71.
278	Müller Fel. (J.)	„	Schwandorf	13. Dez. 71.
279	Streber Karl (J.)	„	Mallersdorf	27. Jan. 72.
280	Lohr Pet. (J.)	„	Mainburg	2. Febr. 72.
281	Derleth Joh. (J.)	„	Stadtprozelten	7. Apr. 72.
282	Schatte Karl Frhr. v. (J.)	St.L.	Rosenheim	27. Apr. 72.
283	Konrad Jos. (J.)	L.	Babenhausen	„
284	Rothhammer Aug. (J.)	„	Neustadt WN.	24. Mai 72.
285	Geith Ant. (J.)	„	Berchtesgaden	26. Mai 72.
286	Beyer Gg. (J.)	„	Roth	29. Juni 72.
287	Reismüller Joh. (J.)	St.U.	München l. I.	2. Aug. 72.
288	Meichelbeck Joh. P.	L.	Neuulm	16. Juni 72.
289	Brandl Joh. N. (J.)	„	Neukirchen	16. Aug. 72.
290	Papellier Nik. (J.)	„	Weidenberg	5. Sept. 72.
291	Hauck Jos. (J.)	„	Baunach	11. Okt. 72.
292	Mayr Rasso (J.)	St.U.	München l.	1. Dez. 72.
293	Widmann Mich. (J.)	L.	Nittenau	4. Dez. 72.
294	Leonhard Karl W. (J.)	„	Winnweiler	11. Dez. 72.
295	Osthelder Otto (J.)	„	Göllheim	11. Dez. 72.
296	Ginkel Frz. (J.)	„	Lauterecken	11. Dez. 72.
297	Streber Sim. (J.)	„	Lauingen	21. Dez. 72.
298	Schmitt Ant. (J.)	„	Obernburg	14. Febr. 73.
299	Spannagel Theod. (J.)	„	Kusel	3. Merz 73.

300	Kraus Joh. (J.)	L.	Obermoschel	3. Merz 73.
301	Bickert Jak. (J.)	„	Roggenhausen	„
302	Schaub Jak. (J.)	„	Dahn	„
303	Rid Martin (J.)	„	Ottobeuern	6. Merz 73.
304	Dorsch Bernh. (J.)	„	Kirchenlamitz	7. April 73.
305	Haring Mich. (J.)	„	Amorbach	19. Mai 73.
306	Schaller Dan. (J.)	„	Königshofen	26. Mai 73.
307	Kirndorfer Max (J.)	„	Rehau	29. Mai 73.
308	Wörle Gg. (J.)	„	Freyung	23. Juni 73.
309	Bichler Christian (J)	„	Waldkirchen	4. Aug. 73.
310	Wolff Ludwig (J)	St.	München l. I.	8. Aug. 73.
311	Adam Ant. (J.)	L.	Gräfenberg	14. Aug. 73.
312	Schormaier Jos. (J.)	„	Werdenfels	8. Okt. 73.
313	Hinterwimmer Mart. (J.)	„	Cham	7. Nov. 73.
314	Braunstein Konr. (J.)	„	Dettelbach	8. Nov. 73.
315	Schmitz Karl (J.)	„	Wasserburg	7. Jan. 74.
316	Bulheller Kasp. (J.)	„	Euerdorf	8. Jan. 74.
317	Hepfling Jos. (J.)	„	Sesslach	11. Jan. 74.
318	Michel Frdr. (J.)	„	Hornbach	18. Merz 74.
319	Endras Felix (J.)	„	Oberdorf	4. Juni 74.

XI. Liste.

Staatsanwaltschaft.

A. Generalstaatsanwalt am Oberappellationsgerichte.

Haubenschmied Ferd. v. (K3—M2b) Reichsrath)	GStA.	München	25. Okt. 67.

B. Staatsanwälte (Substituten des Generalstaatsanwalts) am Oberappellationsgerichte.

Küffner Bernh. (M3.) (OAGRR.)	II. OASt.	München	16. Juli 70.
Hanauer Eduard (OAGRR 71-M3.)	III. „	„	„
Mattenheimer Karl	IV. „	„	11. Dez. 72.

C. Oberstaatsanwälte an den Appellationsgerichten.

1	Leeb Joh. Nep. v. (M3.—K3.)	OStA.	Passau	8. April 52.
2	Stengel Steph. Frhr. v. (M3.)	„	Augsburg	15. Apr. 66.
3	Wallmenich Karl v. (M3.)	„	Bamberg	3. Jan. 67.
4	Hohenadel Gustav (M3.)	„	Nürnberg	17. Dez. 67.
5	Reichert Otto v.	„	München	5. Juli 68.
6	Kieffer Frdr. (M3.)	„	Zweibrücken	10. Aug. 72.

D. II. und III. Staatsanwälte (Substituten der Oberstaatsanwälte) an den Appellationsgerichten und I. Staatsanwälte an den Bezirksgerichten.

1	Herfeld Jos.	I.BSt.	Zweibrücken	1. Aug. 66.
2	Mayr Clemens	„	Traunstein	22. Sept. 65.
3	Müller Michael	„	Wasserburg	24. Juni 66.
4	Fitting Jakob	„	Landau Pf.	19. Sept. 71.
5	Jungermann Karl	II.ASt.	Passau	10. Jan. 65.
6	Meinel Karl Frdr. Chr.	I.BSt.	Bamberg	20. Febr. 63.
7	Mayer Phil. (VKz.)	„	Eichstädt	21. Nov. 63.
8	Stadelmann Jos. Christ.	II.ASt.	Bamberg	10. April 64.
9	Oberniedermayer Anton	„	Nürnberg	30. Mai 64.
10	Elsperger Wilh.	I.BSt.	Donauwörth	10. Febr. 65.
11	Wülfert Karl Frdr.	„	München r. J.	18. Aug. 65.
12	Allfeld Phil.	I.BSt.	Landshut	1. Juni 61.
13	Rüdel Steph. (M3.)	„	Würzburg	„

14 Heigl Joseph	I.BSt.	Pfarrkirchen	19. Nov. 64.
15 Rinecker Josef Anton	„	Lohr	12. Jan. 66.
16 Gottfried Wilh.	„	Regensburg	18. Febr. 66.
17 Donle Ed. Friedr. Konrad	„	Schweinfurt	21. Febr. 66.
18 Rieder Josef	„	Neunburg v. W.	18. Aug. 67.
19 Ammon Oskar v.	„	Fürth	29. Apr. 66.
20 Lösch Karl Ferdinand	III.ASt.	Bamberg	15. Apr. 66.
21 Widnmann Joh. Gg.	I.BSt.	Passau	24. Juni 66.
22 Schönninger Oskar	„	Augsburg	3. Jan. 67.
23 Stubenrauch Ludwig v.	II.ASt.	München	25. März 67.
24 Biehler Karl	I.BSt.	Freising	24. Jan. 68.
25 Scherer Leop.	„	Aschaffenburg	29. „ 70.
26 Pfordten Germ. v. der	„	Bayreuth	5. Febr. 68.
27 Bonn Frz.	II.ASt.	München	7. Dez. 68.
28 Ebner Karl Frhr. v.	I.BSt.	Nürnberg	25. Dez. 68.
29 Toussaint Dr. Karl	III.ASt.	Nürnberg	21. Juni 70.
30 Schmuderer Jos.	I.BSt.	Deggendorf	17. Jan. 70.
31 Collasowitz Burkard	„	Windsheim	19. Sept. 69.
32 Edelmann Albert	„	Weilheim	31. Dez. 69.
33 Herrmann Gg.	„	Kronach	22. Dez. 70.
34 Baumann Andr.	„	Kempten	8. Nov. 71.
35 Mayr Karl	I.BSt.	Amberg	24. Aug. 71
36 Held Karl	I.BSt.	Ansbach	24. April 70.
37 Bandel Christian	„	Aichach	12. Apr. 71.
38 Bombard Ernst v.	„	Straubing	31. Aug. 71.
39 Hessert Heinr.	II.ASt.	Zweibrücken	11. Nov. 71.
40 Holle Frdr.	I. BSt.	Neustadt a. S.	21. Dez. 71.
41 Schmidt Eug.	„	Kaiserslautern	21. Juli 72.
42 Leonrod Leop. Frhr. v.	I. BSt.	München	19. Okt. 72.
43 Söltl Dr. Frdr.	II.AStA.	Augsburg	30. Mai 73.
44 Petri Hermann	„	Zweibrücken	6. Juni 73.
45 Lupin Agath. Frhr. v.	I.BSt.	Weiden	21. Sept. 73.
46 Nössel Karl	„	Zweibrücken	2. Febr. 74.
47 Braun Karl	„	Memmingen	10. Merz 74.
48 Filberich Heinr.	„	Hof	12. Juni 74.

E. II. Staatsanwälte (Substituten der Staatsanwälte) an den Bez.-Ger.

1 Kühles Andr.	II.BSt.	Landshut	11. Jan. 67.
2 Neugirg Wolfgang M.	„	Amberg	1. Juni 66.
3 Roith Joh. Bapt.	„	Wasserburg	5. Jan. 68.
4 Hellmannsberger Jos.	„	Straubing	10. „ 68.
5 Müller Eberhard	„	Regensburg	23. Juli 68.
6 Stengel Anton Frhr. v.	„	Bamberg	4. Nov. 68.
7 Sand Max	„	Hof	18. Mai 69.
8 Auer Max	„	Weilheim	28. Juli 68.
9 Hindringer Gg.	„	München l. I.	24. Merz 68.
10 Schmid Karl	„	Ansbach	23. Apr. 68.
11 Rothmiller Eduard	„	München r. I.	14. Okt. 68.
12 Mayer Friedr.	„	Lohr	8. Apr. 69.
13 Deuber Jos.	„	Nürnberg	25. Dez. 68.
14 Barsch Hermann	III.BSt.	München l. I.	27. Aug. 69.
15 Merk Otto	II.BSt.	Windsheim	19. Sept. 69.
16 Zuerl Joh.	„	Weiden	29. Dez. 68.
17 Wölfl Kasp.	„	Passau	21. Dez. 68.
18 Heumann Adalb.	„	Bayreuth	22. Dez. 69.
19 Trogg Joh. Nep.	„	Freising	26. Merz 70.
20 Meisner Franz	II.BSt.	Aichach	7. April 70.
21 Schmidt Christ. Ldw.	„	Würzburg	14. Mai 70.
22 Strasser Alb.	„	Donauwörth	17. April 72.
23 Seiferling Karl With.	„	Traunstein	21. Juni 70.
24 Gebhard Aug.	„	Eichstädt	25. Aug. 71.
25 Oegg Phil.	„	Neustadt a. S.	28. Sept. 71.
26 Mühlberger Jos.	„	Neunburg v. W.	4. Dez. 70.

27	Martin Ldw.	II.BSt.	Augsburg	25. April 72.
28	Scherer Dan. Aug.	„	Landau	7. Sept. 72.
29	Held Otto	„	Kronach	9. Nov. 72.
30	Nöthig Jak.	„	Aschaffenburg	10. Nov. 72.
31	Stichter Joh. Val.	„	Zweibrücken	25. Nov. 72.
32	Hofmann Hugo	„	Deggendorf	14. Febr. 73.
33	Mayr Joh.	„	Fürth	30. Mai 73.
34	Engelhardt Aug.	„	Memmingen	21. Sept 73.
35	Graf Frdr.	„	Pfarrkirchen	23. Sept. 73.
36	Bracher Otto	„	Kempten	12. Juni 74.
37	Engelhardt Joh.	„	Schweinfurt	22. Juli 74.
38	Heintz Eduard	„	Kaiserslautern	22. Juli 74.
39	Wolff Adolph	„	Frankenthal	22. Juli 74.

F. Funkt. Substituten der Staatsanwälte an den Bezirksgerichten.

1	Becker Gg. Frdr.	FStS.	Landau Pf.	20. Mai 69.
2	Wenz Wilh.	„	Kaiserslautern	28. Mai 70.
3	Sauter Theod.*	„	Zweibrücken	„
4	Birkner Ferd.	„	Nürnberg	16. Juli 70.
5	Gummi Eduard	„	Bayreuth	9. Nov. 72.
6	Praun Alex. v.	„	München r.	10. Nov. 72.
7	Wolf Dr. Ign.	„	Bamberg	2. Dez. 72.
8	Seuffert Dr. Lothar	„	Augsburg	16. Dez. 72.
9	Schlosser Ludwig	„	Amberg	5. Jan. 73.
10	Hannwacker Joh.	„	Zweibrücken	8. Febr. 73.
11	Kollmayr Ferd.	„	Landshut	14. Febr. 73.
12	Tillmann Rud.	„	Frankenthal	18. Apr. 73.
13	Schuhmann Frz.	„	Ansbach	26. Juli 73.
14	Schäfer Aug.	„	Kaiserslautern	31. Juli 73.
15	Hetzel Christoph	„	Donauwörth	21. Sept. 73.
16	Clement Phil.	„	Landau	8. Okt. 73.
17	Zoller Ldw. Frhr. v.	„	Regensburg	17. Nov. 73.
18	Loth Heinr.	„	Würzburg	3. Jan. 74.
19	Zimmerer Eugen	„	Straubing	12. Jan. 74.
20	Höchtlen Aug. K.	„	München l. I.	10. Apr. 74.
21	Praun Sigm. v.	„	Nürnberg	15. Mai 74.
22	Jehle Mich.	„	Straubing	15. Juni 74.
23	Wolfenstetter Andr.	„	Hof	27. Juli 74.

G. Vertreter der Staatsanwaltschaft bei den Stadt- und Landgerichten.
(Nunmehr Verwaltungsbeamte.)

Alphabetisches Verzeichniss
der
sämmtlichen Justiz-Beamten
(Liste I—XI).

Bem. Die römische Zahl bedeutet die Liste, die arabische bedeutet die Reihenfolge in der Liste; die grossen Buchstaben nach der römischen Zahl weisen auf die Unterabtheilungen einer Liste hin.

Hensler Jos. X D c.
Herbst Wilh. X E. 75.
Herfeld Jos. XI D.
Hermann O. IV 39.
Hermann L. IV. 82.
Hermann A. VI 119.
Hermau O. VIII 105.
Herold G. IV 38.
Herold W. IV. 45.
Herold Alois X E. 83.
Herrbach J. VI 109.
Herrmann G. XI D.
Hertle Joh. X E. 131.
Hertlein A. IX 217.
Herz K. VI 145.
Hess W. VIII 28.
Hess Alois IX 199.
Hessel Aug. X E. 87.
Hessert Heinr. XI D.
Hessler Fr. VI 72.
Hessler A. X E. 235.
Hettich K. III.
Hetzel J. IX 306.
Hetzel Chr. XI F.
Heuber O. VII 183.
Heumann Adb. XI E.
Heun P. X E. 241.
Hibl H. IV 84.
Hiedl H. VII 96.
Hierholzer A. X E. 263.
Hierl Dr. A. VI 96.
Hildenbrand O. IX 126.
Hiller Fr. VI 79.
Hindringer Gg. XI E.
Hintermaier X D a.
Hinterwimmer M. XE313.
Hipper J. X D b.
Hirschberg B. IX 81.
Hirth Mich. X E. 84.
Hocheuegger R. IX 43.
Hofer A. IX 6.
Hoffmann Th. VIII 110.
Hoffmann Gg. IX 181.
Hoffmann E. X D. b.
Hoffmeister J. VII 143.
Hoffmeister N. VII 171.
Hofmann K. II C.
Hofmann K. IV 23.
Hofmann E. VI 29.
Hofmann A. VII 20.
Hofmann Bruh. VIII 53.
Hofmann Fr. IX 208.
Hofmann M. IX 250.
Hofmann H. XI E.
Hofstetter J. X E 152.
Hogger Frd. X E. 139.
Hohenadl Gust. XI. C.
Hohenleitner B. IV 30
Holle Friedr. XI D.
Holzinger G. IX 218.
Holzschuher X E. 80.
Hommel Fr. VI 4.

Hopfner Max IX 2.
Hoppe G. VII 66.
Horn Karl VII 22.
Hosemann Karl VI 197.
Höchtlen A. XI F.
Höfling Dr. Ph. II C.
Höflinger J. VII 57.
Höglauer H. VIII 32.
Höhn Dr. Seb VIII 4.
Höhnes K. VI. 192.
Hönig Heinr. IX 186.
Hönlein L. VIII 119.
Höpfel Frdr. X D a.
Hörmann E. v. VI 9.
Hörmann Karl IX 183.
Höss J. VII 124.
Hösslin W. VII 76.
Huber And. VI 66.
Huber Fr. IX 203.
Huber-Liebenau IV 68.
Hubmann Ant. X D. b.
Hueb K. VI 59.
Huggenberger J. VII 283.
Huler J. VII 68.
Hundertpfund J. VI 23.
Hundrisser O. IX 229.
Hungerkhausen v. VI 153.
Hurt Fr. VII 253.
Hutter Fr. VI 88.

Jan Frdr. IX 266.
Jaud P. VII 250.
Jäger J. VII 132.
Iblher A. X E 260.
Jehle M. XI F.
Ilgen L. VIII 77.
Inngruber D. VII 199.
Jocham Fr. IX 100.
Jouvin E. IX 255.
Irmischer K. VI 169.
Juch Jul. I F.
Jung K. VII 145.
Jungbauer J. VII 196.
Jungermann W. VI 172.
Jungermann K. XI D.

Kahl Fr. V.
Kainz Karl X E. 257.
Kalb Dr. Joh. II B.
Kalb Wilh. X D c.
Kalbskopf Wilh. IX 77.
Kammel G. X E. 239.
Kammerknecht K. III.
Kapfhammer M. VIII 17.
Kapp W. IX 273.
Kapp Karl X D c.
Kappler F. VII 200.
Karges Wilh. VII 228.
Karmann M. VI 210.
Kast Kaj. IV 89.
Kastner W. I D.
Kastner Ldw. VII 270.

Kastner Heinr. IX 87.
Kastner Jak. X E. 29.
Kauer A. VI 77.
Kaufmann H. X C b.
Kaul Karl X E 208.
Käppel K. VII 181.
Kärner K. K. III
Käs Jos. IX 47.
Käshofer J. X E. 58.
Kästner L. VII. 219.
Kellein K. IX 164.
Kellenberger J. X E 274.
Kempf K. VII 3.
Kerker Fr. X E. 178.
Kernn Chr. X E. 156.
Kessler G. IX 220.
Kessler J. X E 45.
Ketterl J. IV 73.
Keyl O. VIII 120.
Kiechle J. VII 46.
Kiefer Andr. X E. 214.
Kieffer Karl VII 212.
Kieffer Fr. XI C.
Kienast J. V.
Kienhöfer Ldw. VI 92.
Kiesner J. VII 45.
Kiliani Fr. VI 46.
Kiliani H. VI 120.
Killermann J. IX 129.
Killinger Sigm. VI 155.
Killinger H. VII 60.
Kilp Fr. VI 108.
Kirchgessner A. VI 213.
Kirchgessner G. VIII 108.
Kirndorfer M. X E 307.
Kirschbaum M VI 104.
Kirschner K. VI 159.
Kisskalt J. VI 80.
Kistenfeger J. VIII 74.
Kistler N. X D c.
Kitzing M. VII 194.
Kleemann Fr. VII 299.
Klein Jos. IX. 52.
Klein Fr. X E. 253.
Kleiner Otto IV 83.
Kleinhanns A. X E. 155.
Kleinschrod E. III.
Kleinschrod H. IX 296.
Kliem K. VI 181.
Klingseisen Ant. VIII44.
Klostermaier X C. a.
Klotz J. IX 134.
Klüg L. VII 94.
Knab Joh. X E. 98.
Knappe Jul. III.
Knirlberger G. VI 82.
Knogler Cl. X D c.
Knötzinger J. VI 135.
Kobler J. VI 105.
Koch M. II C.
Koch Karl VI 43.
Koch Jakob VII 1.

Mayr Gg. IX 159.
Mayr R. X E 292.
Mayr Clem. XI D.
Mayr K. XI D.
Mayr Joh. XI E.
Meier Karl VIII 107.
Meyer H. X C c.
Meyer K. IV 87.
Meyer Dr. Jul. VIII 66.
Meyer Frdr. VIII 68.
Meyer H. IX 62.
Meyer J. X D c.
Malm J. IX 214.
Mangold Jos. VII 271.
Mann Fr. VII 79.
Manstorfer Heinr. IX 11.
Mantel A. VIII 100.
Mantel Mich. X E. 36.
Mark Seb. VII 182.
Marth Peter X D c.
Martin Fr. IV 32.
Martin L. XI E.
Mattenheimer E. VIII 11.
Mattenheimer K. XI B
Maurer E. VII 284.
Mauerer K. VI 117.
Mauser G. X E. 55.
Maussner J. VII 213.
May Dr. A. IV 33.
Mayerhofer O. IX 9.
Mayerhöfer H. IX 192.
Mahler A. IV 13.
Märkel Jos. VI 99.
Märkl E. IX 246.
Mässenhausen v. X B.
Mecheln Th. VI 85.
Megele Ant. IX 74.
Mehling Jos. V.
Mehltretter Jos. IX 24.
Meichelbeck J. X E 288.
Meidinger Ant. IX 86.
Meindl Jos. VII 278.
Meinel Karl XI D.
Meisner Frz. XI E.
Meissner J. IX 160.
Meister A. IX 201.
Memminger A. VII 153.
Mendel Br. X E. 175.
Mennacher S. X C. c.
Merk Otto XI E.
Merkel J. IV 17.
Merkel A. VI 115.
Merkel Joh. VII 267.
Merkel G. X D a.
Merkl G. IX 33.
Merz Aug. II C.
Messert J. X D a.
Metschnabel X E. 172.
Mettenleiter E. IX 263.
Metz Nic X E. 232.
Michahelles K. VI 149.
Michel Fr. X E 318.
Miller Jos. IV 51.
Miltner J. VI 33.
Mittermayer J. X D a.
Model Frdr. VII 234.
Molitor L. IV 43.
Molitor H. IX 303.
Moralt O. VI 142.
Moritz Joh. VI 170.
Moser Frdr. VII 285.
Möller Heinr. VII 256.
Mörtl Frdr. IX 274.
Munkert K. X E. 96.
Mussinan Gg. VIII 24.
Müh J. X C a.
Mühlberger J. XI E.
Müller J. V.
Müller E. VI 51.
Müller J. VI 121.
Müller Aug. VI 182.
Müller Frdr. VII 2.
Müller Chr. VII 38.
Müller M. VII 90.
Müller Chr. VII 225.
Müller Gust. IX 63.
Müller M. IX 232.
Müller L. IX 262.
Müller Ldw. X B.
Müller Gust. X D a.
Müller Fr. X D. b.
Müller J. X E. 128.
Müller H. X E 158.
Müller Fel. X E. 278.
Müller Mich. XI D.
Müller Eberhard XI E.
Münch Chr. VII 157.
Münch E. IX 309.

Naager Jos. X D. b.
Nagel G. VII 137.
Neff Jos. IX 227.
Nero Aug. V.
Nest Jos. IV 35.
Neubig W. V.
Neugirg Wlfg. XI E.
Neuland Frdr. VIII 60.
Neumaier Karl VI 228.
Neumayer Dr. L. v. II A.
Neumüller Jos. VIII 7.
Neun Joh. X E. 56.
Neuner J. IX 233.
Neuper Aug. IV 74.
Niebler Fr. IX 97.
Niedermaier J. V.
Nies J. Maur. X E. 70.
Niller Andr. VII 258.
Nobis Jos. X D a.
Nössel Karl XI D.
Nöthig Jac. XI E.
Nürmberger Fr. VII 220.

Obenhuber K. IX 136.
Oberhofer K. VI 55.
Obermaier Gr. X E. 64.
Obermillacher X D. b.
Obermüller G. IV 47.
Oberniedermaier XI D.
Oberst A. IV 27.
Ochsenmaier A. VI 53.
Ochsenmaier J. X E. 77.
Offner Franz VIII 51.
Oppelt J. IV 62.
Oppert A. VII 50.
Osterrieder Fr. IX 152.
Osthelder Karl VI 190.
Osthelder O. X E 295.
Ott Joh. VIII 5.
Otto M. VI 3.
Oegg Karl VI 151.
Oegg Ph. XI E.
Oehrlein P. IX 16.
Oelhafen K. IX 195.
Oertel J. VI 111.
Oettl Karl IX 144.

Pachmayr A. V.
Panrucker Fr. X D a.
Papellier H. VIII 87.
Papellier N. X E 290
Parst A. VII 121.
Patin P. VII 77.
Pattberg E. X E. 169.
Pauli A. VII 274.
Paulus Karl IX 84.
Pauly J. X E. 32.
Paur L. V.
Paur M. IX 277.
Pechmann A. IV 96.
Perchtold L. IX 42.
Pessl Joh. v. VIII 38.
Peter Phil. IX 311.
Petersen Fr. I D.
Petri Aug. IV 24.
Petri H. XI D.
Pettendorfer Al. VII 204.
Petz Fr. V.
Petz Chr. IX 269.
Pfaff Joh. G. X E. 211.
Pfäffinger Ulrich VIII 27.
Pfeiffer J. X E. 59.
Pfeufer Jos. IV 22.
Pfeuffer Gg. VII 127.
Pfeuffer G. IX 285.
Pfirrmann Jos. X D. a.
Pfitzer J. VII 188.
Pfordten L. v. d. IV 34.
Pfordten G. XI D.
Pichlmayr D. V.
Pickl J. VII 233.
Pirngruber Fr. X D c.
Pischinger Fr. X E. 81.
Pistner Ant. IX 108.
Pixis E. VII 235.
Plasi Chr. VII 232.
Platz J. VI 230.

C.

Verwaltungs-Beamte.

(Regierungs-Präsidenten, Bezirksamtmänner, Bezirksamts-Assessoren, unmittelbare rechtskundige Bürgermeister und Magistratsräthe, Polizeidirektion München, Rentbeamte.)

(Nach dem Stande vom 31. Juli 1874.)

I. (8) Regierungs-Präsidenten.

1. von Oberbayern (München.)
Zwehl Exz. Theodor von, Staatsrath im ausserord. D. (K1. — M1.—PK3.)

2. von Niederbayern (Landshut.)
Lipowsky Felix Frdr. v. (K3. — M3. — FEL4. — JK2. — OFJ2. — RA2m.B. — Sp.J2a.m.St.)

3. von der Pfalz (Speyer.)
Braun Paul v. StR. i. ao. D. (K3. — M2a. — BZL2b. — FEL4. RA3.)

4. von der Oberpfalz und von Regensburg (Regensburg.)
Pracher Max v. (K3. — M3.)

5. von Oberfranken (Bayreuth.)
Hermann Hugo Frhr. v.

6. von Mittelfranken (Ansbach.)
Feder Dr. Gottfried von, (K2a. — M2b. — GE4.) 3. Okt. 66.

7. von Unterfranken und Aschaffenburg (Würzburg).
Luxburg Friedrich Graf von, k. Kämmerer. (K3. — GE3. — P.E.Kr.2. — PRA2 — RA2. — WF2b.)

8. von Schwaben und Neuburg (Augsburg.)
Hörmann Winfried von, Staatsrath im ausserord. D. (K3. — M2a. — SEH3a. — PK2.)

II. Bezirksamtsbeamte.

a. (151) Bezirksamtmänner.

1	Finweg K. A. (M3.)	Donauwörth	12. Juni 1841.
2	Martin Frdr. RR. (M3—VKz.)	Regensburg	8. Febr. 48.
3	Wiesend Gg. RR. (M3—VKz.)	Landau a. I.	16. Sept. 49.
4	Braun Karl W. (M3—NA—V3 VKz.)	Augsburg	17. Dezbr. 49.
5	Heyder Joh. (M3—VKz.)	Altötting	31. Dezbr. 49.
6	Römich L. RR. (M3—VKz.)	Speyer	15. Jan. 50.
7	Zink Jul. Peter (M3.)	Uffenheim	3. Merz 50.
8	Eckart Gg (M3—OEK3—ScF3 —TJ3) RR.	Lindau	8. April 50.
9	Kollmann Ldw. RR. (M3—VKz.)	Kirchheimbolanden	23. Oktbr. 50.
10	Forster Chr. Zach. Carl RR. (M3—PRA3.)	Erlangen	4. Novbr. 50.
11	Barlet Konr (M3)	Bamberg I.	14. Novbr. 50.
12	Bollweg Karl	Miesbach	2. Jan. 51.
13	Girisch Gg. RR. (M3—VKz.)	Dillingen	11. Aug. 51.
14	Freyberg L. Frhr. v. Kämm. RR. (M3.)	München I. I.	6. Septbr. 51.
15	Merz Dav. Gg. K. v. RR. (M3 —VKz.)	Dinkelsbühl	27. Dezbr. 52.
16	Landgraf Joh. Ch. Th. (M3.)	Kulmbach	27. Dezbr. 52.
17	Desch Karl RR. (M3—VKz.)	Laufen	31. Juli 53.
18	Widenmann Aug. RR. (M3.)	Karlstadt	6. Septbr. 53.
19	Richter Ld. Herm (M3.)	Gunzenhausen	6. Oktbr. 53.
20	Medicus Dr. K. L. F. RR. (M3 —VKz.)	Kaiserslautern	18. Dezbr. 53.
21	Böckler Frz. Jos.	Gerolzhofen	29. Mai 54.
22	Audriczy Alois Frhr. v.	Mühldorf	3. Juli 54.
23	Nickels Otto Ferd. RR. (M3.)	Würzburg	27. Novbr. 54.
24	Scheidemandel J. F. W. (M3.)	Feuchtwangen	24. Merz 55.
25	Bauer M. J. (M3.)	Vilsbiburg	31. Merz 55.
26	Hausladen Mx. L. RR.	Dachau	7. Mai 55.
27	Lintl Gust. (M3—VKz.)	Naila	19. Aug. 55.
28	Rupprecht Joh. B.	Illertissen	7. Dezbr. 55.
29	Illing Karl RR.	Kempten	8. Aug. 56.
30	Damm Aug. (M3—VKz.)	Zweibrücken	15. Oktbr. 56.
31	Berchtold F. (M3.)	Füssen	16. Oktbr. 56.
32	Haag Phil.	Neustadt a. d. WN.	16. Oktbr. 56.
33	Praun Sigm. Chr. v. RR. (M3.)	Rothenburg a. d. T.	2. Novbr. 56.
34	Kellein Andr. K. RR (M3—VKz.)	Bayreuth	19. Jan. 57.
35	Forster Edu. (M3.)	Burglengenfeld	3. Mai 57.
36	Ruchti Andr.	Erding	3. Aug. 57.
37	Mayr Ldw.	Pfaffenhofen	3. Aug. 57.
38	Ordnung Frz.	Teuschnitz	18. Sept. 57.
39	Rösch Eugen (VKz.)	Memmingen	18. Aug. 58.
40	Stahl Gg.	Heilsbronn	27. Sept. 58.
41	Rauner Narz. v. (VKz.)	Rehau	25. Merz 59.
42	Vanderome Konr.	Wertingen	19. April 59.
43	Schütz Math. Frdr. Alex.	Fürth	16. Sept. 59.
44	Stang Karl (M3.)	Kronach	28. Juni 61.
45	Clostermayer Heinr. (M3—VKz.)	Kusel	29. Dezbr. 61.
46	Gummi Frdr.	Berneck	30. Dezbr. 61.
47	Krieger Joh. P. (M3—VKz.)	Krumbach	21. April 62.
48	Tettenhammer F. P.	Höchstadt a. d. A.	21. April 62.
49	Döderlein Dr. Ad. H. Jos. (RA3 —VKz.)	Schweinfurt	30. Aug. 62.
50	Taübler Matthäus (M3.)	Freising	12. Dezbr. 62.

51	Harlander Mor.	Hemau	17. Febr.	63.
52	Mösmang J. N. (VKz.)	Griesbach	27. Merz	63.
53	Baumer Joh. Gottfr. v.	Neustadt a. d. A.	7. Juni	63.
54	Burgmaier Barth. (VKz.)	Pfarrkirchen	17. Febr.	64.
55	Brand Gottl. Rud. Ldw.	Weissenburg	20. Merz	64.
56	Weinbach M. v. Kämm. (RA3.)	Ochsenfurt	28. Merz	64.
57	Köfferle Frdr. Jos.	Waldmünchen	23. Mai	64.
58	Traut F. Jos. (M3—RA3.)	Neustadt a. d. S.	11. Aug.	64.
59	Derleth Jos. (M3.)	Ebern	11. Aug.	64.
60	Faber Krl. Gg. RR. (M3—VKz.)	Ansbach	22. Sept.	64.
61	Deuerling Aegid	Forchheim	29. Okt.	64.
62	Ordnung Karl (VKz.)	Wunsiedel	14. Aug.	64.
63	Loritz Joh. B.	Vohenstrauss	24. Febr.	65.
64	Wimmer Jos. (VKz.)	Bruck	8. Merz	65.
65	Escherich Max	Wolfstein	12. Merz	65.
66	Keyssler F. K. H. A. (M3.)	Nürnberg	15. Merz	65.
67	Tautphöus Frz. X. Frhr. v.	Schrobenhausen	7. April	65.
68	Schönchen Karl	Mallersdorf	8. Septbr.	65.
69	Lurz Raim. Frhr. v.	Berchtesgaden	19. Oktbr.	65.
70	Wiedenhofer Mich.	Landshut	3. Novbr.	65.
71	Schweykart J.	Eichstädt	11. Novbr.	65.
72	Geist Adolph	Schwabach	24. Merz	66.
73	Schilling Joh. B.	Straubing	25. Merz	66.
74	Schalk Euch. Alb. (VKz.)	Hammelburg	7. Juni	66.
75	Reiter Jos.	Dingolfing	8. Juli	66.
76	Fischer Max	Passau	21. Aug.	66.
77	Hauck Thom.	Scheinfeld	20. Septbr.	66.
78	Distler Joh.	Amberg	26. Septbr.	66.
79	Götz Gottfr. Wilh. Joh.	Bamberg II.	10. Oktbr.	66.
80	Zametzer Andr.	Ebermannstadt	12. Oktbr.	66.
81	Waidhaas Ant.	Oberdorf	25. Novbr.	66.
82	Fischer W. G.	Stadtamhof	18. Febr.	67.
83	Gossinger F. (VKz.)	Vilshofen	17. Juni	67.
84	Mörs E. J. v.	Germersheim	19. Juni	67.
85	Maier Frz. X.	Landsberg	10. Juli	67.
86	Asmuth Gust.	Obernburg	24. Oktbr.	67.
87	Ulrich Gg.	Lohr	25. Mai	68.
88	Thurn Ferd. (VKz.)	Hersbruck	31. Aug.	68.
89	Mittermayer Theod.	Aschaffenburg	3. Septbr.	68.
90	Zahler Leop.	Tirschenreuth	2. Jan.	69.
91	Beisler Herm.	Neuburg a. d. D.	11. Jan.	69.
92	Angerer Mart.	Alzenau	26. Febr.	69.
93	Hellmuth J. Al.	Ebersberg	16. Merz	69.
94	Steinling Wilh. Frhr. v. (VKz.)	Ingolstadt	23. Merz	69.
95	Pfeiffer Frdr.	Neumarkt i. d. OPf.	30. April	69.
96	Siebert Frz. Jos. (PK3—VKz.)	Neustadt a. d. H.	5. Mai	69.
97	Krumbach Frz.	Tölz	8. Mai	69.
98	Röder Wilh. v.	Kissingen	8. Mai	69.
99	Harold Adalb. Frhr. v. Kammjr. (VKz.)	Landau i. d. Pf.	15. Mai	69.
100	Wimmer Gotth. (VKz.)	Roding	26. Juli	69.
101	Dandl Gg.	Kötzting	10. Oktbr.	69.
102	Spengler Wilh. (VKz.)	Mindelheim	17. Oktbr.	69.
103	Anselm Aug.	Nabburg	11. Dezbr.	69.
104	Grässmann Max	Sulzbach	14. Dezbr.	69.
105	Reuder Mich.	Günzburg	10. Merz	70.
106	Weckerle Andr.	Aichach	10. Merz	70.
107	Vogel Greg. (VKz.)	Volkach	17. April	70.
108	Weigert Mich.	Kemnath	11 Mai	70.
109	Richstein Albr.	Hof	13. Mai	70.
110	Heckenstaller K.	Traunstein	24. August	70.
111	Mehltretter Jos.	Marktheidenfeld	3. Oktbr.	70.

112	Boveri Alb.	Stadtsteinach	22. Oktbr. 70.
113	Sabalitschka Lor.	Zusmarshausen	18. Januar 71.
114	Schmid Rob.	Cham	24. Februar 71.
115	Lehner Peter	Viechtach	22. Merz 71.
116	Püudter Emil	Eschenbach	19. April 71.
117	Vogler Dr. B. (M3—HP3a.)	Miltenberg	28. Juli 71.
118	Stadelmann W.	Hassfurt	30. Juli 71.
119	Thaler Georg K.	Friedberg	26. Septbr. 71.
120	Reiser Joh. E.	Grafenau	18. Oktbr. 71.
121	Späth Theod.	Bergzabern	18. Oktbr. 71.
122	Weiss Frdr.	Beilngries	22. Novbr. 71.
123	Schels Otto	Wegscheid	20. Dezbr. 71.
124	Rudhard M.	Staffelstein	29. Dezbr. 71.
125	Volkheimer K. (PEK2w.)	Velburg	2. April 72.
126	Heydte Otto Frhr. v. d.	Pegnitz	30. April 72.
127	Osann Hermann	Frankenthal	3. Mai 72.
128	Fischer E. (VKz.)	Neuulm	31. Mai 72.
129	Ruf Ldw. v.	Eggenfelden	16. August 72.
130	Tautphöus Albr. Frhr. v.	Brückenau	7. Septbr. 72.
131	Syller Wilh.	Schongau	2. Oktbr. 72.
132	Deyerl Christ.	Nördlingen	16. Novbr. 72.
133	Kittel Jos.	Kelheim	25. Novbr. 72.
134	Bachmaier M.	Rottenburg i. NB.	4. Februar 73.
135	Pechmann Wilh. Frhr. v. Kämm	Deggendorf	28. Februar 73.
136	Weingärtner Frz.	Mellrichstadt	28. Februar 73.
137	Herrmann J.	München r. d. I.	21. Merz 73.
138	Scheibenpflug Gg.	Bogen	30. April 73.
139	Auer Heinr.	Rosenheim	13. Mai 73.
140	Zeller K.	Lichtenfels	16. Mai 73.
141	Breithinger F.	Kaufbeuern	19. Mai 73.
142	Spöhrer W. (VKz.)	Homburg	13. Juni 73.
143	Arnold Seb.	Neunburg v. W.	10. Juli 73.
144	Kneussl J. B.	Sonthofen	22. Juli 73
145	Schmitt Aug. (VKz.)	Pirmasens	12. Januar 74.
146	Stenger Peter	Wasserburg	21. Merz 74.
147	Pösl Math.	Königshofen	22. Merz 74.
148	Beyer Joh. Math.	Münchberg	18. Mai 74.
149	Frank Lothar	Weilheim	28. Juni 74.
150	Rudhart Aug.	Werdenfels	28. Juni 74.
151	Pfaff Joh. Jos.	Regen	22. Juli 74.

b. (211) Bezirksamtsassessoren.

1	Müller Wilh.	Günzburg	9. August 51.
2	Ludwig Ldw.	Teuschnitz	7. Januar 56.
3	Lorber K.	Aichach	18. Juli 56.
4	Gebhardt Karl	Zusmarshausen	15. Juni 57.
5	Müller Frz.	Waldmünchen	18. Sept. 57.
6	Schlederer A.	Oberdorf	18. Septbr. 57.
7	Hartmann Jos.	Neustadt a. d. WN.	26. April 58.
8	Mayer Gg.	Königshofen	24. Septbr. 58.
9	Rainer J. B.	Neunburg v. W.	19. Septbr. 59.
10	Hauptmann Ad.	Regensburg	1. Januar 60.
11	Rost Karl	Ebermannstadt	21. Februar 60.
12	Böhm Frdr.	Kulmbach	10. Merz 60.
13	Edlhard Frz. X.	Schrobenhausen	10. Merz 60.
14	Fleischmann Gg.	Hassfurt	13. April 60.
15	Krämer Jos.	Lohr (Gemünden)	1. Juni 60.
16	Hiltner Aug.	Passau	27. Juli 60
17	Hauer Gg. Al. Frdr.	Höchstadt a. d. A.	16. Mai 61.
18	Hohe Frdr.	Roding	20. Juni 61.
19	Schäfer Frdr.	Zweibrücken	19. Septbr. 61.
20	Eschenbach Ph.	Forchheim	28. Mai 62.

21 Jungkunz Ad.	Bamberg II	28. Mai 62.
22 Kalb Leonh.	Mühldorf	28. Mai 62.
23 Rabel Ant.	Rosenheim	28. Mai 62.
24 Reiss Mich.	Traunstein	28. Mai 62.
25 Schmidbauer A.	Vilshofen	28. Mai 62.
26 Schuster Eberh.	Kemnath	28. Mai 62.
27 Würz Joh. Bapt.	Scheinfeld	28. Mai 62.
28 Spiess Alb.	Ansbach	4. Juli 62.
29 Salb Joh. (SEKc.)	Lichtenfels	12. Dezbr. 62.
30 Wagner K. (RSt3.)	Aschaffenburg	12. Dezbr. 62.
31 Weber Frz. P.	Landshut	12. Dezbr. 62.
32 Ulrich Frz. X.	Kaufbeuern	12. Dezbr. 62.
33 Fauner Joh. B.	Tirschenreuth	15. Februar 63.
34 Sonntag Bernh.	Bamberg I.	3. Merz 63.
35 Kandler Jos.	Pfarrkirchen	7. Merz 63.
36 Stumpf Jos.	Regensburg	10. Merz 63.
37 Schwertschlag J.	Illertissen	20. April 63.
38 Späth Rud. Wolfg. P.	Donauwörth	20. April 63.
39 Gress Gg. (RSt3—VKz.)	Kissingen	27. Mai 63.
40 Spangenberger G.	Karlstadt	13. Juni 63.
41 Fischer Ant. M.	Passau	5. August 63.
42 Kaiser Kaj.	München l. d. I.	5. August 63.
43 Weiss Theod.	Nördlingen	5. August 63.
44 Armansperg M. Graf v.	Sonthofen	11. August 63.
45 Braun Joh.	Vilshofen	5. Oktbr. 63.
46 Graf Ferd.	Bogen	5. Oktbr. 63.
47 Hager Lor.	Ingolstadt	5 Oktbr. 63.
48 Hüther Leop,	München l. d. I.	5. Oktbr. 63.
49 Körber Heinr.	Vohenstrauss.	5. Oktbr. 63.
50 Reisinger Joh. St.	Beilngries	5. Oktbr. 63.
51 Thelemann Frdr.	Forchheim	5. Oktbr. 63.
52 Tröger Ad. Heinr.	Hof	5. Oktbr. 63.
53 Wiener Christ.	Rottenburg i. NB.	5. Oktbr. 63.
54 Fuchs Matthäus	Königshofen	5. Oktbr. 63.
55 Hermann Hr. Chr. H.	Hersbruck	5. Oktbr. 63.
56 Hörburger Franz K.	Mindelheim	5. Oktbr. 63.
57 Möhl Ldw.	Regen	5. Oktbr. 63.
58 Peringer Simp.	Donauwörth	5. Oktbr. 63.
59 Malterer Gg.	Lichtenfels	2. Februar 64.
60 Pletzer Gg. Ad.	Uffenheim	2 Februar 64.
61 Streibl Joh. Nep.	Altötting	2. Februar 64.
62 Fuchs Frz. Ldw. Frhr. v. Kmjr.	Würzburg	19. April 64.
63 Rothmund Jos.	Aschaffenburg	11. August 64.
64 Rattinger Emil	Rosenheim	5. Septbr. 64.
65 Aigner Max	Traunstein	11. Septbr. 64
66 Bezzel Theod.	Nürnberg	11. Septbr. 64.
67 Du Prel Frdr. Frhr. v.	Mühldorf	11. Septbr. 64.
68 Fürst Jak. Ad.	Straubing	11. Septbr. 64.
69 Gumposch Steph.	Eggenfelden	11. Septbr. 64.
70 Hebel Frdr. W.	Mellrichstadt	11. Septbr. 64.
71 Kienle Joach.	Memmingen	11. Septbr. 64.
72 Koppelstätter J.	Kelheim	11. Septbr. 64.
73 Mayer Gg.	Bamberg II.	11. Septbr. 64.
74 Reiter St.	Altötting	11. Septbr. 64.
75 Roder J. Frhr. v.	Schwabach	11. Septbr. 64.
76 Weber Gg. Sim.	Kulmbach	11. Septbr. 64.
77 Holl Mich.	Pfaffenhofen	7. Januar 65.
78 Landgraf Ch. H. A. O. v.	Nürnberg	7. Januar 65.
79 Hess Ldw.	Miesbach	23. Januar 65.
80 Kirschenhofer J. N.	Dillingen	23. Februar 65.
81 Käppel Frdr.	Weissenburg	15. Merz 65.
82 Riedl Frz.	Landsberg	15. Merz 65.

83	Gerber Ad.	Würzburg	16. Merz 65.
84	Gradl Jak.	Pfaffenhofen	16. Merz 65.
85	Mulzer Joh. Nep.	Weilheim	16. Merz 65.
86	Jobst Dionys	Deggendorf	17. Merz 65.
87	Schiber Frz. v.	Berchtesgaden	7. April 65.
88	Scherber Gg.	Sulzbach	3. Juli 65.
89	Brandt Aug.	München r. d. I.	21. Novbr. 65.
90	Bereg Jos.	Neumarkt i. d. OPf.	28. Novbr. 65.
91	Dessauer K.	Kissingen	26. Februar 66.
92	Ebner Ign.	Schweinfurt	23. Merz 66.
93	Erras Mart.	Wolfstein	25. Merz 66.
94	Müller J. E.	Rothenburg a. d. T.	30. Merz 66
95	Ruff Jos.	Aichach	8. Juli 66.
96	Rauch Eug.	Landau i. d. Pf.	12. Juli 66.
97	Lermer A.	Dingolfing	21. August 66.
98	Neumayer A.	Roding	10. Novbr. 66.
99	Endras Pet.	Memmingen	26. Novbr. 66.
100	Riederer Th.	Bruck	4. Dezbr. 66.
101	Schmidt L.	Bayreuth	14. Dezbr. 66.
102	Hochkirch K.	Stadtamhof	7. Merz 67.
103	Wagner Frz. X.	Stadtamhof	7. Juni 67.
104	Geib Adalb.	Germersheim	1. Juli 67.
105	Haag H.	Laufen	10. Juli 67.
106	Feilitsch Er. Frhr. v.	Neustadt a. d. A.	21. Septbr. 67.
107	Flasser H.	Wasserburg	10. Oktbr. 67.
108	Braun Frdr. v. (VKz.)	Bayreuth	12. Oktbr. 67.
109	Schlagintweit Dr. Emil	Kitzingen	24. Oktbr. 67.
110	Krafft Dellmensingen Phil. v.	Kempten	17. Novbr. 67.
111	Hänlein K. A.	Amberg	17 Novbr. 67.
112	Axthalb A. v.	Hemau	3. Dezbr. 67.
113	Frauenberg Th. Frhr. v. Kmjr.	Rosenheim	6. Januar 68.
114	Bauer Ernst	Ebern	20. Januar 68.
115	Martin Joh. B.	Augsburg	30. Mai 68.
116	Morett Frdr. v.	Eichstädt	13. Juni 68.
117	Priester Ldw.	Gunzenhausen	13. Juni 68.
118	Schimpf Karl	Eggenfelden	13. Juni 68.
119	Trümmer K.	Eschenbach	13. Juni 68.
120	Grabinger M.	Vilsbiburg	3. Juli 68.
121	Wall Joh.	Mindelheim	14. Juli 68.
122	Mark Karl	Freising	11. August 68.
123	Laroche Luitp. Du Jarys Frhr. v.	Kempten	17. August 68.
124	Engl Al.	Neumarkt i. d. OPf.	21. August 68.
125	Geis Emil	Werdenfels (Garmisch)	21. August 68.
126	Hattemer Rom.	Dinkelsbühl	21. August 68.
127	Schenk J.	Neuburg a. d. D.	21. August 68.
128	Haselwander W.	Velburg	31. August 68.
129	Brück K. Frhr. v. Kammerjr.	Eichstädt	12. Septbr. 68.
130	Döhla Phil.	Landshut	12. Septbr. 68.
131	Winterl Gg.	Wunsiedel	12. Septbr. 68.
132	Alwens Mx.	Speyer	9. Novbr. 68.
133	Manz Wilh.	Stadtsteinach	1. Dezbr. 68.
134	Seefried Joh. Nep.	Griesbach	25. Dezbr. 68.
135	Reindl Aug.	Hemau	28. Januar 69.
136	Bechtolsheim Herm. Frhr. v. Kämm.	Würzburg	10. Februar 69.
137	Reitzenstein Herm. Frhr. v.	Brückenau	13. Februar 69.
138	Stockhammern K. v.	Tölz	26. Februar 69.
139	Mühlbauer Frz.	Erding	5. April 69.
140	Schwendtner Th.	Ochsenfurt	21. April 69.
141	Weber K.	Erlangen	30. April 69.
142	Mayer Konr.	Feuchtwangen	8. Mai 69.
143	Vogl Theod.	Dachau	19. Mai 69.

144	Blas Mich.	Landau a. d. I.	10. Juni 69.
145	Hierthes Wilh.	Frankenthal	12. Juni 69.
146	Dilg Eug.	Homburg	15. Juni 69.
147	Anne Franz	Kelheim	26. Juli 69.
148	Hörnes Jos.	Uffenheim	8. August 69.
149	Ott Gustav	Wunsiedel	5. Novbr. 69.
150	Groll Ludw.	Ebersberg	11. Dezbr. 69.
151	Emmert Frdr.	Berneck	30. Januar 70.
152	Aichinger Ant.	Wertingen	5. Merz 70.
153	Gleissner Mx.	Burglengenfeld	10. Merz 70.
154	Vervier Joh.	Staffelstein	10. Merz 70.
155	Löffelholz-Colberg Rud. Frhr. v.	Kitzingen	17. April 70.
156	Habrunner Max	Cham	11. Mai 70.
157	Hartlieb Sigm. Ad. v.	München r. d. I.	13. Mai 70.
158	Heuner Christ.	Obernburg	25. Juni 70.
159	Kobell Ldw. v.	Augsburg	25. Juni 70.
160	Heerwagen Frdr.	Fürth	30. Juli 70.
161	Ickstadt M. Frhr. v.	Pegnitz	12. Septbr. 70.
162	Keller Frdr. Phil.	Miltenberg	3. Oktbr. 70.
163	Laar Frdr.	Krumbach	18. Januar 71.
164	Pfeiffer Mx.	Viechtach	22. Merz 71.
165	Schneeweiss Mx. v.	Bogen	12. April 71.
166	Kastner Sigm.	Kitzingen	13. April 71.
167	Müller M.	Neunburg v. W.	19. April 71.
168	Schleifer W.	Füssen	3. August 71.
169	Hepp Adalbert	Naila	12. August 71.
170	Geib Theod.	Neustadt a. d. H.	18. Oktbr 71.
171	Hutter Heinr.	Freising	22. Novbr. 71.
172	Hannwacker M.	Schweinfurt	4. Januar 72.
173	Feuri Gust. Frhr. v.	Rottenburg i. NB.	13. Februar 72.
174	Thelemann Fr.	Hammelburg	15 Februar 72.
175	Tucher Chr. Frhr. v.	Nördlingen	12. Februar 72.
176	Lutz Theod.	Pfarrkirchen	20. Februar 72.
177	Schmid Mx.	Bergzabern	16. Merz 72.
178	Mathäus H.	Kusel	4. April 72.
179	Haider Frdr. (M4–PK4–RSt3.)	Wegscheid	29. Mai 72.
180	Malsen Alb. Frhr. v. Kämm.	Miesbach (Tegernsee)	31. Mai 72.
181	Gick Adam	Neustadt a. d. S.	10. Juni 72.
182	Albert Val.	Grafenau	3. Juli 72.
183	Kämpf J. G.	Marktheidenfeld	31. August 72.
184	Schöller Emil	Neuulm	7. Septbr. 72.
185	Pollack Ldw.	Münchberg	11. Septbr. 72.
186	Kapraun Gg.	Dillingen	15. Septbr. 72.
187	Pürkel Ldw.	Nürnberg	5. Novbr. 72.
188	Heydel Jos.	Günzburg	16. Novbr. 72.
189	Schenk Gg	Rehau	17. Novbr. 72.
190	Schön Vikt.	Schongau	20. Novbr. 72.
191	Engelmann Joh. B.	Heilsbronn	4. Februar 73.
192	Welser Ldw. Frhr. v.	Berchtesgaden (Reichenhall)	28. Februar 73.
193	Messert Frz.	Alzenau	5. Merz 73.
194	Schlichtegroll E. v.	Friedberg	15. Merz 73.
195	Lippert H.	Lohr	19. Merz 73.
196	Uhl Ad.	Gerolzhofen	19 Merz 73.
197	Hörmann Alois	Marktheidenfeld	21. Merz 73
198	Morhart Gabr.	Deggendorf	21. Merz 73.
199	Asch Frz. P. Frhr. v.	Nabburg	16. Mai 73.
200	Münch Frz. X.	Lindau	16. Mai 73.
201	Beck Gg.	Mallersdorf	9. Juni 73.
202	Gräf Chr.	Pirmasens	10. Juli 73.
203	Jäger Joh.	Kronach	4. August 73.
204	Gresbeck Frdr.	Kirchheimbolanden	2. Septbr 73.

205 Britzlmaier Ldw.	Obernburg	26. Novbr. 73.
206 Bermann Wilh.	Kaiserslautern	12. Januar 74.
207 Ossenbrunner Jos.	Kötzting	22. Merz 74.
208 Gareis Wilh.	Amberg	8. April 74.
209 Schelhorn Adr. v.	Illertissen	8. April 74.
210 Poschinger Dr. Heinr. v.	Erlangen	15. April 74.
211 Scheder Franz	Wasserburg	28. Juni 74.

III. Rechtskundige Bürgermeister und Magistratsräthe

bei den einer Kreisregierung unmittelbar untergeordneten Magistraten.

Magistrate.	Rechtskundige Bürgermeister.	Rechtskundige Magistratsräthe.
	Oberbayern.	
München	I. ErhardtDr.A. (PK2.) II. Wiedenmayer Dr. Johannes. (PK3.)	Klaussner Ign (M3.) Badhauser Frz. X. (M3. OFJ3. PG3.) Zöllner Martin. Weber Max. Ruppert Kaspar. Schrott Ludwig. Steinhäuser Wilh. Schachner Max e. st. Sickenberger Frz. Brunner Ph.
Ingolstadt	Doll Math.	Ostermaier Frz. X.
Freising	Mauermayr Mart. (VKz.)	— —
Rosenheim	Stoll Frdr.	— —
	Niederbayern.	
Landshut	Gehring Dr. Gust. (M3. VKz.—PK4.)	Wagner Johann B. Dietsch Jos.
Passau	Stockbauer Paul.	Herrlein Anton. List Otto.
Straubing	Harlander Frz. Paul.	Mensinger Alois.
	Oberpfalz und Regensburg.	
Regensburg	Stobäus Oskar (TCV4.) (M3.) (VKz.)	Beck Max. Heitzer Jos.
Amberg	König Vinzenz. (VKz.)	Heldmann Jos.
	Oberfranken.	
Bayreuth	Munker Th. (M3.—VKz.)	Mengert Emil.
Bamberg	Schneider Dr. Eugen (M3. PK4Kz.—SE.—VKz.)	Schneider Friedr. Herd Jos. Steinheimer Mich.
Hof	Münch Karl Hermann v. (K3.—M3.—VKz.)	Pohl Karl Mann Karl.
	Mittelfranken.	
Ansbach	Mandel Friedr. W. (M3. —VKz.)	Keller Ldw.
Erlangen	Beichold Edmund.	— —
Fürth	Langhans Frdr.	Beeg Ernst.
Nürnberg	I. Stromer Otto Frhr. v. (PK3.) II. Seiler Christoph W. H. Adolph (M3). (M. WK2b.)	Haller v. Hallerstein Joh. Sigm. Karl Frhr. Schwemmer Chr. Fr. Rud. Marx Johann. Jäger Ferd.

Magistrate.	Rechtskundige Bürgermeister.	Rechtskundige Magistratsräthe.
Dinkelsbühl	Schoberth Michael	— —
Eichstädt	Fehlner Gg.	Schneider Karl.
Rothenburg	Scharff Gg. Gottfr.	Mayer Adolph.
Schwabach	Strobel Joh. Fr. (VKz.)	— —
Weissenburg	Fleischmann Aug.	— —
Unterfranken und Aschaffenburg.		
Würzburg	I. Zürn Dr. Gg. (M3.)	Schackert Gg. Attensamer Karl. (VKz.) Binder Frdr. Michel Phil.
Aschaffenburg	Will Magnus. (VKz.)	— —
Kitzingen	Schmiedel Andr. (VKz.)	— —
Schweinfurt	Schultes Friedr. v. (K3.) M3.)	Müller Ernst.
Schwaben und Neuburg.		
Augsburg	I. Fischer Ludw. II. Frisch Nikod.	Zenz Jos. (M3.) Sondermann Albin. Reinhold Dr. K. (VKz.) Piller Josef Werner Anton
Donauwörth	Förg Frz. (M3.)	— —
Günzburg	Landmann A. (VKz.)	
Kaufbeuern	Haffner Karl (M3.—VKz.)	Scholz Jos.
Kempten	Korrn Franz Ser.	— —
Lindau	Lossow Oskar. (VKz.)	— —
Memmingen	Röck Jul. (M3.—VKz.)	Seiler Frdr. Jul.
Neuburg	Sing Karl. (M3—VKz.)	Ziegler Frz.
Nördlingen	Reiger Balth.	— —

IV. Polizeidirektion München.

Polizei-Direktor: Feilitsch Max. Freihr. von. (ORRR) Kämmerer. (MV4a. — JM.u.L3.—PEK2w.)

Polizei-Räthe: Schuster Eduard; — Hilger Ludw. v.; — Bauer Frz. X. (PK4); — Schmidt Phil.; — Maier Adalbert. — Monten Augustin.

Polizei-Assessoren: Pfister Philipp; — Ries Frz. Sales (Tit.); — Müller Ldw. — Stuntz Hektor.

V. (218) Rentbeamte.

1	Schauberg Lorenz	Dahn (Pfalz)	16. November	1836.
2	Gässler Michael v.	Bruck	1. März	1837.
3	Wieland Friedrich (M3.)	Landsberg	6. „	„
4	Seel Carl	Obermoschel	15. September	„
5	Götz Johann (M3.)	Landshut	31. Oktober	1841.
6	Schöller Max (M3.)	München I (Stadt)	22. „	1842.
7	Dütsch Anton	Burghausen	26. Januar	1843.
8	Birzer Jakob	Ebersberg	18. Oktober	„
9	Messner Max	Rothenburg	10. „	1842.
10	Leitmeyer Joseph (M3.)	Erding	30. Januar	1845.
11	Reissenegger Anton (M3.)	Regensburg (Land)	31. August	„
12	Zottmann Eduard (M3.)	Bamberg (Land)	11. September	„
13	Eggerth Friedrich (M3.)	München II (Stadt)	27. August	1846.

14 Ott Maximilian (M3.)	Kempten	5. Februar	1847.
15 Roth Leonhard (M3.)	Ansbach	19. März	„
16 Wolf Emil (M3.)	Kirchheimbolanden	7. Oktober	1848.
17 Sieber Johann Bapt.	Mühldorf	7. „	„
18 Pöhlmann Gottl. Friedr. Heinr.	Würzburg l.M.	19. „	„
19 Stetter Emil (M3.)	Vilshofen	30. „	„
20 Schnitzelbaumer Joh. B. (M3)	Pfaffenhofen	30. März	1849.
21 Vogel Friedrich (M3)	Nördlingen	30. April	„
22 Wolf Philipp	Bergzabern	2. September	„
23 Windisch Carl Wilhelm	Nürnberg II	2. „	„
24 Schmidt Conrad (M3.)	Augsburg (Land)	30. April	1850.
25 Grabner Ludwig	Ottobeuren	10. Mai	„
26 Schreiner Franz Xaver	Wasserburg	15. „	„
27 Seiffert Dr. Friedrich	Illertissen	10. November	„
28 Peter Ernst v.	Griesbach	3. Dezember	„
29 Schneider Conrad	Ochsenfurt	8. „	„
30 Hundt Max Graf v.	Dachau	3. Januar	1851.
31 Brenner Heinrich	München (Land)	22. August	„
32 Feldhäuser Daniel	Gerolzhofen	16. September	„
33 Böhner Eduard	Freising	1. Oktober	„
34 Parst Hermann	Kelheim	3. Dezember	„
35 Bründl Jakob	Burgwindheim	11. Februar	„
36 Dichtl Robert	Mindelheim	15. „	1852.
37 Kühlmann Friedrich	Neumarkt O.Pf.	31. August	„
38 Rietzel Anton	Augsburg	13. Oktober	„
39 Cröniger Friedrich	Zusmarshausen	30. Januar	1853.
40 Bauer Anton	Culmbach	26. Februar	„
41 Kögelmaier Martin	Zwiesel	15. April	„
42 Scharff Ludwig	Memmingen	16. August	„
43 Buchner Dionys	Eichstädt	22. November	„
44 Wagner Anton	Günzburg	7. Dezember	„
4 Schauber Peter	Landau a/I.	26. April	1854.
46 Bauer Josef	Schongau	14 Juni	„
47 Huber Franz Xaver	Dettelbach	1. September	1855.
48 Albrecht Adam	Erlangen	1. „	„
49 Diem Max (M3)	Buchloe	29. „	„
50 Schreiber Franz Paul	Weissenhorn	15. Januar	1856.
51 Götz Johann Adam	Nürnberg I	15. März	„
52 Kleemann G. Albert	Wunsiedel	28 Mai	„
53 Hasenberger Anton	Mallersdorf	22. Juli	„
54 Geyss Joh. Adam	Münnerstadt	1. September	„
55 Dietl Eduard	Vohenstrauss	1. Oktober	„
56 Wehrl Johann Bapt.	Lichtenfels	1. „	„
57 Geissler Georg	Passau	1. November	„
58 Schwab Nikolaus	Rain	3. April	1857.
59 Buchner Heinrich	Ingolstadt	1. November	„
60 Huber Alois	Immenstadt	1. März	1858.
61 Marnet Friedrich	Pirmasenz	1. April	„
62 Eisenmann Gg. Mathias	Kitzingen	20. Mai	„
63 Hiemer Carl	Burgau	1. Juni	„
64 Graf Franz Xaver	Ursberg	1. Juli	„
65 Oswald Franz Xaver	Straubing	1 August	„
66 Leiendecker Georg	Uffenheim	1. September	„
67 Nössel Theodor	Speyer	31. Januar	1859.
68 Dilger Thaddäus	Höchstadt a/D.	1. Februar	„
69 Reichert Friedrich v.	Trostberg	1. Mai	„
70 Wittenbauer Max	Miesbach	1. „	„
71 Chlingensberg Anton v.	Landau (Pfalz)	15. Dezember	„
72 Baumeister Anton	Forchheim	1. Juli	1860
73 Braun Joh. Christian	Königshofen	14. August	„
74 Peetz Hartwig (M3.)	Traunstein	13. September	„
75 Bauer Gottlieb	Kaufbeuren	1. Oktober	„

76	Henninger Georg	Weissenburg	1. Dezember 1860.
77	Voigt Gg. Heinr. Wilh.	Würzburg r/M.	1. " "
78	Linsmayer Joseph	Neuburg a/D.	1. " "
79	Hagen Carl Anton	Speinshardt	14. Januar 1861.
80	Rhein Johann	Anweiler	2. Februar "
81	Zeischner Joh. Paul	Lohr	31. August "
82	Unold Sigmund von	Lindau	4. September "
83	Grafenberger Wilhelm	Donauwörth	16. Oktober "
84	Friedrich Wilhelm	Simbach	16. " "
85	Gugel Wilhelm	Dürkheim	15. Mai "
86	Stirner Carl Christoph	Selb	1. Oktober 1862.
87	Zöpfl Christoph	Würzburg (Stadt)	26. November "
88	Mennel Wolfgang	Gunzenhausen	29. November "
89	Schmitt Franz	Arnstein	29. " "
90	Schlund Joseph	Deggendorf	30. " "
91	Schmitt Georg Aquilin	Röttingen	29. Juli 1863.
92	Ruf Friedrich v.	Starnberg	29. " "
93	Amler Joseph	Schwabmünchen	29. " "
94	Hoffmann Georg	Aschaffenburg	19. September "
95	Freyhofer Conrad	Grünstadt	2. Oktober "
96	Paur Max	Schrobenhausen	3. " "
97	Gramberger Jakob	Neustadt a/D.	4. " "
98	Gimmi Otto v.	Rosenheim	4. " "
99	Schwartzenberger Albert	Neustadt a/H.	22. Dezember 1865.
100	Proschek Thomas	Sulzbach	21. Oktober 1863.
101	Königsthal Gustav von	Neustadt a/A.	19. Dezember 1863.
102	Keller Bernhard	Feuchtwangen	27. Januar 1864.
103	Zick Joh. Martin	Rothenkirchen	28. " "
104	Hirsch Joh. Michael	Friedberg	11. April "
105	Herrmann Joh. Michael	Lichtenberg	21. Juni "
106	Schmidtkunz Joh. Nepomuk	Eggenfelden	26. " "
107	Hess Wilhelm	Hersbruck	7 Juli "
108	Kleinkopf Friedrich	Ludwigshafen	27. " "
109	Neuer Carl	Homburg	27. " "
110	Hermann Ludwig	Hemau	26. August "
111	Huber Joseph	Regensburg (Stadt)	28. " "
112	Gansser Georg Friedrich	Dinkelsbühl	30. " "
113	Nissler Joh. Bapt.	Schesslitz	1. Juni 1865.
114	Böhm Friedrich	Staffelstein	2. Juli "
115	Hedenus Ferdinand	Hammelburg	1. September "
116	Stubenrauch Martin	Wolfratshausen	29. August "
117	Spangler Anton	Moosburg	3. Dezember "
118	Baumann Joseph	Amberg	3. " "
119	Stadler Erhard	Edenkoben	22. " "
120	Hilger Ludwig	Kaiserslautern	16. Juni 1869.
121	Stellwaag Joh. Ernst	Schwabach	30. Januar 1866.
122	Kaufmann Joh.	Schweinfurth	22. Februar "
123	Brunner August	Bayreuth	30. März "
124	Harlander Julius	Tölz	26. März "
125	Pischinger August	Lauingen	13. April "
126	Ritter Ferdinand	Pegnitz	26 " "
127	Bayerlein Anton	Altdorf	6. Mai "
128	Hintermaier Anton	Wertingen	15. Mai "
129	Leiner Friedrich	Kipfenberg	20. Juli "
130	Foltz Wilhelm	Landstuhl	2. Oktober 1871.
131	Sartorius Franz	Riedenburg	7. November 1866.
132	Ziegler Gregor	Zeil	11. Januar 1867.
133	Bouda Carl	Zweibrücken	3. April "
134	Müller Nepomuk	Dingolfing	9. " "
135	Rösch Carl	Burglengenfeld	28. Juli "
136	Duprée Joseph	Wolfstein	3. Dezember "
137	Hörger Gabriel	Vilsbiburg	9. " "

138	Kern Adrian	Aibling	9.	Dezember	1867.
139	Hendschel Franz	Gössweinstein	7.	Februar	1868.
140	Eggelkraut Otto	Schönberg	6.	August	„
141	Kalbskopf Heinrich	Aichach	26.	September	„
142	Döhlemann Friedrich	Laufen	12.	Dezember	„
143	Mennig Peter	Bischofsheim	24.	November	„
144	Deyerl Carl	Auerbach	17.	Februar	1869.
145	Moschel Hermann	Germersheim	2.	Juni	„
146	Martinet Georg	Klingenberg	11.	„	„
147	Bachmayr Georg	Waldmünchen	11.	„	„
148	Striedinger Franz	Kastl	12.	„	„
149	Clement Joseph	Oberdorf	16.	„	„
150	Gerhard Joh. Gottfried	Volkach	28.	Juli	„
151	Zölch Alois	Weissmain	21.	Oktober	„
152	Scheuermann August	Weilheim	17.	„	„
153	Popp Carl	Cham	24.	„	„
154	Lammerer Joseph	Waldsassen	28.	„	„
155	Geiger Nepomuk	Berchtesgaden	30.	November	„
156	Behm August	Fürth	25.	März	1870.
157	Meyer Carl	Cadolzburg	30.	„	„
158	Peter Adam	Ebern	26.	April	„
159	Meyer Philipp	Windsheim	29.	Juni	„
160	Leth Hugo von	Frankenthal	8.	Juli	„
161	Knab Friedrich	Neunburg v/W.	16.	„	„
162	Gilgen Johann Bapt.	Lengfurth	25.	Juli	„
163	Burkart Carl	Obernzell	29.	August	„
164	Brenkmann Wilhelm	Beilngries	23.	„	„
165	Heeg Georg von	Tirschenreuth	7.	September	„
166	Werthensohn Carl	Blieskastel	6.	Dezember	„
167	Lippacher Ludwig	Kemnath	15.	Februar	1871.
168	Riehl Carl	Gemünden	16.	„	„
169	Wagner Max	Colmberg	12.	Mai	„
170	Gsell Franz Xaver	Bamberg (Stadt)	15.	„	„
171	Fleissner Otto	Velburg	28.	„	„
172	Sölch Georg	Mkt. Schorgast	29.	„	„
173	Schaaf Otto	Herzogenaurach	29.	„	„
174	Holz Franz Seraph	Neustadt a/Saale	3.	Juni	„
175	Meyer Christoph	Weiden	5.	„	„
176	Gerstner Ludwig	Heidenheim	5.	„	„
177	Forstmaier Georg	Kusel	2.	Oktober	„
178	Stubenrauch von	Füssen	26.	November	„
179	Riedner Otto	Karlstadt	16.	Januar	1872.
180	Winter Johann	Aschaffenburg (Stdt.)	16.	„	„
181	Kroher Christian	Iphofen	23.	„	„
182	Grässmann Theodor	Brückenau	25.	„	„
183	Winnicher Alois	Hilpoltstein	25.	„	„
184	Matulka Joseph	Mkt. Erlbach	23.	Februar	„
185	Paur Gustav	Kissingen	24.	„	„
186	Hörmann Felix	Weischenfeld	24.	„	„
187	Kempf Emil	Herrieden	7.	Juli	„
188	Vogl August	Pfarrkirchen	7.	„	„
189	Pütterich Conrad	Euerdorf	23.	September	„
190	Mager Joseph	Stadtsteinach	23.	„	„
191	Buck Max	Mitterfels	1.	Oktober	„
192	Küpach Otto von	Ebermannstadt	28	„	„
193	Käfferlein Richard	Kronach	28.	„	„
194	Stenglein Johann Georg	Walderbach	17.	November	„
195	Pfirrmann Hubert	Lauterecken	19.	Januar	1873
196	Lieberich Ernst	Windsbach	28.	Februar	„
197	Wendel Wilhelm	Oettingen	23.	April	„
198	Schmitt Nikolaus	Amorbach	23.	„	„
199	Wimmer Joseph Nepomuk	Neunkirchen a/B.	27.	„	„

200	Pertenhammer Alois	Naabburg	28. April 1873.
201	Becher Christoph	Hof	27. Mai „
202	Pflaum Emil	Thurnau	11. Juni „
203	Schmidt Johann	Spalt	26. Juli „
204	Zauner Mathias	Monheim	19. August „
205	Wahl Otto	Kandel	4. Januar 1874.
206	Doll Julius	Winnweiler	4. „ „
207	Oswald Martin	Wassertrüdingen	6. „ „
208	Biéchy Victor	Höchstadt a/Aisch	12. Januar „
209	Häfner Andreas	Mellrichstadt	10. „ „
210	Hirner Michael	Werdenfels	13. „ „
211	Nadler Max	Kötzting	8. Februar „
212	Häfner Carl	Greding	8. „ „
213	Mönch Wilh.	Dillingen	15. April „
214	Stenglein Ottmar	Türkheim	17. „ „
215	Helmschrott Ldw.	Werneck	13 Mai „
216	Melhart J. N.	Viechtach	1. August „
217	Marr Adam	Hofheim	1. „ „
218	Keller Gg. Aug.	Münchberg	1. „ „

D.

Advokaten, Gerichtsvollzieher und Notare

des Königreichs Bayern

nach Kreisen, Bezirksgerichten und Wohnsitzen geordnet.

Stand vom 31. August 1874.

Bezirksgericht und Wohnsitz.	Advokaten.	Gerichtsvollzieher.	Notare.
	Oberbayern.		
Aichach.	Baumgartner J. G.	Baumann Gg.	Böck Andreas.
	Kuttler Frz.	Kratzer Joh. B.	Radelkofer Gottl.
	Martin Theod.	Weil Jos.	
	Riederer Seb.		
	Weigl Jos.		
	Wimmer Emil.		
Friedberg.	— —	Huber Jos.	Rechenauer J.
		Ibel Anton.	
Ingolstadt.	— —	Zetti Andr.	Bauer Simg.
		Strauss Karl.	Kohlendorfer Jos.
			Seidlmayer Mich.
Rain.	— —	Strober Jos.	Delling Ferd. v.
Schrobenhausen.	— —	Barth Alois.	Heigl Frz.
		Strauss Anton.	Metzler Theod.
Freising.	Hertel Aug.	Dallhammer Fz. X.	Donle Frdr.
	Kleiter Leonh.	Oettel Frdr.	Weninger Vinz.
	Lang Ludw.	Rausch Anton.	
	Pletl Joh. Nep.		
	Steinecker Frz. X.		
	Schönmetzler Alb.		
	Thürmayer Ldw.		
Dorfen.	— —	Keller Ferd.	Hauser Ludw.
Erding.	— —	Höninger Ant.	Hohenadel Nik.
		Wargau Ldw. W.	Piloty Clem.
Geisenfeld.	— —	Sutor Karl.	Mesmeringer Alois
			Heller Christ.
Moosburg.	— —	Daschner Jakob,	Falkner v. Sonnenburg Karl.
Pfaffenhofen.	— —	Janner Mich.	Holzmann Ludw.
			Schreyer Joh. B.

Bezirksgericht und Wohnsitz.	Advokaten.	Gerichtsvollzieher.	Notare.
München links u. rechts der Isar.	Aibl Karl, Burggasse 11_3.	Crämer Joseph, Residenzpl. 22_3.	Buchner, Dr. Frdr. (M3.) Herzogspitalgasse 9_1.
	Aub Max, Marienplatz 2_2.	Dix Johann, Schützenstr. 10_1.	Dettenhofer Ludw Burggasse 6_1.
	Auer Ad. v. (VKz.) Theatinerstr. 42_2.	Dresch Adam, Thal 8_1.	Hacker Karl, Kaufingerg. 31_2.
	Berghofer Karl, Prannerstr. 4_1.	Eichhammer Joh., Neuhauserg. 3_1.	Hausmann Dr. Jak., (VKz.) Promenadepl. 2_2.
	Dietherr Dr. Math., Rosenthal 2_2.	Feldl Michael, Frauenplatz 8_2.	Käfferlein Dr. Joh. Eberh. (M3.) Prannerstr. 4_2.
	Ditterich Jul. Prannersstr. 8_1.	Fenzl Stanisl., Müllerstr. 36_2.	Kummerer Wilh., Neuhauserg. 1_2.
	Du Prel Max Frhr. v. Rosengasse 10_1.	Friedrich Alois, Schäfflerg. 12_2.	Noël Frdr., Salvatorstr. 18_2.
	Dürr Karl, Promenadepl. 13_2.	Hellmuth Wilh. Thiereckg. 1_1.	Rothmaier Clem· Au Lilienst. 26_1
	Ellenrieder Karl, Karlsplatz 10_2.	Hofmann Joseph, Gruftgasse 5_2.	Rupprecht Wilh. Burggasse 16_2.
	Erdmannsdorfer T. Neuhauserg. 34_1.	Kreitmaier Clem., Kaufingerstr. 19_1.	Schlichthörle Ant. (M3.) Rosengasse 6_2.
	Fischer Alois. Dienersgasse 22_2.	Rauh Georg, Rosenthal 15_0.	Seybold Franz v., k. Hofrath, Salvatorstr. 7_2.
	Freitag Andreas, Promenadepl. 15_2.	Rid Nikom. Löwengrube 15_2.	Steub Dr. Ludw., Kaufingerg. 18_1.
	Gotthelf Jakob, Theatinerstr. 9_2.	Rothlauf Peter, Bayerstrasse 8_2.	Vinzenti Wilh. v. (M3.) Kaufingergasse 6_2.
	Gundermann Dr. Ig. Residenzstr. 6_3.	Schifferl Franz, Schäfflerg. 4_2.	Vohmann Gg., Neuhauserg. 14_2.
	Hagen Franz, Prannersstr. 15_2 l.	Schneider Jakob, Neuhauserg. 13_2.	
	Heule Dr. Simg., hrzgl. Hofrath, Fürstenfeldrg 8_1.	Steininger Anton, Mariahilfpl. 1_0.	
	Hettersdorf Frdr., Neuhauserg. 8_2.	Vogl Franz, Neuhauserg. 50_2.	
	Hutter Otto Vikt., Löwengrube $8a_1$.	Wieser Alexander, Hartmannsstr. 8_1.	
	Jahrsdörffer Dr. E. Theatinerstr. 18_2.		
	Kammerecker Wilh. Löwengrube 5_0.		
	Kaul Otto Residenzstr. 10_3.		
	Kienhöfer Karl, Weinstrasse 18_2.		
	Kolb Karl. Prannersstr. 23_2.		
	Listmayer, Joh. B. Damenstiftsg. 14_1.		
	Louis Ludwig, Briennerstr. 8_1. VI. Aufg.		
	Müller Alois		
	Neuner Ludwig, Herzogspitlg. 20_2.		
	Popp Andr. Promenadepl. 15_2, Eing. A Carmelit.-Gasse.		

Bezirksgericht und Wohnsitz.	Advokaten.	Gerichtsvollzieher.	Notare.
Noch **München** links u. rechts der Isar.	Rau Dr. Julius, Kaufingerstr. 10_1.		
	Riegel Theod. Löwengrube 3_1.		
	Rückerl Jos. M., Karlsplatz 21_0.		
	Schultes Friedr. v., Promenadestr. 9_2.		
	Sedelmair Edu. v., Dienersgasse 21_3.		
	Seiderer Clemens, Rindermarkt 16_2.		
	Stenglein Mich., Maximiliansstr. 7_1.		
	Völderndorff, Edu. Frhr. v. Promenadepl. 20_1.		
	Vorbrugg Aug., Damenstiftsg. 12_1		
	Will Karl. Rindermarkt 4_2.		
München r.d.Is.	(Wie oben.)	(Wie oben.)	(Wie oben.)
Bruck.	— —	Mennacher, Christ. Schwarzmann G. A.	Friedrich Eduard.
Dachau.	— —	Eberl Jos. Brunner Cäsar.	Pfaffenzeller Karl.
Miesbach.	Porzer Karl.	Krämer Heinr.	Kammerer Anton.
Tegernsee.	— —	Merz Karl	Stopfer Frz. X.
Wolfratshausen.	— —	Fuchs Anton. Kaltdorff Val. Waldhier Joh.	Hezner Adolph.
Traunstein.	Hartle Karl. Hutter Dr. Alois. Lautner Jos. Schaaf Max. Schütt Joh. Paul. Spies Mich.	Sagerer Joh. Steiner Jos.	Nothhaas Joh.
Aibling.	— —	Frey Karl.	Godin Frz. Frhr. v.
Berchtesgaden.	— —	Mühlberger Gg.	Ertl Karl.
Laufen.	— —	Lottenburger Gg.	Uebersezig Karl.
Prien.	— —	Mühlbauer Jos.'	Otto Aug.
Reichenhall.	— —	Entmooser Kasp.	Wagenbauer Aug.
Rosenheim.	Dittelberger Mart.	Bulling Friedr. Scharinger Frz.	Feger Jos. Schlosser Kasp.
Tittmoning.	— —	Meier Karl	Moser Anton.
Trostberg.	— —	Kiederle Anton. Stubenvoll Joh. B.	Siegert Karl.
Wasserburg.	Kanzler Joh. B. Schlössl Karl. Schnepf Chr. Aug. Schwarz Gg. Wiedenbauer Mich.	Hohlweck Jos. Mühldorfer Joh. E. Steer Ign. Wiesmaier Peter	Gleissl Flor. Werner Theod.
Altötting.	— —	Gückel Adalb. Spiessl Joh.	Castenauer Fr. X.
Burghausen.	— —	Kollmayer Sam.	Essl Ant.
Ebersberg.	— —	Attenberger J. B. Ohnesorg Karl.	Kiessling Jul. Zink Steph.
Haag.	— —	Lindner Aug.	Krafft Frdr.

Bezirksgericht und Wohnsitz.	Advokaten.	Gerichtsvollzieher.	Notare.
Mühldorf.	— —	Zwack Gg. Strebel Heinr.	Peter Hugo v.
Neumarkt a/R.	— —	Eichinger Math.	Bachmaier Jos.
Weilheim.	Gierisch Wolfg. Grieser Max. Meixner August. Paur Balth. Edu. Putz Alois.	Jackermaier Lor. Raith Vinz. Schreiner Gg.	Karl Alois. Reinhard Blas.
Diessen.	— —	Hofmann Joh.	Speckner Joh.
Landsberg.	— —	März Jak. Schwaighofer Ign.	Zech Gabriel. Zintgraf Heinr.
Schongau.	— —	Giehl Andr. Schaul Joh. Mich.	Dietl Anton. Mair J. G.
Starnberg.	— —	Schleussinger Karl.	Meilbeck Ldw.
Tölz.	— —	Brühl Gg.	Eisenberger Max.
Werdenfels.	— —	Zanzinger Felix.	Möser Theod.

Niederbayern.

Bezirksgericht und Wohnsitz.	Advokaten.	Gerichtsvollzieher.	Notare.
Deggendorf.	Brandl Konr. Hutter Max. Lettenbauer Andr. Perchtold Karl. Plötz Joh. Seidlmayer Flor. Steyrer Clem.	Keil Frdr. Miedel Mart. Reiss Joh.	Erb Frdr. Hofer Karl.
Grafenau.	— —	Scherer Wilh.	Allescher Gg.
Hengersberg.	— —	Perchtold Adalb.	Gareis Dr. Karl.
Osterhofen.	— —	Jungwirth Otto	Brugger Gottfr.
Regen.	— —	Pfeffel Joh. Zwack Rudolph	Duschl Joh. Gg
Viechtach.	— —	Flammer Gottl. Gordt Franz. Dennefeld Gust.	Wolf Aug.
Landshut.	Biersack Andr. Burkhardt Ant. Costa Dr. Dom. Desch Adolph Eschborn Jos. Götz Jos. Martini Hermann. Pillmayr Mart. Pimpfinger Frz. K. Richter Karl. Zängerle Oskar.	Gillitzer Mart. Schindelbeck Jak. Sigmund Jos. Teufel Jul.	Raumair Konr. Wein Joh. Fauner Ferd. Mich.
Abensberg.	Billinger Karl.	Kollmann Gg.	Geitner Jos.
Dingolfing	— —	Ey Frdr. Baumann Mich.	Sagmeister Xav. Zimmermann F. X
Kelheim.	— —	Wanderer K. Aug.	Buchner Math.
Mainburg.	— —	Ulrich Vinz.	Thoma Frdr.
Rottenburg in Niederb.		Baierlein Jos. Weingart Lor.	Mühlbauer Jak. Stadler Mich.
Vilsbiburg.	— —	Sedlaceck Ant. Weigl Martin.	Barth Emil.

Bezirksgericht und Wohnsitz.	Advokaten.	Gerichtsvollzieher.	Notare.
Passau.	Braun Mich. Ferling Ant. Heizer Karl. Hermanseder Dr. M. Kober Joh. Nep. Lomer Joh. Gg. Naager Franz Schmidler Joh. Gg. Winderl Nik. Wiesnet Aug.	Gründl Joh. Bapt. Horstmann Frdr. Krämer Adolph. Kublan Jos.	Hunglinger Frz. Martin Balth. (M3.) Wolf Wilh.
Freyung.	— —	Pröll Jak.	Fritz Fr. Xav.
Vilshofen.	— —	Janton Jos. Wiesner Max.	Forster Max. Wening Adolph v.
Waldkirchen.	— —	Wifling Jak. jr.	Puchner Jos.
Wegscheid.	— —	Strobel Christ.	Zistl Jos.
Pfarrkirchen.	Händlmayer Ant. Hübner Gg. Petzold Hermann. Reindl Andr. Riedhammer Karl. Wolf Karl.	Müller Jos. Pospischill Eulog. Sigm.	Wild Georg.
Arnsdorf,	— —	Sternbauer Wilh.	Steiner Peter.
Eggenfelden.	— —	Baumer Andr. Holzbauer Frz. X.	Savoye Ldw. v.
Griesbach.	— —	Möller Egid.	Kornmüller Emil.
Landau a. d. Is.	— —	Hartl Jos. Hörmann Mich.	Köstler Gg. Schmidkonz Jos.
Rotthalmünster.	— —	Adlmannseder Karl Meyer Frdr.	Spagl Mich.
Simbach.	— —	Haggenmüller Alex.	Englhardt Jak
Straubing.	Börger Karl. Capeller Heinr. Hölzl Dr. Heinr. Huber Ludw. Müller Alois. Schneider Richard. Schwaiger Jos. Widmann Jos.	Gründl Alois. Neuberger Karl Wackerbauer Gg.	Hingerl Jos. Pichlmaier Fr. X. Raab Joh.
Bogen.	— —	Stimmelmayer Joh.	Pfeller Joh. Frdr.
Kötzting.	— —	Greil Wolfg.	Widmann Emeran.
Mallersdorf.	— —	Rüb Joh. Weisbrod Eduard.	Hofmann Karl.
Mitterfels.	— —	Wittmann Joh. Ev.	Eggert Mich.
Neukirchen.	— —	Schmidt Nik.	Brunnbauer Ant.

Pfalz.

Frankenthal.	David Kornelius. Heintz Philipp. Horn Hubert. Merkle Karl. Rüdiger Jos. Ad. Thalmann Jos.	Koch Phil. Heinr. Schustz Gg. Rehm Adam	Paraquin Ernst. J. Forthuber Jos.

Bezirksgericht und Wohnsitz.	Advokaten.	Gerichtsvollzieher.	Notare.
Dürkheim.	— —	Eibel Gg. Phil.	Köster Wilhelm
		Neu Frdr.	(PRA4.)
		Waltz Philipp.	Martini Ldw.
Deidesheim.	— —	— —	Baumann Jos.
Freinsheim	— —	— —	Adler Dr. Karl
Grünstadt.		Hendel Joh.	Machwirth Saldin.
		Kirchhoffer Aug.	Gassert Ldw.
Dirmstein.	— —	— —	Dimroth Aug.
Ludwigshafen.	— —	Eswein Bartlm.	Moré Karl.
		Mayer Wilh.	Hörner Karl Ldw.
Mutterstadt.		— —	Schuler Gust. Ad.
Neustadt a. d. H.	— —	Clemens Joh.	Neumaier Ant.
	— —	Hitzlberger Georg.	Werner Gg. Karl.
		Rauber Steph.	Wolffhügel L. (S.E.)
			(VKz.—PK4.)
Hasloch.	— —	— —	Obee Karl.
Speyer.	— —	Becker Christoph.	Hoseus Karl (M3.)
		Fleischmann Hein.	Kissel Gg. Frdr.
			Minges Jos.
Kaiserslautern.	Frenkel Salom.	Diel Jos. Goswin.	Dexheimer Theod.
	Gros Frdr.	Fitz Phil.	Hartmann Karl.
	Hatry Max.	Mayer Frdr.	Ilgen Frdr.
	Neumayer J. (VKz.)		
	Stockinger Fr.		
	Welsch Christian.		
Göllheim.	— —	Gäckler Daniel.	Klee Jak.
		Haardt Phil. Frdr.	
Zell.	— —	— —	Geul Otto
Kirchheimbo-	— —	Crichilles Konr.	Faber Robert.
landen.		Mellarts Frdr.	Karsch Eduard
Kusel.	— —	Christ Phill.	Heck Jak.
		Meyer Frdr.	Pasquai Jak.
		Völkel Joh. Jak.	
Lauterecken.	— —	Keller Daniel.	Vogel Ldw.
Obermoschel.	— —	Henk Ldw.	Becker Phil.
			König Frdr. Ldw
Otterberg.	— —	Gotthold Joh. Ph.	Schmolze Ldw.
Rockenhausen.	— —	Glasser Frdr.	Seel Karl Ldw.
Winnweiler.	— —	Brigelmayr Joh. A.	Biffar Heinr.
		Schaufert Joh. P.	
Wolfstein.	— —	Steidel Karl	Pfülf Karl.
			Rieth Frz.
Landau.	Keller Jak.	Brenner Ldw.	Bastian Ldw.
	Kuhn Joh.	Kipp Heinr. Aug.	Bolza Frdr.
	Mahla Frdr. Aug.	Rettig Jak.	Heuck Herm.
	Ney Wilh.		Kössler Karl Fel.
	Sartorius Karl.		
	Scholler Karl W.		
Herxheim.	— —	— —	Geenen Jos. K.
Annweiler.	— —	Cuno Jos. W. Th.	Hepp Otto Heinr.
		Hertel Phil.	Sauer Franz.
Bergzabern.	— —	Tenner Frdr.	Hitzfeld Otto.
		Weismann Phil.	Beaufort Phil.
Edenkoben.	— —	Haas Karl.	Börsch Karl.
		Römmich Frdr.	Hoseus Karl.
			Stett Matthäus.

Bezirksgericht und Wohnsitz.	Advokaten.	Gerichtsvollzieher.	Notare.
Germersheim.	— —	Butscher Gg.	Keller Joh. Bapt.
		Michel Karl	Hochreuther Eug.
		Schiess Joh. Bapt.	
Kandel.	— —	Ball Gg. Frdr.	Jung Karl.
		Graf Karl Jos.	Michel Wilh.
Rheinzabern	— —	— —	Mellinger Mich.
Zweibrücken.	Erbelding Otto	Hasemann Karl M.	Guttenberger Ka r
	Gebhard Ant.	Zell Georg.	Pasquai Ldw.
	Giessen Heinr.	Völkl Jak.	Linder Gottlieb.
	Gink Heinr.		
	Gulden Gust.		
	Hudlet Dan. (M3.)		
	Löw Eugen.		
	Rosenberger Ed.		
Blieskastel.	— —	Wolff Jak. Fr.	Wiest Fr. Aug.
Dahn.	— —	Melsheimer K. Ldw.	Gink Phil. Jak.
Homburg.	— —	Köbig Adam.	Bartels Frdr.
Hornbach.	— —	Adam Karl.	Bollinger Herm.
St. Ingbert.	— —	Fassbender Ph. J.	Horn Heinr.
Landstuhl.	— —	Fleischmann Jak.	Sartorius Fr. Gust.
		Reischel Adam.	Röbel Fr.
		Scheelhaass Ldw.	
Pirmasens.	— —	Kirsch Karl Ldw.	Eckhard Heinr.
		Schultz Wilh.	Schelf Ed.
Waldfischbach.	— —	Waltz Phil.	Wenner Ldw.
		Lutz Karl.	
Waldmohr.	— —	Fitz Gg. Mich.	Cuny Frdr.
Oberpfalz und Regensburg.			
Amberg.	Dengler Seb.	Frank Frdr.	Ehrensberger J. B
	Fleckenstein Clem.	Lindner Jos.	Nürbauer Alois.
	Gassner Ernst.	Seidel Franz.	
	Mayer Gust.		
	Mayr Dr. Wilh.		
	Wiedenhofer Wenz. (M3.)		
	Wittmann Gg.		
Auerbach.	— —	Plötz Aug. Joh.	Galler Andr.
Hilpoltstein.	— —	Klughardt Joh. K.	Buchner Frz. X.
Kastl.	— —	Knauer Ant.	Besold Paul.
Neumarkt i. OPf.	Loriz Joh. Nep.	Ketnath Joh. Mth.	Eckart Christian.
		Wernhammer F. X.	
Parsberg.	— —	Tischendörfer Chr.	Stephinger Andr.
Sulzbach.	— —	Huber Ludolph.	Maunz Mich.
		Hauber Wilh. P.	
		Hirschmann Andr.	
Vilseck.	— —	Hagner Karl.	Hauck Jos.
Neunburg v. W.	Himmelstoss J. L.		Baumer Martin.
	Jahn Joh.	Renner Peter.	
	Martin Hieron.		
	Schneider Joh. Nep.		
	Wallinger Mich.		
Cham.	— —	Engl Otto.	Falkner Frdr.
		Lindner Wh. Ferd.	
Falkenstein.	— —	Eckard Frdr.	Scheben K. Frhr. v.
Furth.	— —	Bachmann Heinr.	Braun Hieron.

Bezirksgericht und Wohnsitz.	Advokaten.	Gerichtsvollzieher.	Notare.
Nabburg.	— —	Rieger Joh.	Ritter Joh.
		Seyerlein Joh.	
Nittenau.	— —	Schmitt Georg.	Griener Jos. O.
Oberviechtach.	— —	Abel Max	Steidl Jos.
		Kürzinger Joh.	
Roding.	— —	Grassmann Max.	Schuster Joh. B.
Waldmünchen.	— —	Geiger Karl.	Martin Joh.
		Kunz Fr.	
Regensburg.	Adelmann Karl.	Behr Heinr.	Bernklau Al.
	Aichenauer Konr.	Merk Wilh.	Kappelmeyer Chr.
	Buchmann Ad.	Rötzer Karl	Schmauss Joh. M.
	Blocken Leop. v.	Sarg Jos.	Würdinger Xav.
	Brandl Kasp.	Schwarz Christoph	
	Herrmann Vikt.		
	Körbling Gg.		
	Münz Gg.		
	Schwalber Jos.		
	Sonnenleitner Ant.	Stadtamhof:	Stadtamhof:
	Vorbrugg Wilh.	Kiliani J.	Wiedenhofer Fr. X.
Burglengenfeld.	— —	Leinenweber Ldw.	Mayr Jos. Bened.
Hemau.	— —	Auer Michael.	Kerling Jos.
Regenstauf.	— —	Fritscher Adolph.	Weigert Jos.
Riedenburg.	— —	Fischer Alois.	Sölch Joh.
Schwandorf.	— —	Sonnenleitner Hrm.	Brunner Jos.
Stadtamhof.	— —	Kiliani Jos.	Wiedenhofer F. X.
Wörth.	— —	Schlicht Joh. Gg.	Kugler Joh.
Weiden.	Dostler Wolfg.	Gatterer Jos.	Erhardt Max.
	Fiechtl Adam.	Pusch Frdr.	
	Kaiserswerth Jos.	Rohrmüller Frz. S.	
	Kamm Mich.	Spahn Mich.	
	Mayer Gottlieb.	Schaller Jos.	
	Mayer Joh.		
	Prechtl Aug.		
Erbendorf.	— —	Hahn Gg. Leonh.	Märkel Jos.
Eschenbach.	— —	Schläfer Mich.	Winkler Joh.
Kemnath.	— —	Rank Joh.	Schobert Joh. Jak
Neustadt a. WN.	— —	Zrenner Mich.	Beck Heinr.
Tirschenreuth.	— —	Scherbauer Christ.	Schäffler K Mich.
Vohenstrauss	— —	Hell Cölest.	Doss Jos.
		Keller Ferd.	
		Neubecker Frdr.	
		Völker Gg.	
Waldsassen.		Giehrl Joh. B.	Nissl Max.
	Oberfranken.		
Bamberg.	Düll Heinr.	Boxdorfer Mart.	Burkard Fr. Mich.
	Elsner Jos. (M3.)	Loch Aug. Gg.	Gessner Dr. Joh.
	Kraus Paul.	Müller Gg.	Krug Joh.
	Kreitmair Frd. (M3)	Riess Joh. Nik.	Schlesing Gg. Frdr.
	Meisner Lor.	Trottmann Peter.	
	Pflügel Mich.	Wagner Frdr.	
	Rapp Adam.		
	Rothlauf Gg.		
	Rödel Heinr.		
	Rupp Aquilin.		
	Schmitt Dr. Jos.		
	Scholler Frdr. Chr. (VKz.— SEKz.)		
	Schüttinger Dr. J.		

Bezirksgericht und Wohnsitz.	Advokaten.	Gerichtsvollzieher.	Notare.
Noch **Bamberg.**	Titus Nik.		
	Wolf Joh. Pet.		
	Wolfsthal Leon.		
Burgebrach.	— —	Hörath Gg. Fr.	Döllner Karl Ant.
Ebermannstadt.	— —	Rüdel Gg. Mich.	Romeis Steph.Wilh.
Forchheim.	— —	Oppelt Frdr.	Wirth Val.
		Walter Frdr.	
Gräfenberg.	— —	Stephan Val.	Dietzfelbinger J.A
Herzogenaurach.	— —	Otto Wilh.	Küster Adolph.
Höchstädt a.d.A.	— —	Dauth Karl.	Ziegler Otto.
Scheslitz.	— —	Ament Frdr.	Kreppel Fr.
Bayreuth.	Bachmann Alb.	Fichtelberger J. G.	Mader Karl Aug.
	Engerer Wilh.	Kögler Wilh.	Skutsch Pinkas.
	Herding Heinr.	Schmidt Kasp.	
	Heydenreich Hein.		
	Käfferlein Ferd.		
	Meyer Gust.		
Berneck.	— —	Moll Joh. Gg. Frd.	Burkart Gabr.
Hollfeld.	— —	Schuff Joh.	Büttner Gg.
Kulmbach.	— —	Ponader Wolfg.	Hofmann Karl R.
		Weyh Jul.	
Pegnitz.	— —	Klingsohr Frdr.	Pausch Gg. Frdr.
Pottenstein.	— —	Riedesel G. Frhr. v.	Hauptmann Fr.
		Wafler Ant.	
Thurnau.	— —	Kaiser Heinr.	Guth Franz.
Weidenberg.	— —	Kraus J. S. Andr.	Münch Frdr. Karl.
Hof.	Guth Ernst.	Herrmann K. Gttl.	Weyse Gustav.
	Militzer Ernst.	Militzer Gg.	
	Sand Joh. Frdr.		
	Rau Wilh.		
	Scherber Ldw. Chr.		
	Wenz Ed. v.		
Kirchenlamitz.	— —	Wagner Frdr.	Huss Andr.
Münchberg.	— —	Richter Christ.	Schlenk Wolfg. H
		Zintgraf Phil. Jak.	
Naila.	— —	Braun Gg.	Ramge Joh. Frdr.
		Gruber Joh. Wolfg.	
Rehau.	— —	Riedmann Joh.	Schubert Joh. Wlfg.
Selb.	— —	Fickentscher Frdr.	Friedel Flor.
		Mühlmichel Max.	
Thiersheim.	— —	Wagner Jos.	Endres Georg.
		Meinert Joh. Wilh.	
Wunsiedel.	— —	Guerrein Johann.	Zimmermann Eug.
Kronach.	Barlet Mart.	Weitzel Joh.	Fey Karl.
	Herbert Gg. Jos.	Wailersbacher Gg.	Pollmann Ldw.
	Kahr Adolph.	Zink Erhard.	
	Kaiser Math.		
	Partheymüller And.		
	Prieser Herm. v.		
Lichtenfels.		Anné Ldw.	Wilhelm Andr.
		Freundorfer Theod.	
Ludwigstadt.	— —	Reichenbecher Gttl.	Raab Dionys
Nordhalben.	— —	Nagengast Joh.	Eyssel Rud.
Sesslach.	— —	Auernhammer And.	Voltz Dr. Frz.
Stadtsteinach.	— —	Aul Melch.	Deuber Heinr.
		Reuschl Wolfg.	
Staffelstein.	— —	Bittermann Konr.	Maltz Karl Ldw.
Weissmain.	— —	Rüth Aug.	Drescher Seb.

Bezirksgericht und Wohnsitz.	Advokaten.	Gerichtsvollzieher.	Notare.
	Mittelfranken.		
Ansbach.	Berlin Dr. Sam. (M3.)	Fessmann Karl.	Brand Karl.
	Hänle Siegfr. (M3.)	Stauber Phil.	Schäfer Lor.
	Kammer Karl.	Stoffel Jul.	
	Maurer Jul.	Wolf Karl.	
	Pöllnitz Karl Frh. v.		
	Rütsch Dr. Jos.		
	Schmidtlein Dr. O.		
Dinkelsbühl.	Imhof Eduard.	Eichhorn Oskar.	Erkert Aug. Ferd.
Feuchtwangen	— —	Schöffel Joh. Mart.	Bermuth Eduard.
Gunzenhausen.	— —	Kübler Joh. Gg.	Friedrich W. (VKz.)
Heilsbronn.	— —	Kuttenfelder Mor.	Landgraf Karl.
Herrieden.	— —	Stark Adam.	Ehrlicher Guido.
Leutershausen.	— —	Glaser Georg.	Pürkhauer Karl.
		Geyer Wilh.	
Wassertrüdingen	— —	Preu Karl Aug.	Kretzer Rudolph.
Eichstädt.	Erthal Joh.	Hinterburger M. J.	Beck Sim.
	Kolb Hermann.	Nefzger Joh. Nep.	Sendlbeck Dr. El.
	Ottmann Joh. N.	Priester Ernst.	
	Särve Joh.		
	Schwandner Joh.		
	Voltz Wilh.		
Beilngries.	— —	Gössl Gg.	Meyer Fr. X.
		Hager Joh. Math.	
Ellingen.	— —	Nüsslein Ferd. Jos.	Hummel Karl.
Greding.	— —	Brand Karl.	Müller Andr.
Heidenheim.	— —	Fuchs Joh. Gg.	Frauenholz Christ.
Kipfenberg.	— —	Schuster Hermann.	Frech Frdr.
Pappenheim.	— —	Schmidsiller Aug.	Schöntag Frdr.
Weissenburg.	— —	Wunder Joh.	Förster Karl.
Fürth.	Aldinger Jul.		
	Berolzheimer Jul.	Glockner Christ.	Ortenau Dr. Ign.
	Bögner Ulrich.	Hellerich Joh.	Wolff Joh. Gg.
	Feust Dr. Ph.	Heyd Karl.	
	Frauenknecht Frdr.	Sperr Ernst.	
	Gunzenhäuser W.	Wohlfahrt Nep.	
	Hönig Wilh.		
	Kronacher Heinr.		
Cadolzburg.	— —	Osterchrist Jul.	Rühl Arthur.
Erlangen.	— —	Kaissling Frdr.	Düll Wilhelm.
		Lauck Christoph	
Roth.	— —	Ruckdäschel W. H.	Pöhlmann Christ.
		Segerer Eugen.	
Schwabach.	— —	Lautner Gg. Melch.	Wündisch G. Frdr.
		Maid Karl.	
Nürnberg.	Beckh Hermann Albrecht Dürerpl.	Avril Joh. Mich. L. Karlstrasse im Leistlein 14/84.	Beck Hermann L. Kaiserstrasse.
	Berolzheimer Dr. F. Häfnerpl. L. 3 398.	Buckel Phil. S. Spitalpl. 960.	Lindner H. (M3) S. Schildgasse 675.
	Bierling Joh. B. Adlerstr. L. 320.	Frank Joh. Frdr. L. Hörmannsgässchen 5/338.	Meyer Karl S. Tetzelgasse 732.
	Brunner Dr. Eug. Hallplatz L. 932.	Gottsmann Mart. S. Bergstr. Albr.-Dürerpl. 76/17.	Merz Theodor L. Adlerstr. 25/331.
	Eberlein Dr. Frz. Breiteg. im Einhorn L. 76/402.		Omeis Gottl. Färberstr. 9 291 a.
	Erhard Otto (VKz.) L. 311. neb. d. roth. Ross.		

Bezirksgericht und Wohnsitz.	Advokaten.	Gerichtsvollzieher.	Notare.
Noch **Nürnberg.**	Frankenburger W. L. 196. Fürst Leopold Josephspl. L. 16 210 Hahn H. Nadlergraben L. 10 420. Hartmann Bernh. Hilpert Dan., Maxpl. 223. Jäger Dr. Joh. Jk. L. 1452. Josephthal G. Pfannenschmiedg. 5. Kätzlmaier Chrys. Kaiserstr. L. 36 145. Linder Joh. Jacobstr. L. 2 1110. Niedermayer F. L. 7. Obermeyer Dr. L. S. 75. Pemsel Dr. Herm. S. 173. Praun Eberh. v. L. 75. Riesch Fr. S. 571. Stapf Dr. Magnus S. 875. Tröltsch W. Frh. v. S. 330. Zeitler Fr. S. 399.	Hofmann Frdr. L. Hallplatz 254 am Eingang der Jacobsstr. Hubmann Max L. Adlerstr. 82. Krausse Joh. Gg. S. Breitegasse 300. Nägele Bernh. S. Fünferplatz. Schmelzer Christ. L. Verbindungstr. zwisch. Josephspl. und Carolinenstr. 9 291a. Wiebell Aug.	
Altdorf.	— —	Angerer K. Fr. O. Bachmann Karl.	Frauenknecht G.
Hersbruck.	— —	Eibl Georg. Ruttenstein J. M.	Dinkel Joh. Gg.
Lauf	— —	Bickel Joh, Gg. Singer Joh. L.	Weingärtner Herm.
Windsheim.	Enderlein Ernst. Fürst Jul. Glass Wolfg. Kraussold Heinr. Plochmann Dr. Jul.	Bauer Georg. Staudinger Thom.	Schiffner Chr. Frdr
Bibart.	— —	Schnabel Frdr.	Strebel Rob. Frdr.
Erlbach.	— —	Bitzinger Gg. Ad.	Denk Ernst.
Neustadt a. d. A.	Sieger Brunno.	Schnitzlein Jos. M. Stiel Heinrich.	Braun Joh.
Rothenburg a/T.	— —	Plesch Jak.	Keyl Frdr. Alex.
Scheinfeld.	— —	Simader Karl Aug.	Schätzler Adolph.
Schillingsfürst.	— —	Angerer J. K. Mx.	Höfer Albr.
Uffenheim.	— —	Six Samuel.	Schneider A. (VKz.)

Unterfranken und Aschaffenburg.

Aschaffenburg.	Dittmann Joh. Ad. Heigl Ferd. Hofmann Ant. Mayersohn Dr. Leop. Scherer Karl.	Cuno Wilh. Lautenschläger Fr. Sartorius Ernst. Walther Jak.	Bayer Fr. Jos. Stammler Phil

Bezirksgericht und Wohnsitz.	Advokaten.	Gerichtsvollzieher.	Notare.
Alzenau.	— —	Röder G. Jos. K.	Klein Anton.
Amorbach.	— —	Hesselbach Lor.	Dürr Georg.
Klingenberg.	— —	Fleckenstein Fr.	Faller Wilh.
Miltenberg.	— —	Kellner Karl.	Carben Eug.
Obernburg.	— —	Lang Frdr.	Weissensee Phil.
Rothenbuch.	— —	Heeg A. J.	Schmitt Mich.
Schöllkrippen.	— —	Lemm Wilh.	Büttner Jos.
Stadtprozelten.	— —	Popp Simon.	Schecher Friedr.
Lohr.	Harth Frz.	Baumeister Jak.	Huberti Karl Emil.
	Köth Jos.	Englerth Jos.	
	Mörschell Karl.	Fleckenstein J. A.	
	Steigerwald Dan.		
	Straub Bernh.		
Brückenau.	— —	Dunkel Ldw.	Kraus Jos.
Euerdorf.	— —	Zimmermann Ferd.	Scheubel Adam.
Gemünden	— —	Hösslein Mich.	Reinhard Andr.
		Schick Gg. Adam.	
Hammelburg.	— —	Maier Adalbert.	Kohlhaas Fr. W.
Karlstadt	— —	Kleespiess Wilh.	Huberti Eug.
		Plettner Konr.	
Marktheidenfeld	— —	Tella Johann.	Diener Math.
Rothenfels.	— —	Walther Jos.	Wünsch Ludw.
Neustadt a. d. S.	Endres Joh. Karl.	Fackler Eduard.	Saam Georg.
	Hippeli Karl.	Marr Georg.	
	Rothmund Aug.	Weisbecker Gg.	
	Then Karl.		
	Weber Kasp.		
	Wibel Oskar		
Bischofsheim.	— —	Maier Joh.	Wörlein Karl.
		Straub Frz.	
Kissingen.	— —	Kaufmann Georg.	Heller Mich.
Königshofen.	— —	Cuno Joh.	Reuss Juk.
		Steinert Joh. Seb.	
Mellrichstadt.	— —	Benkert Frdr.	Langenbrunner Br.
		Voraus Rud.	
		Ruttor Jos.	
Münnerstadt.	— —	Oberseider G. M.	Zeissner Gg.
		Eitzenhöfer Gg.	
Schweinfurt.	Bandorf Nik.	Eberth Karl.	Förster Andr.
	Buhlheller Mich.	Hetz Karl.	Grimm Fr.
	Horwitz Isaak.	Schäfer Fr.	
	Kleemann Adolph.	Scheidter Adam.	
	Müller Herm.		
	Rogler Joh.		
	Sander Herm.		
	Sattler Wilh. Jos.		
	Stein Dr. Frdr.		
	Throner Ldw.		
Arnstein.	— —	Werner Otto.	Gentil Fr. Jos.
Baunach.	— —	Kuhn Gg.	Bauer Mich.
Ebern.	— —	Müller Barthol.	Walk Martin.
Eltmann.	— —	Neumar Aug.	Dürr Gg. Balth.
		Markert Ferd.	
Gerolzhofen.	— —	Seuberth K. K.	Hippler Andr.
Hassfurth.	— —	Kress Joh.	Raab Max Jos.
Hofheim.	— —	Kraft Kasp	Kiessling Theod.
Volkach.	— —	Daumenlang Wlfg.	Hippler Edmund.
Werneck.	— —	Eckart Frdr.	Döll Phil. Jos.
Wiesentheid.	— —	Kunkel Joh.	Rappenbach Fr. J.

Bezirksgericht und Wohnsitz.	Adovkaten.	Gerichtsvollzieher.	Notare.
Würzburg.	Fleischmann Fr. J Kettengasse 5. Gerhard Ferd. Neubaustr. 7. Hartmann K. Otto Kapuzinerg. 11. Hofmann Gottfr. Juliuspromenade 31. Knecht Nik. Mark. Semmelsstr. 26. Lenk Phil. Dominikanerg. 6. Lutzenberger K. v. Sandgasse 7. Rottmann Eduard Sandgasse 8. Schmitt Theod. Hofstrasse 6. Steidle Dr. Joh. G. Marktplatz 3. Stenger Steph. Domerschulg. 5. Treutlein Phil. Neubaustr. 18. Unslober Gottfr. Fischmkt gegenüber d. Ldg.-Geb b.Lederh.Dorsch. Warmuth Dr A. Js. Marktplatz 9. Wiesner Gg. Juliuspromenade 2 Zorn Karl Kapuzinergasse 1.	Carl Ad. Heinr. Domstrasse 11. Harth Leop. Ob.Wällergasse 2. Müller J. B. Glockengasse 7. Reissig Jos. Domstrasse 16. Schmidt Otto Plattnersgasse 9. Steinacher Mich. Holzthorgasse 2. Wagenhäuser Joh. Häfnersgasse 3. Wiesneter J. B. Augustinerg. 12.	Endress Ant. Franziskanerpl. 2. Grimm Karl (VKz.) Augustinerg. 10. Huth Ulrich Eichhorng. 24. Oppmann Jos. Maxstrasse 3. Seuffert Joh. Mich. Eichhornstr. 2. Weber Dr. Frdr. Glockengasse 5.
Aub.	— —	Brennfleck Jos.	Etzl Peter.
Dettelbach.	— —	Schöner Ldw.	Reuss Augustin.
Kitzingen.	— —	Durrbeck Rudolph. Friedrich Ernst.	Fertig Christian. Schamberg Max.
Marktbreit.	— —	Rausch Peter.	Alzheimer Eduard
Ochsenfurt.	— —	Goller Christian.	Link Jos.
	Schwaben und Neuburg.		
Augsburg.	Barth Bened. Barth Dr. Karl D.101. Obstmarkt. Bothmer Adolph, Gasthof z. Eisenhut 2 St. Braun Karl D.83. Obstmarkt. Dischner Georg D.175 Ludwigsstr. Fischer Hugo Flemisch Joh. G. D.141. Hafnerberg.	Burkhardt Karl Kleininger Wilh. Marc Bernhard D.141. Hafnerbrg. Nenninger Sebast. Maximil.-Strasse (Stockhaus). Schneider Heinrich B. 243. Königspl.	Eckert Karl D. 5. Maxstrasse. Heinrich Wilh. D. 1. Maxstrasse. Pfeiffer Joh. Ev. D. 215. St. Annastrasse. Wilhelm Ldw. Ferd. C. 54 Domplatz.

Bezirksgericht und Wohnsitz.	Advokaten.	Gerichtsvollzieher.	Notare.
Noch **Augsburg.**	Gutermann Dr. Ph. v. (M3.) B. 9. Maxstrasse. Hartmann Andr. D. 48. Carlsstr. Herzfelder Isak. Jung Thomas Königsplatz. Kerstorf Dr. Frdr. v., herz. Sachs.-Coburg-Gotha-scher Hofrath. (K3. — OFI2.— PRA4. —WK3.) C. 10. Maxstr. Kuttler Joh. Bapt. F.376.Hl.Kreuzstr. Mayr Otto. Mayrhofer Gustav D 190. Ludwigsstr. Müller Friedrich Maximiliansstr. Fuggerhaus. Pöhlmann Magn. C.251.Perlachberg. Putz Eduard. Summa Ulrich. Striebel Joh. Bapt. Völk Dr. Jos. C.44. Carolinenstr.	Zimmermann W. D. 274. Philippine Welserstrasse.	
Buchloe.	— —	Stiehle Xaver.	Göz Karl.
Burgau.	— —	Emer Hermann. Hauber Thom.	Bader Jos.
Günzburg.	— —	Chormann Frdr. Faist Math.	Schierlinger Wilh. Pfefferle Jos.
Neuulm.	— —	Ley Joh. Gg.	Zierhut Gg.
Schwabmünchen	Streitberg Frdr.	Weinberger Adam. Weniger Const.	Schmitt Adolph.
Türkheim.	— —	Hopf Wilh.	Grimm Joh.
Wertingen.	— —	Rüger Heinr. Springer Marq.	Heimer Max Jos.
Zusmarshausen.	— —	Biersack Jak.	Roesl Dr. Gg. Erh
Donauwörth.	Abrell Christian Fleissner Max. Hofer Jos. Prechter Frdr. Unzner Anton.	Böhm Fr. Xav. Rehm Joh. Patr. Schäffer Ernst.	Kaler Ldw. Bosendahl Jak.

Bezirksgericht und Wohnsitz.	Advokaten.	Gerichtsvollzieher.	Notare.
Dillingen.	Sartori Karl.	Six Leonh.	Kratzer K. Th.
Höchstädt.	— —	Steinbauer Frdr.	Hofmann Karl
Lauingen.	— —	Membarth Ign.	Mayer Fr. X.
Monheim.	— —	Strasser Ant.	Heimbucher Max.
Neuburg a. d. D.	— —	Distel Karl Rauber Heinrich.	Seitz Ldw. Adolph Schneider Joh.
Nördlingen.	Model Aug.	Kaith Kasp. Hein Andr.	Arends Conr. Erhard Wilh.
Oettingen.	— —	Benedicter Fr. Jos.	Heggelsmüller Joh.
Kempten.	Appel Karl. Aschenauer Peter. Kriener Jos. Mayrhofer Dr. J. B. Schwab Joh. Bapt. Vogl Dr. Joh. Gg. Weixler Joh. Westermaier Jos. Wirth Dr. Karl.	Bochezer Bened. Funder Alois. Koch Georg. Michael Christian.	Lang Eduard. Krafft-Dellmensingen Konr. v.
Füssen.	— —	Höss Karl.	Riebel J. B. P. (M3.)
Immenstadt.	— —	Meier Georg.	Haggenmüller Ign.
Kaufbeuern.	— —	Dondörfer J. B.	Kuchenbauer Ldw.
Lindau.	— —	Leimer Jos. Hasslinger J. Nep.	Gombart Otto.
Oberdorf.	— —	Koller Joh.	Eberlein Mich. Jos.
Obergünzburg.	— —	Enzer Franz.	Zängerle Karl.
Sonthofen.	— —	Wurm Ludw.	Malor Fr. Xav.
Weiler.	— —	Knoller Jos.	Dillenius Heinr.
Memmingen.	Ammer Nep. Friess Christian. Heymann Karl Kilp Martin Kranzfelder Alfred. Reischle Theod. Remond Ldw. Wachter Wilh. v.	Kalb Mich. Wiedemann Elias.	Hebberling Aug.
Babenhausen.	— —	Ehrensperger F. X.	Kugler Math.
Grönenbach.	— —	Köchert Wilh.	Henneberger Aug.
Hürben (sieh Krumbach.)			
Illertissen.	— —	Jungermaier Jos.	Steidle Jos.
Krumbach.	— —	Gub Johann. Helm Karl Frdr.	Striedinger Dr. Frdr. K. E. Höglmaier Alois (Wohns. u. Gesch.-Lokal in Hürben).
Mindelheim.	— —	Schuster Ant.	Rosenberg Karl.
Ottobeuern.	— —	Schaller Ant.	Brunner Mich.
Weissenhorn.	— —	Wipp Er. Paul.	Weinhart Ignaz.

E.

Erklärung der in den Personallisten gebrauchten Ordensbezeichnungen.

(Nach dem Hof- und Staats-Handbuche.)

(BL5.) Belgischer Leopoldorden, Ritter.
(BZL1.) Badischer Orden vom Zähringer Löwen, Grosskreuz.
(FEL1.) Französischer Ehrenlegionorden, Grosskreuz.
(GE1.) Griechischer Erlöser Orden Grosskreuz.
(» 4.) » » Offizier (gold. Kreuz).
(HL1.) Hessischer (Grossherz.) Ludewigsorden, Grosskreuz.
(HP3a.) Hessischer (Grossherz.) Verdienstorden Philipps des Grossmüthigen Ritter I. Cl.
(IK1) Orden der Italienischen Krone, Grosskreuz.
(» 2.) » » » » Offizierkreuz.
(K1.) Verdienstorden der bayerischen Krone, Grosskreuz.
(» 2a.) » » » » Grosscommenthur.
(» 2b.) » » » » Commenthur.
(» 3.) » » » » Ritter.
(KHL.) Hessischer (Kurhessischer) Löwenorden.
(KHW1.) Hessischer Wilhelmsorden, Grosskreuz.
(LEK1.) Grossh. Luxemburgischer Orden der Eichenkrone, Grosskreuz
(M1.) Bayer. Verdienstorden vom hl. Michael, Grosskreuz.
(» 2a.) » » » » Gross-Commenthur.
(» 2b.) » » » » Commenthur.
(» 3.) » » » » Ritter I. Classe.
(» 4.) » » » » Ritter II. Classe.
(MV4a.) Bayer. Militär-Verdienstorden, Ritter I. Classe.
(NCV1.) Herz. Nassauischer Militär- und Civilverdienstorden, Grosskreuz.
(» 2b.) » » » » » Comthur.
(» 3.) » » » » » Ritter.
(OEK3.) Oesterreichischer Orden der eisernen Krone 3. Classe.
(OFJ2.) Oesterr. Franz Joseph-Orden, Commandeur.
(» 3.) » » » Ritter.
(OL1.) » Leopoldorden, Grosskreuz,
(OSt1.) » St. Stephansorden, Grosskreuz.
(PG1.) Päpstlicher Gregorius-Orden, Grosskreuz.
(PK1.) Preussischer Kronorden I. Klasse.
(PRA2mSt.) Preussischer rother Adler-Orden II. Classe mit Stern.
(» 3.) » » » III. Classe.
(» 4.) » » » IV. Classe.
(RA2.) Russischer St. Annen-Orden, II. Classe.
(» 3.) » » III. Classe.
(RSt2.) Russischer Stanislaus-Orden, II. Classe.
(SA2b.) K. Sächsischer Albrechtsorden, CommenthurI. Classe.
(» 3) » » » Ritter.
(ScF2b.) Sizilianischer Orden Franz I., Commandeur.
(» 3a.) » » » Ritter I. Classe.
(ScJ.) » Januarius-Orden.
(SCV1.) Königl. Sächsicher Civilverdienstorden, Grosskreuz.
(SEH1.) Vereinigtes Herzogthum Sachsen, Herzoglich Sachsen-Ernestinischer Hausorden, Grosskreuz.
(» 2b.) derselbe Comthurkreuz II. Classe.
(» 4.) derselbe Verdienstkreuz.
(SpC1.) Spanischer Orden Karls des III., Grosskreuz.
(TCV.) Toskanischer Civil-Verdienstorden.
(TJ3.) » St. Josephs-Orden, Ritter.
(WF1.) Königl. Württembergischer Friedrichs-Orden, Grosskreuz.
(» 3.) » » » Ritter.
(WK1.) » » Orden der Krone, Grosskreuz.
(» 3.) » » » » » Ritter.

Verzeichniss der 25 Beilagen.

A. Wissenschaftliche Beilagen.

Recensionen über „Die Antragsdelikte etc.“ von O. Reber.

1) Zeitschrift für Gerichtspraxis und Rechtswissenschaft in Deutschland von Stenglein Bd. III/XIII. Nr. 9 Seite 144:

»... Der Verfasser vorstehender Schrift behandelt sein Thema sehr ausführlich mit steter Hereinziehung der Praxis und liefert ein vollständiges Bild des vorhandenen Materials.«

2) Jenaer Literaturzeitung 1874 Nr. 19 Seite 278:

».... Nachdem das RStGB. die Zahl der Antragsdelikte bis auf etwa 30 vermehrt und Vorschriften über deren rechtliche Behandlung gegeben hat, war es ein glücklicher Gedanke des Verfassers, eine systematische Behandlung derselben zu übernehmen .... Recensent kann dem Verfasser das Zeugniss nicht versagen, dass er mit wissenschaftlichem Sinn und Eifer an die übernommene Aufgabe gegangen ist und mit gewissenhaftem Fleisse, namentlich auch in Benutzung und Berücksichtigung der zahlreichen in den Zeitschriften zerstreuten Abhandlungen gearbeitet hat. Er hat die Antragsdelikte nicht nur in ihrem Verhältnisse zu dem gesammten Strafrechte ausführlich erörtert, sondern auch in den einzelnen Fragen mit einer Sorgfalt behandelt, welche die vollste Anerkennung verdient. Seine Arbeit liefert allenthalben den Beweis, dass es ihm an den Vorbedingungen zu einer tüchtigen Monographie nicht gefehlt hat.«

Nach eingehender Besprechung des Inhalts geht das schliessliche Urtheil des Rezensenten (H. Luden) dahin, »dass sich der Verfasser um die Lehre von den Antragsverbrechen wohl verdient gemacht habe.«

Druck von E. Stahl.

Kolibri 360 GmbH
Ferdinand-Jühlke-Straße 7
99095 Erfurt, Deutschland
produktsicherheit@kolibri360.de